博士后

THE CHINESE ECONOMY FROM THE POSTDOCTORAL PERSPECTIVE

（第二辑）

视野下的中国经济

史 丹◎主编

 经济管理出版社
ECONOMY & MANAGEMENT PUBLISHING HOUSE

图书在版编目（CIP）数据

博士后视野下的中国经济．第二辑/史丹主编．—北京：经济管理出版社，2022.8
ISBN 978-7-5096-8663-8

Ⅰ．①博…　Ⅱ．①史…　Ⅲ．①中国经济—文集　Ⅳ．①F12-53

中国版本图书馆 CIP 数据核字（2022）第 145464 号

责任编辑：胡　茜
助理编辑：康国华　詹　静　杜羽茜　杜奕彤
责任印制：黄章平
责任校对：董杉珊

出版发行：经济管理出版社
　　　　　（北京市海淀区北蜂窝 8 号中雅大厦 A 座 11 层　100038）
网　　　址：www. E-mp. com. cn
电　　　话：（010）51915602
印　　　刷：唐山昊达印刷有限公司
经　　　销：新华书店
开　　　本：880mm×1230mm/16
印　　　张：16
字　　　数：370 千字
版　　　次：2022 年 9 月第 1 版　　2022 年 9 月第 1 次印刷
书　　　号：ISBN 978-7-5096-8663-8
定　　　价：98.00 元

编委会名单

编委会主任：史　丹

编委会委员：曲永义　季为民　张其仔　王燕梅　刘建丽
　　　　　　梁泳梅　覃　毅　周文斌　李　钢　崔志新
　　　　　　李　鹏　李先军　闫　梅　张任之　陈素梅
　　　　　　秦　宇　杨宏静

□ 序

中国社会科学院工业经济研究所博士后流动站（以下简称工经所博士后流动站）成立于 1995 年，分为应用经济学和工商管理学两大学科。2015 年起，工经所博士后流动站开始举办全国性博士后论坛，得到全国博士后管理委员会、中国博士后科学基金会、中国社会科学院博士后管理委员会和中国社会科学院工业经济研究所等主管和领导部门的指导和支持，也得到了相关院校和科研机构的大力支持。截至目前，工经所博士后流动站共举办六届全国性的博士后论坛，其中，产业经济学博士后论坛、区域经济学博士后论坛、工商管理学博士后论坛各举办了两届。数千位专家学者、博士后参与了历届论坛。

本论文集是从第二届全国产业经济学博士后论坛（2018 年）、第二届全国区域经济学博士后论坛（2019 年）和第二届全国工商管理学博士后论坛（2021 年）接收到的 200 余篇论文中优选出的部分论文结集出版而成的。

2018 年举办的第二届全国产业经济学博士后论坛，由中国社会科学院工业经济研究所和华侨大学在福建泉州联合承办。论坛的主题是"两个一百年目标下的产业发展"。本论文集收录了该论坛 5 篇会议论文，研究内容主要集中在数字经济、绿色发展、绿色金融、乡村振兴、电商平台等主题，这些也是百年视角下产业经济学发展的热点问题。

2019 年举办的第二届全国区域经济学博士后论坛，由中国社会科学院工业经济研究所和济南大学在山东济南联合承办。论坛的主题是"新时代区域协调发展与绿色发展"。本论文集收录了该论坛 4 篇会议论文，分别围绕竞争政策、区域基础设施建设、区域绿色创新效率、新工业革命和技术革命等主题展开研究。

2021 年举办的第二届全国工商管理学博士后论坛，由中国社会科学院工业经济研究所和西北大学以线上线下相结合的方式联合承办。论坛的主题是"新时代·新使命·新管理"。本论文集收录了该论坛 4 篇会议论文，分别围绕数字经济全球化、旅游共同体、乡村振兴、社会信任等主题展开研究。

三次论坛从论坛主题到论文题目，均是当时经济社会发展的热点问题，故本论文集延续上一本论文集"博士后视野下的中国经济"之名。本论文集得以顺利出版，要特别鸣谢华侨大学、济南大学、西北大学对中国社会科学院工业经济研究所工作的大力支持；感谢《中国工业经济》《经济管理》《中国经济学人》三个期刊编辑部在论坛优秀论文评选中所做的工作；感谢经济管理出版社为论文集编辑出版所做的相关工作；感谢工经所博士后流动站、办公室、科研处和网络室的大力支持。

史丹

2022 年 8 月于北京

□ 目　录

产业经济篇

□ "互联网+" 提升了我国装备制造业的全要素生产率吗*

肖利平

摘　要: 本文利用 2006~2016 年分省面板数据估计了 "互联网+" 对我国装备制造业全要素生产率 (TFP) 的效应。研究发现: ①在样本期间, "互联网+" 对装备制造业 TFP 有显著的促进作用, 且 "互联网+" 对 TFP 的效应存在地区差异性, 东部地区 "互联网+" 对 TFP 的效应比中西部地区更为明显。②"互联网+" 对装备制造业技术效率具有显著的促进作用, 但对技术进步的效应并不明显, 装备制造业全要素生产率属于技术效率驱动型, 而非技术进步驱动型。进一步将技术效率分解为纯技术效率变化和规模效率变化, 发现技术效率的提升主要来自 "互联网+" 的规模效应。本文的结论具有深刻的政策含义, 尽管 "互联网+" 能够改善行业全要素生产率, 但在促进行业技术进步方面收效甚微。互联网行业必须扭转重商业模式轻技术创新的错误导向, 传统行业等非互联网行业则应将资源主要集中于产品和技术创新, 不应该舍本逐末地盲目追逐 "互联网+" 概念。

关键词: "互联网+"; 全要素生产率; 技术效率; 装备制造业

引　言

20 世纪 90 年代以来, 以互联网为核心的信息技术产业在我国蓬勃发展, 互联网与传统产业深度融合, 不断推动新兴业态发展, 互联网逐渐成为各行各业广泛应用的公共基础设施。正如 Rosenstein-Rodan (1943) 所强调的那样, 基础设施在工业化过程中起着决定性作用, 包括诸如通信、电力、运输之类的基础工业, 互联网似乎正在扮演着这样一种关键角色。基于这一认识, 政策制定者正在大力推进 "互联网+" 行动计划, 中央及地方政府也出台了一系列相关的产业政策, 旨在通过 "互联网+" 行动计划提升实体经济技术水平和创新能力, 进而改善产业的全要素生产率。在这个背景下, 搞清楚 "互联网+" 与全要素生产率之间的关系, 准确判断 "互联网+" 能否真正提升全要素生产率, 具有重要的理论价值与现实意义。

作者简介: 肖利平, 北京大学经济学院、广东粤财投资控股有限公司博士后, 主要研究方向为产业经济与股权投资。

* 本文曾刊登于《经济学家》2018 年第 12 期。

在已有的文献中，信息技术产业与生产率增长之间的关系一直是经济学界争论的焦点问题。20 世纪 80 年代末，美国在信息技术领域进行了大规模投资，但生产率却没有得到显著改善。Solow（1987）较早注意到这一现象，提出了"计算机无处不在，但从来没有反映在生产率上"的论断，即"索洛悖论"或"生产率悖论"。20 世纪 90 年代中期，美国出现"新经济"，非农商业部门全要素生产率发生实质性好转，信息技术对经济效率的促进作用得到了普遍认可，信息技术被视为美国经济增长和生产率提升的关键因素，"索洛悖论"不复存在。直到 21 世纪初，美国互联网泡沫破灭，互联网行业和美国乃至全球经济遭到重创，人们开始重新审视信息技术的价值和"生产率悖论"问题。反观国内，一方面，互联网经济高度繁荣，互联网模式创新层出不穷，高铁、扫码支付、共享单车和网购被誉为"新四大发明"；另一方面，各行各业的全要素生产率呈现出放缓的趋势（王志刚等，2006）。我们不禁要问，为何互联网与全要素生产率相互背离，"生产率悖论"是否正在发生作用？

本文以装备制造业为例，探讨"互联网+"对我国装备制造业全要素生产率的影响。正如唐晓华和李绍东（2010）所强调的，装备制造业是一个国家技术进步和经济增长的重要推动力，它为各行各业提供了生产必需的技术装备和重要零部件，是整个工业的核心和基础。因此，以装备制造业为研究样本具有典型的意义和重要的参考价值。本文的结构安排如下：第一部分为"互联网+"与全要素生产率的理论分析和基本假设；第二部分为变量指标的选择和计量模型的构建；第三部分为实证分析；第四部分为结论和政策建议。

一、理论与假设

TFP 是一国或地区保持经济可持续增长的决定性力量（蔡昉，2013）。TFP 增长的影响因素众多，包括基础设施完善、金融发展、技术进步等。刘生龙和胡鞍钢（2010）研究发现，信息基础设施的发展减少了信息不对称，使得企业能够利用更好的技术提高国民经济的运行效率。张军和金煜（2005）发现，金融深化对生产率增长具有正面促进作用。郭庆旺和贾俊雪（2005）认为，全要素生产率的增长率较低的原因在于技术进步率偏低。与上述文献不同，本文将着重探讨"互联网+"对全要素生产率的影响，剖析"互联网+"对全要素生产率的促进作用是属于技术进步驱动型还是技术效率驱动型。

（一）"互联网+"[①] 与全要素生产率

"互联网+"是把互联网的创新成果与经济社会各领域深度融合，推动技术进步、效率提升和组织变革，提升实体经济的创新力和生产力，形成更广泛的以互联网为基础设施和创新要素的经济社会发展新形态。根据这一定义，"互联网+"提升装备制造业全要素生产率的路径主要为技术进步、效率提升。①技术进步。从技术进步的方式来看，一类是从 0 到 1 的原始发明创造，包括新技术、新方法、新产品等方面的突破；另一类是从 1 到 N 的技术引进、消化吸收再创新，包括引进原理、生产工艺等。无论哪一种方式，知识外溢都是影响技术进步的关键因素，"互联网+"则是支持知识外溢的重要渠道。②效率提

---

① 关于"+互联网"和"互联网+"的区别可参见赵振（2015）。

升。一是"互联网+"可以解决市场供需双方信息不对称的问题，大幅度减少交易成本；二是可以准确、及时地传递和获取企业信息，提高管理和决策效率；三是可以满足技术信息的有效传递，使信息技术融合集成和互联互动（韩先锋等，2014）。谢莉娟（2015）认为，供应链逆向整合是流通组织应对互联网时代的"脱媒"冲击、推动产业组织整体再造的新式路径。此外，考虑到地区差异，"互联网+"对不同地区产业技术的促进作用存在显著差异。韩宝国和朱平芳（2014）发现，宽带引入和渗透对中国经济增长起到了显著推动作用，宽带渗透率每增长10%，能带动人均GDP年增长率增加约0.19个百分点，且由于东、中部地区信息化应用水平较高，宽带对东、中部地区经济发展的推动作用更显著。基于此，本文提出以下假设。

假设1："互联网+"提升了装备制造业全要素生产率，且"互联网+"对全要素生产率的效应存在地区差异。

（二）"互联网+"与技术进步变化

互联网作为一种信息传播工具，提高了知识的传播速度和效率，降低了信息扩散的成本，有助于加快新知识、新技术的导入过程，提高劳动力的知识储备和技术水平，进而促进人类社会的技术进步（韩宝国、朱平芳，2014）。统计报告显示，截至2017年12月，中国网民规模达7.72亿，普及率达55.8%，超过全球平均水平（51.7%）4.1个百分点，超过亚洲平均水平（46.7%）9.1个百分点，互联网商业模式不断创新，线上线下服务融合加速，公共服务水平显著提升（中国互联网络信息中心，2018）。那么，技术进步及其引致的全要素生产率是否也同步得以提升呢？杨汝岱（2015）以1998～2009年中国工业企业数据为样本，考察了中国制造业企业

全要素生产率的动态变迁，发现自1998年以来制造业整体的全要素生产率的增长速度约为每年3.83%。Acemoglu等（2014）研究发现，自20世纪90年代后期以来，信息技术密集型行业的生产率增长缓慢，生产率下降与信息化推动生产力革命的观点不符，制造业的"索洛悖论"仍然存在。如何解释互联网高度繁荣与全要素生产率不升反降这一悖论？在我们看来，装备制造业全要素生产率的提升主要依靠技术进步，而技术进步必须在基础研究和核心技术上获得突破，"互联网+"对装备制造业的作用主要表现在信息流、资金流、产品流等融通方面，其在提升基础研究、科技研发等方面发挥的作用极其有限。正如马化腾所指出的那样，中国基础科学研究薄弱，移动支付全球领先也只是科技应用。基于此，本文提出以下假设。

假设2："互联网+"对装备制造业技术进步的贡献率偏低，即装备制造业全要素生产率不属于技术进步驱动型。

（三）"互联网+"与技术效率变化

"互联网+"典型的商业模式是"平台经济"，一方面缓解了经济交易中的"摩擦力"，另一方面将经济交易中的外部性内化，进而提高了经济运行的效率（郭家堂、骆品亮，2016）。具体表现在：①在生产环节，"互联网+"推动产业数字化、自动化、智能化，增加商品或服务的信息含量，提高新的附加值；②在销售环节，线上与线下相互融合，线上注重商品或服务的价格和效率，线下强调用户"难忘"的场景体验；③在管理环节，及时、准确地获取、集成和传递各类信息，信息流、生产流、商品流、服务流以及资金流等快速流动，提高了管理决策效率；④在技术环节，"互联网+"能够促使企业以更高的效率和更低的成本去获取和吸收外部知识，

准确掌控市场需求动向，提高创新主体间的交易效率，降低企业外部交易成本（韩宝国、朱平芳，2014）。杨德明和刘泳文（2018）构建了反映传统企业实施"互联网+"的指标，实证检验了"互联网+"对传统企业绩效的影响机制与路径。研究表明，实施"互联网+"战略的公司每股收益平均提升了约31%，资产收益率平均提升了约24%，传统企业与互联网的融合显著提升了公司业绩。江小涓（2017）以体育服务业和文化服务业为案例，研究发现两个长期具有低效率特征的行业，借助网络技术大大提高了生产效率。本文倾向于认为，"互联网+"的核心要素是"高效率的运作+极致的用户体验"，如小米科技、滴滴打车。对于装备制造业而言，"互联网+"的作用主要局限在生产、技术、管理和销售的各个环节，大幅度提升了规模效率。基于此，本文提出以下假设。

假设3："互联网+"有助于提升装备制造业的规模效率，即装备制造业的全要素生产率属于技术效率驱动型。

二、模型、变量与数据

（一）计量模型与变量选择

为检验"互联网+"对装备制造业全要素生产率的影响，本文参考 Ahmed（2010）的做法，建立面板数据模型，具体如下：

$$\ln TFP_{i,t} = \alpha_0 + \alpha_1 \ln INT_{i,t} + \sum \beta_i \chi_{i,t} + \varepsilon_{i,t}$$

其中，i 表示地区，t 表示时间（年份），α、β 为待估参数，其中 α 是本文重点关注的参数。$\ln$ 表示对该变量取对数，被解释变量 $TFP_{i,t}$ 表示 i 装备制造业中第 t 年的全要素生产率，解释变量 $INT_{i,t}$ 为"互联网+"水平。$\chi_{i,t}$ 表示控制变量，包括人力资本（EDU）、研发投入（R&D）

和制度变量（SO）。$\varepsilon_{i,t}$ 为服从正态分布的随机误差项。模型中各变量的含义如下：

（1）被解释变量。测度全要素生产率（TFP）的方法包括非参数法和参数法，其中，非参数法中的马奎斯特（Malmquist）指数法运用较为广泛，主要是因为 Malmquist 指数法能够有效地将全要素生产率指数分解为技术进步变化指数和技术效率变化指数，可以避免研究中的技术进步与技术效率相互掩盖（郭家堂、骆品亮，2016）。本文选择基于数据包络分析（DEA）的 Malmquist 指数方法，运用 DEAP 软件对我国装备制造业全要素生产率进行测算。产出变量用装备制造业总产值来衡量；投入变量包括资本投入和劳动投入，分别用资产总计和装备制造业年平均从业人员数来衡量。

（2）核心解释变量。"互联网+"的核心含义难以测度，目前仍然没有形成一个统一的统计体系，"互联网+"的统计尚处于探索研究阶段，没有比较成熟完备的理论体系可以借鉴，与产业融合具有多元性、多层次的特征，涉及行业间以及行业内部的重构与变革，"互联网+"统计指标体系具有较大的难度（郑新等，2017）。杨德明和陆明（2017）、杨德明和刘泳文（2018）的做法是，阅读上市公司年报中的董事会报告部分，甄别出关于"互联网+"的若干关键词，构建出反映企业实施"互联网+"程度的指数。郭家堂和骆品亮（2016）以中国各省份注册的网站数量来代表该地区的互联网资源，即以网站总数除以该地区的法人单位数量来衡量地区互联网资源水平。本文选取与信息化指数算法中"信息装备率"一项相关的各地区"国际互联网用户数"（单位：万户）来度量该地区的"互联网+"程度，尽管不能完全反映出各行业"互联网+"与本行业融合发展的情况，但是国际互联网用户数能够反映出一个地区工业发展的互联网利用水平，在"互联网+"统计指标体系成熟之前不失为一个较好的替代指标。

（3）控制变量。沿用已有文献中的常见做法，用平均受教育年限来衡量人力资本水平（EDU）。参考张晓雪等（2002）的做法，分别以6年、9年、12年和16年为权重，对各地区拥有的小学、初中、高中和中专、大专及以上学历的人口占全部人口的比例做加权平均。研发投入（R&D）以各地区的研究与试验发展（R&D）经费内部支出为当期R&D支出。借鉴朱平芳和徐伟民（2003）的做法，将R&D支出价格指数设定为对消费物价指数赋予0.55的权重和对固定资产投资价格指数赋予0.45的权重后的加权平均值。为方便计算，本文将折旧率直接设定为15%。制度变量（SO）用国有企业工业产值占全部工业总产值的比重来度量。

（二）数据来源及其处理

本文使用2006~2016年的行业面板数据来研究"互联网+"对装备制造业全要素生产率的影响。装备制造业各项数值均为《中国工业经济统计年鉴》中装备制造业七个子行业（包括金属制品业，通用设备制造业，专用设备制造业，交通运输设备制造业，电气机械及器材制造业，通信设备、计算机及其他电子设备制造业，仪器仪表及文化、办公用机械制造业）的值的总和。全要素生产率测算以2006年为基年，假设当年TFP为1，根据每年全要素生产率的变化，计算出各地区历年的装备制造业全要素生产率①。若无特殊说明，则数据均来源于《中国统计年鉴》《中国工业经济统计年鉴》《中国科技统计年鉴》《中国城市统计年鉴》等。

三、实证结果分析

（一）基本估计结果分析

表1显示了模型的基本回归结果，列（1）、列（2）、列（3）分别为混合回归模型、固定效应模型和随机效应变截距面板数据模型的回归结果。F统计量为0，表明固定效应模型优于混合回归模型；BP检验可以看出个体效应显著，不适宜采用混合回归模型；Hausman检验结果拒绝原假设，应选择固定效应模型。因此，本文选择固定效应模型，以下分析均是针对列（2）展开的。

表1 "互联网+"影响装备制造业全要素生产率的基本估计结果

	(1)		(2)	(3)	
	(1.1)	(1.2)		(3.1)	(3.2)
INT	0.126*** （4.090）	0.019 （0.867）	0.115*** （5.708）	0.157*** （8.600）	0.142*** （9.248）
EDU	1.50*** （7.721）	1.208*** （6.345）	0.450* （1.865）	1.561*** （8.889）	1.489*** （9.116）
R&D	-0.133*** （-4.825）		0.223*** （6.110）	-0.024 （-0.986）	

---

① 限于篇幅，全要素生产率（含技术进步变化、技术效率变化、规模效率变化和纯技术效率变化）的测算结果省略，如有需要请与作者联系。

	(1)		(2)	(3)	
	(1.1)	(1.2)		(3.1)	(3.2)
SO	0.047 (0.950)	0.068 (1.342)	0.196 *** (−2.947)	−0.168 *** (−3.792)	−0.128 *** (−3.115)
constant	−2.461 *** (−7.073)	−1.964 *** (−5.733)	−2.213 *** (−5.462)	−3.447 *** (−11.351)	−3.307 *** (−11.275)
Adjusted−R^2	0.2061	0.1564	0.8297	0.5349	0.5118
obs	360	360	360	360	360
模型选择	OLS	OLS	FE	RE	RE

注：括号内的数字为 t 统计量；* 、** 、*** 分别代表在 10%、5% 和 1% 的水平上显著。

如表 1 列（2）所示，"互联网+"（*INT*）每提高 1 个百分点，装备制造业全要素生产率将提高 0.115%，且在 1% 的水平上显著。也就是说，"互联网+"对装备制造业全要素生产率具有正向的促进作用，部分验证了假设 1 的判断。人力资本水平（*EDU*）每提高 1 个百分点，装备制造业全要素生产率提高 0.45%，且在 10% 的水平上显著，表明人力资本是装备制造业全要素生产率提升的重要因素。研发投入（*R&D*）的回归系数为 0.223，且在 1% 的水平上显著，表明研发投入对装备制造业全要素生产率的提升具有正向效应。值得注意的是，在混合回归模型和随机效应变截距面板数据模型的回归结果中，研发投入水平的估计系数为负或不显著，其原因在于人力资本水平（*EDU*）和研发投入（*R&D*）两个变量之间存在多重共线性（相关系数为 0.5728），故将列（1.2）和列（3.2）的数据予以剔除。制度变量（*SO*）的回归系数为 0.196，且在 1% 的水平上通过了显著性检验，表明制度因素（所有制结构变化）能够显著提升装备制造业的全要素生产率。

（二）地区差异分析

为了进一步检验"互联网+"对装备制造业全要素生产率的影响是否存在地区差异，本文将 30 个省（区、市）的样本数据分为两部分：东部 12 个、中西部 18 个。表 2 显示了不同地区"互联网+"影响装备制造业全要素生产率的回归结果，列（1）、列（2）分别为东部地区和中西部地区"互联网+"影响装备制造业全要素生产率的回归结果。列（1）中（1.1）、（1.2）、（1.3）分别显示了东部地区的混合回归模型、固定效应和随机效应变截距面板数据模型的回归结果，列（2）中（2.1）、（2.2）、（2.3）分别显示了中西部地区的混合回归模型、固定效应和随机效应变截距面板数据模型的回归结果。以下分析由列（1.2）、列（2.2）的回归结果展开。

表 2 列（1.2）显示了东部地区"互联网+"影响装备制造业全要素生产率的回归结果。装备制造业全要素生产率对"互联网+"的弹性为 0.136，即"互联网+"每提高 1 个百分点，装备制造业全要素生产率提高 0.136%。表 2 列（2.2）显示了中西部地区"互联网+"影响装备制造业全要素生产率的回归结果。"互联网+"的回归系数为 0.029，没有通过显著性检验，表明中西部地区"互联网+"对装备制造业全要素生产率并未产生积极的作用。对比列（2.3）随机效应变截距面板数据模型的回归结果，弹性为 0.079，

远低于东部地区的估计值（0.187）和以全国整体为样本的估计值（0.157）。也就是说，东部地区装备制造业全要素生产率对"互联网+"的反应更加敏感，中西部地区"互联网+"对装备制造业全要素生产率的影响相对较弱，且在一定程度上弱化了"互联网+"对装备制造业全要素生产率的总体影响（0.115）。由此可见，假设1得到了验证，即"互联网+"对全要素生产率的效应存在地区差异，"互联网+"对东部地区装备制造业全要素生产率的促进作用更为显著。

表2 "互联网+"影响装备制造业全要素生产率的回归结果（分地区）

	（1）东部地区			（2）中西部地区		
	（1.1）	（1.2）	（1.3）	（2.1）	（2.2）	（2.3）
INT	0.209 *** (4.625)	0.136 *** (3.802)	0.187 *** (5.657)	0.040 (1.025)	0.029 (1.258)	0.079 *** (3.769)
EDU	2.826 *** (9.783)	−0.061 (−0.125)	2.703 *** (9.709)	1.357 *** (5.143)	0.588 ** (2.446)	1.218 *** (6.002)
R&D	−0.238 *** (−6.780)	0.147 ** (2.518)	−0.172 *** (−5.073)	−0.077 * (−1.958)	0.009 *** (1.718)	0.119 *** (3.578)
SO	−0.121 * (−1.897)	−0.170 * (−1.856)	−0.212 *** (−3.617)	−0.463 *** (−4.781)	0.139 (1.609)	−0.504 *** (−7.376)
constant	−5.452 *** (−9.116)	−1.233 (−1.456)	−5.547 *** (−10.594)	−2.267 *** (−4.828)	−2.578 *** (−6.429)	−3.051 *** (−8.755)
Adjusted−R^2	0.480	0.7771	0.4797	0.2879	0.889	0.7474
obs	132	132	132	228	228	228
模型选择	OLS	FE	RE	OLS	FE	RE

注：括号内的数字为t统计量；*、**、***分别代表在10%、5%和1%的水平上显著。

（三）进一步讨论

为了验证"互联网+"对装备制造业全要素生产率的作用机理，本文将全要素生产率分解为技术进步变化与技术效率变化，其中，技术效率变化又进一步分解为纯技术效率变化（Pure Technical Efficiency Change）与规模效率变化（Scale Efficiency Change）。结果表明，在考察期内，各地区装备制造业的技术效率呈现出不同程度的提升，但是技术进步的变化却普遍不明显，甚至还呈现出一定程度的下降趋势。技术效率变化反映出的趋势是，纯技术效率变化并不明显，规模效率变化呈现出显著的上升趋势，这表明技术效率变化主要依赖于规模效应。

表3列（1）、列（2）分别为以技术进步变化和技术效率变化为被解释变量时，混合回归模型、固定效应模型和随机效应变截距面板数据模型的回归结果。以下分析基于列（1.2）和列（2.2）展开。列（1.2）、列（2.2）显示，"互联网+"对技术效率变化的影响大于对技术进步变化的影响，回归系数分别为0.002和0.433，并且分别在5%和1%的水平上显著。也就是说，装备制造业全要素生产率是技术效率驱动型，而非技术进步驱动型，验证了假设2。众所周知，"互联网+"引以为傲的平台经济最直接的经济效益是规模效应

和网络效应，如电子商务平台阿里巴巴、京东商城，线上线下相互融合，在很大程度上减少了生产商与消费者之间的信息不对称，压缩了中间流通环节，企业借助互联网平台大幅提高销售规模，并及时收取消费者的反馈信息。在技术层面，"互联网+"提升了技术信息的传播速度，降低了信息的获取成本，但是企业的核心和关键技术，特别是装备制造业的技术复杂程度高，"互联网+"对提升装备制造业技术的作用微乎其微。

表3 "互联网+"影响装备制造业技术进步变化和技术效率变化的回归结果

	(1) 技术进步变化			(2) 技术效率变化		
	(1.1)	(1.2)	(1.3)	(2.1)	(2.2)	(2.3)
INT	0.008 (1.592)	0.002** (2.932)	0.105* (3.158)	0.238** (1.972)	0.433*** (5.808)	0.409*** (4.994)
EDU	1.301*** (10.786)	0.188 (1.133)	0.975*** (7.546)	0.200 (1.634)	0.262 (1.203)	0.469*** (2.952)
R&D	−0.065*** (−3.806)	0.191*** (7.617)	0.040** (2.262)	0.068*** (−3.919)	0.032 (0.972)	−0.039* (−1.799)
SO	−0.679 (−0.021)	−0.085* (−1.851)	−0.119*** (3.604)	0.067** (2.181)	−0.112* (−1.856)	−0.057 (−1.416)
constant	−2.342*** (−10.846)	−1.356*** (−4.875)	−2.358*** (−10.596)	−0.119 (−0.544)	0.856** (−2.341)	−0.965*** (−3.510)
Adjusted−R²	0.4127	0.8457	0.6691	0.0871	0.5958	0.1016
obs	360	360	360	360	360	360
模型选择	OLS	FE	RE	OLS	FE	RE

注：括号内的数字为t统计量；*、**、***分别代表在10%、5%和1%的水平上显著。

进一步地，本文将装备制造业全要素生产率的技术效率变化进一步分解为纯技术效率变化和规模效率变化。表4列（1）、列（2）显示了回归结果。结果表明，"互联网+"每提升1个百分点，装备制造业的规模效率提升0.092%，"互联网+"对装备制造业的规模效率具有正向促进作用。纯技术效率变化的回归系数为0.033，但未通过显著性检验。假设3得以验证，即"互联网+"对装备制造业全要素生产率的影响主要源于规模效率，"互联网+"有助于提升装备制造业的规模效率，即装备制造业全要素生产率属于技术效率驱动型。

表4 "互联网+"影响装备制造业纯技术效率变化和规模效率变化的回归结果

	(1) 规模效率变化			(2) 纯技术效率变化		
	(1.1)	(1.2)	(1.3)	(2.1)	(2.2)	(2.3)
INT	0.174*** (5.797)	0.092*** (4.649)	0.087*** (6.248)	0.104*** (3.594)	0.033 (1.376)	0.023 (1.406)

	(1) 规模效率变化			(2) 纯技术效率变化		
	(1.1)	(1.2)	(1.3)	(2.1)	(2.2)	(2.3)
EDU	1.592*** (12.697)	0.312* (1.915)	0.994*** (7.983)	0.542*** (4.486)	−0.005 (−0.028)	0.507*** (3.430)
$R\&D$	−0.073*** (−4.266)	0.165*** (6.639)	0.050*** (2.868)	−0.047*** (−2.811)	0.090*** (3.006)	−0.005 (−0.253)
SO	−0.073*** (−2.028)	−0.085* (−1.897)	−0.154*** (−4.691)	−0.081** (−2.404)	−1.03* (−1.946)	−0.181*** (−4.646)
constant	−3.438*** (−13.459)	−1.611*** (−5.842)	−2.391*** (−11.146)	−1.343*** (−5.451)	−0.307 (−0.930)	−1.087*** (−4.264)
Adjusted−R^2	0.4900	0.556	0.6768	0.2811	0.6857	0.3167
obs	360	360	360	360	360	360
模型选择	OLS	FE	RE	OLS	FE	RE

注：括号内的数字为 t 统计量；*、**、*** 分别代表在 10%、5% 和 1% 的水平上显著。

（四）稳健性检验

为了保证结论的可靠性，本文分别从以下两个方面进行了稳健性检验：①"互联网+"与全要素生产率之间可能存在互为因果关系，"互联网+"的发展提升了全要素生产率，全要素生产率的提高反过来也可能促进"互联网+"的发展。借鉴郭家堂和骆品亮（2016）的做法，采用 lnINT 的滞后一期作为核心解释变量，逻辑是当期全要素生产率对滞后一期 lnINT 的作用、滞后一期 lnINT 对当期全要素生产率及其分解指标的作用不发生变化，说明"互联网+"是双向因果关系的主因。结果表明①，解释变量和控制变量的回归系数符号和显著性水平均未发生实质性变化，说明内生性问题不足以对本文的结论造成影响。②全要素生产率的影响因素是综合性的，已有研究发现，城镇化、信息基础设施、市场化水平等可能是影响全要素生产率增长的重要因素。为了避免变量遗漏造成的内生性问题，本文在估计过程中加入城镇化水平②、信息基础设施③和市场化水平④作为控制变量，所得出的结论与前文基本一致，表明本文的回归结果是稳健的。

四、结论与政策含义

在工业化的发展历程中，技术进步是工业化由初级阶段向高级阶段演进的必然选择。在许多人看来，"互联网+"正是技术进步的催化剂，互联网既能升级改造传统产业，也能催生新产业、新模式和新兴业态。本文从不同的视角进行了验证，分析了"互联网+"与全要素生产率之间的

---

① 限于篇幅，省略内生性问题的分析回归结果，如有需要请与作者联系。

② 城镇化水平用城镇化率来表示，具体指一个地区的城镇常住人口占该地区常住总人口的比例。数据来源于国家统计局以及各省发布的统计公报。

③ 参照刘生龙和胡鞍钢（2010）的做法，采用邮电业务总量这样一个比较综合的指标来反映各地区的信息基础设施存量。数据来源于国家统计局和各省发布的历年客货运量、周转量和邮电业务总量统计公报。

④ 市场化水平用市场化指数来表示，采用王小鲁、樊纲和余静文（2017）出版的《中国分省份市场化指数报告（2016）》中的数据。

关系，证明了"互联网+"在提高经济效率方面卓有成效，但在促进技术进步方面的作用并不乐观。换言之，人们可能在一定程度上高估了"互联网+"对技术进步的正面作用。

为了进一步验证上述观点，本文选用2006~2016年中国省级面板数据，实证考察了"互联网+"对装备制造业全要素生产率的效应，得到了如下结论：第一，在研究期间，"互联网+"对装备制造业全要素生产率有着显著的促进作用，且"互联网+"对全要素生产率的效应存在地区差异，东部地区的"互联网+"效应比中西部地区更加显著。第二，"互联网+"提升装备制造业全要素生产率的驱动力主要来自技术效率而非技术进步。进一步分析表明，规模效应是技术效率的主要驱动因素，反映了"互联网+"存在显著规模效应的特征。本文的结论在一定程度上证明了"索洛悖论"的合理性，与"计算机无处不在，但从来没有反映在生产率上"的论断相似，尽管"互联网+"因规模效率提升了全要素生产率，但并未真正提升技术进步水平，也难以对产业创新能力的提升做出贡献。

本文的发现具有深刻的政策含义：①互联网行业发展应该坚持健康、有序的原则，充分利用互联网的规模经济和网络效应，有效发挥"互联网+"对全要素生产率的正面作用，着力扭转重商业模式轻技术创新的错误导向，尤其要重视防范互联网"泡沫化"倾向。②传统产业等非互联网行业应该理性认识互联网的价值，"互联网+"是提升效率的有效工具，但"互联网+"并不能代替技术创新，传统行业"触网"并不意味着技术水平必然得以提升，应该将资源主要集中在产品、技术创新层面。③在产业政策层面，不宜盲目追逐热点行业或技术，必须以真正推动技术进步和产业创新为基本导向。

参考文献

［1］Acemoglu D，Autor D，Dorn D，et al. Return of the Solow Paradox? It，Productivity，and Employment in U. S. Manufacturing ［J］. Social Science Electronic Publishing Volume，2014，104（5）：394-399.

［2］Ahmed E M. Human Capital and ICT Per Capital Contribution to East Asian Productivity Growth ［J］. International Social Science Review，2010，85（1）：40-55.

［3］Rosenstein-Rodan P N. Problems of Industrialisation of Eastern and South-Eastern Europe ［J］. Economic Journal，1943，53（210/211）：202-211.

［4］Solow R M. We'd Bertter Watch Out ［N］. The New York Times Book Review，1987-12-01（36）.

［5］蔡昉. 中国经济增长如何转向全要素生产率驱动型 ［J］. 中国社会科学，2013（1）：56-71.

［6］郭家堂，骆品亮. 互联网对中国全要素生产率有促进作用吗？［J］. 管理世界，2016（10）：34-49.

［7］郭庆旺，贾俊雪. 中国全要素生产率的估算：1979—2004 ［J］. 经济研究，2005（6）：51-60.

［8］韩宝国，朱平芳. 宽带对中国经济增长影响的实证分析 ［J］. 统计研究，2014（10）：49-54.

［9］韩先锋，惠宁，宋文飞. 信息化能提高中国工业部门技术创新效率吗 ［J］. 中国工业经济，2014（12）：70-82.

［10］江小涓. 高度联通社会中的资源重组与服务业增长 ［J］. 经济研究，2017（3）：4-17.

［11］刘生龙，胡鞍钢. 基础设施的外部性在中国的检验：1988—2007 ［J］. 经济研究，2010，45（3）：4-15.

［12］马化腾：中国基础学科薄弱需要各方加大投入［EB/OL］. 新浪科技［2018－05－26］. http：//tech. sina. com. cn/d/i/2018－05－26/doc-ihcaqueu4366288. shtml.

［13］唐晓华，李绍东. 中国装备制造业与经济增长实证研究［J］. 中国工业经济，2010，（12）：27-36.

［14］王小鲁，樊纲，余静文. 中国分省份市场化指数报告（2016）［M］. 北京：社会科学文献出版社，2017.

［15］王志刚，龚六堂，陈玉宇. 地区间生产效率与全要素生产率增长率分解（1978—2003）［J］. 中国社会科学，2006（2）：55-66.

［16］谢莉娟. 互联网时代的流通组织重构——供应链逆向整合视角［J］. 中国工业经济，2015（4）：44-56.

［17］杨德明，刘泳文". 互联网+"为什么加出了业绩［J］. 中国工业经济，2018（5）：80-98.

［18］杨德明，陆明. 互联网商业模式会影响上市公司审计费用么？［J］. 审计研究，2017

（6）：84-90.

［19］杨汝岱. 中国制造业企业全要素生产率研究［J］. 经济研究，2015（2）：61-74.

［20］张军，金煜. 中国的金融深化和生产率关系的再检测：1987—2001［J］. 经济研究，2005（11）：34-45.

［21］张晓雪等. 劳动人口人均受教育年限的预测分析［J］. 教育与经济，2002（1）：54-56.

［22］赵振. "互联网+"跨界经营：创造性破坏视角［J］. 中国工业经济，2015（10）：146-160.

［23］郑新等. "互联网+"统计方法研究［J］. 调研世界，2017（1）：52-56.

［24］中国互联网络信息中心（CNNIC）. 中国互联网络发展状况统计报告（第41次）［R］. 北京：中国互联网络信息中心，2018.

［25］朱平芳，徐伟民. 政府的科技激励政策对大中型工业企业R&D投入及其专利产出的影响——上海市的实证研究［J］. 经济研究，2003（6）：45-53.

□ Does "Internet+" Increase the Total Factor Productivity of China's Equipment Manufacturing Industry?

Xiao Liping

Abstract：This paper uses the panel data of the provinces from 2006 to 2016 to estimate the effect of "Internet +" on the total factor productivity (TFP) of the equipment manufacturing industry. The study finds out that：During the study period，"Internet+" has a significant role in promoting TFP in equipment manufacturing industry，and there exists a regional difference. The effects of "Internet+" on TFP in eastern regions are more obvious than those in midwest regions. "Internet+" plays a significant role in promoting the technical

13

efficiency of the equipment manufacturing industry, but the effect on technological progress is not obvious. The total factor productivity of the equipment manufacturing industry is driven by technological efficiency rather than technological progress. Further decomposing the technical efficiency into pure technical efficiency changes and scale efficiency changes, it is found that the improvement of technical efficiency mainly comes from the scale effect of "Internet+". The conclusions of this paper have profound policy implications. Although "Internet+" can improve the total factor productivity of the industry, it has little effect in promoting technological progress in the industry. The Internet industry must reverse the misdirection which emphasizes the business model and neglects technology innovation. The Internet industry should focus resources on product and technology innovation, and should not blindly pursue the concept of "Internet+".

Key Words: "Internet+"; Total Factor Productivity; Technical Efficiency; Equipment Manufacturing Industry

□ 经济发展与环境治理的"跷跷板"：官员竞争博弈下的策略变化*

杨 超 程宝栋 于 畅

摘 要： 经济发展和环境治理是关系社会福利水平的两个重要指标，但具体到地方官员施政中，不同的官员有不同的策略安排。文章首先基于博弈模型构建了一个官员竞争博弈场景，通过逻辑推导，证明官员在竞争博弈中的相对优劣状态差异是导致官员策略差异的原因。其次运用倾向得分匹配方法实证检验官员策略差异对辖区经济福利和环境福利的影响。回归结果显示，官员年龄差对环境治理有不同影响；低于平均年龄的官员在FDI、税收、固定资产投资等经济福利指标上显著高于同级官员2.59万元、0.13万元和0.41万元；而高于平均年龄的官员比同级同行在环境福利上有更优秀的表现，在固体废弃物、废气、废水等指标上显著低于同级官员52吨、21吨和6吨。作为弥补，较年轻官员会采取"踩跷跷板"策略，在一些显性环境治理指标上"适度有为"，如提高环保投入占比，以回应中央及公众的关切。从理论分析和实证结果中得到的政策启示是，在干部晋升考核体系中应进一步突出绿色发展的重要性，并强化官员的全局意识，激励官员关注辖区的非经济福利。

关键词： 地方官员；竞争博弈；经济福利；环境福利

引 言

在我国政治体制之下，经济增长是地方官员考核和提拔的重要依据（姚洋、张牧场，2013）。这种"晋升锦标赛"在社会经济高速增长阶段，激发了地方官员为展现个人执政能力而展开各种有助于提升辖区经济福利的活动，如吸引外商直接投资（FDI）、刺激投资等。但是，在高质量发展阶段，只强调经济增长显然已无法满足中央提出的"五位一体"（经济建设、政治建设、文化建设、社会建设、生态文明建设）发展要求，地

基金项目：国家自然科学基金青年项目"跨域环境污染协同治理的绩效评价研究"（71804012）。

作者简介：杨超，男，讲师，管理学博士，中国社会科学院工业经济研究所博士后，主要从事产业经济学研究。程宝栋，男，教授，管理学博士，主要从事产业经济学研究。于畅（通讯作者），女，副教授，经济学博士，主要从事生态经济学研究。

* 本文曾刊登于《商业经济与管理》2020年第1期。

方官员在"晋升锦标赛"中必须从单项目竞争向多项目竞争转变。那么，在经济福利与环境福利两个经常发生冲突的目标上，不同的地方官员会如何平衡两者？年轻官员与年长官员两类官员是否会基于自己在年龄、阅历上的相对优势而采取不同的策略，如某一类官员更侧重经济绩效，另一类官员更侧重环境绩效？回答此问题并分析不同行为背后的策略机制，在理论上有助于解读官员行为差异的原因，在实践上可充分利用此机制有效激励地方官员在辖区非经济福利方面投入更多精力，对解决当前环境问题、实现可持续发展具有现实参考意义。

一、文献述评

现有文献大部分是基于"晋升锦标赛"理论，考察官员行为与辖区经济福利之间关系的。该理论认为，官员治理机制促使地方官员不遗余力地提高所管理辖区的经济绩效，以换取下一轮竞争的入场券（姚洋、张牧场，2013）。只重视经济增长所导致的结果是对教育（郭文伟、李嘉琪，2019）、公共服务（金刚、沈坤荣，2019）、环境（李强，2019；吴勋、白蕾，2019）等非经济福利关注不足，也有众多文献通过经验证据证实了部分地方官员为提升经济绩效而降低辖区内环境规制、以环境换经济的行为。然而在现实中，我们也发现许多官员的行为并不总是向经济福利收敛的；相反，这些官员会"自发"地追求辖区内的环境福利，如在一些地方政府工作报告以及媒体报道中可以发现，一些城市热衷于"森林覆盖率全国第一""最宜居城市""环境质量持续保持全国领先"等非经济成就。现有研究对此类官员看似违背理性经济人假设的行为并没有给出理论或实证上的解释。

本文认为，在官员治理机制没有发生改变的前提下，"晋升锦标赛"理论依然能够解释官员间的竞争，只是上级所关注的指标由原来的经济单一指标转变为经济、环境等多重指标。多目标为下级官员提供了策略选择的可能，官员的行为会因竞争对手相对优劣状态的变化而发生变化，即形成博弈过程。作为对现有文献的补充，本文的边际贡献是：①从智猪博弈模型出发，通过理论推导，解释为什么即使处在初始条件相近的城市，地方官员在晋升竞争中仍可能采取不同策略，一些官员侧重发展经济，而另一些官员则侧重环境福利的提升；②实证检验地方官员的不同策略对辖区经济福利和环境福利的影响。

二、分析框架

（一）博弈场景构建

智猪博弈模型的特点是：①参与者有明显的能力偏向区别；②参与者可以客观评估自己与对方的能力；③参与者只能选择一种行动策略，没有中性选择（"踩踏板"或等待）；④两个可选策略有明显的优劣区别（"踩踏板"有成本，等待无成本）。两者的理性选择是：当对方有"等待"这个非常明确的优势策略时，己方会主动选择"踩踏板"。因为相比于与对方正面交锋，采取看似次优的"踩踏板"策略会使己方还有获得收益的机会。根据智猪博弈模型的以上四点特征，构建以下博弈场景：

（1）博弈参与者：参与者为某地方官员 i 及来自全国范围内的同级官员 j。

（2）可选策略：①追求辖区内经济福利最大化；②追求辖区内环境福利最大化。为简化分析，限制每位参与者只选择其中一种事务全力以赴。

（3）完全信息博弈：基于完全信息，

参与者可以准确地评估自己及对手的能力。

（4）禀赋状态：所有参与者的禀赋在本质上是相同的，无论哪位参与者将其所有禀赋贡献给社会，则整个社会获得的福利增加均为 w，即 $w_i=w_j$。① 虽然两位参与者的禀赋相同，但在具体处理经济事务和环境事务时的能力各有突出之处，设侧重"经济事务"的概率为 α，侧重"环境事务"的概率为 $1-\alpha$。

表1 地方官员博弈支付矩阵

		官员 j	
		经济事务	环境事务
官员 i	经济事务	$\alpha_i \cdot w_i$, $\alpha_j \cdot w_j$ 情景1	$\alpha_i \cdot w_i$, $(1-\alpha_j) \cdot w_j$ 情景2
	环境事务	$(1-\alpha_i) \cdot w_i$, $\alpha_j \cdot w_j$ 情景3	$(1-\alpha_i) \cdot w_i$, $(1-\alpha_j) \cdot w_j$ 情景4

根据以上假设，可得表1所示的博弈支付矩阵：①官员 i 若选择从事经济事务，其能给社会带来的福利期望值为 $\alpha_i \cdot w_i$；若选择从事环境事务，其能给社会带来的福利期望值为 $(1-\alpha_i) \cdot w_i$。②官员 j 若选择从事经济事务，其能给社会带来的福利期望值为 $\alpha_j \cdot w_j$；若选择从事环境事务，其能给社会带来的福利期望值为 $(1-\alpha_j) \cdot w_j$。

（5）前面已说明，两位参与者的能力各有突出之处，可进一步假设：官员 i 的经济事务处理能力优于环境事务处理能力，即 $\alpha_i > \frac{1}{i}$，$1-\alpha_i < \frac{1}{i}$；官员 j 的环境事务处理能力优于经济事务处理能力，即 $1-\alpha_j > \frac{1}{i}$，$\alpha_j < \frac{1}{i}$。

（二）博弈过程

如果上级政府更重视经济福利，则很

可能一开始两位参与者均从事经济事务，即博弈由情景1开始。首先，由于官员 i 在经济事务上的处理能力强于官员 j，两者创造的福利值 $\alpha_i \cdot w_i > \alpha_j \cdot w_j$，上级政府更可能提拔官员 i；其次，作为掌握完全信息的理性经济人，官员 j 评估自己与对方的能力后，会避免与官员 i 在经济事务上正面竞争，并退而选择将其所拥有的禀赋投入环境事务，以发挥自己在处理环境事务上的比较优势；最终，博弈进入情景2。

同理，如果上级政府更重视"环境福利"，则很可能一开始两位参与者均从事环境事务，即博弈由情景4开始。首先，由于官员 j 在环境事务上的处理能力强于官员 i，两者创造的福利值 $(1-\alpha_i) \cdot w_i < (1-\alpha_j) \cdot w_j$，上级政府更可能提拔官员 j；其次，作为掌握完全信息的理性经济人，官员 i 评估自己与对方的能力后，会避免与官员 j 在环境事务上正面竞争，并退而选择将其所拥有的禀赋投入经济事务，以发挥自己在处理经济事务上的比较优势；最终，博弈进入情景3。

（三）博弈模型含义

从博弈模型推导结果可得到以下推论：在上级政府以经济福利和环境福利为考核指标且前者权重更大的情况下，对于两个处于晋升博弈中的地方官员 i 和 j，若官员 i 更容易在经济福利目标上"出政绩"，那么官员 i 倾向于将更多精力投入经济事务中；与此同时，处于"相对竞争劣势"的官员 j 则趋向于选择次优策略，即以提高辖区内环境福利水平为主。至此，从理论上解释了官员行为"非收敛"的原因：官员在竞争博弈中会评估自己与竞争者的相对状态，并根据相对优劣状态采取不同的策略。

---

① 此处必须假定，就平均意义而言，官员在本质上是类似的，否则上级部门肯定会提拔禀赋较高的官员，晋升竞争也就不存在了。

然而，在情景 2 或情景 3 中，i 带来的福利值 $[\alpha_i \cdot w_i$ 或 $(1-\alpha_i) \cdot w_i]$ 与 j 带来的福利值 $[(1-\alpha_j) \cdot w_j$ 或 $\alpha_j \cdot w_j]$ 无法确定孰大孰小，因此，官员的不同策略对辖区经济福利和环境福利的影响无法从理论上得到唯一解，需要通过实证检验来解答。

三、实证研究设计

为了检验在竞争博弈中官员所处的状态差异对辖区经济福利和环境福利的影响，设定以下回归方程：

$$y_{st} = \alpha + \beta adv_{st} + \gamma match_{st} + \varepsilon \qquad (1)$$

其中，y_{st} 是一系列衡量城市经济福利水平和环境福利水平的变量；adv_{st} 代表某城市 s 第 t 年在任市长与全国范围内的同级官员进行晋升竞争时的相对状态（相对竞争优势或相对竞争劣势）；$match_{st}$ 为一系列匹配变量，包括城市层面经济变量和市长个人特征变量。

（一）指标说明

（1）核心解释变量"相对竞争优势"的测度。通常认为，在仕途竞争中影响官员相对优劣势状态的因素包括眼界（Chen et al.，2017）、协调能力（Blickle, Oerder, and Summers, 2010）、治理经验（Azmi, Ismaii, and Basir, 2012），甚至人际网络（Shipilov et al.，2014）等。尽管影响因素众多，但经过众多学者的理论论证和不断完善的技术处理，年龄（绝对年龄或相对年龄）已成为表征官员相对状态的成熟替代指标（见表2）。例如，"年少占优"论者认为，年轻官员对快节奏变化的环境适应力更强，同时未来晋升的空间更大，年轻官员也因此更加重视自身的政绩，以追求更高的晋升（毕睿罡、王钦云，

2019）；"年长占优论"者则认为，年龄关系到官员的归属感和角色意识（金刚、沈坤荣，2019），随着官员年龄的增长，其个人政策偏好的影响会逐渐显现出来（姚洋、张牧扬，2013）。虽然对于年长（年少）究竟是处于相对竞争优势还是相对竞争劣势，各位学者基于自身研究视角有不同的看法，但就本文而言，可以确定的是年龄这一变量背后包含了官员在能力、思维、资源等方面的异质性，足以区别官员在参与竞争博弈时的相对状态，这里暂且设定年龄较小者具有相对竞争优势。[①]

从技术处理方法上看，以年龄表征相对竞争优势可分为绝对年龄和相对年龄两种处理方式，相对年龄又可进一步细分出两种可参考的处理方式：①以地方官员年龄距 57 岁的"距离"表征优势大小（彭冲、陆铭，2019）。此方法的理论依据是《党政领导干部选拔任用工作条例》中关于拟进行下一次提拔的官员在本管辖区任职年限的规定，但其缺陷是无法区分"距离"的方向性问题。例如，对某地方官员而言，59 岁和 55 岁虽然与 57 岁"距离"相等，但却是"方向"完全不同的两种激励。作为修正，熊瑞祥和王慷楷（2017）剔除了年龄超过 57 岁的样本并进行回归（熊瑞祥、王慷楷，2017），但此处理方法可能造成不必要的样本损失和选择性偏差。②以官员年龄是否低于当年样本的平均年龄来识别官员是否具有相对年龄优势。低于当年样本的平均年龄，则表明具有相对年龄优势，赋值为 1；高于平均年龄，则赋值为 0（周黎安，2004）。此处理方法比较契合我国地市级官员晋升竞争中的零和博弈过程：给定有限数量的晋升资格，一

---

① 需要再次强调，本文所指的"相对竞争优势"或"相对竞争劣势"，仅用于区别官员参与竞争时的相对位置状态，并不表示具有优势的官员一定能够获得晋升。

候选人获得提拔将直接降低另一候选人提拔的概率。

表2 以年龄表征官员相对竞争优势的不同处理方式对比

分类	年龄处理方式	期刊	作者
绝对年龄	直接以年龄作为变量	经济体制改革	刘胜和顾乃华（2017）
	年龄平方	经济研究	姚洋和张牧扬（2013）
	就职第一年的年龄	管理世界	韩超等（2016）
相对年龄	将官员按年龄段分为四组	中国人口·资源与环境	唐啸等（2017）
	若官员年龄低于55岁，则赋值为1，否则为0	经济管理	卢洪友和张楠（2016）
	若官员年龄低于当年样本的平均年龄，则赋值为1，否则为0	中国工业经济	卢盛峰等（2017）

由于在实践中很难经验性地判断官员的绝对年龄是否构成提拔条件（或障碍），而相对年龄优势在中央大力推行干部"革命化、年轻化、知识化、专业化"中又成为与同级官员竞争的潜在优势，因此，本文选择第二种方法来区分仕途竞争博弈中的官员相对状态：以官员的"相对年龄优势"表征"相对竞争优势"，以"相对年龄劣势"表征"相对竞争劣势"，具体定义见表3。

（2）被解释变量环境福利和经济福利水平的测度。参考现有研究，并从数据可获得性、回归结果稳健性考虑，选取工业固体废弃物、废水、废气三个代表性污染物排放量来刻画每个样本城市的环境福利水平，以上三个指标的特点是：①负产出指标。某地区的排放值越高意味着环境福利越低。②被动指标。这些负产出由企业生产并向社会"供给"，政府或官员无法直接调节这些负产出的产量。对应地，本文还收集了两个由政府"生产"并可直接调整产量的主动性正指标用于辅助分析，包括人均绿地、环境治理投入。另外，本文也整理了刻画"经济福利"水平的FDI、税收、固定资产投资用于对比分析。所有被解释变量的定义如表3所示。

表3 变量定义

变量		定义	单位
解释变量			
相对年龄优势		1—低于当年样本中官员的平均年龄 0—高于当年样本中官员的平均年龄	虚拟变量
被解释变量			
环境福利	固体废弃物	工业固体废弃物的产生量增加值/GDP增加值	吨/万元
	废气	工业废气排放量增加值/GDP增加值	吨/万元
	废水	工业废水排放量增加值/GDP增加值	万吨/万元
	公共绿地	城区公共绿地面积增加值/城区人口增加值	公顷/万人
	环境治理投入	环境治理投入增加值/政府支出增加值	万元/万元
经济福利	FDI	全市实际使用外商直接投资金额增加值/GDP增加值	万元/万元
	税收	全市规模以上工业企业销售税增加值/GDP增加值	万元/万元
	固定资产投资	全市固定资产投资总额增加值/GDP增加值	万元/万元

变量		定义	单位
匹配变量			
城市特征	人口密度	年末总人口/行政区域土地面积	万人/平方千米
	人均财政支出	地方财政一般预算内支出/年末总人口	万元/万人
	人均GDP	GDP/城市人口	万元/万人
市长特征	性别	1—男性；0—女性	虚拟变量
	工作经历	1—团委；2—秘书长；3—办公室主任；4—××助理	无序分类变量
	教育水平	1—本科以下；2—本科；3—硕士；4—博士	无序分类变量

（3）匹配变量。对比不同状态下官员的行为决策及其对辖区经济福利和环境福利的影响，应从总样本中抽取"城市特征"以及"市长特征"尽可能相似的两组样本进行比较，对这些因素进行有效控制，能够保证两组样本之间的差异是由官员的相对竞争优劣势差异引起的。刻画"城市特征"和"市长特征"的非核心变量在倾向得分匹配法（PSM）回归中被称为匹配变量，根据 Hayo 和 Neumeier（2014）、刘海洋等（2017）等文献的建议，刻画城市特征的变量包括人均 GDP、人口密度、人均财政支出，刻画市场特征的变量包括工作经历、教育水平、性别（见表3）。匹配变量的作用在下文的方法介绍中有更详细的说明。

（二）回归方法介绍

传统回归分析方法将控制变量与核心解释变量一同代入方程，这样处理样本容易出现城市 s 与城市 k 的初始条件不一致的情况（如图1所示 $x_s \neq x_k$），影响我们对核心变量实际效果的判断。倾向得分匹配法的基本思想是模拟自然科学实验，设置处理组和对照组，通过控制核心解释变量以外的因素，提高实证结果的可比性。对于城市 s 来说，它的福利大小 y_s 可能有两种状态：

$$y_{st} = \begin{cases} y_{1st} \mid D_{st}=1 \\ y_{0st} \mid D_{st}=0 \end{cases} = (1-D_{st}) y_{0st} + D_{st} y_{1st} = y_{0st} + (y_{1st}-y_{0st}) D_{st} \qquad (2)$$

其中，y_{1st} 表示城市 s 在 t 年由一位具备相对竞争优势的官员 A 担任市长时该城市的福利水平，相对地，y_{0st} 表示城市 s 在 t 年由一位相对竞争劣势的官员 B 担任市长时该城市的福利水平。显然，由于该城市只能处于一种状态（要么由官员 A 担任市长，要么由官员 B 担任市长），故只能观测到 y_{1st} 或 y_{0st}，而无法同时观测到两者。根据 Rubin（1974）提出的"反事实框架"，具体做法是寻找城市 s 和城市 r，使两个城市的基本特征及其市长的个人特征尽可能匹配（如图1右所示 $x_s \approx x_r$），这样，处理组和对照组唯一的区别是其官员是否具备相对竞争优势，进而可以把 $(y_{1s}-y_{0s})$ 近似看成由官员竞争博弈时所处的相对状态差异造成的最终的城市福利值差。$(y_{1s}-y_{0s})$ 为个案的处理效应，是一个随机变量，对于上级决策者而言，可能更为关心整个样本的平均处理效应（ATT），ATT 可以近似理解为传统回归分析中关键自变量的系数值，即式（1）中的 β 值，其表达式如下：

$$ATT = \frac{1}{N_1} = \sum_{s: D_s=1} (y_s - y_{0s}) \qquad (3)$$

其中，$N_1 = \sum_s D_s$ 为处理组个数，$\sum_{s: D_s=1}$ 是对处理组个体的加总。一般来说，用于描述城市特征或市长特征的变量 x_s 可能是多维向量（图1中的 x_s 为6维向量）。此时，如果直接匹配，可能很难寻找到各方面条件均相近的 x_r 与之匹配，PSM通过Logit模型计算每个样本的倾向得分，将多维向量 x_s 的信息降至一维后对处理组和对照组的样本进行匹配，经平衡性假设检验后，即可通过计算得到官员竞争博弈时所处的状态差异对一个城市福利的净影响。

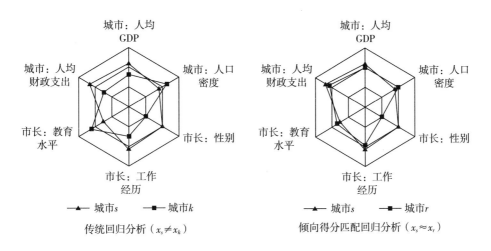

图1 传统回归分析与倾向得分匹配回归分析的比较

（三）数据来源与描述性统计

本文的研究主要基于2000~2012年中国地级市层级数据开展，地区宏观经济、社会统计指标以及"三废"中的废气、废水指标均来源于历年《中国城市统计年鉴》，固体废弃物指标来源于《中国统计年鉴》以及部分省、市级统计年鉴。地级市市长数据来源于中国地市级市长数据库，该数据库涵盖了除西藏、台湾、香港、澳门外的30个省份334个地级市2000~2012年的官员个人信息，实有3830个观察值，总观测值中男性占94.83%、女性占5.17%；58.65%经历过秘书长、副秘书长、办公室主任、助理职位锻炼；学历分布为本科以下6.70%、本科21.95%、硕士54.40%、博士16.95%；平均年龄为49.69岁，最小年龄为36岁，最大年龄为60岁，各期样本年龄特征如表4所示。需要指出的是，Stata软件会根据每一次回归自动将样本放入控制组或对照组，一些不具备可比性的样本将会被舍弃，因此，每一次回归的样本量都有所差异。

表4 各期样本年龄特征

年份	样本量	均值	最大值	最小值	中位数
2000	244	49.11	59	38	49
2001	269	49.13	60	36	48
2002	284	49.51	59	37	49
2003	296	49.03	59	38	49
2004	301	49.30	59	39	49
2005	304	49.70	60	40	50
2006	305	49.70	60	40	50
2007	305	49.64	58	39	50
2008	305	49.24	59	40	50
2009	304	49.97	59	41	50
2010	305	50.46	59	42	50
2011	305	50.55	60	41	50
2012	303	50.35	59	40	50

四、实证结果分析

（一）官员相对竞争优势与辖区经济福利水平

表5的回归结果显示，官员相对竞争优势与地方经济产出之间存在正向关系：在城市经济水平、人口密度等条件相似的前提下，同样增加1单位GDP，相对年轻市长所任职城市的FDI、税收和固定资产投资显著高于相对年长官员担任市长的城市，分别高出2.59万元、0.13万元和0.41万元。另外，表5也汇报了处理组与对照组的观测值是否在共同取值范围内，以第一行为例，在3830个观测值中，进入对照组和处理组的样本分别为1211个、1291个，共损失1328个样本。

表5　市长相对竞争优势与经济福利关系的回归结果

因变量	ATT	标准误	t值	总样本	共同取值范围样本数		样本损失
					对照组	处理组	
FDI	2.5923	0.8650	3.00***	3830	1211	1291	1328
税收	0.1299	0.0731	1.78*	3830	1385	1868	577
固定资产投资	0.4134	0.0725	5.70***	3830	1364	1402	1064

注：***、**、*分别表示在1%、5%、10%的水平上显著。

对于以上回归结果的解释，除了现有研究所认为的较年轻官员更具创业精神、精力充沛、更热情等积极因素外，本文认为，从相对消极的角度也可以部分地解释以上回归结果。借用"理性经济人"的概念，地方官员是有着独立利益诉求的"谋利型政权经营者"（张华、唐钰，2019），其诉求是在每一任任期结束后顺利晋升，这使地方官员在上级安排的提高辖区经济福利和环境福利两项任务上会权衡自己的利益得失，以自己利益最大化为行动指南：

（1）对待经济福利，年轻官员视其为重要工作。在与年长官员竞争晋升资格的过程中，年轻官员在资历、过往业绩等方面不具有优势，辖区内经济表现是其为数不多的向上级证明治理能力的显性指标，因为相对于环境治理，经济发展更容易在较短周期内实现。

（2）对待环境福利，年轻官员存在机会主义倾向。在上下级政府间存在"不完全信息"的情形下，同时受到"在短期内取得政绩以换取竞争筹码"的目标激励，年轻官员容易产生以环境换经济的冲动。李佳佳和罗能生（2016）的研究也曾发现，个别地方政府在环境污染治理实践中会更加注重对易检测的固体废弃物和废水的监管和治理，而对于易扩散不易被检测的工业二氧化硫排放则疏于监管，两者的研究说明，地方官员有足够的能力隐瞒辖区的环境状态信息。

（二）官员相对竞争优势与辖区环境福利水平

对经济福利的过度偏好也导致了部分官员在环境治理上的机会主义倾向。我们可以发现，对于一些环境指标（见表6），在禀赋相似的城市，相对年轻市长所任职城市的单位污染物排放程度显著高于相对年龄劣势官员担任市长的城市，同样增加1单位GDP，较年轻市长所在城市的固体废弃物、废气、废水排放量分别高出 52　　吨、21 吨和 6 吨。

表 6　市长相对竞争优势与环境福利关系的回归结果

| 因变量 | ATT | 标准误 | t 值 | 总样本 | 共同取值范围样本数 | | 样本损失 |
					对照组	处理组	
固体废弃物	52.5716	52.5716	2.41***	1450	704	731	15
废气	21.6590	12.9145	1.68*	3830	994	1122	1714
废水	6.2342	3.6702	1.70*	3830	1403	1404	1023

注：***、**、*分别表示在 1%、5%、10%的水平上显著。

对于以上回归结果，除了常见的"重经济增长，轻环境治理"的解释外，本文认为，也可能存在其他原因促使参与竞争博弈中的官员根据不同的优劣势状态改变目标函数和决策方式。从相对年龄劣势官员的角度分析：

（1）若官员不具备相对年龄优势，其有可能意识到自己的晋升概率较小，此时的行为策略从"邀功"转向"避责"（张华、唐钰，2019），发展经济的热情也逐渐减弱，牺牲环境换取经济的行为也随之减少。

（2）官员在年龄上的相对劣势从另一个角度考虑意味着更长的从政年限，丰富的从政经验使这类官员更加善于全盘统筹考虑（Li and Zhou，2005），而不是将经济成就作为唯一的成绩单。如果说年轻官员的优势是敏锐地感知外界经济局势变化，并通过一门心思地搞好经济换取下一场"晋升锦标赛"的入场券；那么年长官员的优势则是丰富的系统性管理工作经验，能够比年轻官员更好地平衡经济发展与环境保护的关系。因此，反映在回归结果中，擅长全盘统筹的较年长官员在"环境福利"方面的表现优于较年轻官员。

（三）官员相对竞争优势与辖区环境治理投入

本部分通过两项主动性正指标（环境治理投入、人均绿地面积），分析官员的环境治理行为动机。表 7 显示，在政府支出增速相同的前提下，相对年轻市长所任职城市的环境治理费用投入增加额比相对年龄劣势官员担任市长的城市高 2%，似乎可以推论，同样增加 1 万元政府公共支出，较年轻市长分配给环境治理的费用会较年长市长多 200 元。然而，对于此回归结果，本文并不认为是具备相对竞争优势官员所做出的主动行为，而是为了弥补经济上较激进行为所采取的适度有为策略。Chirinko 和 Wilson（2011）曾发现，美国各州针对不同的污染物给予了不同的环境税税率，以平衡财政收入和生态治理之间的冲突。虽然样本期内国内尚未征收环境税，本文推测，市长可能也采取了类似的平衡策略，在经济与生态之间、在不同利益相关者之间（辖区内企业、政府与公众）"踩跷跷板"——通过增加环境治理投入，弥补经济增长对环境的负向影响。

为进一步证实"环境治理投入高 2%"不是具备相对年龄优势的官员的主动行为，本文考察了另一个能反映环境福利水平的指标——人均绿地面积。该指标在现阶段不是官员政绩成绩单中的考察项目，因此，可借助此指标，从侧面考察官员对城市环境投入的"主动性"。从回归结果来看，在相同人口增速的前提下，相对年轻市长

所任职城市的人均绿地增长量明显低于相对年长官员担任市长的城市，平均增速低2.57公顷/万人。可以合理推测，重视

"环境治理投入"指标只是年轻市长适度有为策略的行为结果，因为这项指标更可能被列为绩效考核项目。

表7 市长相对竞争优势与环境治理关系的回归结果

因变量	ATT	标准误	t 值	总样本	共同取值范围样本数		样本损失
					对照组	处理组	
人均绿地面积	−2.5720	1.1700	−2.19**	3830	1366	1401	1063
环境治理投入	0.0205	0.0092	2.23**	3830	600	552	2678

注：***、**、*分别表示在1%、5%、10%的水平上显著。

五、稳健性检验

如果匹配后所有变量在处理组和对照组的均值偏误都能大幅降低，则意味着不同组别的个体特征（包括城市特征和市长特征）差异得到了大幅消除，配对样本具有高度相似性。从表8的统计指标来看，匹配后的数据质量有所提高：①相比于匹配前，变量匹配后的标准化偏差小于10%，人均GDP和人口密度的偏差分别

为−12.80%和−11.80%，似乎可接受；②多数变量经匹配处理后的t检验不显著，说明不拒绝"处理组和对照组无系统差异"的原假设。人均GDP和人口密度在匹配处理后的t值虽仍显著，但相比于匹配前已有所改善；③对比匹配前的结果，所有变量的标准化偏差均得以约简，所有变量的标准化偏差在匹配后大幅缩小。综合以上结果，本文认为，数据总体上通过了平衡性检验。

表8 PSM 平衡性检验

匹配变量		处理组	对照组	标准化偏差（%）	偏差约简（%）	t 检验	p>|t|
城市：人口密度	匹配前	23614	18777	14.30		3.59	0.00
	匹配后	23614	27612	−11.80	17.40	−1.76	0.08
城市：人均财政支出	匹配前	1154.4	937.76	20.80		5.21	0.00
	匹配后	1154.4	1105.5	4.70	77.40	1.18	0.24
城市：人均GDP	匹配前	3622.5	3101.1	14.80		3.71	0.00
	匹配后	3622.5	4074.5	−12.80	13.30	−2.26	0.02
市长：性别	匹配前	0.9607	0.9406	9.30		2.34	0.02
	匹配后	0.9607	0.9546	2.80	69.30	0.78	0.44
市长：工作经历	匹配前	0.5624	0.6021	−8.10		−2.02	0.04
	匹配后	0.5624	0.5848	−4.50	43.70	−1.15	0.25
市长：教育水平	匹配前	2.5740	3.0708	−65.70		−16.47	0.00
	匹配后	2.5740	2.5963	−3.00	95.50	−0.71	0.48

此外，在进行倾向得分匹配时，除了

一对一匹配，还有近邻匹配、一对多匹配、

卡尺匹配、核匹配、局部线性回归匹配和马氏匹配等不同的匹配方法，不同方法的结果相似，说明结果是稳健的，不依赖于具体方法。

六、结论与启示

（一）研究结论

官员晋升制度将地方政府官员置于强力的激励之下，构成了中国经济增长的重要来源，但"晋升锦标赛"也可能带来高昂的发展代价。本文从官员竞争博弈视角探讨了官员策略变化对辖区环境福利的影响。从实证结果来看，在"晋升锦标赛"体系下，官员会对自身及竞争对手的优劣势进行评估，进而采取不同的反应策略：①较年轻官员希望在每个任期的政绩都保持良好记录和向上势头，倾向于通过在短时间内显著提高辖区内的经济绩效这一"硬成绩"向中央政府证明治理能力，以换取获得晋升的机会。作为弥补，较年轻官员会采取"踩跷跷板"策略，在一些显性指标上"适度有为"，如提高环保投入在政府支出中的比例，以回应中央及公众对环境治理的关切。②较年长官员的优势是擅长全盘统筹考虑，能更好地兼顾经济发展与环境保护的关系，通过更稳健的平衡发展方式获得晋升可能。

（二）政策启示

（1）晋升制度能够有效激励官员有所作为，但未来需要继续推进考核清单调整。在改革开放初期，我国所要解决的主要矛盾是人民日益增长的物质文化需要同落后的社会生产之间的矛盾，中央政府通过采用晋升激励制度，把提升全民经济福利水平的愿望有效转化，分解为地方官员发展辖区经济的实际行动，这证实了晋升制度本身的可操作性。但随着社会主要矛盾转化为人民日益增长的美好生活需要和不平衡不充分的发展之间的矛盾，我们也有必要再次审视晋升制度存在的问题。加快在晋升考核体系中融入"绿色GDP""绿水青山就是金山银山"等新发展思维，切实把环境指标纳入地方政府考核指标体系。在这点上，无论是中央政府还是地方政府近期都已有所行动。例如，2018年开征的环保税，国务院已明确将税收收入全部作为地方收入；海南也将于2018年取消部分市县GDP、工业、固定资产投资的考核，把生态环境保护立为负面扣分和一票否决事项。这些措施表明，政府已经从单一发展经济向经济、生态文明等多目标发展展开了实质性探索，相信经过调整后的晋升激励机制能够激发地方官员保护环境的积极性，促进经济绩效向环境绩效的良性转换，实现社会整体福利帕累托改进。

（2）强化官员的全局意识，鼓励官员由"为增长而竞争"向"为和谐而竞争"转变。中央在近年注重年轻、知识型干部培养，充分发挥了年轻干部在提振地方经济中的主观能动性，但必须承认，在现有关系下，部分官员还存在只注重向上负责、全局意识薄弱等缺点，公众作为地方政府真正应该服务的对象，官员对其良好生活环境的诉求反而容易忽视。官员在"晋升锦标赛"的激励下能够促进地方经济发展是事实，但很可能只是"部分事实"，即在以绩效为主要考核目标的"晋升锦标赛"中，官员会因为急于在短期内做出政绩而关注短期发展，而这种经济绩效却是以牺牲"非经济福利"为代价的。对此，必须强化官员的全局意识，可考虑老少搭配的方式，创新地方领导班子组合，促进官员深刻理解生态和环境保护是一项具有"前人栽树、后人乘凉"属性的事业，鼓励官员由"为增长而竞争"向"为和谐而竞争"转变。

参考文献

［1］Azmi I A G, Ismail S H S, Basir S A. Women Career Advancement in Public Service：A Study in Indonesia［J］. Procedia-Social and Behavioral Sciences, 2012, 58 (8)：298-306.

［2］Blickle G, Oerder K, Summers J K. The Impact of Political Skill on Career Success of Employees' Representatives［J］. Journal of Vocational Behavior, 2010, 77 (3)：383-390.

［3］Chen Z, Tang J, Wan J, et al. Promotion Incentives for Local Officials and the Expansion of Urban Construction Land in China：Using the Yangtze River Delta as a Case Study［J］. Land Use Policy, 2017, 63 (4)：214-225.

［4］Chirinko R S, Wilson D J. Tax Competition Among U. S. States：Racing to the Bottom or Riding on a Seesaw?［J］. Social Science Electronic Publishing, 2011, 36 (4)：589-609.

［5］Hayo B, Neumeier F. Political Leaders' Socioeconomic Background and Fiscal Performance in Germany［J］. European Journal of Political Economy, 2014, 34 (6)：184-205.

［6］Li H, Zhou L A. Political Turnover and Economic Performance：The Incentive Role of Personnel Control in China［J］. Journal of Public Economics, 2005, 89 (9)：1743-1762.

［7］Rubin D. Estimating Causal Effects of Treatments in Randomized and Non Randomized Studies［J］. Journal of Educational Psychology, 1974, 66 (1)：688-701.

［8］Shipilov A, Labianca G, Kalnysh V, et al. Network-building Behavioral Tendencies, Range, and Promotion Speed［J］. Social Networks, 2014, 39 (8)：71-83.

［9］毕睿罡, 王钦云. 政企合谋视角下的环境治理——基于官员考核标准变化的准自然实验［J］. 当代经济科学, 2019 (4)：62-75.

［10］郭文伟, 李嘉琪. 房价泡沫抑制了经济高质量增长吗? ——基于13个经济圈的经验分析［J］. 中国软科学, 2019 (8)：77-91.

［11］韩超, 刘鑫颖, 王海. 规制官员激励与行为偏好——独立性缺失下环境规制失效新解［J］. 管理世界, 2016 (2)：82-94.

［12］金刚, 沈坤荣. 地方官员晋升激励与河长制演进：基于官员年龄的视角［J］. 财贸经济, 2019 (4)：20-34.

［13］金刚, 沈坤荣. 新中国70年经济发展：政府行为演变与增长动力转换［J］. 宏观质量研究, 2019 (3)：1-16.

［14］李佳佳, 罗能生. 税收安排、空间溢出与区域环境污染［J］. 产业经济研究, 2016 (6)：57-66.

［15］李强. 财政分权、FDI与环境污染：来自长江经济带的例证［J］. 统计与决策, 2019 (4)：173-175.

［16］刘海洋, 林令涛, 黄顺武. 地方官员变更与企业兴衰——来自地级市层面的证据［J］. 中国工业经济, 2017 (1)：62-80.

［17］刘胜, 顾乃华. 官员治理、外商直接投资与地区环境污染——基于官员激励及其异质性视角［J］. 经济体制改革, 2017 (2)：24-30.

［18］卢洪友, 张楠. 地方政府换届、税收征管与税收激进［J］. 经济管理, 2016 (2)：160-168.

［19］卢盛峰, 陈思霞, 杨子涵. "官出数字"：官员晋升激励下的GDP失真［J］. 中国工业经济, 2017 (7)：118-136.

［20］彭冲, 陆铭. 从新城看治理：增长目标短期化下的建城热潮及后果［J］. 管理世界, 2019 (8)：44-57.

［21］唐啸, 周绍杰, 刘源浩, 等. 加大行政奖惩力度是中国环境绩效改善的主要原因吗?［J］. 中国人口·资源与环境, 2017 (9)：83-92.

［22］吴勋, 白蕾. 财政分权、地方政府行为与雾霾污染——基于73个城市PM2.5浓度的实证研究［J］. 经济问题, 2019 (3)：23-31.

［23］熊瑞祥, 王慷楷. 地方官员晋升激励、产业政策与资源配置效率［J］. 经济评论, 2017 (3)：104-118.

［24］姚洋，张牧扬．官员绩效与晋升锦标赛——来自城市数据的证据［J］．经济研究，2013（1）：137-150.

［25］张华，唐珏．官员变更与雾霾污染——来自地级市的证据［J］．上海财经大学学报，2019（5）：110-125.

［26］周黎安．晋升博弈中政府官员的激励与合作——兼论我国地方保护主义和重复建设问题长期存在的原因［J］．经济研究，2004（6）：33-40.

□ Riding on a Seesaw between Economy and Environment: Governors' Strategy Selection in Games

Yang Chao   Cheng Baodong   Yu Chang

Abstract: Economic development and environmental governance are two important factors in Social welfare. However, different governors have different strategy selection in handling local affairs. In this paper, a competition game scene was established based on the Game Theory. Through the scene, we inferred that governors' strategy selection depended on relative advantage or disadvantage. Then the Propensity Score Matching (PSM) was used to measure the economic welfare and environmental welfare under the different strategy selections. The empirical result showed that governors, whose ages were below average, had better performance in economic achievements, while governors, whose ages were above average, had better performance in environmental achievements. The performance of relatively young governor in FDI, tax and fixed asset investment is significantly higher than that of governor at the same level, by 25900 yuan, 1300 yuan and 4100 yuan respectively. To make up for this, younger officials will adopt a "seesaw strategy with moderate ambition" on some explicit environmental target, such as increasing the proportion of government spending, devoted to environmental protection, in response to central and public concerns. The performance of relatively older governor in Solid waste, exhaust gas and wastewater is significantly lower than that of governor at the same level, by 52tons, 21tons and 6tons respectively. Finally, we put forward some suggestions that cadre promotion assessment system be supposed to highlight green development and overall consciousness of young governor so as to mo-

经济发展与环境治理的『跷跷板』：官员竞争博弈下的策略变化

tivate officials to attach importance to noneconomic welfare within the jurisdiction.

Key Words: Local Governor; Competition Game; Economic Welfare; Environmental Welfare

□ 新一轮科技革命中技术创新的市场选择机制研究*

陈明明　张国胜　张文铖

摘　要： 面对新一轮科技革命中出现的不同新兴技术，市场是如何进行动态选择的？本文着眼于本轮科技革命的新特点，将新古典经济学均衡分析与演化经济学思想相结合，并通过构建技术创新的市场选择动力方程，将技术异质性、生产者与消费者的技术需求纳入一个分析框架，剖析技术创新的市场选择动态过程。研究发现：第一，市场经济系统中存在一个自发的、内生的技术创新选择机制，使技术个体群结构由多样性向单一性变迁；第二，在不同的消费者偏好条件下，产品质量和成本不尽相同的技术个体在技术个体群中的权重变迁趋势不一；第三，技术或产品市场完善程度与技术个体群结构变迁速度成正比。

关键词： 科技革命；技术创新；异质性技术；技术需求；市场选择

一、问题的提出

新一轮科技革命和产业变革方兴未艾，孕育和形成了一大批新兴技术，如人工智能、信息技术、生物技术、新能源技术、新材料技术等，新的科技和产业革命正在重构全球创新版图，重塑全球经济结构，为人类社会发展带来新的机遇①。虽然新一轮科技革命产生了大量新兴技术，但是由于市场接受程度的不确定性要远高于技术的不确定性（Freeman，2004），因此并非所有新兴技术都能获得市场认可，只有少数被市场选择出来的技术创新才能成为引领新一轮经济增长的战略性技术。这也验证了虽然政府和市场都是技术选择的主体，但是政府选择技术的逻辑必须让位于市场选择的逻辑，政府的技术创新选择要服从于市场选择技术创新的内

基金项目：国家社会科学基金青年项目"新一轮科技革命中技术创新的市场选择机制研究"（19CJL036）；教育部人文社科研究青年基金项目"产融结合下中国制造企业技术创新融资错配的纠正机制研究"（19YJC790141）；天津市科技计划项目"天津市科技服务业集聚与制造业升级"（18LZXZF00600）。

作者简介：陈明明，男，中国社会科学院工业经济研究所博士后，经济学博士，研究方向为创新经济，电子邮箱：760893874@qq.com。张国胜，男，云南大学发展研究院教授，博士生导师，经济学博士，研究方向为产业经济。张文铖，男，中国人民大学经济学院博士研究生，研究方向为世界经济。

* 本文曾刊登于《当代经济科学》2019 年第 6 期。

① 习近平. 在中国科学院第十九次院士大会、中国工程院第十四次院士大会上的讲话［N］. 人民日报，2018-05-29（2）.

在规律（Schumpeter，2017）。因此，市场选择也就成了一项技术创新最终能否取得成功的关键。

技术创新是经济长期持续增长的根本动力，是推动社会福利水平不断攀升的最主要因素。面对新一轮科技革命中出现的大量不同技术个体，市场是如何进行动态选择的？这是学界和政界关注的焦点问题之一，也是研究的"黑箱"。探析技术创新的市场选择机制，不但有利于丰富创新经济学理论，而且有助于指导我国在新一轮科技革命中抢占全球经济竞争制高点，具有理论和现实意义。

本文的边际贡献如下：第一，将新古典经济学均衡分析与演化经济学演化理论相结合，试图为市场选择技术创新构建一个经济学理论分析框架，以此揭示市场经济系统中技术创新选择的机制。第二，鉴于新一轮科技革命产生了大量不同的技术创新，这些技术创新不仅在生产成本上具有差异性，而且在所生产的产品质量上也有所不同，因此本文将在生产成本和产品质量两个维度上刻画技术创新之间的异质性。第三，鉴于消费者个性化需求或个性化定制在新一轮科技革命中的地位日益凸显，本文将消费者的需求偏好作为一个模块纳入分析框架中。第四，伴随着市场竞争趋于完全，新一轮科技革命催生的技术创新呈现几何级渗透扩散，本文分析了市场结构对技术创新市场选择速度的影响。

本文剩余部分作如下安排：首先，对相关现有文献进行回顾与评述；其次，构建新一轮科技革命中技术创新的市场选择理论分析框架；再次，对理论命题进行演化模拟分析；最后，得出研究结论与政策启示。

二、文献回顾与评述

（一）关于新一轮技术革命及技术创新的相关研究

金融危机后，一场以数字化制造技术为核心的新一轮科技革命随之而来（Markillie，2012）。新科技革命的出现既有源于人类的好奇心和科技发展的惯性等内在动力，也与人类应对全球性危机的生存需求有关（何传启，2015）。目前，新科技革命呈现出重要科学领域从微观到宏观加速纵深演进、前沿技术多点突破、颠覆性创新呈几何级渗透扩散等特点（王志刚，2015）。新的科技革命从总量上将改变世界经济面临的供给侧约束，推动世界经济进入新一轮长周期的上升阶段；从结构上将从微观、中观、宏观三个层面，推动世界经济发生深刻变化（杨长湧，2018）。新的科技革命一方面将催生新产业、新业态和新模式，提高经济增长的速度；另一方面将引发新的工业生产革命，改变现有的生产方式（易信，2018）。

新一轮科技革命虽已在多个技术领域开花结果，但究竟在哪个领域中能够形成具有广泛关联性和全局性的、对人类社会生产生活方面产生深刻持续影响的颠覆性技术，尚在争论之中。2014年麦肯锡公司认为，互联网等五项技术将是影响未来经济的核心技术；2012年英国政府预测大数据等八大技术将成为颠覆性技术；2015年美国强调主导未来经济发展的是先进制造等九大领域；2016年日本推出了颠覆性技术创新计划，将高分子材料等16种技术列为颠覆性技术；2016年中国将信息技术、新材料技术等视为战略性技术。

（二）关于技术创新选择的相关研究

从目前的情况看，哪一种新兴技术能

成为引领经济增长的主导技术趋势还不明朗。其背后的原因在于新兴技术创新是需要经过市场选择的，只有被市场认可的技术才能成为真正意义上的颠覆性技术。

面对可供选择的多样性技术，选择哪种技术成为一个企业和国家保持持久竞争力的关键。就企业而言，大部分文献基于生产者视角，认为具有规模报酬递增、网络外部性特点的技术个体将会淘汰其他技术而成为主导技术（Arthur，2009；Shapiro et al.，1998）；技术选择是企业努力的行为，因此那些主体发育情况良好、信息较为完全、外部竞争环境适宜的企业所拥有的技术个体容易在市场竞争中获得成功（安同良，2003；Bas and Berthou，2017）。另有文献从生产者和消费者微观视角，利用费希尔原理探究了技术选择中是否存在"格雷欣法则"（陈明明等，2019）。就国家而言，大部分文献基于宏观视角，认为要素禀赋结构决定了一个国家选择何种技术最为适宜，发达国家应选择资本密集型技术，后发国家则选择劳动密集型技术（林毅夫、张鹏飞，2006）。成功的技术选择可以提高企业利润率（Bartelsman et al.，2016），促进产业升级和经济增长（杨汝岱、姚洋，2008），且这些论断得到了相应的实证检验（陈雯、苗双有，2016；Gutiérrez and Teshima，2018）。技术选择类型以技术获取来源分内部和外部技术，以创新方式分自主和模仿创新，以发展战略分因势利导和适度赶超技术（余泳泽、张先轸，2015；许岩、尹希果，2017）。

现有研究分析了新一轮科技革命发展趋势，并对技术选择进行了探讨性的理论和实证分析，取得了诸多富有价值的结论，为研究技术创新的市场选择过程奠定了基础。然而，现有分析更多的是从宏观和生产者的视角分析，忽视了消费者的作用，且缺乏一个完整的针对本轮科技革命新特点的经济学分析框架，没有很好地揭示市场选择技术创新的内在规律和动态过程。鉴于此，本文着眼于本轮科技革命的新特点，融合新古典经济学的均衡思想和演化经济学的演化思想，从生产成本和产品质量两个维度刻画技术个体异质性，并基于生产者和消费者的视角，构建技术创新选择动力方程，将技术异质性、生产者与消费者的技术需求统一纳入一个分析框架，以此揭示市场选择技术创新的动态过程。

三、新一轮科技革命中技术创新的市场选择：理论框架构建

（一）技术演化过程的基本原则：选择动力方程

在生物学中，个体群成员间繁殖速率的差异性是生物演化的前提条件：繁殖率快的成员生存下来，繁殖率慢的成员则被淘汰。根据费希尔原理，个体成员在个体群中的权重增长率由该个体的增长率与个体群的平均增长率之差决定，即种群内部成员之间差异化的增长率决定了不同成员在种群中权重的变化（Fisher，1999）。借喻到演化经济学中，当经济主体以不同的速率增长时，增速最快的经济个体就会被市场选择出来，这一原理被经济学家用于研究经济结构变迁等现象（Metcalfe，1994）。鉴于研究对象是技术，本文假设个体群是技术个体群。技术个体群是指由生产满足同一欲望产品的若干类技术组成的个体群；技术个体成员的权重定义为该技术所生产的产品价值占生产满足某种欲望的所有产品价值的比重。

市场选择所导致的技术个体动态变迁

过程，一方面是个体成员自身绝对量的变化，即该技术市场需求（以其所生产的产品市场需求数量来表示）的增长率，另一方面是个体成员相对于其他个体成员相对量的变化，即权重变化。

1. 绝对量的变化

假设 i 技术 t 期的市场需求服从指数式增长（Hofbauer and Sigmund, 1998），x_{it} 和 $x_{i(t+\Delta t)}$ 为 t、$t+\Delta t$ 时期 i 技术市场需求，其关系如式（1）所示：

$$x_{i(t+\Delta t)} = e^{g_{it} \times \Delta t} x_{it} \qquad (1)$$

2. 相对量的变化

假设技术个体群中存在 l 种技术，v_{it} 为 i 技术在技术个体群中的权重；$\bar{g}_t$ 为技术个体群平均市场需求增长率，即技术个体群中所有技术个体成员市场需求增长率的加权平均。那么，i 技术权重在两期上的平均增长率为：

$$(v_{i(t+\Delta t)} - v_{it})/\Delta t = \left[(e^{(g_{it} - \bar{g}_t)\Delta t} - 1)/\Delta t \right] v_{it} \qquad (2)$$

当 v_{it} 可导且时间间隔 Δt 无限小时，即可得到连续时间上的技术选择动力方程：

$$\mathrm{d}v_{it}/\mathrm{d}t = \lim_{\Delta t \to 0} \left[(v_{i(t+\Delta t)} - v_{it})/\Delta t \right] = v_{it}(g_{it} - \bar{g}_t) \qquad (3)$$

由式（3）可知，技术个体绝对量和相对量的变迁不是孤立的，而是绝对量变迁引起了相对量的演化。i 技术的权重变化是由该技术的市场需求增长率（g_{it}）与技术群平均市场需求增长率（$\bar{g}_t$）之间的关系来决定的。增长率低于平均增长水平的技术个体权重将下降；等于平均增长水平的技术个体权重不变；高于平均增长水平的技术个体权重将上升。

增长率是技术个体权重变迁的决定性力量，那又是什么决定了技术个体的增长率呢？本文认为生产者对技术的直接需求和消费者因产品需求而对技术产生的间接需求共同决定了某项技术的市场需求增长率。因此，本文将技术需求分为供给侧技术需求和需求侧技术需求。

（二）供给侧技术选择与技术市场需求增长

供给侧的技术异质性。在新一轮科技革命中前沿技术呈现多点突破态势，诸多技术个体群正在形成。同一个技术个体群中的不同技术对于生产者来说具有不同的差异性。第一，不同技术生产单位产品的成本具有差异性。不同技术个体所要求的生产要素组合比例是不同的，因此不同要素组合比例导致了不同技术个体生产单位产品的成本具有差异性。第二，不同技术所带来的利润水平不同。由于利润水平是由产品价格与成本共同决定的，而不同技术的单位产品价格及成本又是不同的。

生产者的技术选择。新一轮科技革命正在孕育新的技术创新范式，不同创新范式会引导企业选择不同的技术创新。纳尔逊和温特（1997）认为，组织惯例是一个行为规则和知识结构，是一套高度结构化的习惯性反应，决定着一个企业的生产经营行为。组织惯例分为控制惯例、复制惯例、收缩惯例以及模仿惯例。企业依据控制惯例支配着企业的技术生产活动；根据复制惯例和收缩惯例扩大和收缩企业现有生产规模；按照模仿惯例对企业现有的控制惯例进行改变，以寻找更好的控制惯例来获得竞争优势。企业遵循着上述组织惯例对差异性的技术个体进行选择：当企业使用现有技术能够获利时，将继续选择该技术并扩大其规模；否则，将缩小其规模，并寻找其他技术。

技术市场结构与技术创新市场选择速度。为了刻画新一轮科技革命中新兴技术呈现几何级渗透扩散的新特点，本文拟考察市场竞争对技术创新市场选择速率的影响，将技术市场结构纳入理论框架中。

供给侧的技术需求增长模型。基于上述分析，借鉴梅特卡夫（2007）的研究方法，构建技术供给侧的市场需求增长模型：

$$g_{sit} = \left[1/(-\ln\lambda) \right] \left[(p_{it}-c_i)+(\bar{c_t}-c_i) \right] \tag{4}$$

其中，g_{sit} 为 i 技术供给侧的市场需求增长率，p_{it} 为 i 技术所生产单位产品的价格，c_i 为 i 技术生产单位产品的生产成本且不随时间变化，$\bar{c_t}$ 为技术个体群中技术个体生产单位产品的成本加权平均。λ 为技术市场完善系数，取值范围在 $0 \sim 1$。当技术市场完善系数（λ）越大时，技术市场完善度越高（如技术个体间竞争较完全、技术外溢渠道较多），意味着企业转换生产技术的障碍越小，使企业对不同技术作出的选择越快速；反之，技术市场完善程度越低，企业选择技术的速度越缓慢。

由式（4）可知，i 技术单位产品所带来的利润（$p_{it}-c_i$）及其成本优势状况（$\bar{c_t}-c_i$）均与该技术市场需求增长率（g_{sit}）呈正相关关系。创造正利润的技术将被继续使用并扩大其使用规模；反之，收缩其使用规模。当生产成本低于技术个体群中的平均水平时，i 技术供给侧的市场需求增长率将会被提高；反之，将会下降。

（三）需求侧技术选择与技术市场需求增长

需求侧的技术异质性。不同的技术对于消费者来说也具有差异性。第一，不同技术因其产品价格不同，给消费者所带来的消费者剩余水平不同。第二，不同技术因其产品质量不同，对消费者欲望的满足程度也随之不同。

消费者个性化需求偏好与技术选择。在新一轮科技革命中，消费者个性化需求与体验越来越受到重视，因此本文将消费者需求偏好纳入理论分析框架中。首先，不同技术的产品要求消费者所要具备的知识水平不同。由于基于不同的知识体系，不同技术的产品所包含的信息、功能及结构具有显著性差异，因此不同的技术要求消费者在使用其产品时要具备相应的技术产品知识。其次，不同技术的产品需要消费者付出的使用成本不同。满足同一欲望的不同产品是可以相互替代的，但产品间的使用转换是有成本的（Nelson，2016），即因消费者搜寻新产品、使用旧产品形成的思维定式以及对新产品知识的缺失而产生的新产品使用转化成本（周健明等，2014）。因此，不同技术所生产的产品在消费者使用之前，需要消费者付出一定的产品使用转换成本。综上所述，消费者因自身的知识水平、消费习惯等偏好形成了其消费行为的内在约束，因此消费者为了在既定的收入水平下实现自身利益的最大化，当面对在价格、质量方面有差异的多种产品时，拥有理性的消费者将结合自身需求偏好选择使主观收益最大化的产品。

产品市场结构与技术创新的市场选择速度。在新一轮科技革命中，除了技术市场结构外，产品市场竞争程度也是影响新兴技术扩散速度的重要因素，因此需要将产品市场结构纳入理论分析框架。

需求侧的技术需求增长模型。基于上述逻辑分析，并借鉴现有研究方法（梅特卡夫，2007），构建技术需求侧市场需求增长模型：

$$g_{dit} = (-\ln\eta) \left[(\bar{p_t}-p_{it})+(p_i^*-\bar{p_t^*}) \tan(\pi\sigma-\pi/2) \right] + \bar{g_{dt}} \tag{5}$$

其中，g_{dit} 为 i 技术需求侧的市场需求增长率；$\bar{p_t}$ 为该技术个体群中所有技术个体产品价格的加权平均；p_i^* 为经过质量

调整的 i 技术个体产品的真实价格且不随时间变化；$\overline{p_t^*}$ 为经过质量调整的所有技术个体产品的真实价格加权平均；$\overline{g_{dt}}$ 为所有技术个体需求侧的平均扩张率。该机制的正确性可以通过对所有技术个体成员供给侧扩张率加权平均得到的技术个体群中需求侧技术扩张率平均值来验证。

η 为产品市场完善系数，取值区间 0~1。当产品市场完善系数（η）越小时，产品市场越完全（产品间竞争较完全、产品信息获取较快捷且充分），消费者对市场中差异性的产品价格和质量做出的反应越迅速，技术个体的市场需求增长率变动越迅速；反之，该技术个体的市场需求增长率的变动越缓慢。σ 为市场中消费者更换高质量产品所获净收益系数，以此体现消费者需求偏好，取值区间在 0~1。当 σ 大于 0.5 时，消费者更换高质量产品所获净收益为正，说明消费者为使用高质量产品所付出的成本低于所获得的收益，且越接近 1，获得的正净收益越大；当 σ 小于 0.5 时，消费者更换高质量产品所获得的净收益为负，表明消费者为使用高质量产品所付出的成本高于所获得的收益，且越接近 0 时，获得的负净收益越大。

由式（5）可知，首先，i 技术需求侧的市场需求增长率与其所生产的单位产品市场价格呈负相关关系。其次，产品真实价格水平与高质量产品使用转换成本共同作用于 i 技术需求侧的市场需求增长率。在消费者更换高质量产品所获得的净收益为正的条件下（σ 大于 0.5），当 i 技术所生产的产品质量高于技术个体群产品平均水平时，消费者倾向于选择 i 技术生产的高质量产品，使该技术个体需求侧市场需求扩张率得到提高；反之，消费者将选择更换现有 i 技术所生产的低质量产品，降低 i 技术需求侧市场需求扩张率。在消费

者更换高质量产品所获得的净收益为负的条件下（σ 小于 0.5），当 i 技术所生产的产品质量高于技术个体群产品平均水平时，消费者因为使用高质量产品所付出的成本大于所获得的收益而不会选择高质量产品，进而降低 i 技术需求侧的扩张率；反之，消费者因使用低质量产品能够获得更多收益而也不会淘汰低质量产品，使 i 技术需求侧的市场需求增长率得到提高。

为刻画技术所生产的产品质量，假设不同技术所生产的产品拥有不同的一组服务特征集合，且每一项服务特征均有相对应的价格，那么技术生产的产品真实价格可定义为：

$$p_i^* = \sum_j \alpha_j z_{ji} \qquad (6)$$

其中，α_j 为产品第 j 类单位服务特征的价格且不随时间变化，z_{ji} 为 i 技术所生产的单位产品所含有的第 j 类服务特征数量且不随时间变化。为进一步简化，本文假设技术个体群中所有类型的单位服务特征价格为 α，且将技术个体单位产品服务特征数量抽象为一种服务特征数量（z_i）。于是可得 i 技术单位产品的真实价格 $p_i^* = \alpha z_i$，进而得到技术个体群平均产品真实价格水平 $\overline{p_{it}^*} = \sum_{i=1}^l v_{it} \alpha z_i = \alpha \overline{z_{it}}$ 及技术需求侧的市场需求增长：

$$g_{dit} = (-\ln\eta)\left[(\overline{p_t} - p_i) + (\overline{z_t} - z_i)\alpha\tan(\pi\sigma - \pi/2) \right] + \overline{g_{dt}} \qquad (7)$$

由式（7）可见，技术需求侧的市场需求增长是关于其产品价格及质量的函数。

（四）技术市场需求均衡增长率与技术选择

技术产品定价原则分为两方面：第一，对技术产品的定价要大于该技术生产单位产品所花费的成本；第二，对产品的定价应使技术在产品供给能力与产品市场需求之间实现一种均衡的需求增长。前者保证

技术生存条件，后者保证不会导致该技术存在过剩产能。换句话说，当价格太高时，该技术供给侧的市场需求增长率将大于需求侧的市场需求增长率，造成产品有效需求不足、产能过剩的局面；当产品价格太低时，该技术供给侧的市场需求增长率将小于需求侧的市场需求增长率，造成产品有效需求旺盛、产品生产能力不足的局面。因此，技术的产品定价应是一种使该技术市场需求实现均衡增长（$g_{sit} = g_{dit}$）的均衡价格。基于此，供给侧和需求侧的平均市场需求增长率也相等（记为 $\bar{g}_{sdt}$），即 $\bar{g}_{st} = \sum v_{it} g_{sit} = \bar{g}_{sdt} = \sum v_{it} g_{dit} = \bar{g}_{dt}$。

通过 $g_{sit} = g_{dit}$ 这一条件，可得到 i 技术市场需求的均衡增长率（g_{it}）：

$$g_{it} = \bar{g}_{sdt} + \left\{ \left[(-\ln\eta)\tan\left(\pi\sigma - \frac{\pi}{2}\right) \right] \Big/ \left[1 + (-\ln\eta)(-\ln\lambda) \right] \right\} \alpha(z_i - \bar{z}_t) + \left\{ 2(-\ln\eta) \Big/ \left[1 + (-\ln\eta)(-\ln\lambda) \right] \right\} (\bar{c}_t - c_i) \tag{8}$$

通过式（8）可以将 i 技术的市场需求均衡增长率、产品的成本和质量及其技术个体群中平均水平联系在一起。

（五）技术创新的市场选择

将式（8）代入式（3），得到决定技术个体群中不同技术市场份额变迁的技术选择动力方程：

$$\frac{dv_{it}}{dt} = v_{it} \left\{ -\ln\eta \Big/ \left[1 + (-\ln\eta)(-\ln\lambda) \right] \right\} \left[(z_i - \bar{z}_t)\alpha\tan(\pi\sigma - \pi/2) + 2(\bar{c}_t - c_i) \right] \tag{9}$$

上述动态变迁微分方程不仅能够体现不同技术个体成员动态竞争的过程，而且能够刻画一项技术是如何演变成适应性技术[①]的。

1. 消费者更换高质量产品所获得的净收益为正（$0.5 < \sigma < 1$），即消费者偏好高质量产品

由于消费者使用高质量产品所获得的收益高于为使用高质量（$z_i - \bar{z}_t > 0$）[②]产品所付出的搜寻、学习和时间等成本，因此消费者更愿意用高质量产品替换低质量产品（$z_i - \bar{z}_t < 0$），即消费者偏好高质量产品。消费者对生产高质量产品的技术个体需求的增加，减少了对生产低质量产品的技术个体需求。随之生产者倾向于淘汰生产低质量产品的技术而采用生产高质量产品的技术，生产高质量产品技术的比重不断攀升，生产低质量产品技术的权重下降。

若在成本和产品质量同时具有优势或劣势的技术个体群（称为第一类技术个体群）[③] 中，以低成本（$\bar{c}_t - c_i > 0$）[④] 生产高质量（$z_i - \bar{z}_t > 0$）产品的技术个体，一方面因生产成本低而使其生产的产品价格低廉，另一方面因生产的产品质量较高为消费者所青睐，因此该技术被生产者纷纷采用，最终该技术的权重将趋于上升。以高成本（$\bar{c}_t - c_i < 0$）生产低质量（$z_i - \bar{z}_t < 0$）产品的技术个体，不仅产品价格因成本高而昂贵，而且产品性能为消费者提供的效用也不高，消费者拒绝购买使用该技术生产的产品，

---

① 借鉴演化经济学的适应性概念，定义适应性技术为经过市场选择后留存于市场中的技术。

② 高质量产品是指质量水平高于技术个体群平均水平（$z_i - \bar{z}_t > 0$）的产品；低质量产品是指质量水平低于技术个体群平均水平（$z_i - \bar{z}_t < 0$）的产品。

③ 产品质量和成本同时具有优势或劣势的技术个体群是指这样的技术个体群，技术个体成员或是以低成本生产高质量产品，或是以高成本生产低质量产品。

④ 低生产成本是指低于技术个体群平均水平的生产成本（$\bar{c}_t - c_i > 0$）；高生产成本是指高于技术个体群平均水平的生产成本（$\bar{c}_t - c_i < 0$）。

导致生产者拒绝采用该技术而采用生产成本低且产品质量高的技术个体，最终该技术的权重将趋于下降。换言之，当消费者更换高质量产品所获得的净收益为正时，以低成本生产高质量产品的技术比重趋于上升，而成本高且产品质量低的技术权重将下降。

若在成本和产品质量优势与劣势互补的技术个体群（称为第二类技术个体群）[①]中，当 σ 取值于 $0.5 \sim 1$ 且小于特定值 σ_1，即消费者更换高质量产品所获得的正净收益较小时，相比于产品性能，消费者更关注产品价格，原因是高质量产品能够为消费者带来的正收益过小。生产高质量产品且成本较高的技术（$z_i - \bar{z}_t > 0$，$\bar{c}_t - c_i < 0$），将因其产品所带来的收益过小而无法弥补产品高价格所带来的负效用，最终失去消费者，使生产者因市场需求较小而不再采用该技术，最终该技术权重趋于下降；以低成本生产低质量产品的技术（$\bar{c}_t - c_i > 0$，$z_i - \bar{z}_t < 0$），则因其产品低价格带来的效益大于产品低质量的负效用而吸引更多消费者，导致生产者扩大该技术生产范围和规模，最终其权重将趋于上升。当 σ 取值于 $0.5 \sim 1$ 且大于特定值 σ_1，即消费者更换高质量产品所获得的正净收益足够大时，消费者在选择产品时更关注的是产品质量，而产品价格则成为其购买产品所考虑的次要因素。以高生产成本生产高质量产品的技术（$z_i - \bar{z}_t > 0$，$\bar{c}_t - c_i < 0$），虽然生产的产品价格较高，但因其产品能够满足消费者更大需求而被青睐，因此生产者也因市场需求增加而采用和扩大该技术的使用规模，其权重也随之上升；以低成本生产低产品质量的技术（$\bar{c}_t - c_i > 0$，$z_i - \bar{z}_t < 0$），其产品价格虽然便宜，但无法满足消费者最为关心的产品效用需求，因此市场需求不大，其权重也随之下降。换而言之，当消费者更换高质量产品获得正净收益较小时，以低成本生产低质量产品的技术个体权重将上升，而成本高且产品质量高的技术权重将下降；当正净收益足够大时，成本高且产品质量高的技术权重将上升，而成本低且产品质量低的技术权重将下降。

命题 1　当消费者更换高质量产品所获净收益为正时：在成本和产品质量同时具有优势或劣势的技术个体群中，具有双优势技术个体的市场份额将上升，而具有双劣势技术个体的市场份额将下降；在成本和产品质量优势与劣势互补的技术个体群中，技术个体市场份额的变迁趋势存在一个消费者偏好门槛效应。

2. 消费者更换高质量产品所获得的净收益为零（$\sigma = 0.5$）

在消费者更换高质量产品所获得的净收益为零时，消费者认为淘汰低质量产品而使用高质量产品所获得的收益与付出的成本相等，高质量和低质量产品最终所带来的效用是相同的。因此，消费者在选择产品时产品质量不再是考虑的因素，而只是关注产品的价格。首先，具有成本优势的技术（$\bar{c}_t - c_i > 0$），其权重不断上升，且成本最低的技术将占领全部市场，成为适应性技术。其次，具有成本劣势的技术（$\bar{c}_t - c_i < 0$）权重不断下降，直至完全退出市场。这是因为价格受生产成本的影响，因此低成本的技术个体生产的产品价格低，而高成本的技术个体生产的产品价格高。因此，成本低的技术个体因其产品价格低廉而在技术个体群中的权重将上升，成本高的技术个体权重因其产品价格较高而将下降。

---

① 产品质量和成本优势与劣势互补的技术个体群是指这样的技术个体群，技术个体或是以低成本生产低质量产品，或是以高成本生产高质量产品。

命题 2 当消费者更换高质量产品所获得的净收益为零时，技术个体群中成本最低的技术个体将成为适应性技术。

3. 消费者更换高质量产品所获得的净收益为负（$0<\sigma<0.5$），即消费者偏好低质量产品

由于消费者认为为使用高质量产品而付出的成本大于从高质量产品中获得的收益，因此消费者宁愿使用低质量产品而不选择高质量产品，即消费者偏好低质量产品。因此，生产高质量产品的技术市场需求量下降，而生产低质量产品的技术市场需求量上升。此时，生产者也随之倾向于缩小生产高质量产品的技术生产规模，并采用生产低质量产品的技术。

若在成本和产品质量同时具有优势或劣势的第一类技术个体群中，当 σ 取值于 $0\sim0.5$ 且小于特定值 σ_2，即消费者更换高质量产品所获得的负收益足够大时，以高成本生产低质量产品的技术（$\bar{c}_t-c_i<0$，$z_i-\bar{z}_t<0$），因其产品性能适合消费者对低质量产品的偏好而被青睐，从而弥补高成本的劣势，引致生产者扩大该技术的使用规模，最终其权重不断上升；低成本且生产高质量产品的技术（$\bar{c}_t-c_i>0$，$z_i-\bar{z}_t>0$），即使其产品有低价格优势，也会因产品性能不适应消费者对低质量产品的偏好而使其权重下降。当 σ 取值于 $0\sim0.5$ 且大于特定值 σ_2，即消费者更换高质量产品所获得的负收益较小时，高质量产品因性能不适合消费者对低质量产品的喜好所带给消费者的负效用可以忽略不计，此时消费者更关心产品价格。因此，生产高质量产品且具有成本优势的技术（$\bar{c}_t-c_i>0$，$z_i-\bar{z}_t>0$）将因产品价格低廉而吸引更多消费者，最终其权重上升；以高成本生产低质量产品的技术（$\bar{c}_t-c_i<0$，$z_i-\bar{z}_t<0$）却因其产品价格过高而失去消费者。换而言之，当消费者更换高质量产品所获得的负净收益足够大时，以高成本生产低质量产品的技术权重将上升，而成本低且产品质量高的技术权重将下降；当负净收益较小时，成本低且产品质量高的技术权重将上升，而成本高且产品质量低的技术权重趋于下降。

若在成本和产品质量优势与劣势互补的第二类技术个体群中，以高成本生产高产品质量的技术（$z_i-\bar{z}_t>0$，$\bar{c}_t-c_i<0$），不仅具有高生产成本所带来的高产品价格劣势，而且因所生产的产品性能不适合消费者对低质量产品偏好而遭到消费者的拒绝，因此生产者将会缩小该技术的生产规模，最终其权重将下降。具有低成本且高产品质量的技术（$\bar{c}_t-c_i>0$，$z_i-\bar{z}_t>0$），其产品价格低廉且产品质量也符合消费者对低质量产品的偏好，因此该技术的市场需求将增加，权重将上升。换而言之，当消费者更换高质量产品所获净收益为负时，以低成本生产低质量产品的技术个体权重将上升，而高成本且高产品质量的技术个体权重将下降。

命题 3 当消费者更换高质量产品所获得的净收益为负时：在成本和产品质量同时具有优势或劣势的技术个体群中，技术个体市场份额变迁趋势存在一个消费者偏好的门槛效应；在成本和产品质量优势与劣势互补的技术个体群中，以低成本生产低质量产品的技术个体权重将上升，而高成本且高产品质量的技术个体权重将下降。

4. 技术和产品市场完善程度与技术个体群结构变迁速度

技术和产品市场完善程度越高，技术个体群的结构变迁越迅速；反之，技术个体群结构变迁越缓慢。技术市场越完善（λ 越大），生产者越能够快速地根据消费者的需求变化和技术特性选择技术个体，

加速技术权重的变迁速度；反之，减缓技术权重的变迁速度。产品市场完善程度越高（η越小），消费者能够获取的产品市场信息越完全，对市场中差异性产品价格和质量信号反应越迅速，越能快速地选择适合于自身特点的产品，使技术权重变迁速度加速；反之，导致技术权重变迁速度放缓。

命题 4 技术个体群结构变迁速率依赖于技术或产品市场的完善程度：当技术或产品市场越完善时，技术个体成员在技术个体群中的权重变迁速率越迅速；反之，技术个体权重变迁速率越缓慢。

四、新一轮科技革命中技术创新的市场选择：演化模拟

借鉴现有研究方法（周志强等，2015），本文对技术创新的市场选择进行演化模拟，以此来考察技术个体在不同状态下的动态演变过程。

（一）模型及参数设定

（1）模型设定。根据式（9）技术个体动态变迁方程，构建技术个体群成员权重演化模型：

$$
\begin{cases}
dv_{1t}/dt = v_{1t}(-\ln\eta)\big[(z_1-\overline{z_t})\alpha\tan(\pi\sigma- \\
\qquad \pi/2)+2(\overline{c_t}-c_1)\big]/\big[1+(-\ln\eta) \\
\qquad (-\ln\lambda)\big] \\
dv_{2t}/dt = v_{2t}(-\ln\eta)\big[(z_2-\overline{z_t})\alpha\tan(\pi\sigma- \\
\qquad \pi/2)+2(\overline{c_t}-c_2)\big]/\big[1+(-\ln\eta) \\
\qquad (-\ln\lambda)\big] \\
\quad \vdots \\
dv_{(l-1)t}/dt = v_{(l-1)t}(-\ln\eta)\big[(z_{l-1}-\overline{z_t})\alpha\tan \\
\qquad (\pi\sigma-\pi/2)+2(\overline{c_t}-c_{l-1})\big]/\big[1+ \\
\qquad (-\ln\eta)(-\ln\lambda)\big] \\
1 = v_{1t}+v_{2t}+\cdots+v_{(l-1)t}+v_{lt}
\end{cases}
$$

（2）变量及参数设定。首先，假设技术个体生产的产品质量和成本不随时间变化，取值范围 0~1；产品单位服务特征价格相同，$\alpha=0.5$；技术个体群中有三种技术个体（$l=3$）。其次，在第一类技术个体群中，技术个体在成本和产品质量方面均具有绝对优势或绝对劣势：假设成本最低且产品质量最高的技术个体为新兴技术（$c_1=0.3$，$z_1=0.7$），成本最高且产品质量最低的技术个体为传统技术（$c_2=0.7$，$z_2=0.25$），成本和产品质量处于前两者之间的技术个体为中间技术（$c_3=0.5$，$z_3=0.5$）。在第二类技术个体群中，技术个体在成本和产品质量方面的优势和劣势具有一定的互补性：产品质量最高且成本最高的技术个体为新兴技术（$c_1=0.7$，$z_1=0.75$），成本最低但产品质量最低的技术个体为传统技术（$c_2=0.3$，$z_2=0.25$），成本和产品质量处于前两者之间的技术个体为中间技术（$c_3=0.5$，$z_3=0.5$）。最后，本文假设初始状态下传统技术在市场上已获得充分发展，在市场中处于主导地位，其权重最高（$v_{20}=0.6$），而新兴技术则刚开始出现于市场，拥有较小市场份额，其权重最低（$v_{10}=0.05$），中间技术的市场份额介于前两者之间（$v_{30}=0.35$）。

（二）技术创新市场选择的模拟结果与分析

本文首先将技术市场完善系数（λ）和产品市场完善系数（η）均设为 0.5，然后对技术个体群结构变迁过程进行演化模拟。

1. 消费者更换高质量产品所获净收益为正（$0.5<\sigma<1$）时的技术选择

（1）消费者更换高质量产品获得较大正净收益（$\sigma=0.95$）。

图 1 中的左右两图分别为消费者更换高质量产品所获净收益系数 $\sigma=0.95$ 时的第一、第二类技术个体群结构变迁过程，纵轴

为技术个体权重（v），横轴为时间（t）。由图1可知，两类技术个体群结构变迁趋势均是由多样性向单一性转变。当消费者更换

高质量产品获得较大正净收益时，消费者认为使用高质量产品所获得的收益大于为此而付出的成本，故偏好高质量产品。

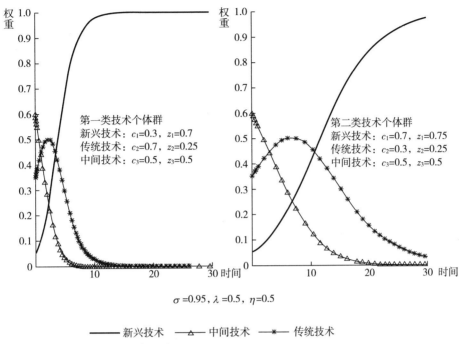

$\sigma = 0.95, \lambda = 0.5, \eta = 0.5$

—— 新兴技术　—△— 中间技术　—*— 传统技术

图1　正净收益较大时的技术个体群结构变迁

图1左图显示，在第一类技术个体群中，具有成本和产品质量最大优势的新兴技术在技术个体群中的比重上升，且最终占领全部市场；在成本和产品质量方面同时具有劣势的传统技术权重持续下降，直至退出市场；成本和产品质量水平处于前两者之间的中间技术权重先上升后下降，最终也退出市场。这是因为在消费者偏好高质量产品条件下，新兴技术所生产的产品不仅适合于消费者偏好，而且价格低，市场需求旺盛，生产者扩大其使用规模，新兴技术权重上升。传统技术的产品因价格高且质量低不适合消费者对高质量的偏好，市场需求萎缩，最终被市场淘汰。这验证了命题1。中间技术在初始阶段因生产的产品质量和价格高于技术个体群平均水平，吸引了部分消费者的青睐，市场需求上升，其权重随之上升；但是随着新兴

技术权重的上升和传统技术权重的下降，技术个体群中的平均产品质量和价格不断接近于新兴技术，直至中间技术失去任何优势，其权重开始下降。

图1右图显示，在第二类技术个体群中，新兴技术权重不断上升直至成为适应性技术，传统技术权重持续下降直至最先退出市场，中间技术先上升后下降直至完全退出市场。这是因为当消费者更换高质量产品获得的正净收益足够大时，消费者在选择产品时更看重于产品质量。新兴技术因产品质量优势弥补了成本劣势而获得市场青睐，生产者持续扩大新兴技术使用规模，使其权重不断上升，直至成为适应性技术。传统技术因成本优势无法弥补产品低质量不符合消费者偏好的劣势，市场需求不断下降，其权重持续下降并率先退出市场。中间技术的产品质量和价格虽然

在初始阶段相对具有一定优势，但随着时间推移优势不再持续，权重也随之呈现先上升后下降的趋势。

（2）消费者更换高质量产品获得较小正净收益。

图 2 左右两图分别为消费者更换高质量产品所获净收益系数为 $\sigma = 0.51$ 时的第一、第二类技术个体群结构变迁过程；中间图为消费者更换高质量产品所获得的净收益系数为 $\sigma = 0.9036$ 时第二类技术个体

群结构变迁过程。图 2 左图显示，在消费者更换高质量产品所获得的正净收益较小（$\sigma = 0.51$）条件下，第一类技术个体群中新兴技术、传统技术以及中间技术的权重变迁趋势与在消费者更换高质量产品所获得的正净收益较大（$\sigma = 0.95$，图 1 左图）条件下相一致：新兴技术权重持续上升直至占领全部市场，传统技术权重持续下降且率先退出市场，中间技术权重先上升后下降直至退出市场。

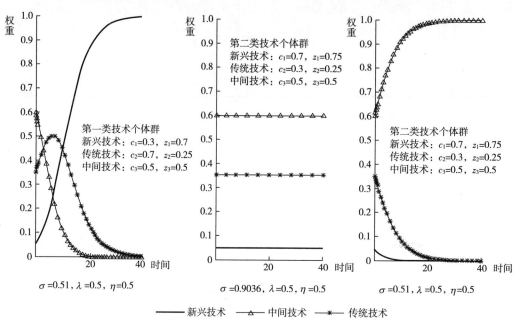

图 2　正净收益较小时的技术个体群结构变迁

图 2 右图显示，在消费者更换高质量产品所获得的正净收益较小（$\sigma = 0.51$）时，第二类技术个体群结构变迁趋势将不同于消费者更换高质量产品所获得的正净收益较大（$\sigma = 0.95$，图 1 右图）时的变迁趋势：新兴技术和中间技术权重不断下降直至完全退出市场，传统技术权重不断上升直至占领全部市场。这是因为消费者更换高质量产品所获得的正净收益较小时，高质量产品所带给消费者的收益较小，使消费者在选择产品时不太注重产品的质量，而更在意产品的价格。新兴技术的产品质

量优势为消费者带来的收益过小，无法弥补因成本高而产品价格也高所带来的劣势，进而失去消费者的市场需求，其权重也逐步下降；传统技术虽然其产品质量低，但其成本优势导致了产品价格的低廉，这对消费者来说产品低价格带来的收益更大，进而使传统技术的权重持续上升；中间技术的产品价格和质量因在初始时有优势而在后期优势尽失，使其权重先上升后下降。

图 2 中间图显示，当消费者更换高质量产品所获得的净收益系数为 $\sigma = 0.9036$ 时，新兴技术个体、中间技术个体以及传

统技术个体在第二类技术个体群中的比重将保持不变。这是因为，消费者更换高质量产品所获得的正净收益与高质量产品的高价格所带来的负效用正好相互抵消，因此消费者倾向于不更换正在使用的产品，最终引致三种技术个体的市场份额不发生任何改变。图 1 右图、图 2 中间图和右图验证了命题 1，在消费者更换高质量产品所获得的净收益为正时，第二类技术个体群结构变迁趋势存在一个消费者偏好门槛效应：当消费者更换高质量产品所获得的正净收益超过某一特定值时，成本高且产品质量高的技术权重将上升，而成本低且产品质量低的技术权重将下降；当消费者更换高质量产品所获得的正净收益小于某一特定值时，以低成本生产低质量产品的技术个体权重将上升，而成本高且产品质量高的技术权重将下降。

2. 消费者更换高质量产品所获净收益为零（$\sigma = 0.5$）时的技术选择

图 3 左右两图分别为消费者更换高质

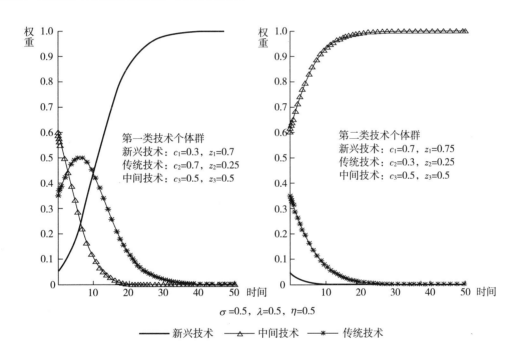

图3 净收益为零时的技术个体群结构变迁

量产品所获净收益为零时的第一、第二类技术个体群结构变迁过程。在消费者更换高质量产品所获得的净收益为零的情况下，消费者认为为使用高质量产品所付出的成本与所获得的收益相当，因此消费者选择产品时所考虑的因素不再关注产品质量而仅关注于产品价格，使技术个体成员权重的变迁过程不受技术个体生产的产品质量水平影响，而仅取决于其生产成本大小。图 3 左图中，新兴技术最终成为适应性技术，中间技术和传统技术则被市场完全淘汰；右图中，新兴技术和中间技术先后被市场所淘汰，传统技术权重不断上升，直至占领全部市场。这验证了命题 2：当消费者更换高质量产品所获得的净收益为零时，技术个体群中成本最低的技术个体将成为适应性技术。

3. 消费者更换高质量产品所获净收益为负（$0 < \sigma < 0.5$）时的技术选择

（1）消费者更换高质量产品获得较大负净收益（$\sigma = 0.05$）。

图 4 左右两图分别为消费者更换高质

量产品所获净收益系数为 $\sigma = 0.05$ 时的第一、第二类技术个体群结构变迁过程。由图4可知，两类技术个体群结构变迁趋势是由多样性向单一性转变。消费者更换高

质量产品所获得的净收益为负时，消费者认为更换高质量产品所获得的收益小于为此付出的成本，故偏好低质量产品。

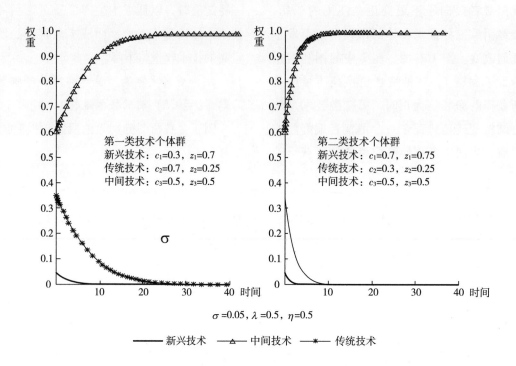

第一类技术个体群
新兴技术：$c_1=0.3$，$z_1=0.7$
传统技术：$c_2=0.7$，$z_2=0.25$
中间技术：$c_3=0.5$，$z_3=0.5$

第二类技术个体群
新兴技术：$c_1=0.7$，$z_1=0.75$
传统技术：$c_2=0.3$，$z_2=0.25$
中间技术：$c_3=0.5$，$z_3=0.5$

$\sigma =0.05$，$\lambda =0.5$，$\eta =0.5$

—— 新兴技术　—△— 中间技术　—✳— 传统技术

图4　负净收益较大时的技术个体群结构变迁

图4左图显示，第一类技术个体群中传统技术的权重不断上升直至占领全部市场，而新兴技术和中间技术的权重均呈现出持续下降趋势，直至完全退出市场。这是因为由于消费者认为使用高质量产品而付出的代价太高，消费者宁愿选择传统技术生产的价格高且质量低的产品，也不愿选择新兴技术和中间技术生产的价格低且质量高的产品，最终使传统技术权重上升、新兴技术和中间技术权重下降。图4右图显示，在第二类技术个体群中，传统技术的权重一路上升，中间技术和新兴技术权重持续下降。传统技术不仅具有成本优势，且其产品性能也符合消费者喜好低质量产

品的偏好，因此其权重不断上升。新兴技术和中间技术的产品不仅其性能不符合消费者对低质量产品的偏好，而且因成本高于技术个体群中的平均水平，使产品价格变高，所以这两种技术的权重趋于下降。这验证了命题3。

（2）消费者更换高质量产品获得的较小负净收益。

图5左图为消费者更换高质量产品所获得的净收益系数为 $\sigma = 0.0964$ 时的第一类技术个体群结构变迁过程；中间图和右图分别为消费者更换高质量产品所获得的净收益系数为 $\sigma = 0.49$ 时的第一、第二类技术个体群结构变迁过程。

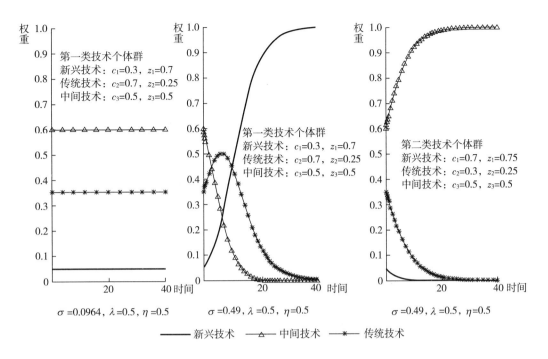

σ =0.0964, λ =0.5, η =0.5　　　σ =0.49, λ =0.5, η =0.5　　　σ =0.49, λ =0.5, η =0.5

—— 新兴技术　　—△— 中间技术　　—*— 传统技术

图 5　负净收益较小时的技术个体群结构变迁

　　图 5 中间图显示,与消费者更换高质量产品所获得的负净收益较大($\sigma = 0.05$,图 4 左图)条件下的变迁趋势不同,第一类技术个体群在负净收益较小($\sigma = 0.49$)条件下的变迁趋势为:新兴技术的权重不断上升,直至成为适应性技术;传统技术权重不断下滑,率先退出市场;中间技术权重先上升后下降,并最终退出市场。这是由于消费者更换高质量产品所获得的负净收益较小时,消费者更加注重产品价格而较少关注产品质量。新兴技术虽然其产品质量较高且不符合消费者对低质量产品的偏好,但其生产成本较低,产品价格也低,低价格弥补了消费者为使用高质量产品所付出的使用成本,最终新兴技术的权重不断上升。传统技术的产品虽然性能符合消费者对低质量产品的偏好,但高生产成本导致的高价格超过产品性能所带来的收益,使消费者和生产者对传统技术的需求不断下降。中间技术在初始阶段时,产品性能和价格有一定优势,其权重趋于上

升,但随着技术个体群结构演变,中间技术优势不断消失,其权重由上升转为下降。

　　图 5 左图显示,当消费者更换高质量产品所获得的净收益系数为 $\sigma = 0.0964$ 时,新兴技术、中间技术以及传统技术的比重将保持不变。这是因为,此时消费者更换高质量产品所获得的负净收益被新兴技术产品的低价格带来的正效用所抵消,消费者倾向于不更换正在使用的产品,最终引致三种技术个体的市场份额不发生任何改变。图 4 左图、图 5 左图和中间图验证了命题 3,在消费者更换高质量产品所获得的净收益为负时,第一类技术个体群结构变迁趋势存在一个消费者偏好门槛效应:当消费者更换高质量产品所获得的负净收益小于某一特定值时,成本低且产品质量高的技术权重将上升,而成本高且产品质量低的技术权重趋于下降;当消费者更换高质量产品所获得的负净收益大于某一特定值时,成本高但产品质量低的技术权重将上升,而成本低且产品质量高的技术权

重将下降。

图 5 右图显示，在消费者更换高质量产品所获得的负净收益较小（$\sigma = 0.49$）的条件下，第二类技术个体群结构变迁趋势与消费者更换高质量产品所获得的负净收益较大（$\sigma = 0.05$，图 4 右图）时的趋势一致：传统技术比重持续上升，新兴技术和中间技术的比重持续下滑。

4. 技术市场完善程度对技术选择的影响

通过对 λ 取 2 个不同数值来刻画两种不同的技术市场完善状态：完善程度较高的技术市场状态 1（$\lambda = 0.9$）、完善程度较低的技术市场状态 2（$\lambda = 0.1$）。本文以消费者更换高质量产品所获得的净收益系数 $\sigma = 0.8$ 时的第一类技术个体群结构变迁为例，模拟不同技术市场完善程度对技术个体群结构变迁的影响。图 6 左右两图分别表示的是：在消费者更换高质量产品所获

得的净收益为正的条件下，技术市场完善程度较高和较低的第一类技术个体群结构变迁过程。

由图 6 可知，技术个体群结构变迁速度在不同技术市场完善条件下呈现出不同特点：技术个体群结构变迁速度在左图中比在右图中更迅速。技术市场完善程度的降低延缓了技术个体群结构变迁过程，阻碍了新兴技术占领全部市场、中间技术先上升后下降、传统技术退出市场的演变速度。这是因为消费者即使对市场上不同技术所生产的不同产品表现出不同的偏好，生产者也会因为技术外溢性程度的降低而无法自由选择技术个体，难以对不同技术个体做出快速反应。

5. 产品市场完善程度对技术选择的影响

通过对 η 取 2 个不同数值来区分两种

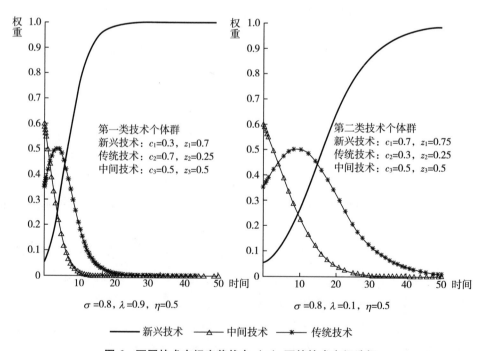

图 6 不同技术市场完善状态（λ）下的技术市场选择

不同完善程度的产品市场：完善程度较高的产品市场状态 1（$\eta = 0.2$）、完善程度较低的产品市场状态 2（$\eta = 0.7$）。同样，本

文以消费者更换高质量产品所获得的净收益为正（$\sigma = 0.8$）时的第一类技术个体群结构变迁为例，模拟不同产品市场完善程度

对技术个体群结构变迁的影响。图7左右两图分别表示的是，在消费者更换高质量产品所获得的净收益为正的条件下，产品市场完

善程度较高和较低的第一类技术个体群结构变迁。

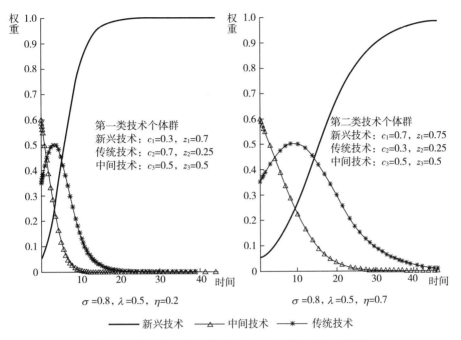

σ=0.8, λ=0.5, η=0.2   σ=0.8, λ=0.5, η=0.7

—— 新兴技术   —△— 中间技术   —*— 传统技术

图7　不同产品市场完善状态（η）下的技术市场选择

由图7可知，技术个体变迁曲线在产品市场完善程度低的右图中要比在产品市场完善程度高的左图中更加平滑，这说明技术个体变迁速度与产品市场完善程度成正比。这是因为产品市场越不完善，消费者越难以获得不同技术所生产的产品价格与质量等信息，进而对不同技术的产品难以快速做出反应，最终放缓了市场对不同技术选择的速度。

五、研究结论与政策启示

在新一轮科技革命方兴未艾的背景下，研究技术创新的市场选择机制具有重要意义。然而，现有文献研究缺少一个完整的经济学分析框架对这一问题进行诠释。鉴于此，本文采新古典经济均衡分析理论与演化经济学演化理论之长，着眼于新一轮

科技革命的新特点，通过构建技术选择动力方程，基于生产成本与产品质量两个维度刻画不同技术创新的异质性，从生产者和不同偏好的消费者经济行为出发，推导出技术创新的市场均衡需求增长率，并在此基础上运用费希尔原理，探析市场选择技术创新的内在机制。研究发现：第一，在市场经济系统中存在一个自发的、内生的技术创新选择机制。第二，在不同的消费者偏好条件下，产品质量和生产成本不尽相同的技术个体在技术个体群中的权重变迁趋势具有差异性。第三，技术或产品市场完善程度与技术个体群结构变迁速度成正比。

本文的政策启示如下：

首先，尊重技术市场规律，减少对技术选择的行政干预。通过本文分析可知，面对众多类型的技术个体，市场具有一套

新一轮科技革命中技术创新的市场选择机制研究

45

内在的技术选择机制。消费者根据自身偏好选择不同类型技术所生产的产品，进而通过产品市场价格与生产者形成互动，形成对特定技术的市场需求，决定技术个体在技术个体群中的变迁方向，最终选择出最适合于市场需求的技术个体。因此，在关注未来技术类型选择时，需要尊重技术市场选择规律，减少行政对技术选择的干预，避免造成技术选择机制的扭曲。

其次，准确把握消费者需求特点是企业技术选择成功的关键。通过本文结论可知，技术选择的结果并非以技术的生产成本和所生产的产品质量为选择原则，而是由消费者需求偏好与技术特点共同决定的。其中一项技术能否被市场选择最终需要由消费者需求偏好进行调节。因此，企业在选择技术类型时，应通过各种手段和途径获得较为完全的技术市场需求信息，以此做好市场调研准备工作。

最后，提高技术市场和产品市场的完善程度，加速技术选择进程。通过本文的分析可知，技术市场和产品市场的完善程度的提高能够促进技术个体群中技术个体成员的变迁速度，即技术或产品市场越完善，适应性技术越能快速被市场选择出来，而技术保护以及产品信息传播分别是影响技术和产品市场完善的重要因素。因此，一方面，需要政府在进行技术保护时既注重效率又兼顾社会效益；另一方面，需要企业通过广告等各种信息传播媒介，加速产品信息的扩散。

参考文献

［1］Arthur W B. The Nature of Technology ［M］. New York：Free Press, 2009.

［2］Bartelsman E J, Gautier P A, De Wind J. Employment Protection, Technology Choice, and Worker Allocation ［J］. International Economic Review, 2016, 57（3）：787-826.

［3］Bas M, Berthou A. Does Input-trade Liberalization Affect Firms' Foreign Technology Choice? ［J］. The World Bank Economic Review, 2017, 31（2）：351-384.

［4］Fisher R A. The Genetical Theory of Natural Selection：A Complete Variorum Edition ［M］. Oxford：Oxford University Press, 1999.

［5］Freeman C. Economics of Industrial Innovation ［M］. London：Routledge, 2004.

［6］Gutiérrez E, Teshima K. Abatement Expenditures, Technology Choice, and Environmental Performance ［J］. Journal of Development Economics, 2018, 133：264-274.

［7］Hofbauer J, Sigmund K. Evolutionary Games and Population Dynamics ［M］. Cambridge：Cambridge University Press, 1998.

［8］Nelson R R. Behavior and Cognition of Economic Actors in Evolutionary Economics ［J］. Journal of Evolutionary Economics, 2016, 26（4）：737-751.

［9］Markillie P. A Third Industrial Revolution ［J］. The Economist, 2012, 21：3-12.

［10］Metcalfe J S. Competition, Fisher's Principle and Increasing Returns in the Selection Process ［J］. Journal of Evolutionary Economics, 1994, 4（4）：327-346.

［11］Schumpeter J A. Theory of Economic Development ［M］. London：Routledge, 2017.

［12］Shapiro C, Carl S, Varian H R. Information Rules ［M］. Cambridge：Harvard Business Press, 1998.

［13］安同良. 中国企业的技术选择 ［J］. 经济研究, 2003（7）：76-84.

［14］陈明明, 张国胜, 郑猛. 技术选择中是否存在格雷欣法则 ［J］. 经济学家, 2019（2）：34-46.

［15］陈雯, 苗双有. 中间品贸易自由化与中国制造业企业生产技术选择 ［J］. 经济研究, 2016（8）：72-85.

［16］董志强, 魏下海, 李伟成. 再论公平

偏好的演化起源：改进的模拟模型［J］．经济评论，2015（1）：17-25.

［17］何传启．新科技革命引发新产业革命［N］．人民日报，2015-07-05（5）．

［18］林毅夫，张鹏飞．适宜技术、技术选择和发展中国家的经济增长［J］．经济学（季刊），2006（3）：985-1006.

［19］梅特卡夫．演化经济学与创造性毁灭［M］．冯健，译．北京：中国人民大学出版社，2007.

［20］纳尔逊，温特．经济变迁的演化理论［M］．胡世凯，译．北京：商务印书馆，1997.

［21］王志刚．勇立新科技革命和产业变革潮头［J］．求是，2015（1）：26-28.

［22］许岩，尹希果．技术选择："因势利导"还是"适度赶超"？［J］．数量经济技术经济研究，2017（8）：55-71.

［23］杨汝岱，姚洋．有限赶超与经济增长［J］．经济研究，2008（8）：29-41.

［24］杨长湧．新一轮科技革命发展趋势及其对世界经济格局的影响［J］．全球化，2018（8）：25-38.

［25］易信．新一轮科技革命和产业变革对经济增长的影响研究［J］．宏观经济研究，2018（11）：79-93.

［26］余泳泽，张先轸．要素禀赋、适宜性创新模式选择与全要素生产率提升［J］．管理世界，2015（9）：13-31.

［27］周健明，陈明，刘云枫．知识惯性、知识整合与新产品开发绩效研究［J］．科学学研究，2014（10）：1531-1538.

The Study on Market Selection Mechanism of Technological Innovation in the New Round of Scientific and Technological Revolution

Chen Mingming   Zhang Guosheng   Zhang Wencheng

Abstract：In the face of different emerging technologies in the new round of scientific and technological revolution, how does the market choose dynamically? This paper focuses on the new characteristics of this round of scientific and technological revolution, combine the equilibrium analysis of neoclassical economics with the evolutionary theory of evolutionary economics, constructs the dynamic equation of market choice for technological innovation, brings technological heterogeneity and the technological needs of producers and consumers into an analytical framework, and analyzes the dynamic process of market choice for technological innovation. The study found that：first, there is a spontaneous and endogenous technological innovation selection mechanism in the market e-

新一轮科技革命中技术创新的市场选择机制研究

47

conomy economy system, which the structure of technical individual group changes from diversity to oneness. Secondly, under different consumer preference conditions, the tendency of weight change of technical individuals is different with different product quality and cost. Thirdly, the degree of the perfection of the technology and product market is proportional to the change of technical individual group.

Key Words: Technological Revolution; Technological Innovation; Heterogeneous Technology; Technology Demand; Market Selection

□ 竞争中性视角下重点产业政策实施效果研究[*]

张任之

　　摘　要：如何更好地落实竞争中性规则，为不同市场主体创造一个公平竞争的市场环境，是当前理论界和实务界重点关注的问题之一。本文以中央"九五"计划、"十五"计划、"十一五"规划提及的重点产业为依据，利用 1998~2007 年中国工业企业数据库，从企业微观层面考察了重点产业政策实施过程中是否存在所有制和规模偏向，并检验了其产生的经济后果。研究发现，从所有制性质来看，国有企业获得的政府补贴更多，但外资企业在税收优惠和低息贷款方面获得的支持力度要强于国有企业和民营企业；从企业规模来看，政府补贴、税收优惠和低息贷款三种产业政策工具对大型企业的扶持力度最大，说明我国重点产业政策的实施存在一定程度的竞争中性扭曲。上述效应在竞争激烈的行业以及政府效率较高的地区能够得到有效缓解。进一步研究表明，产业政策在行业内覆盖的企业范围越广、受益企业越分散，则对行业全要素生产率的提升作用越显著，对大型企业的政策偏向必然会引起行业内资源分散程度的降低，扭曲行业内的资源配置，进而抑制行业全要素生产率的提高。本文的研究结论对于更好地落实竞争中性原则以及推动产业政策转型，具有十分重要的理论和现实意义。

　　关键词：竞争中性；重点产业政策；规模化偏向；所有制偏向

引　言

　　2018 年 12 月 24 日，国务院常务会议提出"按照竞争中性原则，在招投标、用地等方面，对各类所有制企业和大中小企业一视同仁"。2019年政府工作报告首次将"竞争中性原则"写入其中，明确指出"按照竞争中性原则，在要素获取、准入许可、经营运行、政府采购和招投标等方面，对各类所有制企业平等对待"。2019 年 3 月 26 日，国务院常务会议要求"按照竞争中性原则，加快清理修改相关法规制度，对妨碍公平竞

　　作者简介：张任之，男，中国社会科学院工业经济研究所博士后，研究方向为国有企业改革与企业财务管理，电子邮箱：zhangrenzhicueb@126.com。

　　* 本文曾刊登于《经济管理》2019 年第 12 期。

争、束缚民营企业发展、有违内外资一视同仁的政策措施应改尽改、应废尽废"。在此政策背景下，有关竞争中性原则受到社会各界广泛关注并引发深度讨论。竞争中性（或译为竞争中立）原则是指政府需要秉持中立态度，保证政策中性（包括税收中性、监管中性、融资中性、补贴中性、准入中性等），建立公平的市场竞争环境，实现不同市场主体平等竞争。然而，目前在我国经济运行中有违竞争中性原则的现象仍然存在，如地方保护、区域封锁、行业垄断、产业政策等。《中国分省企业经营环境指数2017年报告》显示，政府通过行政干预与帮扶、金融歧视、资源低税费、结构性宏观调控、行政垄断等政策措施，对不同所有制性质、不同规模、不同行业的企业进行差异化资源配置，形成了基于企业类型的偏向性政策。就产业政策而言，作为政府直接干预市场的重要方式之一，往往是由政府来挑选某些行业，并采用财政补贴、信贷支持、税收减免、土地优惠、关税保护等手段对其发展进行倾斜性的保护与扶持，而在具体被扶持的行业内，政府可能又会依据企业所有制性质、规模大小、技术经济特征等因素，将资源向行业内少数企业倾斜，破坏了市场竞争机制，导致资源配置效率降低，表现出明显的竞争中性扭曲。那么，在我国产业政策实施过程中是否存在竞争中性扭曲？如果存在，又会导致什么样的经济后果？开展这些问题的研究对于更好地落实竞争中性原则以及推动产业政策转型，具有十分重要的理论和现实意义。

鉴于此，本文以中央"九五"计划、"十五"计划、"十一五"规划提及的重点产业为依据，利用1998~2007年中国工业企业数据库，从企业微观层面考察了重点产业政策的实施是否存在所有制和规模偏

向，并检验了可能引起的经济后果。之所以选择所有制和企业规模两个维度，是因为竞争中性扭曲的表现形式多样，进行具体分析时很难将所有的种类都囊括进来，并且有些表现形式较为隐蔽，不易直接观察，而所有制和企业规模是所有表现形式中最为明显和突出的，也是最容易进行测度的。与已有文献相比，本文的贡献主要体现在三个方面：首先，竞争中性原则作为近年来学术研究的热点问题之一，现有研究大多是从法律层面来探讨竞争中性原则（石伟，2017），区别于已有研究，本文则以重点产业政策在不同企业间的实施效果入手展开分析，将产业政策与竞争中性原则置于同一研究框架下，有助于丰富现有关于竞争中性的研究。其次，已有研究针对产业政策能否有效提升企业全要素生产率（张莉等，2019）、企业技术创新（余明桂等，2016）、企业投资效率（王克敏等，2017）等进行了实证检验，本文则从产业政策实施方式的视角切入，为更好地实现产业政策积极效果提供了经验证据。最后，在指标选择上，本文引入赫芬达尔指数（HHI）来测度产业政策资源在行业内不同企业间的分散程度，能够较好地反映产业政策实施过程是否体现了竞争中性原则，使研究结论更具有可靠性。

一、制度背景、文献回顾与研究假设

（一）竞争中性的制度背景

"竞争中性"最早是由澳大利亚政府提出的，在1995年的《竞争原则协定》和1996年的《联邦竞争中性政策声明》中明确指出，竞争中性是指政府商业活动（非营利性商业活动除外）不能凭借公共部门的所有权地位而享有高于私人部门竞

争者的竞争优势，如税收减免、优惠贷款、监管豁免等。澳大利亚政府提出竞争中性的目的是促进公私企业间的平等竞争，防止国有企业因享有特殊优惠政策而导致市场扭曲和资源配置效率降低，并在实践操作层面提出了透明度和公司责任、税收中性、融资中性、监管中性、商业回报率五项要求。相较于澳大利亚对于竞争中性的定义，OECD（2009）进一步扩展了竞争中性的内涵，强调竞争中性是一个对所有公共或私人企业都平等对待的法律和制度框架，国家不会在事实上或法律上赋予任何实际或潜在市场参与者不当的竞争优势。OECD（2012）总结归纳了衡量竞争中性的八项标准：精简政府企业的运作形式、核算特定职能的成本、获得商业回报率、履行公共服务义务、税收中性、监管中性、融资中性与直接补贴以及政府采购。此外，OECD还提出了竞争中性的适用范围、评价准则、执行和投诉机制等内容，形成了一个完整的竞争中性实施体系，为竞争中性在全球范围的推广打下了较好的理论基础。借鉴澳大利亚的竞争中性制度以及OECD等国际组织的研究成果，美国在2011年发布的《竞争中性：确保全球竞争的良好基础》报告中首次提出了竞争中性原则，将其定义为政府支持的商业活动不因其与政府的联系而享受私营部门竞争者所不能享受的人为竞争优势。综上所述，尽管不同国家和国际组织对竞争中性的定义和内容表述并不一致，但就其核心宗旨而言，就是要求政府在国有企业和私营企业的竞争中保持中立，为不同市场主体提供一个公平竞争环境。

目前，欧美等西方发达国家正积极致力于在双边、多边、区域和全球组织等多个层面推广竞争中性原则。例如，以美国为主导的《跨太平洋伙伴关系协定》（Trans - Pacific Partnership Agreement, TPP）中有关"国有企业和指定垄断"的条款内容，涉及国有企业的判断标准、国有企业的运营规范、信息披露和透明度要求等方面，其核心思想与竞争中性原则高度一致，目的在于限制中国等新兴经济体国家通过政府扶持来提升国有企业的国际竞争力，为欧美企业依靠已有优势拓展全球市场提供制度支持，实现自身利益的最大化。虽然美国政府的退出会对TPP的国际影响力产生负面影响，但就竞争中性制度而言，TPP文本所设计的制度框架和体系并不会丧失其理论和实践功能，也不会弱化竞争中性制度在全球范围的推广（石伟，2017）。可以预见的是，竞争中性正逐步从国内政策工具和国际"软法"成长为国际贸易和投资的新准则。

（二）文献回顾

（1）竞争中性。目前我国有关竞争中性的研究主要集中在基本概念和实践模式的介绍、对我国所造成的影响以及应对措施等方面。首先，就理论层面而言，汤婧（2014）、冯辉（2016）、唐宜红和姚曦（2013）等对竞争中立原则的缘起、概念界定、政策目标、规制手段、适用范围等内容进行了全面系统的阐述。从实践来看，各个国家的模式却有所不同。冯辉（2016）在比较了澳大利亚、欧盟、美国三种竞争中立制度的差异后，发现澳大利亚侧重国有企业改革、细节性规定较多；欧盟只规定一般性原则和底线性原则，具体细节由各成员国自行决定；美国则注重将竞争中立转化为自身主导的国际贸易新规则。毕金平和丁国峰（2018）则将澳大利亚、欧盟以及美国三种实践模式分别归纳为"双边规则""统一监管""单边强制性"模式。

其次，竞争中性原则的引入将对我国

产生诸多影响，具体表现为阻碍了我国国有企业"走出去"、加剧了我国融入区域贸易自由化的难度、为我国参与全球经济治理提出更多挑战等方面（李晓玉，2014；冯辉，2016）。由于我国国有企业数量多、体量大、增长快、国际化程度高，而且相对其他所有制企业而言，在融资、财政补贴、土地、利润分配、上市等方面能够轻易取得一系列优惠，因此竞争中性原则对国有企业的影响是最为明显的，不少学者对此展开了深入研究。胡改蓉（2014）认为，竞争中立给国有企业发展带来的挑战主要有：限制了国有经济的"控制力"作用、抑制了国有企业"准政治人"身份的利用、动摇了地方政府扶持地方国有企业发展的"合理性"以及制约了国有企业"国际化"战略的实施步骤等。汤婧（2014）指出，竞争中立规则对国有企业会同时产生不利影响和有利影响，不利影响包括忽视国有企业在经济发展过程中所承担的特殊社会责任以及严重削弱国有企业在对外贸易和投资领域长期积累的比较优势两个方面，有利影响则是促使我国持续推进国有企业改革，充分发挥市场在资源配置中的决定性作用，让国有企业作为独立市场主体平等参与市场竞争。刘雪红（2019）研究发现，竞争中立规则包含了对我国国有企业进行商业化塑造的逻辑，集中体现在三个方面：以新型反补贴规则消除国有企业的所有制优势、以商业考量规则保障国有企业的商业化运营和以现代公司治理规则推进国有企业的身份独立。此外，还有部分学者针对我国当前市场运行是否达到竞争中性水平进行了分析。李宇英（2019）借鉴 OECD 的产品市场规制指数、世界银行的政府采购指数等评价方法，构建衡量竞争中立的指标体系，对美国、英国、澳大利亚、金砖五国等十

几个国家的竞争中立水平进行比较，结果发现我国的竞争中立水平远低于欧美等西方发达国家，仅与印度的竞争中立水平相当。王菁等（2016）利用上市公司的数据，对政府补贴与竞争中立的关系进行了定性比较分析，结果表明政府补贴的实施过程并不能体现竞争中立原则，大型亏损国有企业、大型创新企业以及大型出口企业更容易获得政府高额补贴，并且大型亏损国有企业的高额补贴并不能有效提升企业绩效。

最后，围绕更好地适应竞争中性规则，很多学者从不同视角提出了应对措施。胡改蓉（2014）指出，应从法律制度层面完善相关规则，形成体系化的竞争中立制度，包括严格认定适用主体、合理界定适用维度、深化政府职能分离、切实防止交叉补贴、强化透明度以及合理豁免六个方面。丁茂中（2015）认为，除了在公共服务、国家安全审查、非对称扶持领域外，我国应该稳步有序地推进竞争中立政策，且在实施过程中要严格遵守交易机会中立、经营负担中立、投资回报中立三大行为准则。另外，还有学者针对国有企业改革（马其家、樊富强，2016；赵学清、温寒，2013）、政府行为（张占江，2018）、国际贸易投资（张琳、东艳，2014；唐宜红、姚曦，2013）等具体领域，就如何更好地落实竞争中立规则展开了研究。

综合上述文献，可以发现目前我国有关竞争中性的研究仍处于起步阶段，且以定性研究为主，而对于在经济运行过程中是否存在竞争中性扭曲，并且又会导致什么样的经济后果等问题缺乏合理有效的定量分析，有待进一步深入探究。

（2）产业政策。现有关于产业政策效果的研究，大多集中于产业政策对全要素生产率、企业创新等的影响及其作用机制上。张莉等（2019）、钱雪松等（2018）

分别以五年规划中提到的重点产业政策和2009年出台的十大产业振兴规划为切入点，实证研究了产业政策对企业全要素生产率的影响，结果表明产业政策显著抑制了被扶持产业内企业全要素生产率的提升，并且该作用效果在不同地区市场环境、行业特征以及所有制企业中存在显著差异，进一步研究发现产业政策主要是通过降低资本配置效率对企业全要素生产率产生作用的。然而，宋凌云和王贤彬（2013）、Aghion等（2015）实证研究却发现重点产业政策通过提高产业内部企业之间的资源重置效率，显著提升了产业的全要素生产率。余明桂等（2016）、黎文靖和郑曼妮（2016）则利用上市公司的专利数据，实证检验了产业政策对企业创新的影响及其作用机理，研究表明，与未受产业政策支持的企业相比，受到产业政策支持的企业专利申请数量更多，并且在民营企业中更为明显，进一步分析发现产业政策能够通过信贷、税收、政府补贴和市场竞争机制对企业技术创新行为产生作用。郭晨等（2019）的研究表明，基于政府主导下的产业政策会拉大不同行业和企业间科技创新水平的差距，加剧社会收入的不公平。此外，还有学者对产业政策如何影响资源配置展开了研究。张莉等（2017）利用2007~2015年城市层面工业用地出让的数据，实证分析了重点产业政策实施对土地资源配置的影响，发现重点产业政策显著提高了工业用地出让的宗数和面积，并且在东部地区和行政级别更高的城市中影响更大。王克敏等（2017）、张纯和潘亮（2012）研究发现，相对未受产业政策鼓励的公司而言，受产业政策鼓励的公司能够获得更多的政府补助、长期借款等资源，但过度投资却更为严重，投资效率也更低。综观已有文献，现有研究对于特定行业内

产业政策的实施方式以及不同实施方式会导致什么样的经济后果，并没有给予很好的回答。

（三）研究假设

（1）产业政策对不同所有制性质企业的影响。就所有制性质而言，国有企业与政府之间存在天然的政治关联，加上国有企业改革不到位，在产业政策实施过程中，使政府并不能真正做到坚持竞争中性原则，而是高度依赖国有企业作为微观层面的主要执行者，具体体现在两个方面：一是相对其他所有制性质企业而言，国有企业获取产业政策资源具有无可比拟的优势。政府出于对保障就业、维护社会稳定、促进区域经济发展平衡、贯彻国家宏观调控以及实施国家重大战略等因素的考量，在资源有限的情况下，更加倾向于通过对国有企业的投资实现产业政策目标。并且当国有企业经营业绩不佳时，政府对于其进行政策扶持的意愿会更加强烈（王亚男，2018）。因此，产业政策所引导的资源更有可能向国有企业倾斜。张莉等（2019）以各省份"九五"计划、"十五"计划、"十一五"规划中提及的重点产业政策为依据，研究发现重点产业政策虽然带来了产业内资源的增加，但是行业内国有企业获得的资源要多于非国有企业。二是通过行政管制等手段限制非国有企业进入，保护在位国有企业的优势。竞争中性原则的一项重要内容是对各类所有制主体在市场准入方面给予平等的待遇，能够自由进入或退出相关产业。刘小玄（2017）对工业部门中所有四位数行业做了大致测算，结果发现国有控股比重在煤炭、石油、钢铁、金属矿产、装备制造、电力燃气及水务等行业已经超过80%，而这些行业大多是产业政策设置审批核准进入壁垒的行业。综上分析，产业政策在资源配置和准入壁垒

两个作用机制方面对国有企业的影响更大，国有企业受到的产业政策支持力度更强。基于此，本文提出如下假设：

H₁：与其他所有制性质企业相比，产业政策在实施过程中更加倾向于扶持国有企业。

（2）产业政策对不同规模企业的影响。除所有制之外，竞争中性原则同样要求政府对大中小型企业一视同仁，维护不同规模企业之间的公平竞争环境。自改革开放以来，受到日本推行的"集中优先"产业组织政策所谓成功经验的影响，我国政府有关部门认为产业组织存在产业集中度过低、行业内过度竞争、规模经济效应不明显、企业国际竞争力不强等问题。因此，产业组织政策的重点是通过严格限制中小企业和新企业进入、扶持在位大企业、推动企业兼并重组培育大企业集团等行政手段来促进企业规模扩大和生产集中，实现市场集中度的提升和规模经济的充分利用，进而提高产业的资源配置效率和企业竞争力。这种"扶大限小"的政策模式在我国的产业政策内容中都有相应的体现，在钢铁、汽车行业表现得尤为突出（江飞涛、李晓萍，2010）。徐康宁和韩剑（2006）针对2005年出台的《钢铁产业发展政策》分析后发现，通过排除与限制规模较小的企业获得产业政策支持以及对现有大企业展开竞争，现有大企业自然成为产业政策的最大利益获得者。李平等（2010）指出，2009年出台的重点产业振兴规划一个重要特征是保护和扶持在位大型企业，限制中小企业对大企业市场地位的挑战和竞争，具体而言，主要是通过制定有利于大型企业发展和限制中小企业发展的行业规划、项目审批或核准条件等手段实现产业组织政策的目标。由此可见，在这一政策背景下，政府将会倾向于重点

扶持大型企业集团，中小型企业无论是在资源配置还是投资审批方面都会受到限制。因此，本文提出如下假设：

H₂：与中小型企业相比，产业政策在实施过程中更加倾向于扶持大型企业。

二、研究设计

（一）实证模型设定与变量定义

为了检验产业政策在实施过程中是否存在竞争中性扭曲，本文借鉴邵敏和包群（2011）、张龙鹏和汤志伟（2018）相关文献的做法，构建如下回归模型：

$$Policy_{i,j,r,t} = \alpha_0 + \alpha_1 pri_{i,j,r,t} + \alpha_2 for_{i,j,r,t} +$$
$$\alpha_3 med_{i,j,r,t} + \alpha_4 sma_{i,j,r,t} +$$
$$\alpha_5 Innov_{i,j,r,t} + \alpha_6 Exp_{i,j,r,t} +$$
$$\alpha_7 \ln age_{i,j,r,t} + \alpha_8 roa_{i,j,r,t} +$$
$$\alpha_9 lev_{i,j,r,t} + \alpha_{11} fix_{i,j,r,t} +$$
$$Pror + Ind_j + Year_t + \varepsilon_{i,j,r,t} \quad （1）$$

其中，被解释变量 $Policy_{i,j,r,t}$ 表示属于省份 r 与四位码行业 j 的企业 i 在第 t 年获得的产业政策支持，具体包括政府补贴 $Subsidy_{i,j,r,t}$、税收优惠 $Tax_{i,j,r,t}$、低息贷款 $Interest_{i,j,r,t}$ 三种产业政策工具。政府补贴 $Subsidy_{i,j,r,t}$ 等于企业当年获得的补贴收入与营业收入的比值。税收优惠包括增值税和所得税两部分，由于样本期间内的增值税和所得税基本税率分别为17%与33%，因此税收优惠额度可表示为：0.17×工业增加值-实际缴纳的增值税+0.33×利润总额-实际缴纳的所得税，税收优惠 $Tax_{i,j,r,t}$ 则等于税收优惠额度与营业收入的比值。低息贷款额度可通过分行业与年度的平均贷款利率以及企业实际贷款利率计算得到，具体可表示为：贷款总额×（平均贷款利率-实际贷款利率），低息贷款 $Interest_{i,j,r,t}$ 等于低息贷款额度与营业收入的比值。需要特别强调的是，由于本文关注的是行业

内的产业政策执行情况，故而需要从产业政策文件中筛选出重点支持的产业进行实证检验。在我国产业政策体系中，中央政府出台的"五年规划"占据着十分重要的地位，它是引导未来五年产业发展方向以及制定和实施财税、信贷、土地等政策的重要依据，因此本文将对样本期间所涉及的国家"九五"计划（1996~2000年）、"十五"计划（2001~2005年）和"十一五"规划（2006~2010年）进行文本分析，有效识别重点支持产业。借鉴宋凌云和王贤彬（2013）的研究，本文考察某行业是否得到国家产业政策支持的具体步骤为：首先，针对五年计划（规划）中的工业发展部分明确使用"发展""支持发展""大力发展""重点开发"等词汇的行业，视为重点支持产业，按照国民经济行业分类代码（GB/T4754—2002）将其归入相应的二位码行业；其次，对于规划中提及的具体产品类型，同样按照国民经济行业代码归入相应的二位码行业，如汽车归入交通运输设备制造业（行业代码37）；最后，对于规划中提及的新材料、新能源等行业，由于涉及的行业较为广泛，无法归入具体某个行业，本文不做考虑。由于本文是从二位码层面考察行业是否得到产业政策支持，但是在四位码层面进行实证分析，因此本文需做如下处理：如果某二位码行业得到产业政策支持，则认为其下属所有四位码行业均为重点支持产业。同时，将未得到产业政策支持的行业从总体样本中删除。

解释变量包括企业所有制类型虚拟变量（pri、for 分别表示私营企业和外资企业）[①] 和企业规模类型虚拟变量（med、sma 分别代表中型企业和小微型企业）[②]。为避免多重共线性问题，模型（1）以国有企业（soe）和大型企业（big）作为基准，并没有将其列示出来。本文选取的控制变量有：企业新产品产值占比（Innov），以企业新产品产值与工业总产值的比值来表示；企业出口产值占比（Exp），以出口交货值与工业销售产值的比值来衡量；企业年龄（lnage），以当前年份与开业年份差值加1的自然对数来表示；企业盈利能力（roa），以企业净利润与营业收入的比值来衡量；企业资产负债率（lev），用企业负债与总资产的比值表示；固定资产比例（fix），以期末固定资产净额与总资产的比值来表示；省份虚拟变量（Pro）、行业虚拟变量（Ind）和年度虚拟变量（Year）。各变量的具体定义如表1所示。

表1 变量定义

变量类型	变量名称	变量符号	变量定义
被解释变量	政府补贴	Subsidy	企业当年获得的补贴收入与营业收入的比值
	税收优惠	Tax	税收优惠额度与营业收入的比值，其中，税收优惠额度=0.17×工业增加值-实际缴纳的增值税+0.33×利润总额-实际缴纳的所得税
	低息贷款	Interest	低息贷款额度与营业收入的比值，其中，低息贷款额度=贷款总额×（平均贷款利率-实际贷款利率）

---

① 根据中国工业企业数据库中登记注册类型的划分，本文将企业登记注册代码为110（国有企业）、141（国有联营企业）、143（国有与集体联营企业）、151（国有独资企业）的企业定义为国有企业，将登记注册代码为300（外商投资企业）、200（港、澳、台商投资企业）的企业定义为外资企业，其余企业则定义为私营企业。

② 中型和小微型企业的划分标准依据2011年发布的《关于印发中小企业划型标准规定的通知》。

变量类型	变量名称	变量符号	变量定义
解释变量	私营企业	*pri*	若企业的所有制类型为私营企业，则取值为1，否则为0
	外资企业	*for*	若企业的所有制类型为外资企业，则取值为1，否则为0
	中型企业	*med*	若企业的规模为中型企业，则取值为1，否则为0
	小微型企业	*sma*	若企业的规模为小微型企业，则取值为1，否则为0
控制变量	新产品产值占比	*Innov*	企业新产品产值与工业总产值的比值
	出口产值占比	*Exp*	企业出口交货值与工业销售产值的比值
	企业年龄	*lnage*	ln（当前年份-开业年份+1）
	盈利能力	*roa*	企业净利润与营业收入的比值
	资产负债率	*lev*	企业负债与企业资产的比值
	固定资产比例	*fix*	企业固定资产净额与总资产的比值
	省份固定效应	*Pro*	省份虚拟变量
	行业固定效应	*Ind*	行业虚拟变量
	年度固定效应	*Year*	年度虚拟变量

资料来源：本文整理。

（二）数据来源

本文利用 1998~2007 年中国工业企业数据库进行实证检验，该数据库涵盖全部国有企业和规模以上的非国有企业，具有样本容量大、指标齐全、样本期间长的优点，但同时也存在样本匹配混乱、数值异常、数据缺失、指标测度有误等问题。因此，本文对数据进行如下处理：第一，剔除非制造业企业，并根据 2003 年以后实施的国民经济行业代码，对 2003 年之前的行业分类进行了重新调整；第二，利用企业名称、企业代码等信息对样本进行匹配，以克服因企业重组、改制、关闭等原因引起的样本偏误问题（聂辉华等，2012）；第三，借鉴 Brandt 等（2012）的价格平减指数，对资本存量和工业增加值等变量进行价格调整；第四，删除存在遗漏变量、数值缺失、极端值等异常情况的企业样本，最终得到 481865 家企业，共 1628573 个年度观测值。

三、实证结果分析

（一）描述性统计分析

表 2 中 Panel A 全样本描述性统计结果显示，被解释变量政府补贴 *Subsidy*、税收优惠 *Tax* 以及低息贷款 *Interest* 的均值分别为 0.016、0.118 和 0.097，说明税收优惠这种产业政策工具对企业的扶持力度最大，而政府补贴相对最低。解释变量私营企业 *pri*、外资企业 *for*、中型企业 *med*、小微型企业 *sma* 的均值分别为 0.652、0.201、0.100、0.891，反映出在我国产业政策重点支持的行业内以私营企业和小微型企业为主。控制变量中新产品产值占比 *Innov* 的均值为 0.023，说明当前我国企业的总体创新能力不强。

表 2　变量的描述性统计

Panel A：全样本描述性统计				
变量	样本量	均值	标准差	最小值	最大值
Subsidy	1628573	0.016	0.762	0	0.218

	Panel A：全样本描述性统计				
变量	样本量	均值	标准差	最小值	最大值
Tax	1628573	0.118	1.034	0	0.352
Interest	1628573	0.097	0.965	0	0.335
pri	1628573	0.652	0.284	0	1
for	1628573	0.201	0.362	0	1
med	1628573	0.100	0.331	0	1
sma	1628573	0.891	0.224	0	1
Innov	1628573	0.023	0.645	0	0.187
Exp	1628573	0.018	0.569	0	0.269
lnage	1628573	2.773	2.175	0	3.584
roa	1628573	0.165	0.874	−0.386	0.471
lev	1628573	0.342	0.212	0.046	0.901
fix	1628573	0.242	0.175	0.002	0.737

	Panel B：按所有制性质分组的均值 T 检验		
变量	国有企业	非国有企业	T 值
Subsidy	0.066	0.029	4.13***
Tax	0.185	0.176	0.38
Interest	0.141	0.165	−0.59

	Panel C：按规模类型分组的均值 T 检验		
变量	大型企业	中小微企业	T 值
Subsidy	0.085	0.028	5.46***
Tax	0.224	0.116	3.52***
Interest	0.195	0.107	4.37***

注：***、**、*分别表示回归系数在1%、5%和10%的水平下显著。

资料来源：本文整理。

表 2 中 Panel B 比较了国有企业与非国有企业在产业政策资源方面的差异，结果表明国有企业的政府补贴显著高于非国有企业，但是两者之间的税收优惠和低息贷款并不存在显著差异。根据 Panel C 的结果可知，大型企业获取的政府补贴、税收优惠和低息贷款均显著强于中小微企业。但是，产业政策在实施过程中是否存在所有制和规模偏向，还有待进一步严格的实证检验。

（二）基准回归结果分析

表 3 列示了企业所有制性质和规模与三种产业政策支持强度的回归结果。首先，就所有制类型变量而言，第（1）列中私营企业 *pri*、外资企业 *for* 的回归系数均在1%的水平下显著为负，说明相对于其他所有制类型企业，国有企业获得的政府补贴更多；第（2）列和第（3）列中私营企业 *pri* 的系数在1%的水平下显著为负，而外资企业 *for* 的系数都在1%的水平下显著为正，表明外资企业在税收优惠和低息贷款方面获得的支持力度要强于国有企业和私营企业，因此假设 H₁ 不成立。其次，从规模类型的变量来看，第（1）~（3）列

中型企业 *med*、小微型企业 *sma* 的回归系数均在1%的水平下显著为负，并且小微型企业系数的绝对值都大于中型企业，说明无论是何种产业政策工具，大型企业获得的扶持力度最大、中型企业次之、小微型企业最小，假设 H_2 成立。最后，依据控制变量的回归结果发现，政府补贴更加倾向于扶持出口产值占比低、盈利能力弱、资产负债率和固定资产占比高的企业，税收优惠则更偏好创新能力强、出口产值占比高、成立时间短、盈利能力强、资产负债率低和固定资产占比高的企业；低息贷款则主要投入盈利能力较弱、资产负债率和固定资产占比高的企业。

表3　企业所有制性质和规模与产业政策支持强度的回归结果

变量	(1)	(2)	(3)
	Subsidy	*Tax*	*Interest*
pri	-0.038 *** (-4.76)	-0.035 *** (-8.24)	-0.046 *** (-4.33)
for	-0.024 *** (-6.34)	0.151 *** (5.21)	0.072 *** (7.99)
med	-0.099 *** (-3.96)	-0.012 *** (-4.50)	-0.071 *** (-7.98)
sma	-0.143 *** (-6.07)	-0.036 *** (-6.14)	-0.155 *** (-8.36)
Innov	0.076 (0.38)	0.343 *** (5.21)	0.284 (0.55)
Exp	-0.133 *** (-4.39)	0.405 *** (4.96)	0.132 (0.85)
lnage	0.004 (0.63)	-0.007 *** (-5.38)	0.002 (0.25)
roa	-0.328 *** (-4.70)	0.213 *** (8.37)	-0.138 *** (-6.44)
lev	0.176 *** (5.54)	-0.109 ** (-2.64)	0.184 *** (4.71)
fix	0.391 *** (4.67)	0.362 *** (3.52)	0.294 *** (4.41)
Constant	4.876 *** (5.19)	3.794 *** (10.58)	4.776 *** (9.62)
省份/行业/年度效应	控制	控制	控制
样本量	617552	708998	731669
R^2	0.210	0.186	0.233

注：括号内为 t 统计量；***、**、*分别表示回归系数在1%、5%和10%的水平下显著。

资料来源：本文整理。

（三）内生性检验

由于并非所有企业都能获得产业政策支持，因此直接运用 OLS 方法进行估计可能会因样本选择偏误问题而引起内生性问题。为解决这一问题，本文使用 Heckman（1979）两阶段模型进行内生性检验。在第一阶段模型中，以企业是否获得政府补贴（Subsidy_dummy）、税收优惠（Tax_dummy）和低息贷款（Interest_dummy）的

虚拟变量为因变量，运用 Probit 模型对企业取得产业政策支持的概率进行估计，并得到逆米尔斯比率（IMR）；再将逆米尔斯比率作为控制变量代入第二阶段产业政策支持强度决定模型中。为了保证模型的稳健性，借鉴邵敏和包群（2011）的做法，本文将决定产业政策支持强度的变量全部纳入第一阶段模型中，并加入滞后一期被解释变量（Lag），回归结果如表 4 所示：

表 4 基于 Heckman 两阶段模型的回归结果

变量	（1） Subsidy_dummy	（2） Subsidy	（3） Tax_dummy	（4） Tax	（5） Interest_dummy	（6） Interest
Lag	1.286*** (4.61)		1.125*** (6.42)		1.098*** (7.26)	
pri	-0.027*** (-4.83)	-0.081*** (-6.04)	-0.018*** (-5.33)	-0.037*** (-6.53)	-0.071*** (-4.18)	-0.053*** (-3.91)
for	-0.013*** (-5.32)	-0.114*** (-7.69)	0.109*** (4.51)	0.126*** (6.03)	0.068*** (8.37)	0.054*** (4.42)
med	-0.104*** (-6.91)	-0.071*** (-3.96)	0.021*** (7.02)	-0.018*** (-5.75)	0.143*** (3.92)	-0.048*** (-4.39)
sma	-0.111*** (-4.20)	-0.109*** (-5.35)	0.085*** (7.48)	-0.037*** (-5.93)	0.184*** (3.59)	-0.107*** (-4.16)
IMR		0.003*** (3.27)		0.004*** (4.32)		0.004*** (3.35)
Innov	0.228*** (5.43)	0.054* (1.82)	0.507*** (4.95)	0.369*** (3.83)	0.371*** (5.63)	0.360 (0.52)
Exp	0.145** (2.29)	-0.124*** (-3.98)	0.328*** (3.90)	0.267*** (5.62)	0.129** (2.34)	0.108* (1.16)
lnage	0.020 (0.41)	0.038 (0.41)	-0.022*** (-3.21)	-0.081* (-1.12)	0.028 (0.41)	0.021 (0.32)
roa	0.397*** (7.82)	-0.261*** (-4.37)	0.256*** (4.93)	0.113*** (5.71)	-0.043*** (-4.22)	-0.297*** (-6.23)
lev	0.036*** (3.92)	0.043*** (3.59)	-0.071** (-2.05)	-0.084*** (-4.29)	0.216*** (4.32)	0.243*** (3.87)
fix	0.369*** (3.38)	0.343*** (5.29)	0.256** (2.34)	0.281*** (3.62)	0.309*** (4.16)	0.371*** (3.56)
Constant	5.895*** (8.03)	5.203*** (7.77)	7.008*** (9.16)	7.482*** (5.72)	6.993*** (3.89)	6.452*** (7.98)
省份/行业/年度效应	控制	控制	控制	控制	控制	控制

变量	(1)	(2)	(3)	(4)	(5)	(6)
	Subsidy_dummy	*Subsidy*	*Tax_dummy*	*Tax*	*Interest_dummy*	*Interest*
样本量	1628573	617552	1628573	708998	1628573	731669
R^2	0.182	0.179	0.188	0.194	0.240	0.232

注：括号内为 t 统计量；***、**、* 分别表示回归系数在 1%、5% 和 10% 的水平下显著。

资料来源：本文整理。

表 4 中第（2）列、第（4）列和第（6）列的结果显示，逆米尔斯比率（*IMR*）的系数均在 1% 的水平下显著为正，说明基准模型中存在一定的样本自选择问题，因此使用 Heckman 两阶段模型是有效的。从解释变量的回归结果来看，国有企业获得的政府补贴最多，但是在税收优惠和低息贷款方面却弱于外资企业，大型企业获得的产业政策支持力度要强于中小微企业。由此表明，在控制了内生性问题后，原有结论保持不变。

（四）异质性检验

由于重点产业政策是政府代替市场来挑选特定行业并扶持其发展的一种政府干预行为，因此不同类型企业受到选择性产业政策的影响程度可能会存在较大的差异，相应地，产业政策资源在企业之间的配置也会在不同维度上表现出异质性。因此，本文分别从行业竞争程度和地区政府效率的视角入手，对这一效应进行截面异质性分析。

（1）行业竞争程度。本文采用赫芬达尔指数（*HHI*）来衡量行业竞争水平，具体公式可表示为：$HHI = \sum (X_i/X)^2$，其中 X_i 是行业内企业 i 的销售额，*HHI* 值越大，表明行业竞争水平越低。为此，本文依据各年度行业 *HHI* 值的中位数将样本分为竞争程度较低的行业和竞争程度较高的行业，并在此基础上进行分组检验，结果如表 5 所示。

表 5　企业所有制性质和规模与产业政策支持强度的不同行业分组回归结果

变量	竞争程度较低的行业			竞争程度较高的行业		
	(1)	(2)	(3)	(4)	(5)	(6)
	Subsidy	*Tax*	*Interest*	*Subsidy*	*Tax*	*Interest*
pri	-0.123***	-0.096***	-0.175***	-0.036*	-0.033**	-0.212
	(-5.92)	(-4.86)	(-10.79)	(-1.88)	(-2.20)	(-0.33)
for	-0.051***	0.229***	0.188***	-0.025*	0.128*	0.134**
	(-4.42)	(5.55)	(7.59)	(-1.93)	(1.75)	(2.31)
med	-0.178***	-0.081***	-0.210***	-0.092***	-0.016***	-0.039***
	(-7.15)	(-5.73)	(-7.22)	(-6.50)	(-3.57)	(-4.85)
sma	-0.233***	-0.163***	-0.278***	-0.098***	-0.078***	-0.067***
	(-6.50)	(-4.20)	(-9.64)	(-5.78)	(-3.41)	(-3.44)
控制变量	控制	控制	控制	控制	控制	控制
省份/行业/年度效应	控制	控制	控制	控制	控制	控制

变量	竞争程度较低的行业			竞争程度较高的行业		
	（1）	（2）	（3）	（4）	（5）	（6）
	Subsidy	Tax	Interest	Subsidy	Tax	Interest
样本量	322670	391225	381565	294882	317773	350104
R²	0.176	0.148	0.022	0.057	0.132	0.061

注：括号内为 t 统计量；＊＊＊、＊＊、＊分别表示回归系数在1%、5%和10%的水平下显著。

资料来源：本文整理。

表5第（1）～（3）列结果显示，企业所有制类型和规模类型变量的回归结果与总样本的结果基本一致，但其系数的绝对值和显著性都高于第（4）～（6）列的结果，说明政府选择竞争激烈的行业推行产业政策，有助于缓解实施过程中存在的所有制和规模偏向。其可能的原因是，在竞争程度较高的行业内，市场竞争机制的筛选作用更加显著，只有效率高的企业才能生存和发展，政府代替市场对特定类型企业的选择，将会导致被选择的经济主体缺乏通过技术创新等活动提高生产率的激励，面临市场淘汰的风险也相应更高。因此，随着行业竞争程度的提高，政府出台的产业政策通过市场力量所给出的信号，对资源进行合理的配置，以趋向更有效率和潜力的企业，降低了对企业差异化对待带来的政策性扭曲，更好地体现了竞争中性原则。

（2）地区政府效率。政府效率的测度借鉴唐天伟（2009）的做法，采用涵盖政府公共服务、公共物品、政府规模以及居民经济福利四个维度构成的指标体系来衡量省级政府的效率，该指标值越大，说明地区政府效率越高。本文选取2007年各省份政府效率的指标值对样本企业进行匹配，并按照中位数的大小将样本分为政府效率较低的地区和政府效率较高的地区进行分组检验，得到的结果如表6所示。

表6　企业所有制性质和规模与产业政策支持强度的不同地区分组回归结果

变量	竞争程度较低的行业			竞争程度较高的行业		
	（1）	（2）	（3）	（4）	（5）	（6）
	Subsidy	Tax	Interest	Subsidy	Tax	Interest
pri	−0.041＊＊＊ (−6.11)	−0.038＊＊＊ (−8.57)	−0.127＊＊＊ (−7.14)	−0.025 (−0.73)	−0.026＊＊＊ (−6.31)	−0.014＊ (−1.55)
for	−0.023＊＊＊ (−5.35)	−0.172＊＊＊ (−8.47)	−0.105＊＊＊ (−9.10)	−0.017＊＊ (−2.78)	0.139＊＊＊ (5.45)	0.092＊＊＊ (8.06)
med	−0.124＊＊＊ (−5.68)	−0.025＊＊＊ (−7.61)	−0.095＊＊＊ (−4.93)	−0.064＊＊＊ (−7.32)	−0.011＊＊＊ (−9.53)	−0.018＊＊＊ (−5.72)
sma	−0.176＊＊＊ (−7.22)	−0.049＊＊＊ (−8.71)	−0.181＊＊＊ (−6.25)	−0.098＊＊＊ (−9.44)	−0.028＊＊＊ (−5.04)	−0.025＊＊＊ (−8.95)
控制变量	控制	控制	控制	控制	控制	控制
省份/行业/年度效应	控制	控制	控制	控制	控制	控制

变量	竞争程度较低的行业			竞争程度较高的行业		
	（1）	（2）	（3）	（4）	（5）	（6）
	Subsidy	*Tax*	*Interest*	*Subsidy*	*Tax*	*Interest*
样本量	295807	339610	350469	321745	369388	381200
R^2	0.257	0.213	0.295	0.184	0.304	0.271

注：括号内为 t 统计量；＊＊＊、＊＊、＊分别表示回归系数在1%、5%和10%的水平下显著。

资料来源：本文整理。

表6第（1）～（3）列结果显示，所有制类型和规模类型变量的回归结果均在1%的水平下显著为负，反映出在政府效率较低的地区，产业政策更加倾向于扶持国有企业和大型企业。第（4）～（6）列的结果表明，与政府效率较低地区的企业相比，这一效应对于政府效率较高地区的企业而言得到明显改善，国有企业与其他所有制类型企业资源配置差异的显著性变弱，大型企业与中小微企业之间的政策性扭曲程度在减小。造成这一变化的原因主要有两个：一是产业政策实施的主动权在于政府，效率的提升意味着政府能够在坚持市场机制的前提下更加有效地运用各种产业政策工具，更好地发挥政府"增长甄别与因势利导"的积极作用（林毅夫，2012），

促进资源流向更有效率的企业；二是政府效率的提升能较好地解决产业政策实施过程中引发的腐败和寻租问题，实现产业政策资源在不同企业之间的公平配置。

（五）稳健性检验

（1）修改企业所有制类型的度量方式。上文采用企业在工商局登记注册时的类型来识别企业的所有制，但由于在企业经营过程中，股权结构的变更可能会引起企业的真实控股类型发生改变，因此本文采用实收资本比例来定义企业所有制。表7中第（1）～（3）列结果显示，*med*、*sma* 的系数显著为负，而当被解释变量为 *Tax*、*Interest* 时，外资企业 *for* 的系数显著为正，因此本文结论仍然成立。

表7　稳健性回归结果

变量	（1）	（2）	（3）
	Subsidy	*Tax*	*Interest*
pri	−0.062＊＊＊ （−3.88）	−0.069＊＊＊ （−6.71）	−0.062＊＊＊ （−5.86）
for	−0.045＊＊＊ （−4.26）	0.198＊＊＊ （4.08）	0.081＊＊＊ （6.22）
med	−0.095＊＊＊ （−3.80）	−0.023＊＊＊ （−3.87）	−0.075＊＊＊ （−4.53）
sma	−0.138＊＊＊ （−9.11）	−0.041＊＊＊ （−6.20）	−0.146＊＊＊ （−4.82）
省份/行业/年度效应	控制	控制	控制
样本量	617552	708998	731669

变量	(1)	(2)	(3)
	Subsidy	*Tax*	*Interest*
R^2	0.187	0.254	0.278

注：括号内为 t 统计量；＊＊＊、＊＊、＊分别表示回归系数在 1%、5% 和 10% 的水平下显著。

资料来源：本文整理。

（2）考虑中央与地方政府重点支持产业的差异。由于我国各地区经济发展水平不尽相同，中央制定的重点支持产业未必与本地经济发展条件相匹配，而且在同级地方政府横向竞争压力的驱使下，地方政府有动力将适合本地经济发展但国家规划中没有提及的行业列入重点支持行业；相反，那些不符合本地实际发展的国家重点支持产业则更多的是形式上响应，结果导致中央与地方政府的重点支持产业会出现差异。因此，本文参考宋凌云和王贤彬（2013）的文献，统计各省份在不同规划期内的重点支持产业，并与企业所在省份信息进行匹配。表 8 的结果表明，在考虑中央与地方政府重点支持产业的差异后，本文的研究结论不变。

表 8　稳健性回归结果

变量	(1)	(2)	(3)
	Subsidy	*Tax*	*Interest*
pri	−0.046＊＊＊ (−5.71)	−0.080＊＊＊ (−3.81)	−0.074＊＊＊ (−3.73)
for	−0.022＊＊＊ (−3.82)	0.213＊＊＊ (5.75)	0.112＊＊＊ (4.14)
med	−0.078＊＊＊ (−4.96)	−0.051＊＊＊ (−3.22)	−0.094＊＊＊ (−3.79)
sma	−0.136＊＊＊ (−3.07)	−0.083＊＊＊ (−5.73)	−0.162＊＊＊ (−3.78)
省份/行业/年度效应	控制	控制	控制
样本量	632328	724083	764655
R^2	0.153	0.115	0.197

注：括号内为 t 统计量；＊＊＊、＊＊、＊分别表示回归系数在 1%、5% 和 10% 的水平下显著。

资料来源：本文整理。

四、进一步分析：实施规模偏向性政策的经济后果

根据前文的实证研究，本文发现产业政策会更加倾向于扶持行业内的大型企业，说明在我国产业政策实施过程中，存在一定程度的竞争中性扭曲。那么，这种规模偏向性的产业政策实施方式会产生怎样的经济后果？是否有助于提升行业的全要素生产率？这是本部分需要解决的问题。为此，本文首先构建反映产业政策在同行业

内实施方式的指标，具体步骤为：第一，以赫芬达尔指数（HHI）来衡量产业政策资源在行业内不同企业间的配置状况，用某行业中每个企业获得的支持相对于配置给该行业的总支持占比的平方来测度；第二，以1-HHI来表示产业政策在行业内企业间的离散程度，该数值越大，说明该行业的政府补贴、税收优惠或低息贷款覆盖的范围越广，或者说产业政策资源在行业内不同企业间的配置更加趋向于竞争中性原则。本文得到的指标如下：

$$Comp\_policy_{j,r,t} = 1 - \sum \left(\frac{policy_{j,r,t}}{sum\_policy_{j,r,t}} \right)^2 \quad (2)$$

其中，$policy_{j,r,t}$ 包含政府补贴 $Subsidy_{j,r,t}$、税收优惠 $Tax_{j,r,t}$ 和低息贷款 $Interest_{j,r,t}$ 三种产业政策工具；$sum\_policy_{j,r,t}$ 表示企业雇员数和产业政策资源在"行业—地区"层面的总和。借鉴 Aghion 等

（2015）、Restuccia 和 Rogerson（2008）的做法，本文采用如下模型对规模偏向性产业政策的经济后果进行实证检验：

$$
\begin{aligned}
TFP_{j,r,t} = & \beta_0 + \beta_1 Comp\_policy_{j,r,t} + \\
& \beta_2 Innov\_share_{j,r,t} + \\
& \beta_3 Exp\_share_{j,r,t} + \\
& \beta_4 Soe\_share_{j,r,t} + \\
& \beta_5 Pri\_share_{j,r,t} + \\
& \beta_6 HHI_{j,r,t} + Pro_r + Ind_j + \\
& Year_t + \varepsilon_{j,r,t} \quad (3)
\end{aligned}
$$

其中，因变量 TFP 表示行业的全要素生产率，可以通过 OP 方法计算得到，引入的控制变量包括：新产品产值份额（$Innov\_share$）、出口产值份额（Exp_share）、国有企业市场份额（Soe_share）、私营企业市场份额（Pri_share）、行业集中度（HHI）、省份的固定效应（Pro）、行业的年度效应（Ind）、年份的固定效应（$Year$），得到的回归结果如表9所示。

表9 产业政策实施方式对行业全要素生产率的回归结果

变量	(1)	(2)	(3)	(4)
Comp_subsidy	0.090*** (6.19)			0.111*** (3.12)
Comp_tax		0.065** (2.88)		0.098*** (8.15)
Comp_interest			0.077*** (5.63)	0.079*** (4.89)
Innov_share	0.068*** (3.91)	0.135*** (3.70)	0.114*** (4.69)	0.139*** (3.56)
Exp_share	0.060* (1.31)	0.084 (0.65)	0.054 (0.69)	0.082 (0.81)
Soe_share	-0.386*** (-5.99)	-0.467*** (-8.11)	-0.458*** (-7.96)	-0.453*** (-4.37)
Pri_share	0.526*** (3.90)	0.589*** (6.51)	0.520*** (8.29)	0.551*** (6.23)
HHI	-0.363*** (-3.11)	-0.410*** (-4.99)	-0.433*** (-4.06)	-0.417*** (-7.19)
Constant	2.040*** (3.91)	1.405*** (3.36)	1.521*** (4.65)	1.243*** (3.72)
省份/行业/年度效应	控制	控制	控制	控制

变量	（1）	（2）	（3）	（4）
样本量	6055	6055	6055	6055
R^2	0.148	0.237	0.261	0.262

注：括号内为 t 统计量；***、**、* 分别表示回归系数在 1%、5% 和 10% 的水平下显著。

资料来源：本文整理。

表 9 第（1）~（3）列结果显示，*Comp_ subsidy*、*Comp_ tax*、*Comp_ interest* 的系数均显著为正，说明政府补贴、税收优惠和低息贷款三种产业政策工具在行业内覆盖的企业范围越广、受益企业越分散，则对行业全要素生产率的提升作用越显著。第（4）列中同时加入反映三种产业政策工具实施方式的变量，估计系数都在 1% 的水平下显著为正，说明研究结论较为稳健。事实上，对大型企业的政策扶持必然会引起行业内资源分散程度的降低，进而抑制行业全要素生产率的提高。具体而言，一方面，规模偏向型的产业政策使被选定扶持的大型企业缺乏来自中小企业和潜在进入者的市场挑战，丧失了进行技术创新活动的动力，导致企业自身全要素生产率的降低；另一方面，规模偏向型的产业政策引起了企业间的资源错配，大量的产业政策资源可能并没有流向最有效率的企业而是更多地被低效率企业占有，导致低效的企业不能被及时地淘汰出市场，扭曲了市场竞争的筛选机制，进而带来行业全要素生产率的损失。由此说明，产业政策扶持企业的范围越分散、差异化程度越低、普惠性越强，则产业政策效果越好。

五、研究结论与政策建议

本文利用 1998~2007 年中国工业企业数据库的数据，从企业微观层面考察了重点产业政策在实施过程中是否存在所有制和规模偏向，并检验了其产生的经济后果。研究发现，从所有制性质来看，国有企业获得的政府补贴更多，但外资企业在税收优惠和低息贷款方面获得的支持力度要强于国有企业和私营企业，从企业规模来看，政府补贴、税收优惠和低息贷款三种产业政策工具对大型企业的扶持力度最大，说明我国重点产业政策的实施存在一定程度的竞争中性扭曲。同时，基于行业竞争程度和地区政府效率的异质性检验发现，政府选择在竞争激烈的行业以及政府效率较高的地区推行产业政策，有助于缓解实施过程中存在的所有制和规模偏向。上述结论在经过内生性和稳健性检验后仍然成立。进一步研究表明，产业政策在行业内覆盖的企业范围越广、受益企业越分散，则对行业全要素生产率的提升作用越显著，对大型企业的政策偏向必然会引起行业内资源分散程度的降低，扭曲行业内的资源配置，进而抑制行业全要素生产率的提高。本文的研究结论对于更好地落实竞争中性原则可以提供具有较强实践意义的政策启示。为此，本文提出以下三点政策建议：

第一，加快推进产业政策竞争化转型，促进产业政策和竞争政策的有效协调。竞争中性作为竞争政策的核心原则，要求对所有经济主体一视同仁，政府不应赋予任何实际或潜在市场参与者不当的竞争优势。本文的实证研究发现，我国的产业政策在实施过程中更加倾向于扶持行业内的大型企业，并且导致行业全要素生产率的降低。

因此，为了促进产业政策和竞争政策的有效协调，实现竞争政策的基础性地位，应加快推进产业政策由差异化、选择性向普惠化、竞争性转型，而实现产业政策转型的关键是要落实公平竞争审查制度及其实施细则，尽快清理和废除违反公平、开放、透明市场规则的产业政策，同时大力培育市场主体开展第三方评估，提高公平竞争审查制度的公正性、科学性和规范性，防止产业政策各个环节中出现滥用行政权力排除和限制市场竞争的行为。此外，还可以通过编制竞争中性指标体系对产业政策实施过程进行动态监测，更好地发挥产业政策的积极作用。

第二，为民营企业营造公平竞争环境，积极推进各类市场主体的权利平等、机会平等和规则平等。民营企业作为我国市场主体的重要组成部分，贡献了50%以上的税收，60%以上的国内生产总值，70%以上的技术创新成果，80%以上的城镇劳动就业，90%以上的企业数量，对于我国社会主义市场经济发展起到了重要作用。本文研究表明，国有企业在获取产业政策资源方面要强于民营企业，两者之间存在竞争不公平性。因此，需要积极推进各类市场主体的权利平等、机会平等和规则平等，彻底破除"卷帘门""玻璃门""旋转门"等现象，在市场准入、审批许可、经营运行、生产要素获取、招投标等方面，为民营企业营造公平竞争环境，实现市场在资源配置中的决定性作用。

第三，消除规模歧视，推动不同规模企业间的公平竞争。我国中小企业数量庞大，在吸收就业、推动经济增长、促进技术创新、增强竞争力等方面发挥着不可替代的作用。然而，我国产业政策"扶大限小"的特征突出，大企业能够轻易获得各类政策资源，包括市场准入、财政补贴、税收优惠、银行授信、上市融资等政策便利，而中小企业则很难获取上述资源。因此，需要消除规模歧视，推动不同规模企业间的公平竞争，激发中小企业的创新创业活力，具体措施包括：打破市场准入壁垒，落实"负面清单"制度措施，让中小企业可依法平等进入清单之外的领域；加强对中小企业的财政支持力度，发挥财政补贴的基础性和引导性作用；实施更大规模的减税降费，切实减轻中小企业的税收负担；改革和完善金融机构监管考核和内部激励机制，加强多层次金融市场建设，有效解决中小企业融资难、融资贵的问题。

参考文献

［1］Aghion P, Cai J, Dewatripont M, et al. Industrial Policy and Competition ［J］. American Economic Journal：Macroeconomics, 2015（4）：1-32.

［2］Brandt L, Van Biesebroeck J, Zhang Y. Creative Accounting or Creative Destruction? Firm-level Productivity Growth in Chinese Manufacturing ［J］. Journal of Development Economics, 2012, 97（2）：339-351.

［3］Heckman J J. Sample Selection Bias as a Specification Error ［J］. Econometrica, 1979, 47（1）：153-161.

［4］OECD. Competitive Neutrality：Maintaining A Level Playing Field between Public and Private Business ［R］. OECD Publishing, 2012.

［5］OECD. State Owned Enterprises and the Principle of Competitive Neutrality ［R］. OECD Publishing, 2009.

［6］Restuccia D, Rogerson R. Policy Distortion and Aggregate Productivity with Heterogeneous Establishment ［J］. Review of Economic Dynamics, 2008（4）：707-720.

［7］毕金平，丁国峰. 论竞争中立制度对我国的影响及应对措施 ［J］. 江海学刊, 2018（6）：138-143.

［8］丁茂中．我国竞争中立政策的引入及实施［J］．法学，2015（9）：107-117.

［9］冯辉．竞争中立：国企改革、贸易投资新规则与国家间制度竞争［J］．环球法律评论，2016（2）：152-163.

［10］郭晨，张卫东，朱世卡．科技创新对收入不平等的影响：基于企业发展与政府干预视角［J］．北京工商大学学报（社会科学版），2019（2）：12-21.

［11］胡改蓉．竞争中立对我国国有企业的影响及法制应对［J］．法律科学（西北政法大学学报），2014（6）：165-172.

［12］江飞涛，李晓萍．直接干预市场与限制竞争：中国产业政策的取向与根本缺陷［J］．中国工业经济，2010（9）：26-36.

［13］黎文靖，郑曼妮．实质性创新还是策略性创新？：宏观产业政策对微观企业创新的影响［J］．经济研究，2016（4）：60-73.

［14］李平，江飞涛，王宏伟．重点产业调整振兴规划评价与政策取向探讨［J］．宏观经济研究，2010（10）：3-12.

［15］李晓玉．"竞争中立规则"的新发展及对中国的影响［J］．国际问题研究，2014（2）：129-137.

［16］李宇英．"竞争中立"规制水平的国际比较研究［J］．复旦学报（社会科学版），2019（2）：166-176.

［17］林毅夫．新结构经济学：反思经济发展与政策的理论框架［M］．北京：北京大学出版社，2012.

［18］刘小玄．中国式的垄断：条条、块块与国有企业［C］//威廉·科瓦西奇，林至人，德里克·莫里斯．以竞争促增长：国际视角．北京：中信出版集团，2017.

［19］刘雪红．国有企业的商业化塑造：由欧美新区域贸易协定竞争中立规则引发的思考［J］．法商研究，2019（2）：170-181.

［20］马其家，樊富强．TPP对中国国有企业监管制度的挑战及中国法律调整：以国际竞争中立立法借鉴为视角［J］．国际贸易问题，2016（5）：59-70.

［21］聂辉华，江艇，杨汝岱．中国工业企业数据库的使用现状和潜在问题［J］．世界经济，2012（5）：142-158.

［22］钱雪松，康瑾，唐英伦，等．产业政策、资本配置效率与企业全要素生产率：基于中国2009年十大产业振兴规划自然实验的经验研究［J］．中国工业经济，2018（8）：42-59.

［23］邵敏，包群．地方政府补贴企业行为分析：扶持强者还是保护弱者？［J］．世界经济文汇，2011（1）：56-72.

［24］石伟．"竞争中立"制度的理论和实践［M］．北京：法律出版社，2017.

［25］宋凌云，王贤彬．重点产业政策、资源重置与产业生产率［J］．管理世界，2013（12）：63-77.

［26］汤婧．"竞争中立"规则：国有企业的新挑战［J］．国际经济合作，2014（3）：46-51.

［27］唐天伟．政府效率测度［M］．北京：经济管理出版社，2009.

［28］唐宜红，姚曦．竞争中立：国际市场新规则［J］．国际贸易，2013（3）：54-59.

［29］王菁，徐小琴，孙元欣．政府补贴体现了"竞争中立"吗？：基于模糊集的定性比较分析［J］．当代经济科学，2016（3）：49-60.

［30］王克敏，刘静，李晓溪．产业政策、政府支持与公司投资效率研究［J］．管理世界，2017（3）：113-124+145.

［31］王亚男．混合所有制经济中政府职能转型研究［J］．江淮论坛，2018（6）：68-73.

［32］徐康宁，韩剑．中国钢铁产业的集中度、布局与结构优化研究：兼评2005年钢铁产业发展政策［J］．中国工业经济，2006（2）：37-44.

［33］余明桂，范蕊，钟慧洁．中国产业政策与企业技术创新［J］．中国工业经济，2016（12）：5-22.

［34］张纯，潘亮．转型经济中产业政策的有效性研究：基于我国各级政府利益博弈视角［J］．财经研究，2012（12）：85-94.

［35］张莉，朱光顺，李世刚，等．市场环境、重点产业政策与企业生产率差异［J］．管理

世界，2019（3）：114-126.

　　［36］张莉，朱光顺，李夏洋，等．重点产业政策与地方政府的资源配置［J］．中国工业经济，2017（8）：63-80.

　　［37］张琳，东艳．国际贸易投资规则的新变化：竞争中立原则的应用与实践［J］．国际贸易，2014（6）：48-51.

　　［38］张龙鹏，汤志伟．产业政策的资源误置效应及其微观机制研究［J］．财贸研究，2018（12）：1-13.

　　［39］张占江．政府行为竞争中立制度的构造：以反垄断法框架为基础［J］．法学，2018（6）：80-98.

　　［40］赵学清，温寒．欧美竞争中立政策对我国国有企业影响研究［J］．河北法学，2013（1）：33-37.

Research on the Implementation Effect of Key Industrial Policies from the Perspective of Competition Neutrality

Zhang Renzhi

Abstract：The principle of competition neutrality refers to the government needs to maintain a neutral attitude，ensure policy neutrality（including tax neutrality，regulatory neutrality，financing neutrality，subsidy neutrality，access neutrality，etc.），establish a fair market competition environment，and achieve equal competition among different market subjects. However，there are still serious violations of the principle of competition neutrality in China's economic operation，such as local protection，regional blockade，industry monopoly，industrial policy and so on. As far as industrial policy is concerned，as one of the important ways for the government to intervene the market directly，it is chosen by the government for certain industries and use financial subsidies，credit support，tax relief，land preferences，tariff protection and other means to protect and support their development. In the specific supported industries，the government may also depend on the enterprise ownership，size，technological and economic characteristics and other factors tilt resources to a small number of enterprises in the industry，destroying the market competition mechanism，resulting in the reduction of resource allocation efficiency，showing obvious competition neutral distortion. So，is there any competition neutral distortion in the process of industrial policy implementation in China？ If it exists，what economic consequences will it lead to? The research on these problems is of great theoretical and practical significance for better implementing the principle of competition neutrality and promoting the transformation of industrial policy.

In View of this, based on the key industries mentioned in the Ninth Five-Year Plan, the Tenth Five-Year Plan and the Eleventh Five-Year Plan of the Central Government, and using the Industrial Enterprise Database of China from 1998 to 2007, this paper examines whether the implementation of key industrial policies has ownership and scale bias, and examines the possible economic consequences. The research finds that, from the nature of ownership, state-owned enterprises receive more government subsidies, but foreign-funded enterprises get stronger support in tax preferences and low-interest loans than state-owned enterprises and private enterprises. From the scale of enterprises, the large enterprises get the strongest support in three industrial policy tools, which shows that there is a certain degree of competition neutral distortion in the implementation process of China's key industrial policies. At the same time, based on the heterogeneity test of industry competitiveness and regional government efficiency, it shows that the government chooses to implement industrial policies in highly competitive industries and regions with high government efficiency, which helps to alleviate the ownership and scale bias in the implementation process. These conclusions are still valid after endogenous and robustness tests. Further research shows that the wider scope of enterprises covered by industrial policies and the more decentralized the beneficiary enterprises are, the more significant the role of industrial TFP will be. The policy bias towards large enterprises will inevitably lead to the reduction of resource dispersion in the industry, distort the allocation of resources in the industry, and then inhibit the improvement of TFP in the industry.

The conclusions of this study can provide policy implications in the following four aspects. First, the government should accelerate the competitive transformation of industrial policies and promote the effective coordination of industrial policies and competition policies. Second, create a fair competitive environment for private enterprises and actively promote the equality of rights, opportunities and rules of all types of market subjects. Third, the government should further open up to the outside world and create an international business environment in which domestic and foreign enterprises compete fairly. Fourth, eliminate scale discrimination and promote fair competition among enterprises of different scales.

Key Words: Competitive Neutrality; Key Industrial Policies; Scale Bias; Ownership Bias

竞争中性视角下重点产业政策实施效果研究

□ 数字经济全球化的影响及中国应对研究 *

李宗明　苏景州　任保平

摘　要：随着世界各国经济数字化以及数字贸易的出现与发展，世界经济开始向数字经济全球化转型。本文通过对数字经济全球化相关文献进行梳理，深入剖析数字经济全球化的本质及其特征，认为数字经济可以加速世界经济全球化的进程，激发世界数字经济企业的竞争力，引领大国核心技术发展，加快传统产业转型升级，促进国际政治经济新秩序的构建。同时，数字经济全球化为中国经济发展提供了新平台，为中国经济转型发展带来新机遇，对普惠全民具有突出作用，为促进中国对外开放提供了新路径。在数字经济全球化的时代背景下，中国要建立健全数字经济协同发展的制度法规体系，增加基础研究和关键数字技术的创新投入，促进数字技术与实体经济深度融合，搭建数据平台实现优质资源共享，努力构建数字经济共同体。中国要把数字经济发展作为推动数字经济全球化的重要力量，以数字经济全球化提升中国的国际竞争力和影响力。

关键词：数字经济；数字经济全球化；数字治理；数字经济共同体

党的十九届五中全会提出："发展数字经济，推进数字产业化和产业数字化，推动数字经济和实体经济深度融合，打造具有国际竞争力的数字产业集群。"发展数字经济是把握新一轮科技革命和产业变革新机遇的战略选择，也是推动数字经济全球化的重要途径。近年来，中国数字经济发展较快、成就显著，数字经济规模已经连续多年位居世界第二，特别是新冠肺炎疫情暴发以来，数字技术、数字经济在支持抗击新冠肺炎疫情、恢复生产生活方面发挥了重要作用。数字经济通过以下方面助推高质量发展：新基建构筑数字经济新结构性力量，信息要素激发产业发展新动能，智能制造延伸产业价值链条，组织结构再造创新增值模式，信息化拓展全

基金项目：陕西省 2020 年社会科学基金项目"汉江流域城乡融合发展的水平测度与路径优化研究"（2020D029），项目负责人：李宗明；陕西理工大学 2020 年高端人才引进项目"新经济时代下汉江流域城乡融合高质量发展研究"（209020294），项目负责人：李宗明。

作者简介：李宗明，男，经济学博士，西北大学经济管理学院理论经济学博士后流动站在站人员，陕西理工大学经济管理与法学学院副教授、硕士生导师；苏景州，男，河南濮阳人，陕西理工大学马克思主义学院马克思主义原理硕士研究生；任保平，男，经济学博士，西安财经大学副校长，西北大学经济管理学院院长、研究生院院长、教授、博士生导师。

* 本文曾刊登于《价格理论与实践》2021 年第 11 期。

球产业新格局（盛磊，2020）。而随着世界各国经济数字化以及数字贸易的出现与发展，世界经济发展趋势开始向数字经济全球化转型，这不仅是全球价值链价值环节的空间重组和产业结构的优化升级，更是深层次的产业结构变革，这都取决于数字技术快速发展和数据跨境流动的作用（黄鹏、陈靓，2021）。本文立足数字经济时代背景，探讨数字经济全球化对世界经济的影响，明确中国如何在数字经济全球化进程中抢抓历史新机遇、实现新的经济增长极、促进全体人民共同富裕以及推进社会主义现代化建设。

一、相关研究文献评述

（一）关于数字经济全球化的研究

近年来，关于数字经济的研究成果比较多，但数字经济全球化这一概念最近才出现在学者视野中，如刘志广（2020）认为，新冠肺炎疫情进一步加速了经济全球化进程，指出生产区域化与数字经济全球化之间嵌合式发展；黄鹏和陈靓（2021）从要素流动理论的视角出发，论述了数字经济全球化下的世界经济运行机制与规则构建；林子樱（2021）论述了数字经济全球化下的竞争机制与策略，认为要厘清竞争政策的核心价值目标，明确坚持消费者福利标准，构建国际层面的共同规则；卓翔和陈丽娟（2021）从新冠肺炎疫情影响下的数字经济全球化发展出发，认为要注重融入数字全球化价值链，在数字产业化基础高级化、产业数字化方面进行努力；王世渝（2020）认为，数字经济在加速经济发展、提高现有产业劳动生产率、培育新市场和产业新增长点、实现包容性增长和可持续增长中驱动第三次全球化；赵骏（2021）提出：推动"一带一路"需要数字经济赋能，数字经济在经济全球化过程

中有其社会效能与治理作用，但也存在许多治理困境与法治障碍。从当前世界经济发展趋势来看，数字经济将成为推进世界经济全球化的核心经济形态，随着全球数字经济的飞速发展，世界经济全球化也将不断得到巩固和深化。

（二）关于数字经济全球化对世界经济影响的研究

基于数字经济及其全球化研究的深入，一些学者从另一视角探讨数字经济全球化对世界经济产生的影响。例如，黄鹏和陈靓（2021）认为，数据要素的跨境流动和数字技术的应用，使世界经济运行机制呈现出全球数据价值链成为全球化收益增加的新维度；数字贸易增强了世界在"数据流动和数字化"层面的联系，促使全球价值链形态出现改变，但其布局变化存在不确定性；全球化收益的国民属性进一步复杂化；世界经济发展格局的不平衡出现新的表现形式等特征。刘志广（2020）提出：生产区域化和数字经济全球化的嵌合发展将成为未来经济全球化的新格局。中国应强化自主创新能力，抓住新一轮数字技术发展机遇，将数字经济作为推动经济全球化的重要力量，以数字经济全球化提升中国生产区域化的竞争力。

关于数字经济及其数字经济全球化的研究较多，但没有一套完整的成型范式，也缺乏系统的国际化理论体系和评判标准，还处在探索阶段。本文主要基于对数字经济全球化的分析理解，探讨数字经济全球化对全球经济发展的影响，中国面临的机遇、挑战及其应对策略。

二、数字经济全球化的影响分析

（一）数字经济能够加速世界经济全球化

当前，全球经济体系与新型数字技术

之间相互融合发展，这一趋势正在创建经济全球化的新秩序、新格局。从科技层面来讲，以互联网、智能化、大数据、区块链、云计算等数字经济形态来看，这种新经济、新技术模式正在推动经济全球化迅速发展。在互联网的大力推动下，世界各国之间的经济活动变得更加便捷和高效，把世界连接成一个"地球村"，而移动互联网的广泛普及将这个"地球村"变成现实，把世界变成了"手掌心"。数字经济的全球化速度远远快于第二次全球化时期，按照5G技术逻辑，全球任意两个端对端的传输速度快于人与人视觉感知的十分之一秒的速度，这就使世界任意两点之间的感知时间和我们肉眼的感知时间是一致的，在虚拟空间实现了零距离（赵西三，2017）。同时，数字经济的发展促使世界地理空间相对缩小，对人与物的影响也将逐步趋于弱化，在高速、高容量的物联网中，人们可以随时随地分享和创造数据信息，也可以获取和利用分布在世界各地的数据资源，人类社会将更加趋于全球化。

（二）数字经济能够提升国家数字技术水平

数字技术是第四次工业革命最重要的特征，已成为大国科技竞争的战略制高点。随着数字经济社会的到来，强大的人工智能、大数据、物联网、5G等新一代信息技术的发展水平，对一个国家的全球科技、经济、安全竞争力起着决定性作用，可以说，数字经济对国家的世界竞争力至关重要。世界各国都十分重视数字经济议题，并将其升级为国家发展战略（钞小静，2020）。目前，中国华为、中兴在全世界数字技术领域具有较强的竞争力，不仅专利申请数量全球领先，而且在5G等产业领域拥有强劲的市场竞争力，对中国数字技术水平的提高做出了贡献。

（三）数字经济能够提高国家核心竞争力

数字经济是一种新型经济形态，正在世界范围内蓬勃兴起，成为提高国家综合竞争力的新型力量。数字经济的快速发展，不仅有力地推动了经济社会发展与全要素生产率的提升，而且对实体经济、金融服务和人的思维方式等都产生了重大影响。随着数字技术的进一步发展，更多相关的应用场景将持续涌现，进而促进国家核心竞争力的提高。人工智能、区块链、云计算以及大数据等技术，推动着我国经济社会各个领域的网络化和智能化，数字产业化发展势头良好，产业数字化发展规模不断扩大，相关的产业链正在加快形成。中国在5G、共享经济、电子商务、移动支付等数字经济核心领域和关键环节已经处于全球前列，且在这些领域的国际影响力和竞争力仍在持续提升。随着数字技术企业自身实力的不断提升，中国未来在全球范围内的技术水平将继续提高。

（四）数字经济能够推动全球经济转型

数字经济能够通过推动生产方式和管理方式的创新变革，提高研发设计、生产管理、协同营销的集成化应用，进而带动产品、企业和产业等多方面交融创新，实现全球价值链的多层次、全方位衍生。数字经济将传统链条式交换的贸易转为统一聚合的市场，能够推进全球贸易发展进程，从而促进全球经济协调发展。基于云计算、人工智能及区块链等新型技术，数字经济能够创造一种更为灵活的全球协作系统，进而更好地契合经济全球化发展下多边协作的需要。数字经济能够加速创新要素资源在全球范围内的流动，并降低各国参与全球贸易和区域产业链分工的成本，从而促进全球价值链整合与延伸。

综上所述，数字经济在当前飞速发展，呈现出两大发展趋势：一是经济全球化趋势越来越明显，不仅在中国、美国、日本、德国等国家，而且在印度、东南亚、中东甚至拉美、非洲等诸多国家和地区，都出现了一批发展迅速的数字经济"独角兽"企业，这已成为国家经济发展的新引擎；二是数字经济已成为新的经济形态，几乎渗透到社会生产生活的所有领域，每个行业都随着数字经济发展而不断互联网化、数字化以及云化。总之，数字经济时代的到来，正在改写和加速经济全球化进程，同时也颠覆了既有的商业模式和创新范式。

三、数字经济全球化对中国的机遇和挑战

（一）数字经济全球化对中国的机遇

1. 数字经济为中国经济发展提供了新平台

改革开放以来，中国经济经历了一段高速增长的发展阶段，通过大力发展生产力，社会物质财富极速增长，基础建设、城镇化建设空前繁荣，成为世界第二大经济体。党的十八大以来，在新发展理念的指引下，坚持科学发展观，走高质量发展道路，中国经济实力得到了很大的提升，在世界上具有一定的竞争力和影响力。中国信息技术得到快速发展，已成为世界第二大数字经济体。当前，中国经济面临着速度换挡、结构调整和动力转换"三期叠加"，同时又处在新冠肺炎疫情防控常态化时期，大力发展数字经济，加快推进城乡网络基础设施建设，推进经济社会互联网的深度互联，建设统一开放的大数据共享平台，有利于加快产业结构转型升级，主动适应经济发展新形势，走经济高质量发展道路。

2. 数字经济给中国经济转型发展带来了新机遇

数字经济的发展动力与传统经济产业相结合，可促进传统产业进行新的变革。数字经济以数字化丰富生产要素的供给，以网络化、信息化提高各类生产要素与社会资源的配置效率，以智能化提升产出效能，有利于推动经济发展的质量变革、效率变革及动力变革，为经济高质量发展注入新动力（张鸿等，2019）。数字经济正在引领经济发展并带来巨大变革，中国要抢抓数字经济新业态带来的机遇，制定配套的政策和制度，依托互联网技术手段，促进传统产业上线上云，发展线上线下融合的生活服务业共享平台。在当前新冠肺炎疫情的防控中，人工智能、大数据、云计算等数字技术的应用实践和应用效果有目共睹，数字经济不但与传统产业相融合，而且与普通大众的生活紧密融合，数字经济改变了人们的生产生活方式，为创新驱动提供了强大的动力支撑，使数字经济成为国民经济发展的加速器，带动和催生传统产业转型升级。随着中国数字技术的深入推进，数字化促进了各行各业的深度融合，推动着数字经济与实体经济的深度融合。

3. 数字经济为促进中国对外开放提供了新路径

数字经济是一种以新技术、新产业为支撑的新兴经济形态，当代信息技术的飞速发展，进一步加速了数字经济与实体经济的深度融合，数字经济全球化已是大势所趋，中国需要进一步加大对外开放力度，通过扩大开放促进数字经济加快发展。数字经济将各类经济主体通过互联网技术连接在一起，世界各国的数据与资源通过互联网技术实现共享。数字经济正成为中国

经济发展的新优势，不仅为中国经济稳步发展提供了强有力的支撑，也将助力世界经济复苏发展。中国正成为世界数字经济和产业的发动机，可以与东盟、中亚、非洲等地区开展合作，帮助这些国家建设数字经济，实现资源共享、合作共赢。

（二）数字经济全球化对中国的挑战

数字经济全球化给中国经济发展带来了千载难逢的机遇，能够助力中国经济"弯道超车"，向着实现社会主义现代化道路迈进，但同时也给中国带来了严峻的挑战。例如，中国数字核心技术基础研究短板效应突出，2019年工业和信息化部梳理发现：我国高端芯片、工业控制软件、核心元器件、基本算法等300多项与数字产业相关的关键技术，目前仍然受制于人，自主创新能力不强，成为中国数字技术产业化发展提高、应用和推广的制约性因素（杨仁发，2021）。目前，中国各领域数字经济的应用程度还存在一定差异，尤其是"三产融合"程度差异较为明显，在服务业与流通领域发展迅速，而在工业和农业领域发展相对缓慢，与世界发达国家数字经济的融合深度相比较，中国还有很长的路要走（郭晗，2020）。此外，中国区域数字经济发展同质化现象比较严重，区域间对关键数据资源的争夺加剧了数字经济发展的不平衡，发展势头从东部沿海地区向西部地区逐渐降低。中国同世界数字经济大国、强国相比，数字经济大而不强、快而不优，而且在快速发展中出现了一些不健康、不规范的苗头和趋势，这不仅影响数字经济健康发展，而且对国家经济金融安全构成威胁，必须坚决予以纠正和治理。

四、数字经济全球化下中国的应对措施

中国作为世界第二大经济体和数字经济大国，有着广阔的发展空间，在数字经济时代下朝着更加合理、公正、有效的目标推动全球经济治理机制变革，不仅是创新发展的需要，而且是自身应承担的国际义务和责任。

1. 加快数字经济法规制度建设，促进数字经济协同发展

坚持数据共享和依法使用相结合的原则，加快完善数字治理法规制度。建立健全数据资源共享技术规范，提升数字共享标准化水平。尽快出台数据使用和保护的相关法案，明确数据权责边界、使用规范和信息保密责任。健全政府公开数据平台，完善跨部门、跨地区的数据共享使用机制，推动区块链、联合学习等新技术在数据追踪、数据分析、信息存储、传输发布等方面的应用，加强数据保护与网络安全。目前，中国信息通信研究院正在全球范围内与多家国际组织合作，推动数字经济的标准化和规范化。充分发挥领军型数字技术企业在数字技术标准建设中的引领作用，给予充分的政策支持，制定数字领域新技术和数据格式新标准，不断推进与数字经济领域的世界各国的联系，实现数字经济多方协同创新，提高数字经济在世界范围内的应用安全。

2. 加快数字经济基础设施建设，加大关键数字技术创新投入

数字经济是经济高质量发展的核心力量，而数字经济基础设施建设为城市发展提供新动能。习近平总书记在《不断做强做优做大我国数字经济》重要讲话中指出：要加强战略布局，加快建设以5G网络、全国一体化数据中心体系、国家产业互联网等为抓手的高速泛在、天地一体、云网融合、智能敏捷、绿色低碳、安全可控的智能化综合性数字信息基础设施，打通经济社会发展的信息"大动脉"。要全面推进产业化、规模化应用，培育具有国际影响力的大型软件企业，重点突破关键软件，推动软件产业做大做强，提升关键软件技术的创新和供给能力。加快实施数字经济强国战略工程，以培育壮大数字经济作为推动经济高质量发展的重要抓手。加强对数字经济领域的科研投入，大力支持高校、高研院所以及高科技企业的产学研合作，适当给予政策倾斜，培育核心技术攻坚团队，推动关键共性技术攻关研究。

3. 推进数字技术与实体经济深度融合，促进数字经济区域特色化发展

推进数字经济与实体经济的深度融合发展，使实体经济借助数字经济的东风，向着数字化转型升级，这是未来实体经济发展的必由之路。加强供给侧结构性改革，大力发扬工匠精神，以市场需求为导向，将数字产业化和产业数字化相结合，为各行各业赋能数字技术，加快传统产业向网络化、数字化和智能化方向转型升级，建构新业态，创造新经济，培育新模式，实现数字技术在生产制造领域融合应用。

4. 积极搭建全球数据资源平台，实现优质数据资源共享

新冠肺炎疫情在全世界的传播，使世界各国的经济贸易和信息交互方式发生了变革，中国在以国内大循环为主体、国内国际双循环相互促进的新发展格局下，亟须构建一个有利于世界各国的标准化、互联互通、实时交互、安全可控的大数据开放平台，实现全世界公共数据实时共享。积极转变数据共享模式，不应仅被动地接受或分享别国的公共数据资源，而要联合世界各国共同协作，向着科技研发、生产制造、文化教育、金融服务、贸易运输等各领域渗透，实现数据资源自主创造、自主演化、自主更新，将世界互联网数据平台线上运营与线下国际贸易相融合，使数字经济在各国交通出行、医疗健康、基础建设、金融服务以及旅游服务等方面发挥作用。

5. 主动适应数字经济新形势，努力构建全世界数字经济共同体

一是加快相关顶层政策设计，建立世界数字经济政策共同体。建立世界统一的数字产业、数字技术标准认定和评估体系以及数字前沿科技、前沿技术联合攻关的协同机制。充分发挥各国研发世界前沿数字科技的优势，进行跨国对接与合作，铸就世界发展前沿数字科技优势。联合"一带一路"沿线国家和其他国家，共同构建世界统一的数字经济法律法规，营造良好的世界经济贸易营商环境。二是加快世界数字经济协调发展，建立世界数字经济共同体。加强与世界各国的互联互通，共同促进区域间数字经济协调健康发展。三是提升世界数字空间治理现代化水平，重构全球数字空间治理理念、治理组织和治理制度，构建世界数字治理共同体。

参考文献

［1］钞小静. 新型数字基础设施促进我国高质量发展的路径［J］. 西安财经大学学报，2020（2）：15-19.

［2］郭晗. 数字经济与实体经济融合促进高质量发展的路径［J］. 西安财经大学学报，2020（2）：20-24.

［3］黄鹏，陈靓. 数字经济全球化下的世界经济运行机制与规则构建：基于要素流动理论的视角［J］. 世界经济研究，2021（3）：3-14.

［4］黄玉沛. 中非共建"数字丝绸之路"：机遇、挑战与路径选择［J］. 国际问题研究，2019（4）：50-63.

［5］江小娟，靳景. 中国数字经济发展的回顾与展望［J］. 中共中央党校（国家行政学院）学报，2021（12）：1-15.

［6］康铁祥. 中国数字经济规模测算研究

［J］．当代财经，2008（3）：118-121.

［7］乐颖，金波，陈美红，张化尧．数字经济内涵与当前数字创业现状：基于"浙江好项目"的分析［J］．上海管理科学，2020（1）：25-29.

［8］林子樱．数字经济全球化下竞争政策协调困境与对策［J］．人民论坛·学术前沿，2021（6）：140-143

［9］刘昭洁．数字经济背景下的产业融合研究——基于制造业的视角［D］．北京：对外经济贸易大学，2018.

［10］刘志广．生产区域化与数字经济全球化的嵌合发展———新冠肺炎疫情冲击加速经济全球化重构［J］．上海市经济管理干部学院学报，2020，18（5）：1-13.

［11］欧阳日辉．数字经济：中美竞争新赛道［J］．中国经济评论，2021（6）：24-27.

［12］任保平，李禹墨．新时代我国经济从高速增长转向高质量发展的动力转换［J］．经济与管理评论，2019（1）：5-12.

［13］盛磊．数字经济引领产业高质量发展：动力机制、内在逻辑与实施路径［J］．价格理论与实践，2020（2）：13-17+34.

［14］王世渝．数字经济驱动第三次全球化［J］．经济，2020（6）：36-37.

［15］杨仁发．推进数字经济新发展面临的主要问题及对策［J］．国家治理，2021（5）：36-42.

［16］张鸿，薛舒心，侯光文．"三个经济"助推陕西数字经济高质量发展对策研究［J］．西部学刊，2019（2）：86-88.

［17］赵骏．"一带一路"数字经济的发展图景与法治路径［J］．中国法律评论，2021（2）：43-54.

［18］赵西三．数字经济驱动中国制造转型升级研究［J］．中州学刊，2017（12）：36-41.

［19］卓翔，陈丽娟．数字全球化与数字中国建设因应之策［J］．理论视野，2021（10）：52-56.

□ The Influence of Digital Economy Globalization and China's Response Research

Li Zongming   Su Jingzhou   Ren Baoping

Abstract：With the emergence and development of economic digitization and digital trade in various countries in the world，the world economy has begun to transform into the globalization of digital economy. By sorting out the relevant literature on the globalization of the digital economy，this paper deeply analyzes the nature and characteristics of the globalization of the digital economy，and believes that the digital economy can accelerate the process of world economic globalization，stimulate the competitiveness of the world's digital economy enterprises，and lead the development of core technologies in major countries. ， accelerate the transformation and upgrading of traditional industries, and promote the construction of a new international political and economic order. At the same time, the globalization of the digital economy has provided a new platform for China's economic development, brought new opportunities for China's economic transformation and development, played a prominent role in benefiting all people, and provided a new path for promoting China's opening to the outside world. In the context of the globalization of the digital economy, China should establish and improve the institutional and regulatory system for the coordinated development of the digital economy, increase investment in basic research and innovation in key digital technologies, promote the deep integration of digital technologies and the real economy, and build a data platform to achieve high-quality resource sharing, striving to build a digital economic community. China should regard the development of the digital economy as an important force in promoting the globalization of the digital economy, and use the globalization of the digital economy to enhance China's international competitiveness and influence.

Key Words: Digital Economy; Digital Economy Globalization; Digital Governance; Digital Economic Community

区域经济篇

□ 绿色金融政策与环境规制的污染协同治理效应研究

罗　鹏　陈义国

摘　要：绿色金融政策通过构建绿色金融体系，能够引导社会资本投入绿色产业，形成降污减排和绿色转型的长效机制。本文通过构建绿色金融政策与环境规制协同降低污染排放的理论模型，发现绿色金融政策和环境规制有助于降低工业污染排放强度，两项政策的配合还能够形成环境协同治理效应。本文通过文本分析法建立了绿色金融政策强度指数，并基于2007~2017年的省级面板数据展开了研究，发现绿色金融政策有助于降低工业污染排放强度，且在金融发展较好地区的效果更好；绿色金融政策与环境规制间存在环境协同治理效应，且协同效应在金融发展较好地区的效果更佳。

关键词：绿色金融政策；环境规制；工业污染排放；环境协同治理

引　言

改革开放以来，中国宏观经济长期快速增长，人民生活水平显著提高，但生态环境为此付出了巨大代价。根据英国石油公司（BP）发布的《2021年世界能源统计年鉴》，2020年中国二氧化碳排放总量为98.99亿吨，占世界排放总量的30.7%，位居全球第一。2014年，环境保护部、国土资源部发布的全国土壤污染状况调查结果显示，全国土壤环境状况总体形势严峻，部分地区的土壤污染较重，耕地土壤环境质量问题突出，工矿业废弃地的土壤环境问题堪忧。其中，长三角地区至少10%的土壤基本丧失了生产力，浙江省17.97%的土壤受到了不同程度的污染，普遍存在镉、汞、铅、砷等重金属污染；华南地区50%的耕地遭受了镉、砷、汞等有毒重金属和石油类有机物的污染。随着大量污染物的排放，暴雨、洪涝、干旱、台风、高温热浪、寒潮、沙尘暴等极端气候灾害频发，居民损失巨大，环境污染成为中国实现高质量发展的主要障碍。面对经济增长与环境污染的矛盾，中国勇于履行大国责任和担当，习近平总书记在第七

作者简介：罗鹏，湖北经济学院金融学院讲师。陈义国，广东财经大学大湾区双循环发展研究院副教授，中国社会科学院应用经济学博士后。

十五届联合国大会上向国际社会做出"2030 年前碳达峰、2060 年前碳中和"的郑重承诺。在"双碳"目标下，实现生态环境保护与经济增长双重目标需要践行绿色发展理念。绿色发展是以人与自然和谐为价值取向，以绿色低碳循环为主要原则，以生态文明建设为基本抓手的经济发展模式。环境污染问题恶化了人类生存环境，导致社会健康成本大幅增加，继而引发了一系列的社会问题。金融是经济的血脉，金融市场能够推动资源优化配置，绿色金融能够引导社会资本进入环保、节能、清洁能源、绿色交通、绿色建筑等领域，构建绿色金融体系是绿色经济转型的必要条件（中国工商银行绿色金融课题组等，2017），发展绿色金融已经成为中国环境污染治理的新思路。

2007 年以来，中央政府开始认识到绿色金融在环境保护中的重要作用，出台了多项推动绿色金融发展的政策性文件。2007 年 7 月，中国人民银行、中国银行业监督管理委员会联合国家环境保护总局发布了《关于落实环境保护政策法规防范信贷风险的意见》，文件规定，对不符合环境保护规定的项目，金融机构不得提供任何形式的授信支持，因此，2007 年也被业内认为是中国绿色金融发展的元年。随着政府部门对绿色金融功能认识的不断加深，绿色金融政策的发布数量日益增加。相关政策对绿色金融发展起到了指导性、引领性作用（许传华等，2018）。为了响应中央文件精神，中国地方政府开始重视绿色金融发展，部分省市级人民政府、原环境保护厅（局）联合当地金融监管部门，结合地区实际，发布了措施更具体、目标更明确的绿色金融政策。一些地方政

府还将绿色金融发展目标列入地区"十二五"规划、"十三五"规划，或将绿色金融写入政府工作报告，并明确相关责任部门，各地区的绿色金融体系正在日益完善。

在政府和全社会的共同努力下，通过"自上而下"的顶层设计与"自下而上"的基层探索，中国构建的绿色金融发展模式取得了举世瞩目的成就，形成了可在其他国家复制的先进经验。据中国银行保险监督管理委员会公布的数据，2020 年末，我国 21 家主要银行的绿色信贷额达 11 万亿元，每年可支持节约标准煤超过 3 亿吨，减排二氧化碳当量超过 6 亿吨。[①] 此外，绿色 PPP 项目、绿色信托、绿色发展基金、绿色保险等绿色金融创新产品与服务不断涌现，政府部门和社会资本以越来越多样化的形式进行合作，社会绿色项目的融资渠道更加丰富和完善，融资成本和项目风险得到有效降低。此外，会计师事务所、绿色资产评估等一批第三方绿色金融服务机构逐渐诞生，在绿色信息披露、环境风险评估、绿色资产定价等基础性领域发挥着作用，我国的绿色金融发展体系日益完善。通过梳理区域绿色金融政策性文件，我们发现，绿色金融政策在发布的数量、频率和内容等方面存在较大差异，甚至部分省市级政府无政策发布，表明地方政府对绿色金融发展的重视程度不一，可能会对区域生态环境产生差异性影响，这也给本文提供了研究政策强度的准自然实验环境。图 1 测算了 2007~2017 年工业污染排放强度年均增长率，并将各地区发布的绿色金融政策数量乘以发布频度设定为绿色金融政策强度，经观察发现，政策强

---

① 截至去年末国内 21 家主要银行绿色信贷余额超 11 万亿元［EB/OL］. 中国青年网．［2021－03－26］. https：//baijiahao. baidu. com/s？id＝1695242282222979395&wfr＝spider&for＝PC.

度与工业污染排放强度年均增长率呈大致的负向关系。① 因此，本文将构建绿色金融政策强度指数，探讨绿色金融政策强度对工业污染排放的影响，以及绿色金融政策强度与环境规制的环境协同治理效应，并就如何更好地发挥绿色金融的环境治理效果提出相关政策建议。

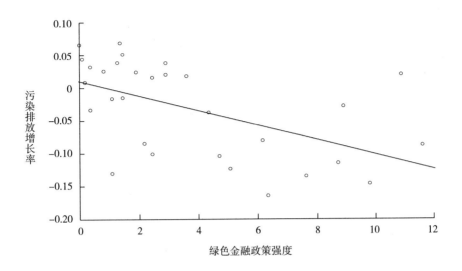

图1 绿色金融政策强度与污染排放增长率

资料来源：绿色金融政策资料从政府网站搜寻获取，污染排放数据来自《中国环境统计年鉴》。

一、文献综述

绿色金融政策是指政府部门针对金融机构、企业制定的有关融资条件、融资流程以及激励举措的一系列制度安排（陈凯，2017）。绿色金融存在的正外部性难以内生化、绿色金融项目投资回报期长、绿色信息不对称等问题，导致金融机构开展绿色金融业务的积极性不足，矫正市场失灵需要政府建立完善的绿色金融政策支持体系（蔡玉平、张元鹏，2014）。在绿色金融政策的作用机制方面，绿色金融政策主要通过提高绿色项目的投资回报率、强化企业绿色环保意识（马骏，2015），来完善信息沟通机制，健全银企合作机制，建立绿色信贷激励约束机制（胡梅梅等，2014）。通过绿色金融创新降低绿色企业投资风险（Allet and Hudon，2015），从而建立有利于绿色金融发展的正向激励机制（刘金石，2017），不仅可以为政府和企业的绿色投资提供融资，还能为政府规制政策实施及绿色金融机构运行提供资金支持（Berensmann and Lindenberg，2016），实现投资的"绿色"导向转变，即从高能耗、高排放投资主导模式向绿色环保投资主导模式转变（Volz，2018）。基于绿色金融政策对环境治理与绿色发展的重要作用，学者们对相关政策效力展开了研究。杜莉和郑立纯（2019）运用双重差分法对碳排放权交易试点政策的有效性进行实证研究，发现试点地区碳排放量的增长趋势明显低于非试点地区。苏冬蔚和连莉莉（2018）以2012年《绿色信贷指引》的发布为事

---

① 绿色金融政策的发布频度为发布政策年份数与总年份（11年）的比值，如北京市分别在5年中发布过政策，则发布频度为5/11，工业污染强度的测算见本文的变量设定部分。

件研究对象，运用双重差分法考察绿色金融政策对重污染行业投融资行为的影响，发现重污染企业面临的融资约束得到了加强，新增投资显著减少，形成了较好的节能减排效应。邹锦吉（2017）的研究也表明绿色金融政策具有较好的生态环境治理效果。从全球范围来看，英、美等发达国家政府通过法律手段明确环境保护的权责，通过财税激励等政策手段保障绿色金融发展，这在某些具体领域起到了鼓励绿色投资、约束污染性和高碳投资的作用（中国工商银行与清华大学"绿色带路"项目联合课题组，2019）。一些国家还建立了制约和惩罚污染性活动的法律制度和执法体系，对新能源、节能坏保的技术设备实施财政补贴、税收减免、利率优惠等激励性措施，或者通过成立政策性银行来推动绿色金融发展，如英国绿色投资银行和德国复兴信贷银行（马骏等，2017）。比较而言，中国各级政府为推动绿色金融发展所发布的政策文件数量更多、体系更为完整、目标更为明确，因此，从整体上对中国绿色金融政策进行量化研究，探讨绿色金融政策强度对生态环境的影响具有较强的实际意义。

在绿色金融对环境治理的影响机制研究方面，现有研究探讨了绿色金融发展对环境治理投入（陈幸幸等，2019）、绿色技术研发（He et al.，2019）、企业融资规模（薛俭和朱迪，2021）的正向影响，为绿色金融推动重污染企业绿色转型提供了理论支持。绿色金融通过引导社会资本投入绿色产业，有效抑制了污染性投资，促进了绿色、低碳、环保、节能等技术的进步，从而实现了生态环境的改善。Jalil和Feridun（2011）认为，金融发展对污染物排放具有一定的改善作用，有利于环境的保护和修复。杜莉和郑立纯（2019）

基于我国绿色金融政策，运用双重差分法研究了碳排放权交易试点政策的问题，发现我国碳排放量总体呈上升趋势，试点地区的碳排放量低于非试点地区，发达地区的碳排放量低于欠发达地区。谭秀杰等（2016）采用中国多区域一般均衡模型（TermCo2）对湖北省碳交易试点进行研究，探讨全社会经济活动与所有要素的投入产出关系，发现碳金融政策对试点区的经济和环境具有正向的影响，试点地区碳排放量明显降低，经济结构出现投资下降、消费上升的变化。胡榕霞（2020）利用我国省市级 2007~2016 年的面板数据，采用合成控制法对天津碳交易试点政策的实施展开研究，发现政策对天津的碳排放起到了抑制作用，但减排效果不明显。

长期以来，环境规制是中国环境治理的主要手段。环境规制是为了纠正环境污染的负外部性，社会公共机构对微观经济主体实施直接或间接的环境约束、干预，通过改变市场资源配置以及企业和消费者的供需决策来内化环境成本，从而实现环境保护的制度安排（赵敏，2013）。通过环保税征收、对重污染企业"关停并转"及向民众公开环境信息等方式，构建污染企业的环境技术创新、污染向"污染天堂"转移和公众环境监督等机制，最终实现污染排放的有效降低（Langpap and Shimshack，2010）。环境规制在约束企业污染排放行为的同时，还存在着经济增长的数量抑制效应，这可能会使环境规制降低污染排放强度的效果受限（黄清煌、高明，2016）。中国的环保行政部门存在人员不足，强制力不够，排污费征收、现场检查、关停排污企业力度不够等问题，这导致环境规制的执行能力较弱，金融能够利用市场机制补充政府执行力的短板，从而对传统的环境规制形成有效补充（王瑶等，2016）。因此，探讨绿色金融和环境规制的环境治理效果，以及两项环境治理手段是否存在着环境协同治理效应就成为本文的研究方向。

为了探讨绿色金融政策对工业污染排放的影响，本文利用政策文本分析法构建绿色金融政策强度指数。Libecap（1978）开创了政策文本分析法，构建了法律变革指数，并将其纳入计量模型，探讨了法律变革对矿产资源利用的影响。此后，学者们开始将文本分析法用于各政策领域。彭纪生等（2008）从政策力度、政策措施、政策目标三个维度对技术创新政策进行了文本分析，发现技术创新政策间的协同效应能推动技术能力提升（彭纪生等，2008）。毕凌云和杨洁（2017）从政策力度、政策目标、政策措施和政策反馈四个维度对中国居民生活节能政策进行了量化分析。本文对绿色金融政策进行整理后发现，政策反馈内容较为匮乏，因此，采用彭纪生等（2008）的做法，从政策力度、政策措施和政策目标三个维度构建绿色金融政策强度指数。

众多学者从绿色金融政策的产业升级、节能减排效应等角度进行了大量的相关研究，但受限于绿色金融市场数据难以获取，当前研究以定性研究为主，理论与实证研究较为匮乏，主要表现为：①对于绿色金融和环境规制这两种重要的环境治理政策，关于两者在环境治理方面的差异和联系的研究有待加强。②发展绿色金融的最终目标是生态环境治理，中国绿色金融的环境治理效果还缺乏相应的研究结论支撑。③发展绿色金融有两条途径，包括推动传统金融向绿色金融转型，新设立金融机构开展绿色金融业务，学者们对绿色金融发展路径缺乏关注。[①] 绿色金融政策通过绿色信息平台建设、财政补贴、税收激励、公众绿色素养教育等市场化方式构建绿色金融体系，推动传统金融向绿色金融转型。环境规制主要通过环保税征收、对重污染企业"关停并转"等手段，对高污染排放行为进行执法，从而达到环境治理目标，但这会产生 GDP 抑制效应，同时伴随污染产业资本溢出与失业增加问题。如果将绿色金融和环境规制共同应用于环境治理，两者除了各自的环境治理效果外，绿色金融体系还能够引导污染产业的溢出资本"转化"为绿色产业投资，放大环境治理效果，因此，绿色金融与环境规制间可能存在着"1+1>2"的环境协同治理效应。绿色金融和环境规制降低工业污染排放强度的影响机制见图 2。本文的创新点如下：①构建绿色金融和环境规制协同治理工业污染排放强度的理论模型。②实证检验绿色金融降低工业污染排放强度的效果，以及绿色金融和环境规制的环境协同治理效应。③探讨传统金融是否有助于绿色金融的环境治理，从环境治理视角为绿色金融发展的路径选择提供依据，以期为绿色金融政策的制定及政府节能减排措施的路径优化提供新的视角。

---

① 如互联网金融主要由新设立金融机构开展互联网金融业务。

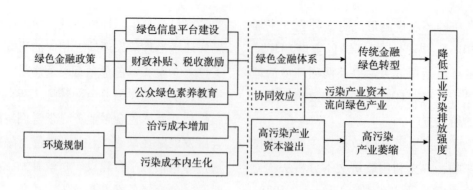

图2　绿色金融政策降低工业污染排放强度的影响机制

二、绿色金融政策强度指标构建

本文以"绿色金融""绿色信贷""碳金融"等为关键词，广泛检索国务院各部委、各省级人民政府门户网站，北大法宝、万方数据库和各类绿色金融出版物，获得与绿色金融有关的政策性文件874项，包括通知、意见、指引、公告、纲要、规划、政府工作报告等。由3名来自商业银行绿色信贷业务部门的专家以及3名高校绿色金融研究员形成三个研究小组。研究小组通过研读上述政策性文件，从文件标题、发文机关和文件内容等角度确定地方政府

发布的政策性文件263项，借鉴彭纪生等（2008）的做法，本文将从政策力度、政策措施、政策目标三个维度进行评分。与已有文献对政策维度赋值的方法不同，考虑到绿色金融政策是由行政法规、地方性法规和部门规章等构成的，政策文件具有行文严谨和语言精练的特点，对绿色金融的表述多寡、措辞强弱、目标和责任的明确性都能够反映政府对绿色金融的重视程度，进而对绿色金融发展产生影响。因此，本文根据政策性文件对绿色金融产品、绿色金融发展相关语句的表述频率和措辞强度进行打分（评分标准见表1），由此测算出地区绿色金融政策强度指数。

表1　地区绿色金融政策强度评价标准

赋值维度	赋值	地方政府政策赋值标准
政策力度（PD）	5~6	国务院办公厅或中央部委发布的鼓励区域性绿色金融发展的实施方案或指导意见。国务院办公厅发布的为6分；中央部委发布的从5分开始计，部委每增加1个则分数+0.1分
	4~5	省人民政府或省委办公厅发布，省政府办公厅和省委办公厅联合发布的+0.5分
	3~4	环保部门与地方金融监管机构、政府部门联合发布，地方金融监管机构每增加1个则分数+0.2分、政府部门每增加1个则分数+0.1分
	2~3	地方金融监管机构单独或联合发布，监管机构每增加1个则分数+0.2分
	1~2	地方政府部门（非金融监管机构）发布，机构每增加1个则分数+0.1分
政策措施（PM）	5~6	利用财政、金融、税收发展绿色金融的全面性激励措施，有明确的目标责任单位，有监督和反馈机制。措施每增加1项则分数+0.1分，每项措施有责任单位的+0.1分，每项措施有监督反馈机制的+0.1分

赋值维度	赋值	地方政府政策赋值标准
政策措施 (PM)	4~5	利用财政、金融、税收等措施促进绿色金融发展，有明确的责任单位和部门考核机制。措施每增加 1 项则分数+0.2 分，每项措施有责任单位或考核的+0.1 分
	3~4	大力推进绿色金融产品；严控对污染行业融资等的表述；建立环境信息沟通制度、披露制度、绿色清单支持制度等，表述每增加 1 条则分数+0.1 分
	2~3	带有鼓励、支持绿色金融服务环保和低碳产业，限制、控制金融对污染行业融资等相关表述的，表述每增加 1 条则分数+0.1 分
	1~2	仅提及要发展绿色金融，无具体的支持措施，表述每增加 1 条则分数+0.1 分
政策目标 (PE)	5~6	在 4~5 分值区内容的基础上，有"绿色信贷年均增长 X%；'两高一剩'行业信贷年均下降 Y%"等类似表述的，表述每增加 1 条则分数+0.1 分
	4~5	在 3~4 分值区内容的基础上，有具体的政府机关或部门领导进行分工负责。政府机关或领导部门每增加 1 个则分数+0.1 分
	3~4	有绿色金融人才的政策支持；加强绿色金融创新，完善绿色金融基础设施的具体目标等相关表述的，表述每增加 1 条则分数+0.2 分
	2~3	提出绿色信贷、保险、证券等子市场建设目标，子市场目标每增加 1 个则分数+0.1 分；要求建立金融机构绿色金融事业部的+0.2 分
	1~2	仅提出要支持绿色金融发展，但缺乏具体目标，表述每增加 1 条则分数+0.1 分

注：我们将当年 11 月和 12 月发布的政策计入下年度（当年度不计）。

为避免量化中的主观性所造成的数据失真，研究小组先进行一段时间的评分规则学习，然后随机抽取几项政策由各小组进行独立评分，并让小组成员各自讲述评分依据及对政策的理解。如果三个小组对某项政策维度的评分差异（最高评分-最低评分）≥0.3，则相互讨论后再次评分直至达成一致。为保证量化的客观性，评分过程由负责人全程监督①。

绿色金融政策强度 GE 的构建方法如下：

$$GE_{it} = \sum_{j=1}^{N}(m_{ijt} + b_{ijt})p_{ijt} + \sum_{l=1}^{N}LGE_{ilt} \tag{1}$$

其中，m_{ijt}、b_{ijt} 分别为政策措施、政策目标，p_{ijt} 为政策力度，i 为除西藏外的 30 个省级地区，j 为绿色金融政策，t 为研究期限（2007~2017 年）。GE_{it} 为地区 i 在第 t 年发布的绿色金融政策强度。同时，考虑到湖北黄石、浙江湖州等地级市发布了多项绿色金融政策，我们按照表 1 的方法对地级市绿色金融政策进行打分，并将该地级市工业增加值占全省工业增加值的比重进行加权后纳入 GE，即地级市绿色金融政策的加权强度 LGE＝地级市绿色金融政策得分×（地级市工业增加值/全省工业增加值），其中，LGE_{ilt} 为 i 省所辖地级市在第 t 年发布的第 l 项政策的强度②。

表 2 为 2007~2017 年各地区绿色金融政策的数量与平均强度得分，可以看到贵州、浙江、新疆等五个绿色金融改革创新试验区的绿色金融政策强度处于前列，北京等非试验区也具有较大的绿色金融政策

---

① 绿色金融课题组负责人制定表 1 的评分规则，进行流程控制但不参与评分。

② 资源枯竭型城市湖北省黄石市早期的工业污染较为严重，2017 年 7 月，随着《黄石市创建绿色金融改革创新试验区工作方案》的出台，在绿色金融政策的引导下黄石市的节能减排效果显著。

绿色金融政策与环境规制的污染协同治理效应研究

强度，但广西、云南等地区无论是在政策数量还是在政策强度上都较弱，表明这些地区还需要加强绿色金融体系建设。

表2　地区绿色金融政策数量与强度评价

地区	政策数量（项）	平均得分（分）	得分排名	地区	政策数量（项）	平均得分（分）	排名
贵州	18	45.90	1	宁夏	17	15.44	16
浙江	14	36.96	2	山东	4	14.46	17
新疆	8	31.91	3	安徽	3	14.31	18
江西	7	31.46	4	湖南	13	13.73	19
广东	7	28.77	5	天津	7	13.08	20
北京	14	27.81	6	陕西	4	12.85	21
青海	2	27.63	7	重庆	16	12.30	22
福建	15	26.15	8	河南	4	11.72	23
甘肃	8	24.80	9	湖北	9	11.18	24
辽宁	16	23.00	10	山西	14	9.65	25
海南	8	19.15	11	黑龙江	14	6.43	26
四川	4	17.17	12	吉林	5	4.67	27
内蒙古	16	16.27	13	上海	1	4.19	28
河北	9	16.13	14	云南	2	3.20	29
江苏	4	15.97	15	广西	0	0	30

三、理论分析与模型设定

（一）理论分析

为了进一步理解绿色金融如何影响企业并购行为，本文将构建一个包含政府、清洁企业和污染企业的经济体，企业基于Cobb-Douglas生产函数投入资本（K）、劳动（L）和环境资源（E），以利润最大化为目标进行生产要素配置并形成产出，但能源、土地等资源的使用会产生污染排放的负外部性，此时，难以通过市场机制实现负外部性的内生化。因此，需要通过政策调控纠正市场失灵，但政府除了需要实现企业污染成本内生化外，还有发展经济和促进就业的双重目标。在实现负外部性内生化方面，政府主要采用绿色金融发展与执行环境规制两种手段。其中，绿色金融能够发挥绿色资源的优化配置功能，实现绿色生产正外部性以及污染排放负外部性的内生化；环境规制主要通过对污染排放征收环保税，来推动污染排放负外部性的内生化。污染企业面临着绿色金融政策产生的绿色融资约束，以及环境规制产生的污染成本提升双重约束，对利润最大化目标具有负面影响，因此，污染企业需要调整自身的生产与污染排放行为。

1. 企业的生产行为

借鉴童健等（2016）的做法，将企业的生产函数设定为：

$$Y_t = \Phi_t A_t K_t^\alpha L_t^\beta E_t^\gamma \qquad (2)$$

其中，Φ_t为环境技术水平，A_t为全要素生产率，K_t、L_t和E_t分别为t期企业投入的资本、劳动和环境资源。假定企业的规模报酬不变，即$\alpha+\beta+\gamma=1$。环境资源的使用会产生污染排放，企业的污染排放方程为：

$$PE_t = \Psi(E, \Phi) = E_t^\rho / \Phi_t \qquad (3)$$

其中，ρ 为排污系数，且 $0<\rho<1$，即边际排放递减；$\Psi'_E(E, \Phi)>0$，表明在相同的环境技术水平下，环境资源的使用与污染排放成正比；$\Psi'_\Phi(E, \Phi)<0$，表明在相同的环境资源使用下，环境技术水平与污染排放成反比。

2. 生产资源的分配

绿色金融政策能够推动金融资本脱离污染行业。设定金融市场提供的融资（金融发展）为 Fin，环保机构对企业污染程度的评价为 φ，绿色金融政策强度为 GE，则该企业能够获得的信贷资源为 $(1-\varphi GE_t)Fin$，即企业污染程度越大，能够获得的信贷越少，且绿色金融政策 GE 能够强化上述效应。同时，企业还需要为污染排放缴纳环保税，环保税税率 $\upsilon = (\upsilon_0 + \upsilon_1 Reg)$，表明环境规制强度 Reg 越高，企业承担的环境税收负担越大。企业的利润函数表示为：

$$\pi_t = pY_t - (rk_t + \omega L_t + \kappa E_t) - \upsilon PE_t \qquad (4)$$

其中，p 为产品价格，r、ω 和 κ 分别为资本、劳动力和环境资源的使用价格。企业的资本投入依靠金融市场融资，则企业 t 期的资本投入 $k_t = (1-\varphi GE_t)Fin$，形成的资本存量为 $K_t = k_t + K_{t-1}$，其中，K_{t-1} 为期初资本。

由式（4）中环境资源和政策强度的一阶条件，可得企业的生产决策如下：

$$PE = (\gamma pY - \kappa) / \rho \upsilon Reg \qquad (5)$$

$$\alpha pY = r(1-\varphi GE)Fin \qquad (6)$$

设定企业的污染强度为 PI，将式（5）和式（6）代入，得到：

$$PI = \frac{PE}{Y} = \frac{p}{\rho \upsilon Reg}\left(\gamma + \frac{\alpha\kappa}{r\times Fin\times(\varphi GE-1)}\right) \qquad (7)$$

考虑到经济体系中工业污染排放强度

PI 恒为正值，因此，本文先验性地设定式（7）中的 $[\gamma + \alpha\kappa/r\times Fin\times(\varphi GE-1)]>0$，分别对式（7）的 Reg 和 GE 进行求导：

$$\frac{\partial PI}{\partial Reg} = -\frac{p}{\rho\upsilon Reg^2}$$

$$\left(\gamma + \frac{\alpha\kappa}{r\times Fin\times(\varphi GE-1)}\right)$$

$$\frac{\partial PI}{\partial GE} = -\frac{\varphi\alpha\kappa p}{\rho\upsilon r Reg\times Fin(\varphi GE-1)^2}$$

可知，$\partial PI/\partial Reg<0$ 和 $\partial PI/\partial GE<0$，表明环境规制强度 Reg 和绿色金融政策强度 GE 与工业污染排放强度 PI 间存在负向关系。提升环境规制强度能够放大绿色金融政策强度 GE 对工业污染排放强度 PI 的影响，形成两者间的环境协同治理效应；金融发展 Fin 是外生变量，发达的金融市场有助于放大绿色金融政策强度 GE 对工业污染排放强度 PI 的影响。因此，本文提出两项假说。

假说1：绿色金融政策有助于降低污染强度，且在金融发展较好地区的效果更好。

假说2：绿色金融政策和环境规制间存在着环境协同治理效应，且协同效应在金融发展较好地区的效果更好。

（二）模型设定

为了检验本文提出的假说，参考经典的文献模型并结合本文的理论分析，设定以下动态面板回归模型：

$$\ln PI_{it} = \beta_0 + \beta_1 \ln PI_{it-1} + \beta_2 GE_{it} + \beta_3 Reg_{it} + Contr_{it} + \varepsilon_{it} \qquad (8)$$

$$\ln PI_{it} = \beta_0 + \beta_1 \ln PI_{it-1} + \beta_2 GE_{it} + \beta_3 Reg_{it} + \beta_4 GE_{it}\times Reg_{it} + Contr_{it} + \varepsilon_{it} \qquad (9)$$

其中，PI 代表工业污染排放强度，GE 为绿色金融政策强度，Reg 为环境规制强度。控制变量包括工业产业集聚 IA、外商直接投资 FDI、金融发展 Fin、经济发展水平 Ag、产业结构 $Indu$。i 和 t 分别为地区和时间，ε 为随机误差项。

考虑到工业污染排放强度可能具有较强的时间惯性，t 时期的污染排放受到 $t-1$ 期的影响，将因变量 PI 的滞后一期作为解释变量。将 PI 滞后期作为解释变量会与扰动项 ε 高度相关，从而产生内生性问题，内生性会带来系数估计的偏误。本文采用 Arellano 和 Bover（1995）的二阶系统广义矩估计方法（2SYS-GMM），通过在模型中引入差分方程和水平方程，将因变量的差分滞后项和水平外生变量作为工具变量，从而获得偏差更小的估计结果。GMM 估计的一致性取决于工具变量选取的有效性，通过 Sargan 检验判断是否存在过度识别，并运用 Arellano-Bond 序列自相关检验判断残差的二阶序列相关问题（Bond，2002）。

（三）变量设定

工业污染排放强度为本文的被解释变量，根据本文的研究需要，选取绿色金融政策和环境规制强度作为核心解释变量，参考现有文献的做法，将工业产业集聚、外商直接投资、金融发展、经济发展水平、产业结构作为控制变量。

（1）工业污染排放强度（PI）。工业污染排放主要由废水、废气、粉尘和固体废弃物构成，借鉴王杰和刘斌（2014）的做法，采用工业二氧化硫排放（吨/亿元）、工业烟尘排放（吨/亿元）、工业化学需氧量（COD）排放（吨/千万元）、废水排放（万吨/亿元）、工业固体废弃物（万吨/亿元）五个指标综合衡量工业污染排放强度，具体的计算步骤如下：

第一，计算污染排放强度，即 $UE_{ijt} = E_{ijt}/O_{ijt}$，其中，$E_{ijt}$ 和 O_{ijt} 分别为 t 时期 i 地区的 j 污染物排放强度及工业增加值。

第二，UE_{ijt} 线性标准化：$UE_{ijt}^{s} = [UE_{ijt} - \min(UE_{jt})]/[\max(UE_{jt}) - \min(UE_{jt})]$。其中，$\max(UE_{jt})$，$\min(UE_{jt})$ 分别为 t 时期 j 污染物排放强度的最大和最小地区值。

第三，将计算得到的污染强度等权平均，即 $PI_{it} = \sum_{j=1}^{n} UE_{it}^{s}/n$，得到工业污染排放强度 PI。

（2）绿色金融政策强度（GE）。绿色金融政策强度 GE 是通过收集 2007～2017 年地方政府颁布的绿色金融政策，从政策力度、政策措施和政策目标三个维度进行文本量化得到的。

（3）环境规制强度（Reg）。现有研究对环境规制强度的衡量方法差异性较大，主要采用污染治理投资、排污费收入、环境行政规章数、环境行政处罚案件数等指标来衡量环境规制强度。考虑到本文的研究对象为工业污染排放强度，采用工业领域的环境规制手段更为合适，借鉴尤济红和王鹏（2016）的做法，用工业污染投资完成额占工业增加值的比重来衡量环境规制强度。

（4）控制变量（$Contr$）。本文选取以下指标作为控制变量：①工业产业集聚（IA）：采用区位熵测度工业产业集聚，表达式为：$IA = (X_{mn}/\sum X_{mn})(\sum X_{mn}/\sum\sum X_{mn})$，其中，$m$ 代表产业（$m=1$，2，3），n 代表地区，X_{mn} 表示 m 产业在 n 地区的产值。②外商直接投资（FDI）：采用人民币计价的 FDI 占 GDP 比重来衡量。FDI 通过在东道国（地区）执行更严格的环境标准，带来更先进的生产技术，有助于改善环境污染。③金融发展（Fin）：采用年末存贷款余额与 GDP 的比值来衡量。④经济发展水平（Ag）：以人均 GDP 的对数来衡量。Bergstrom 等（1990）认为，环境污染程度由人们的清洁环境支付意愿决定，高收入地区居民对清洁环境的支付意愿较强，高收入地区居民能够接触到更多有关环境污染与危害的信息，从而加强了人们对清洁环境的需求。⑤产业结构（*Indu*）：用第二产业占 GDP 的比重来衡量，第二产业较高的地区往往拥有更多的化工、水泥、冶炼等基础性工业企业，这会加重工业污染排放强度。

（四）数据来源

本文的主要数据来源于《中国统计年鉴》《中国环境统计年鉴》和《中国科技统计年鉴》，其中，绿色金融政策强度通过各级政府网站、北大法宝、万方数据库等检索获取，最终形成 30 个省级地区 2007~2017 年的面板数据（西藏除外），表 3 为各变量的描述性统计。

表 3　变量的描述性统计

	ln（*PI*）	*GE*	*Reg*	*IA*	*FDI*	*Fin*	ln（*Ag*）	*Indu*
均值	-2.182	10.011	0.0037	1.047	0.025	2.494	1.295	0.465
中位值	-2.154	4.191	0.0024	1.098	0.019	3.856	1.315	0.477
标准差	1.004	20.853	0.0043	0.176	0.018	0.899	0.548	0.083
最小值	-5.284	0	0.0015	0.461	0.0007	0.732	2.476	0.188
最大值	-0.311	143.96	0.0233	1.294	0.103	7.302	2.369	0.615
样本数	330	330	330	330	330	330	330	330

四、实证结果与分析

（一）绿色金融政策影响污染排放强度的实证检验

本文采用 GMM 模型来实证检验所提出的假说，考虑到多个变量间的相关性可能带来多重共线性问题，本文采用方差膨胀因子 VIF 检验多重共线性，各 VIF 值处于 [2.12, 7.61] 区间内，表明模型不存在严重的多重共线性。表 4 中的列（1）至列（3）分别采用的是随机效应模型、固定效应模型和 GMM 模型，各模型绿色金融政策强度 *GE* 的回归系数均显著为负，列（3）GMM 回归中的 Sargan 值显示工具变量设定合理，AR（2）的检验结果表明不存在残差序列相关，说明采用 GMM 模型回归是合理的，因此，本文以 GMM 回归结果为基准进行分析。绿色金融政策强度 *GE* 的回归系数为 -0.014，且通过 1% 的显著性检验，表明绿色金融政策强度能够

降低工业污染排放强度，这与邹锦吉（2017）的研究结论相同，本文提出的假说 1 得到验证。列（4）中环境规制强度 *Reg* 对工业污染排放强度的影响显著为负，这与 Laplante 和 Rilstone（1996）的研究结论一致。列（5）将绿色金融政策强度 *GE* 与环境规制强度 *Reg* 的交互项纳入 GMM 模型，交互项的回归系数显著为负，说明绿色金融政策强度与环境规制强度能够产生环境协同治理效应，原因在于环境规制会对高污染产业形成资本溢出效应，绿色金融政策有助于将高污染产业溢出的资本引至绿色产业，从而形成 "1+1>2" 的环境协同治理效应，本文提出的假说 2 得到验证。列（6）将绿色金融政策强度和环境规制强度，以及两者的交互项同时纳入模型，各变量的回归系数均为负。列（4）至列（6）全部通过 Sargan 检验和 Arellano-Bond 序列自相关检验，再次表明本文提出的两项假说是成立的。

表4 各变量对地区工业污染排放强度的影响差异

	(1) RE	(2) FE	(3) GMM	(4) GMM	(5) GMM	(6) GMM
L.ln (PI)			0.712*** (12.794)	0.784*** (8.052)	0.696*** (6.320)	0.704*** (11.015)
GE	-0.029** (-2.068)	-0.022*** (-2.704)	-0.014*** (-3.235)		-0.012** (-2.439)	-0.011* (-1.746)
Reg				-0.249*** (-7.634)		-0.209*** (-7.102)
GE×Reg					-0.418** (-2.167)	-0.316*** (-2.762)
IA	-0.351** (-2.255)	-0.057*** (-3.838)	-0.055 (-0.930)	-0.093** (-2.477)	-0.239 (-0.694)	-0.007** (-2.691)
FDI	-1.044** (-2.448)	-0.808*** (-2.741)	-0.732*** (-3.146)	-1.775*** (-6.964)	-0.366*** (-3.868)	-0.567*** (-2.864)
Fin	-0.065*** (-8.689)	-0.048 (-1.508)	-0.062** (-2.437)	-0.018* (-1.881)	-0.008*** (2.816)	-0.012** (-1.985)
ln (Ag)	-0.016 (-0.862)	-0.055* (-1.692)	-0.036* (-1.751)	-0.066** (-2.266)	-0.059** (-2.303)	-0.036 (-0.746)
Indu	0.914 (0.793)	0.271*** (2.997)	0.402 (1.06)	0.355** (2.373)	0.270* (1.920)	0.202** (2.199)
常数	0.359*** (3.589)	0.528*** (5.262)	0.198*** (7.997)	0.284*** (8.051)	0.226*** (8.014)	0.236*** (7.868)
R^2	0.62	0.741				
AR (1)			0.078	0.041	0.024	0.035
AR (2)			0.323	0.276	0.282	0.381
Sargan			0.651	0.608	0.922	1

注:***、**和*分别代表在1%、5%和10%的水平上显著,括号内为t值。

(二)绿色金融政策强度的地区差异性影响检验

绿色金融政策引导金融资本向绿色产业配置,因此,绿色金融发展需要以发达的金融市场为依托。为探讨不同金融发展程度地区的绿色金融政策对工业污染排放强度的差异性影响,本文借鉴苏冬蔚和连莉莉(2018)的做法,测算2007~2017年各地区金融发展的均值,并根据工业污染排放强度的中位数将样本划分为金融发达地区和金融欠发达地区,分组回归结果见表5。

表5 各变量对工业污染排放强度影响的地区差异

	(1) 欠发达	(2) 欠发达	(3) 欠发达	(4) 发达	(5) 发达	(6) 发达
L.ln (PI)	0.847*** (4.580)	0.837*** (5.175)	0.835*** (3.755)	0.749*** (3.923)	0.775*** (2.846)	0.754*** (4.957)
GE	-0.012** (-2.354)		-0.016** (-2.032)	-0.027*** (-2.753)		-0.023*** (-3.319)

	（1）欠发达	（2）欠发达	（3）欠发达	（4）发达	（5）发达	（6）发达
Reg		-0.194 ** (-2.194)	-0.286 * (-1.798)		-0.185 *** (-4.978)	-0.187 * (-1.788)
GE×Reg			-0.148 (-0.944)			-0.417 ** (-2.572)
IA	-0.028 * (-1.946)	-0.006 ** (-2.261)	-0.077 ** (-2.085)	-0.016 (-0.651)	-0.074 * (-1.726)	-0.015 (-0.574)
FDI	-0.594 ** (-2.114)	-0.578 ** (-2.556)	-0.654 *** (-3.537)	-0.421 *** (-3.318)	-0.954 *** (-3.563)	-0.418 *** (-3.331)
Fin	-0.031 *** (-5.051)	-0.012 ** (-1.924)	-0.029 *** (-4.038)	-0.009 * (-1.665)	-0.029 *** (-4.031)	-0.004 (-0.792)
ln（Ag）	-0.022 (-1.339)	-0.035 (-1.322)	-0.032 * (-1.692)	-0.036 *** (-4.542)	-0.032 ** (-2.529)	-0.036 *** (-4.574)
Indu	0.129 ** (1.989)	0.198 * (2.318)	0.091 (1.259)	0.115 *** (2.924)	0.098 (1.361)	0.116 ** (2.319)
常数	0.293 * (1.951)	0.232 * (1.629)	0.348 ** (2.447)	0.176 ** (2.365)	0.349 *** (10.432)	0.176 *** (7.504)
AR（1）	0.032	0.067	0.026	0.041	0.057	0.082
AR（2）	0.648	0.219	0.596	0.383	0.232	0.462
Sargan	1	0.749	1	0.656	1	1

注：***、**和*分别代表在1%、5%和10%的水平上显著，括号内为t值。

表5中的列（1）至列（3）为金融欠发达地区的绿色金融政策强度 GE 对工业污染排放强度的影响，绿色金融政策强度 GE 的回归系数均显著为负，但列（3）中绿色金融政策强度与环境规制交互项的回归系数不显著，说明金融欠发达地区的绿色金融政策与环境规制的环境协同治理不成立，原因可能在于当金融市场欠发达时，金融市场的资本引导功能不完善，导致环境规制下的高污染产业的溢出资本难以转化为绿色投资。列（4）至列（6）中金融发达地区的绿色金融政策强度 GE、绿色金融政策强度 GE 与环境规制强度 Reg 交互项对工业污染排放强度的影响均显著为负。本文以列（3）与列（6）的回归结果为基准，发现金融发达地区绿色金融政策强度的回归系数绝对值、绿色金融政策强度与环境规制强度交互项的回归系数绝对值均高于金融欠发达地区的回归系数绝对值，表明金融发达地区绿色金融政策降低污染排放的效果更好，这是因为绿色金融政策能够引导金融资本向绿色产业配置，发达的金融市场能够形成更多的绿色投资项目，从而实现更好的环境治理效果。同时，金融发达地区的金融市场能够更好地承接环境规制下高污染产业的溢出资本，使金融发达地区绿色金融政策与环境规制的环境协同治理效果更为显著。

五、稳健性检验

由于GMM回归只能消除以因变量滞后项为自变量所产生的内生性，对于污染排放强度较为严重的地区，政府有更强的动机发布绿色金融政策和提升政策强度，从而形成绿色金融政策强度 GE 与工业污染排放强度 PI 双向因果关系下的内生性。本文以绿色金融政策强度滞后项 L. GE 代替当期值纳入模型进行稳健性回归，因变量 PI 对自变量滞后项不会产生影响，因此，能够较好地控制双向因果关系产生的内生性，所得到的回归结果见表6。

表6　各变量对地区工业污染排放强度影响差异的稳健性检验

	(1) RE	(2) FE	(3) GMM	(4) GMM	(5) GMM	(6) GMM
L. ln（PI）			0. 821 *** (11. 096)	0. 696 *** (8. 982)	0. 814 *** (6. 981)	0. 742 *** (3. 795)
L. GE	−0. 037 (−1. 418)	−0. 017 * (1. 926)	−0. 015 *** (−2. 631)		−0. 012 (−1. 607)	−0. 011 ** (−2. 316)
Reg				−0. 037 ** (−2. 443)		−0. 044 *** (−3. 132)
L. GE×Reg					−0. 112 * (−1. 716)	−0. 263 * (−1. 674)
IA	−0. 089 * (−1. 705)	−0. 186 *** (−3. 171)	−0. 315 *** (−5. 405)	−0. 263 *** (−4. 856)	−0. 312 *** (−5. 318)	−0. 281 *** (−4. 877)
FDI	−0. 061 * (−1. 906)	−0. 157 (−0. 509)	−0. 674 *** (−2. 676)	−0. 558 ** (−2. 392)	−0. 679 *** (−2. 703)	−0. 553 ** (−2. 443)
Fin	−0. 019 *** (−4. 169)	−0. 028 *** (−3. 822)	−0. 003 (−0. 447)	−0. 008 * (−1. 684)	−0. 003 (0. 523)	−0. 004 ** (−2. 306)
ln（Ag）	−0. 018 * (−1. 731)	−0. 064 *** (−3. 332)	−0. 054 *** (−3. 813)	−0. 064 ** (−2. 371)	−0. 052 (−0. 654)	−0. 059 *** (−4. 095)
Indu	0. 152 (0. 823)	0. 466 *** (4. 477)	0. 538 ** (2. 251)	0. 518 (1. 416)	0. 528 * (1. 948)	0. 543 *** (5. 361)
常数	0. 172 *** (8. 182)	0. 037 *** (4. 825)	0. 084 *** (3. 479)	0. 028 *** (4. 117)	0. 087 *** (3. 539)	0. 043 *** (5. 632)
R²	0. 854	0. 913				
AR（1）			0. 121	0. 066	0. 047	0. 059
AR（2）			0. 337	0. 264	0. 148	0. 159
Sargan			0. 651	0. 608	0. 922	0. 742

注：***、**和*分别代表在1%、5%和10%的水平上显著，括号内为t值。

表6以绿色金融政策强度滞后一期值 L. GE 代替当期值进行回归，其中列（1）和列（2）分别采用随机效应模型和固定效应模型，检验绿色金融政策强度降低工业污染排放强度结论的可靠性，回归结果中 GE 滞后项的回归系数为负。列（3）至列（6）采用 GMM 回归，并分别加入绿色金融政策强度 L. GE、环境规制强度 Reg 以及绿色金融政策强度 L. GE 和环境规制强度 Reg 的交互项，回归系数依然为负。本文以列（6）的回归结果为基准进行稳健性说明，绿色金融政策强度对工业污染排放强度的影响显著为负，绿色金融政策强度 L. GE 与环境规制强度 Reg 交互项的回归系数为−0. 263，且通过10%的显著性检验，这些检验结果进一步为本文的假说提

供了经验支持，即绿色金融政策强度能够有效降低工业污染排放强度，且绿色金融政策强度与环境规制强度间能够形成环境治理协同效应。

表7 各变量对工业污染排放强度影响的地区差异稳健性检验

	(1) 欠发达	(2) 欠发达	(3) 欠发达	(4) 发达	(5) 发达	(6) 发达
L. ln (PI)	0.847*** (4.580)	0.837*** (5.175)	0.835*** (3.755)	0.749*** (3.924)	0.775*** (2.846)	0.754*** (4.958)
L. GE	-0.127 (-1.354)		-0.085* (-2.032)	-0.302*** (-2.753)		-0.116*** (-3.319)
Reg		-0.224** (-2.194)	-0.376 (-1.198)		-0.075*** (-4.978)	-0.323*** (-6.244)
L. GE×Reg			-0.142* (-1.944)			-0.161** (-2.552)
IA	-0.041* (-1.708)	-0.013 (-1.176)	-0.155*** (-2.846)	-0.188** (-2.397)	-0.046 (-0.829)	-0.092** (-2.430)
FDI	-0.685* (-1.728)	-0.061 (-0.644)	-0.079 (-0.753)	-0.55** (-2.365)	-0.652* (-1.878)	-0.019*** (-3.827)
Fin	-0.043** (-2.236)	-0.013*** (-2.653)	-0.038*** (-5.542)	-0.006 (-0.906)	-0.043** (-2.215)	-0.002 (-0.881)
ln (Ag)	-0.095** (-1.983)	-0.027*** (-3.379)	-0.074* (-1.915)	-0.064*** (-4.320)	-0.093* (-1.945)	-0.014** (-2.411)
Indu	0.849 (0.759)	0.151** (2.317)	0.481* (1.615)	0.561*** (5.482)	0.831*** (3.636)	0.223*** (4.359)
常数	0.278* (1.929)	0.121*** (6.133)	0.029** (2.206)	0.036*** (6.693)	0.047*** (4.472)	0.029*** (3.323)
AR (1)	0.032	0.067	0.026	0.041	0.057	0.082
AR (2)	0.296	0.872	0.215	0.749	0.387	0.648
Sargan	0.749	0.58	0.656	1	0.861	1

注：***、**和*分别代表在1%、5%和10%的水平上显著，括号内为t值。

表7列（1）至列（3）为金融欠发达地区绿色金融政策强度滞后项、环境规制强度及两者的交互项对工业污染排放强度的影响。以列（3）的回归结果为基准，绿色金融政策强度L. GE的回归系数为-0.085，且通过10%的显著性检验，绿色金融政策强度与环境规制强度交互项L. GE×Reg的回归系数为-0.142。列（4）至列（6）为金融发达地区绿色金融政策强度滞后项L. GE、环境规制强度Reg及两者交互项对工业污染排放强度的影响，各变量的回归系数均显著为负。以列（4）和列（6）的回归结果为基准，列（6）中L. GE的回归系数绝对值（0.116）大于列（3）中L. GE的回归系数绝对值0.085，列（6）中交互项的系数绝对值（0.161）大于列（3）中交互项的系数绝对值（0.142），稳健性检验为本文假说提供了

进一步支持①。

六、结论及政策建议

绿色金融政策通过构建完善的绿色金融发展体系，来实现绿色金融的持续发展，进而达到降低污染排放和推动绿色发展的目标。为探讨绿色金融政策体系能否实现上述目标，本文构建了绿色金融政策与环境规制协同降低污染排放的理论模型，并采用 GMM 模型予以实证检验。通过收集 263 项省市级绿色金融政策性文件，使用文本分析法从政策力度、政策措施、政策目标三个维度构建绿色金融政策强度指数，探讨绿色金融政策强度与环境规制强度对工业污染排放强度的影响。研究发现：①较高的绿色金融政策强度表明地方政府更加重视绿色金融发展，有助于降低工业污染排放强度。②绿色金融政策能够引导环境规制溢出的高污染产业资本流向绿色产业，形成绿色金融和环境规制的环境协同治理效应。③金融发达地区的绿色金融政策强度降低环境污染的效果更好，且绿色金融和环境规制的环境协同治理效应也更强。上述研究结论有着较丰富的政策含义，具体如下：

第一，建立绿色金融发展长效机制。在绿色金融发展的初期阶段，由于绿色项目普遍存在正外部性难以内生化、绿色信息不对称等问题，导致金融机构发展绿色金融业务的积极性不高，所以，政府应该大力完善绿色金融体系，积极利用财税激励、绿色信息平台建设和公众绿色金融素养教育等手段，引导社会资本进入节能、环保、清洁能源等绿色产业，从而建立绿

色金融发展的长效机制。在政策制定方面，地方绿色金融政策要注重落实责任单位，明确考核机制，强化激励等政策措施，建议在政府工作报告中将发展绿色金融成果作为报告内容和考核指标，以更好地发挥绿色金融政策作用；同时将绿色金融政策的制定权限进行下沉，大力推动地方金融监管部门、环保部门和金融机构间合作式的政策制定与施行。

第二，依托传统金融市场发展绿色金融。研究表明，传统金融发展较好地区的绿色金融体系能够更好地实现环境治理，说明绿色金融发展需要以传统金融市场发展为依托，其原因在于传统金融发展较好地区的金融资本转化为绿色金融的潜力更大，环境治理的效果更好。绿色金融发展应该依托传统金融市场，通过建设区域金融中心形成金融机构、金融资本的集聚，进而推动传统金融机构和金融资本向绿色金融业务转型，鼓励金融机构在传统金融产品中增加绿色金融属性，积极尝试绿色资产证券化、碳金融等绿色金融创新，提升传统金融人才的绿色金融业务素质，实现传统金融市场向绿色金融市场转型。

第三，推动绿色金融与环境规制的环境协同治理。近年来，环保力度的大幅提升改善了生态环境，但严格的环境保护执法也导致大量的企业关停，形成了 GDP 增长的拖累效应，构建了更加合理的环境治理体系。本文发现，绿色金融和环境规制间存在着环境协同治理效应，环境规制通过征收环保税等方式将污染产业的负外部性内生化，形成污染产业资本的溢出效应；绿色金融通过财税补贴等形式将绿色产业的正外部性内生化，注重将社会资本转化

① 借鉴陆铭和冯皓（2014）将工业化学需氧量（COD）除以工业增加值再取自然对数以衡量工业污染排放强度的做法，本文再次回归后各变量的系数未发生显著性变化，表明所得结论是可靠的。受篇幅限制，回归结果未在文中显示。

为绿色产业投资。因此，应该发挥绿色金融和环境规制的环境协同治理效应，实现环境规制对污染产业资本脱污效应和绿色金融对社会资本向绿效应的结合；建立环境规制税费收入转化为对绿色金融的定向补贴制度，实现污染产业负外部性和绿色产业正外部性的零和效应，最终达到环境经济的社会福利最大化。

参考文献

［1］Allet M，Hudon M. Green Microfinance：Characteristics of Microfinance Institutions Involved in Environmental Management ［J］. Journal of Business Ethics，2015，126（3）：395-414.

［2］Arellano M，Bover O. Another Look at Instrumental Variables Estimation of Error-components Models ［J］. Journal of Econometrics，1995，68：29-51.

［3］Berensmann K，Lindenberg N. Green Finance：Actors，Challenges and Policy Recommendations ［R］. German Development Institute，Deutsches Institut für Entwicklungspolitik，2016.

［4］Bergstrom C，Ken H，Alan E. Economic Impacts of State Parks on State Economies in the South ［J］. Southern Journal of Agricultural Economics，1990，22（12）：1-9.

［5］Bond S. Dynamic Panel Data Models：A Guide to Micro-Data Methods and Practice ［J］. Portuguese Economic Journal，2002，1：141-162.

［6］He L，Zhang L，Zhong Z，et al. Green Credit，Renewable Energy Investment and Green Economy Development ［J］. Journal of Cleaner Production，2019，208（10）：363-372.

［7］Jalil A，Feridun M. Impact of Financial Development on Economic Growth：Empirical Evidence from Pakistan ［J］. Journal of the Asia Pacific Economy，2011，16（1）：71-80.

［8］Langpap C，Shimshack P. Private Citizen Suits and Public Enforcement：Substitutes or Complements ［J］. Journal of Environmental and Management，2010，59（5）：235-249.

［9］Laplante B，Rilstone P. Environmental Inspections and Emissions of the Pulp and Paper Industry in Quebec ［J］. Journal of Environmental Economics and Management，1996，31（1）：19-36.

［10］Libecap D. Economic Variables and the Development of the Law：The Case of Western Mineral Rights ［J］. Journal of Economic History，1978，38：338-362.

［11］Volz U. Fostering Green Finance for Sustainable Development in Asia ［J］. ADBI Working Paper，2018，No. 814.

［12］蔡玉平，张元鹏. 绿色金融体系的构建：问题及解决途径 ［J］. 金融理论与实践，2014（9）：66-70.

［13］陈凯. 绿色金融政策的变迁分析与对策建议 ［J］. 中国特色社会主义研究，2017（5）：93-97.

［14］陈幸幸，史亚雅，宋献中. 绿色信贷约束、商业信用与企业环境治理 ［J］. 国际金融研究，2019（12）：13-22.

［15］杜莉，郑立纯. 我国绿色金融政策体系的效应评价——基于试点运行数据的分析 ［J］. 清华大学学报（哲学社会科学版），2019，34（1）：173-182.

［16］胡梅梅，邓超，唐莹. 绿色金融支持"两型"产业发展研究 ［J］. 经济地理，2014，34（11）：107-111.

［17］胡榕霞. 我国碳排放权交易会计确认和计量研究 ［D］. 福州：福建师范大学硕士学位论文，2020.

［18］黄清煌，高明. 环境规制对经济增长的数量和质量效应——基于联立方程的检验 ［J］. 经济学家，2016（4）：53-62.

［19］刘金石. 我国区域绿色金融发展政策的省际分析 ［J］. 改革与战略，2017，33（2）：46-50.

［20］马骏. 论构建中国绿色金融体系 ［J］. 金融论坛，2015，20（5）：18-27.

［21］马骏，周月秋，殷红. 国际绿色金融发展与案例研究 ［M］. 北京：中国金融出版

社，2017.

［22］芈凌云，杨洁．中国居民生活节能引导政策的效力与效果评估——基于中国 1996—2015 年政策文本的量化分析［J］．资源科学，2017，39（4）：651-663.

［23］彭纪生，仲为国，孙文祥．政策测量、政策协同演变与经济绩效：基于创新政策的实证研究［J］．管理世界，2008（9）：25-36.

［24］苏冬蔚，连莉莉．绿色信贷是否影响重污染企业的投融资行为？［J］．金融研究，2018，（12）：123-137.

［25］谭秀杰，刘宇，王毅．湖北碳交易试点的经济环境影响研究——基于中国多区域一般均衡模型 TermCo2［J］．武汉大学学报（哲学社会科学版），2016，69（2）：64-72.

［26］童健，刘伟，薛景．环境规制、要素投入结构与工业行业转型升级［J］．经济研究，2016，51（7）：43-57.

［27］王杰，刘斌．环境规制与企业全要素生产率——基于中国工业企业数据的经验分析［J］．中国工业经济，2014（3）：44-56.

［28］王瑶，潘冬阳，张笑．绿色金融对中国经济发展的贡献研究［J］．经济社会体制比较，2016（6）：33-42.

［29］许传华，王婧，叶翠红，等．湖北绿色金融创新发展的探索与实践［J］．湖北经济学院学报，2018，16（4）：85-93.

［30］薛俭，朱迪．绿色信贷政策能否改善上市公司的负债融资？［J］．经济经纬，2020，38（1）：152-160.

［31］尤济红，王鹏．环境规制能否促进 R&D 偏向于绿色技术研发——基于中国工业部门的实证研究［J］．经济评论，2016（3）：26-38.

［32］赵敏．环境规制的经济学理论根源探究［J］．经济问题探索，2013（4）：152-155.

［33］中国工商银行绿色金融课题组，周月秋，殷红，等．商业银行构建绿色金融战略体系研究［J］．金融论坛，2017（1）：3-16.

［34］中国工商银行与清华大学"绿色带路"项目联合课题组．推动绿色"一带一路"发展的绿色金融政策研究［J］．金融论坛，2019，24（6）：3-17.

［35］邹锦吉．绿色金融政策、政策协同与工业污染排放强度——基于政策文本分析的视角［J］．金融理论与实践，2017（12）：71-74.

□ Study on the Synergistic Effect of Green Finance Policy and Environmental Regulation on Pollution Control

Luo Peng   Chen Yiguo

Abstract：Green financial policy can guide social capital to invest in green industry and form a long-term mechanism of pollution reduction and green transformation by building a green financial system. The paper constructs a theoretical model of green financial policy and environmental regulation to jointly improve environmental pollution, and finds that green financial policy and environmental regulation are helpful to reduce the intensity of industrial pollution emissions, and the cooperation of the two policies can also form the effect of environmental coordinated governance. In the empirical test part, this paper establishes the green financial policy intensity index by text analysis method, and based on the provincial panel data in 2007-2017, finds that: Green financial policy helps to reduce the intensity of industrial pollution emissions, and the effect is better in areas with better financial development; there is environmental synergistic governance effect between green financial policy and environmental regulation, and the synergistic effect is better in ares with better financial development.

Key Words: Green Financial Policy; Environmental Regulation; Industrial Pollution Emissions; Environmental Synergistic Governance

绿色金融政策与环境规制的污染协同治理效应研究

□ 中国区域绿色创新效率时空跃迁及收敛趋势研究*

吕岩威　谢雁翔　楼贤骏

摘　要：揭示中国区域绿色创新效率的时空跃迁特征及收敛性。研究方法：基于 2006～2016 年中国 30 个省份的面板数据，构建 SBM-DEA 模型对中国各省份绿色创新效率进行测度，并建立空间计量模型考察其时空跃迁特征及收敛性。研究发现：中国区域绿色创新效率存在较大的空间差异，呈现显著的正向空间相关性；中国区域绿色创新效率时空跃迁类型表现出高度的空间稳定性，时空演变具有较强的路径依赖特征；中国各地区绿色创新效率存在显著的绝对 β 空间收敛和条件 β 空间收敛特征，不同地区的影响因素不尽相同。研究创新：将"创新失败""环境污染"因素作为非期望产出，纳入绿色创新效率的测度框架；采用空间相关性分析探讨区域绿色创新效率的跃迁路径；构建空间滞后模型和空间误差模型，将空间因素对收敛性的影响考虑在内。研究价值：有利于缩小区域绿色创新发展差距，实现经济协调可持续发展。

关键词：绿色创新效率；时空跃迁；空间效应；β 收敛

引　言

改革开放以来，中国经济持续高速增长，但区域间的差距也日益增大，如何缩小差距、促进区域经济协调发展已成为当前社会关注的热点问题。技术创新作为经济增长的内生动力，是导致不同区域经济差距的根本源泉（Grossman and Helpman，1994）。Archibugi 和 Pianta（1994）发现，在一国技术创新能力存在收敛趋势的情况下，该国人均产出或人均生产率也很有可能呈现收敛趋势。可见，区域间技术创新能力的差异很大程度上决定了经济增长的差异，缩小区域间技术创新能力的差距无疑将对促进区

基金项目：本文获得山东省社科规划基金项目（18DJJJ10）"山东省技术创新效率的空间差异、影响因素及其传导机制研究"、山东省自然科学基金项目（ZR2017MG032）"山东省创新驱动效率的时空演变、驱动机制与路径设计研究"的资助。

作者简介：吕岩威，男，经济学博士，山东大学副教授，博士生导师，山东大学"青年学者未来计划"入选者，中国社会科学院产业经济学出站博士后。谢雁翔，男，山东大学商学院产业经济学专业硕士，研究领域为产业经济学。楼贤骏，男，山东大学商学院产业经济学专业硕士，研究领域为产业经济学。

* 本文曾刊登于《数量经济技术经济研究》2020 年第 5 期。

域经济收敛起到重要作用。然而，传统的技术创新在促进经济快速增长的同时，也使人类赖以生存的生态环境遭到破坏，导致经济发展与生态环境不协调。据《2018年全球环境绩效指数报告》，中国的环境绩效指数在全球180个经济体中居第120位，空气质量指数居第177位，反映出经济迅速增长给环境带来的负效应。因此，绿色创新成为推动我国实现可持续发展的有效途径，也是各国经济发展的新增长点。近年来，中共中央把生态文明建设摆在全局工作的突出地位，坚持节约资源和保护环境的基本国策，绿色和创新成为驱动传统工业转型发展的两个关键因子。党的十九大报告明确提出要坚定不移贯彻"创新、协调、绿色、开放、共享"新发展理念，推进绿色发展，构建市场导向的绿色技术创新体系。可见，绿色创新被寄予借助新知识、新技术实现降低环境污染的期望，同时企业也能够从中得到相应的经济效益，实现经济和环境的协调发展。实施绿色创新，其核心是提高创新资源的利用效率，减少经济增长对环境的破坏，关键在于各地区绿色创新能力的提高和绿色创新效率的改善。因此，各地区在推进绿色创新的进程中，除了应加大对节能减排、环境保护等绿色技术研发的投入外，绿色创新的效率问题同样不容忽视。

从现有研究来看，目前对绿色创新效率的测度以非参数法为主，尤其集中在以处理多投入多产出变量见长的数据包络分析法（Data Envelopment Analysis，DEA）及其各类扩展模型上。国外学者Chung等（1997）提出了方向性距离函数，把污染物作为对环境的负产出纳入效率分析框架，为测算环境约束下的效率提供了方法论支撑。国内学者罗良文和梁圣蓉（2016）、钱丽等（2018）将环境负荷视为非期望产出，运用各类扩展的DEA模型对中国区域绿色创新效率进行测算，均发现中国绿色创新效率存在"东高西低"的区域差异。而关于绿色创新效率的收敛性问题，目前的研究主要集中在创新效率或创新能力的收敛性方面。国外学者Szajt（2018）基于β收敛和时空模型考察了OECD国家创新水平的演变趋势。国内学者白俊红等（2008）、樊华和周德群（2012）分析了中国省域创新效率的收敛性；潘雄锋和刘凤朝（2010）、李小胜和朱建平（2013）分别对中国各地区工业企业、大中型企业创新效率的收敛性进行分析；马大来等（2017）基于空间经济学视角分析了中国区域创新效率的收敛性。

上述研究对本文的展开具有重要启示，但也存在以下有待研究的问题：一是已有文献大多是基于"创新成功"视角对区域绿色创新效率进行分析，而忽略了"创新失败"因素的影响。二是已有文献大多是将研究区域视为一个完全同质的封闭系统，忽略了地理空间上的联系对区域绿色创新效率的影响。三是已有文献对区域创新效率收敛性的研究相对较多，但鲜有文献从绿色创新视角展开。有鉴于此，本文将在以下三个方面做出拓展：第一，重新定义创新活动的投入、产出指标，将"创新失败""环境污染"因素纳入非期望产出，构建SBM-DEA效率测度模型对中国区域绿色创新效率进行重新测算。第二，将空间因素纳入研究框架，运用全域、局域空间自相关统计量分别从整体和局部角度对区域绿色创新效率的空间相关性进行分析，并借助Rey和Janikas（2006）提出的时空跃迁方法，探讨各省份及其邻近区域绿色创新效率的时空跃迁类型与路径。第三，构建绝对β空间收敛模型和条件β空间收敛模型分别对全国总体及东、中、西部地区绿色创新效率的收敛性进行检验，探讨影响其收敛的主要因素，并提出政策建议。

一、模型与方法

（一）SBM-DEA 效率测度模型

传统的 DEA 模型大多属于径向和角度的度量，不能充分考虑投入产出的松弛性问题，也不能准确度量存在非期望产出时的效率值。为克服这些缺陷，Tone（2001）提出了基于松弛变量的非径向、非角度的 SBM-DEA 模型。假设生产系统有 n 个决策单元，每个决策单元均有投入 X、期望产出 Y^g 和非期望产出 Y^b 三个向量，其元素可以表示成 $x \in R^m$，$y^g \in R^{S_1}$ 及 $y^b \in R^{S_2}$，定义矩阵 X、Y^g、Y^b 如下：$X = [x_1, \cdots, x_n] \in R^{m \times n}$，$Y^g = [y_1^g, \cdots, y_n^g] \in R^{S_1 \times n}$，$Y^b = [y_1^b, \cdots, y_n^b] \in R^{S_2 \times n}$，其中，$x_i > 0$，$y_i^g > 0$，$y_i^b > 0 (i = 1, 2, \cdots, n)$。则 SBM-DEA 效率测度模型可以表示为：

$$\rho = \min \frac{1 - \dfrac{1}{m} \sum_{i=1}^{m} \dfrac{s_i^-}{x_{i0}}}{1 + \dfrac{1}{s_1 + s_2} \left(\sum_{r=1}^{s_1} \dfrac{s_r^g}{y_{r0}^g} + \sum_{r=1}^{s_2} \dfrac{s_r^b}{y_{r0}^b} \right)}$$

$$\text{s. t.} \begin{cases} x_0 = X\lambda + s^- \\ y_0^g = Y^g \lambda - s^g \\ y_0^b = Y^b \lambda + s^b \\ s^- \geq 0, s^g \geq 0, s^b \geq 0, \lambda \geq 0 \end{cases} \quad (1)$$

式（1）中，s^-、s^g 和 s^b 分别表示投入、期望产出和非期望产出的松弛量，λ 是权重向量，目标函数 ρ 是关于 s^-、s^g、s^b 严格单调递减的，且 $0 \leq \rho \leq 1$。如果 $\rho = 1$，即 s^-、s^g、s^b 均为 0 时，说明决策单元是有效率的；如果 $\rho < 1$，说明决策单元存在要素冗余，可以通过优化配置来改善效率。

（二）空间相关性检验

考察区域绿色创新效率的时空跃迁特征及空间收敛性，首先需要对其是否存在空间自相关性进行检验。在空间统计学中，一般通过全域空间自相关指数（Global Moran's I）和局域空间自相关指数（Local Moran's I）进行空间自相关检验。

1. 全域空间自相关指数

全域空间自相关分析是从区域空间的整体刻画数据值的空间分布特征，其公式为：

$$Global\ Moran's\ I = \frac{\sum_{i=1}^{n} \sum_{j=1}^{n} W_{ij} (x_i - \bar{x})(x_j - \bar{x})}{S^2 \sum_{i=1}^{n} \sum_{j=1}^{n} W_{ij}}$$

$$(2)$$

式（2）中，x_i 表示 i 地区的观测值，W_{ij}、S^2 分别为其均值、方差，W_{ij} 为空间权重矩阵元素，分别以 1 和 0 表示 i 地区和 j 地区在空间属性上的邻接关系。Global Moran's I 的取值范围为 $[-1, 1]$，该指数值越趋向于 1，表示数据的高值及低值按类别分别在空间上集聚，空间正相关性越强；该指数值越趋向于 -1，表示数据的高值及低值在空间上相互集聚，空间负相关性越强；该指数值趋向于 0，表示数据之间相互独立，在空间上随机分布。

2. 局域空间自相关指数

局域空间自相关分析是将研究单元划分为若干个区域单元，从微观角度对区域单元之间的空间相关性进行研究，其公式为：

$$Local\ Moran's\ I = \frac{(x_i - \bar{x}) \sum_{j=1}^{n} W_{ij}(x_i - \bar{x})}{S^2}$$

$$(3)$$

式（3）中，x_i、$\bar{x}$、S^2、W_{ij} 等符号的定义同式（2），Local Moran's I 的取值范围为 $[-1, 1]$，指数值为正表示区域单元周围相似性（高高或低低）的空间集聚，指数值为负表示区域单元周围非相似性（高低或低高）的空间集聚。

（三）收敛性检验

1. 传统收敛模型

β 收敛是收敛模型中最常用的方法，包括绝对 β 收敛和条件 β 收敛。绝对 β 收敛是不考虑外界因素的影响，地区间产生趋同的趋势，而条件 β 收敛是将外界因素考虑在内，地区间也出现趋同的趋势。

借鉴 Barro 和 Sala-I-Martin（1997）的论证方法，传统绝对 β 收敛模型的形式为：

$$\ln(EFF_{it+1}/EFF_{it}) = \alpha + \beta \ln EFF_{it} + \varepsilon_{it} \tag{4}$$

式（4）中，EFF_{it+1}/EFF_{it} 表示 i 地区的绿色创新效率在第 t 期的增长率，EFF_{it} 表示 i 地区在第 t 期的绿色创新效率，α 为常数项，β 为收敛系数，ε_{it} 为随机误差项。若 β 小于 0，说明区域间存在绝对 β 收敛；若 β 大于 0，说明各地区趋于发散。

条件 β 收敛模型是在绝对 β 收敛模型的基础上加入控制变量，其形式为：

$$\ln(EFF_{it+1}/EFF_{it}) = \alpha + \beta \ln EFF_{it} + \gamma X_{it} + \varepsilon_{it} \tag{5}$$

式（5）中，X_{it} 表示控制变量，γ 表示控制变量的系数，其他变量含义与式（4）相同。

此外，由 β 收敛系数可计算出考察期 T 内的收敛速度 s 和收敛的半生命周期 τ，其公式为：

$$s = -\ln(1 - |\beta|)/T, \quad \tau = \ln(2)/s \tag{6}$$

2. 考虑空间效应的收敛模型

进一步将空间效应引入传统收敛模型之中，分别建立空间滞后模型（SAR）和空间误差模型（SEM）进行收敛性分析。其中，绝对 β 收敛和条件 β 收敛的空间滞后模型（SAR）形式分别为：

$$\ln(EFF_{it}+1/EFF_{it}) = \alpha + \beta \ln EFF_{it} + \rho W(\ln(EFF_{it}+1/EFF_{it})) + \varepsilon_{it} \tag{7}$$

$$\ln(EFF_{it}+1/EFF_{it}) = \alpha + \beta \ln EFF_{it} + \rho W(\ln(EFF_{it+1}/EFF_{it})) + \gamma X_{it} + \varepsilon_{it} \tag{8}$$

式（7）、式（8）中，W 为 $n \times n$ 阶的空间权重矩阵，ρ 为空间滞后系数，反映了样本观测值的空间依赖作用，ε_{it} 为随机误差项。

绝对 β 收敛和条件 β 收敛的空间误差模型（SEM）形式分别为：

$$\ln(EFF_{it+1}/EFF_{it}) = \alpha + \beta \ln EFF_{it} + (I-\lambda W)^{-1}\mu_{it} \tag{9}$$

$$\ln(EFF_{it+1}/EFF_{it}) = \alpha + \beta \ln EFF_{it} + \gamma X_{it} + (I-\lambda W)^{-1}\mu_{it} \tag{10}$$

式（9）、式（10）中，λ 为空间误差系数，反映了存在于误差项之中的空间依赖作用，μ_{it} 为正态分布的随机误差项。

二、变量与数据

结合已有文献资料，重新定义区域创新活动的投入产出指标，其中创新投入指标包括 R&D 全时人员当量和 R&D 资本存量，创新活动期望产出指标包括发明专利申请授权数和新产品销售收入，非期望产出包括商业银行不良贷款同比比率工业废水排放量、工业废气排放量、银行不良贷款同比比率。对各指标的设定与数据处理说明如下：

对于创新活动的投入，从研发人员投入和资金投入两个方面表征。在研发人员投入方面，为了更好地衡量创新活动中研发人员的人力投入量和实际工作时间，选取各地区 R&D 人员全时当量这一指标进行衡量。在资金投入方面，考虑到前期投资积累对创新产出的影响，采用永续盘存法核算各地区的 R&D 资本存量，公式为：$K_{it} = (1-\delta) \times K_{i(t-1)} + R_{i(t-1)}$。其中，$K_{it}$、$K_{i(t-1)}$ 分别表示第 i 地区在第 t 和第 $t-1$ 期的 R&D 资本存量，δ 表示 R&D 资本存量的折旧率，设为 15%（Hu et al.，2005；吴延兵，2006），$R_{i(t-1)}$ 表示 i 地区在第 $t-1$ 期的实际 R&D 经费内部支出，用名义支出除以 R&D 价格指数得到。借鉴吕岩威和李平（2016）的研究方法，R&D 价格指数采用 0.85×居民消费价格指数+0.15×固定资产投资价格指数计算，各地区基期 R&D 资本存量 K_{i0} 的公式为：$K_{i0} = R_{i0}/(g+\delta)$，其中 g 是 R&D 经费内部支出的增长率。由此，计算出以 2006 年为基期的各地区 R&D 资本存量。

对于创新活动的期望产出，从知识技术产出和产品产出两个角度考量。对于知识技术产出，考虑到在发明、实用新型和外观设计三种专利类型中，发明专利的技术含量更高，更能体现地区的原始创新能力，且又较少地受到专利审核授权机构的限制，因此选取发明专利申请授权数这一指标表征创新的知识技术产出。对于创新的产品产出，从科技成果转化维度反映一个地区的创新成果，新产品销售收入是一个很好的衡量指标。鉴于《中国科技统计年鉴》自 2011 年开始对新产品销售收入的统计口径从"大中型工业企业"改为"规模以上工业企业"，分别以各地区大中型工业企业新产品销售收入（2006～2010年）、规模以上工业企业的新产品销售收入（2011～2016 年）作为期望产出。需要说明的是，由于本文对区域绿色创新效率的测算均为同年度内的截面比较，对这一指标无须进行统计口径调整与价格平减。

对于创新活动的非期望产出，从"创新失败"和"环境污染"两个因素考量。对于"创新失败"因素，熊彼特（1912）认为创新是建立一种新的生产函数以获取潜在的超额利润，这清晰地反映出创新的目的是获取超额利润。获取了经济利润，创新就是成功的；反之，创新就是失败的。因此，以是否获取经济利润作为创新成功或失败的标志。考虑到"创新失败"一方面会对企业从商业银行已取得贷款的正常偿还产生影响；另一方面，为了缓解资金压力，企业可能会向商业银行申请增加贷款，如果无法通过利润弥补则会形成不良贷款[①]。因此，以商业银行不良贷款金额同比比率表征"创新失败"。对于"环境污染"因素，已有文献通常用"三废"污染物（即工业废水、废气和固体废弃物）的排放量代表非期望产出，但考虑到近年来中国工业固体废弃物产生量中的绝大部分都被处置利用，倾倒丢弃量已大幅减少[②]。因此，选取工业废水排放量、工业废气排放量表征"环境污染"。

以 2006～2016 年中国 30 个省份为研究对象（由于数据所限，不含西藏、香港、澳门、台湾）。数据主要来源于历年《中国统计年鉴》《中国科技统计年鉴》《中国环境统计年鉴》《中国金融年鉴》以及各省份统计年鉴，描述性统计如表 1 所示。

表 1　描述性统计

指标类型	指标	样本量	平均值	标准差	最大值	最小值
创新投入	R&D 全时人员当量（万人年）	330	9.4078	10.4808	54.3438	0.1209
	R&D 资本存量（亿元）	330	818.9507	1049.1931	5601.1389	5.6559
期望产出	发明专利申请授权数（万个）	330	0.3980	0.6654	4.0952	0.0023
	新产品销售收入（亿元）	330	3244.6316	4853.4196	28671.4109	8.5659

---

① 根据 1998 年中国人民银行制定的《贷款分类指导原则》，商业银行依据借款人的实际还款能力进行贷款质量的五级分类，即按风险程度将贷款划分为五类：正常、关注、次级、可疑、损失，后三种为不良贷款。

② 根据《中国统计年鉴（2017）》，2016 年我国一般工业固体废弃物处置利用率已达 80.73%，倾倒丢弃量占产生量比例仅为 0.01%。

续表

指标类型	指标	样本量	平均值	标准差	最大值	最小值
非期望产出	商业银行不良贷款金额同比比率	330	1.0974	0.4244	3.3967	0.1386
	工业废水排放量（亿吨）	330	7.4487	6.2555	28.7181	0.5782
	工业废气排放量（亿标准立方米）	330	18613.1578	14659.2264	82589.5883	860.0000

三、实证分析

（一）绿色创新效率的测度及分析

运用 SBM - DEA 模型对中国各省份 2006~2016 年的绿色创新效率进行测算，所得结果如表 2 所示。从表 2 可以看出，2006~2016 年，全国绿色创新效率均值为 0.5833，东部地区为 0.7852，中部地区为 0.4969，西部地区为 0.4444。可见，东部地区的绿色创新效率值远高于全国平均水平，中、西部地区的绿色创新效率值低于全国平均水平，且东、中部地区之间的差距远高于中、西部地区之间的差距。这一方面说明东部地区的创新机制尤其是创新资源配置机制运行良好，有效激发了其创新活力；另一方面也说明中、西部地区在创新发展过程中出现了技术和经济脱节的现象，导致创新未能对经济发展起到应有的促进作用。

表 2　2006~2016 年中国区域绿色创新效率测算结果

年份 省份	2006	2007	2008	2009	2010	2011	2012	2013	2014	2015	2016	均值
北京	1.0000	1.0000	1.0000	1.0000	1.0000	1.0000	1.0000	1.0000	1.0000	1.0000	1.0000	1.0000
天津	1.0000	1.0000	1.0000	1.0000	1.0000	1.0000	1.0000	1.0000	1.0000	1.0000	1.0000	1.0000
河北	0.2729	0.2806	0.3010	0.2481	0.2795	0.2930	0.4218	0.4173	0.4097	0.3694	0.3536	0.3315
山西	0.3235	0.2971	0.2872	0.2696	0.2693	0.3398	0.3461	0.3738	0.3671	0.3598	0.2825	0.3196
内蒙古	0.3267	0.3505	0.3265	0.2209	0.2526	0.2014	0.2468	0.2355	0.1859	0.1769	0.1793	0.2457
辽宁	0.3660	0.3540	0.3877	0.4423	0.4015	0.4341	0.4874	0.5504	0.4755	0.4818	0.3806	0.4328
吉林	0.5377	0.4834	0.5807	1.0000	0.6140	0.6148	0.7155	0.4052	0.4695	0.4572	0.5433	0.5838
黑龙江	0.3232	0.3519	0.2964	0.3303	0.3594	0.3289	0.3879	0.4006	0.3851	0.4023	0.3321	0.3544
上海	1.0000	1.0000	1.0000	1.0000	1.0000	1.0000	1.0000	1.0000	1.0000	1.0000	1.0000	1.0000
江苏	0.4038	1.0000	0.6848	0.6689	0.6345	1.0000	1.0000	1.0000	1.0000	1.0000	1.0000	0.8538
浙江	0.5240	1.0000	0.5415	0.5358	0.6470	0.8543	1.0000	1.0000	1.0000	1.0000	1.0000	0.8275
安徽	0.2879	0.3150	0.3361	0.3322	0.4804	0.4652	0.6740	1.0000	1.0000	1.0000	1.0000	0.6264
福建	0.4805	0.4801	0.4401	0.3421	0.4415	0.3999	0.5385	0.4833	0.4427	0.4441	0.4248	0.4471
江西	0.2571	0.2962	0.2865	0.2218	0.2431	0.2530	0.4027	0.4568	0.4436	0.4061	0.5577	0.3477
山东	0.5382	1.0000	1.0000	1.0000	1.0000	1.0000	1.0000	0.7081	0.5522	0.5783		0.8524
河南	0.2930	0.3372	0.4006	0.3110	0.3242	0.3557	0.3954	0.5140	0.4864	0.4759	0.4539	0.3952
湖北	0.4241	0.4023	0.4917	0.3493	0.4368	0.4367	0.5570	0.5579	0.5641	0.5875	0.5440	0.4865
湖南	1.0000	1.0000	0.6105	0.6280	0.6144	0.6259	1.0000	1.0000	1.0000	1.0000	1.0000	0.8617
广东	1.0000	1.0000	1.0000	1.0000	1.0000	1.0000	1.0000	1.0000	1.0000	1.0000	1.0000	1.0000
广西	0.4511	0.5508	0.4438	0.4092	0.4100	0.3720	0.4771	0.5988	1.0000	1.0000	1.0000	0.6102

年份\省份	2006	2007	2008	2009	2010	2011	2012	2013	2014	2015	2016	均值
海南	1.0000	1.0000	1.0000	1.0000	1.0000	1.0000	1.0000	1.0000	1.0000	0.4835	0.3256	0.8917
重庆	1.0000	1.0000	1.0000	0.6821	1.0000	1.0000	1.0000	1.0000	1.0000	1.0000	1.0000	0.9711
四川	0.3163	0.3090	0.3054	0.3716	0.3780	0.4708	0.4902	0.5172	0.5242	0.5405	0.4969	0.4291
贵州	0.6032	1.0000	0.4990	0.4127	0.4962	0.5465	0.4382	0.4868	0.6982	0.4680	0.4982	0.5588
云南	1.0000	1.0000	0.4407	0.3763	0.4230	0.4980	0.6175	0.6367	0.6034	0.4025	0.3122	0.5737
陕西	0.2457	0.2653	0.2608	0.2772	0.3486	0.4351	0.4385	0.4520	0.4588	0.4256	0.3807	0.3626
甘肃	0.2517	0.2663	0.2297	0.1930	0.2716	0.3546	0.3888	0.4553	0.4384	0.3485	0.2491	0.3133
青海	0.2345	0.1817	0.2562	0.2029	0.1147	0.0909	0.1270	0.1294	0.1107	0.2042	0.2523	0.1731
宁夏	0.3898	0.1308	0.2490	0.2056	0.1941	0.2150	0.3288	0.4468	0.3919	0.4020	0.3376	0.2992
新疆	0.3679	0.3066	0.3127	0.2038	0.3019	0.2960	0.3540	0.4543	0.5312	0.4131	0.3231	0.3513
全国	0.5406	0.5986	0.5323	0.5078	0.5312	0.5627	0.6278	0.6524	0.6565	0.6134	0.5935	0.5833
东部	0.6896	0.8286	0.7596	0.7488	0.7640	0.8165	0.8589	0.8592	0.8215	0.7574	0.7330	0.7852
中部	0.4308	0.4354	0.4112	0.4303	0.4177	0.4275	0.5598	0.5885	0.5895	0.5861	0.5892	0.4969
西部	0.4715	0.4874	0.3931	0.3232	0.3810	0.4073	0.4461	0.4921	0.5402	0.4892	0.4572	0.4444

从各省份来看，2006~2016年，绿色创新效率均值排名前十位的省份除重庆、湖南外均为东部地区，依次为北京、上海、广东、天津、重庆、海南、湖南、江苏、山东和浙江。绿色创新效率均值排名后十位的省份除河北外均为中、西部地区，依次为陕西、黑龙江、新疆、江西、河北、山西、甘肃、宁夏、内蒙古和青海。此外，仅北京、上海、广东、天津、重庆连续多年处在绿色创新效率的生产前沿边界上，其投入产出组合最有效率；其余省份仅有个别年份在生产前沿边界上或均不在生产前沿边界上，说明这些省份存在投入产出改进的必要性和效率提升的空间，应合理地利用创新资源，避免盲目投入而导致要素闲置和浪费。

由此可见，中国各地区绿色创新效率呈现较大差异，具有从东部向中、西部地区递减的阶梯形分布特征，并表现出一定的空间集聚现象。为了检验这种空间集聚现象是随机发生的还是存在特定的分布规律，有必要进一步对绿色创新效率的空间分布规律进行深入探讨。

（二）绿色创新效率的空间相关性检验

1. 全域空间相关性检验

利用 Geoda 软件测算出 2006~2016 年中国区域绿色创新效率的 Global Moran's I（见表3）。结果显示，考察期内所有年份的 Global Moran's I 均大于0且通过了显著性检验，表明中国区域绿色创新效率的空间分布并不是随机的，而是呈现出明显的正向空间相关性，绿色创新效率高（或低）的省份往往相邻。从 Global Moran's I 的演变趋势看，Global Moran's I 大致呈现出"N"形波动上升的趋势，从2006年的0.1982上升到2007年的0.3558，继而下降到2009年的0.1742，之后逐渐上升，2016年为0.4795，说明随着时间的推移，中国区域绿色创新效率的空间相关性在波动中逐渐增强。

表3　2006~2016年中国区域绿色创新效率的 Global Moran's I 及其检验结果

指标 ＼ 年份	2006	2007	2008	2009	2010	2011
Global Moran's I	0.1982	0.3558	0.2072	0.1742	0.2131	0.2774
Z 值	1.8894	3.1314	1.9684	1.697	2.0156	2.5259
P 值	0.0588*	0.0017***	0.0490**	0.0897*	0.0438**	0.0115**
指标 ＼ 年份	2012	2013	2014	2015	2016	均 值
Global Moran's I	0.3542	0.4139	0.4624	0.4291	0.4795	0.3846
Z 值	3.1379	3.6202	4.0161	3.743	4.1429	3.3885
P 值	0.0017***	0.0003***	0.0001***	0.0002***	0.0000***	0.0007***

注：*、**和***分别表示在10%、5%和1%水平下显著。

2. 局域空间相关性检验

利用 Geoda 软件得出 2006~2016 年中国各省份绿色创新效率均值的 Moran's I 散点图（见图1）。可以看出，在30个省份中，北京、天津、江苏、上海、浙江、安徽、湖南、广东、广西、海南位于第一象限，即"高高—高效型"集聚；山西、内蒙古、辽宁、吉林、黑龙江、河南、湖北、四川、云南、陕西、甘肃、青海、宁夏、新疆位于第三象限，即"低低—低效型"集聚；河北、福建、江西、贵州位于第二象限，即"低高—空心型"集聚；山东、重庆位于第四象限，即"高低—极化型"集聚。

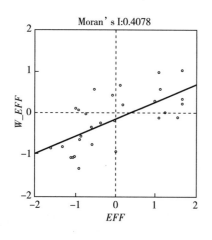

区间	省份
第一象限	北京、天津、江苏、上海、浙江、安徽、湖南、广东、广西、海南
第二象限	河北、福建、江西、贵州
第三象限	山西、内蒙古、辽宁、吉林、黑龙江、河南、湖北、四川、云南、陕西、甘肃、青海、宁夏、新疆
第四象限	山东、重庆

图1　2006~2016年中国各省份绿色创新效率均值的 Moran's I 散点图及解析

由此可知，绝大多数省份（24个）落在了第一、第三象限，呈现正的空间相关性，仅有小部分省份（6个）落在了第二、第四象限，呈现负的空间相关性。考察期内中国区域绿色创新效率的空间分布整体上呈现出"高高—高效型"集聚与"低低—低效型"集聚模式的正向空间相关性，即高绿色创新效率省份往往与其他绿色创新效率水平较高的省份相邻，而低绿色创新效率省份往往被其他绿色创新效率水平较低的省份所包围。可见，如果忽略了空间因素的影响，模型的估计结果将会与实际情况存在较大的偏差，在考察区域绿色创新效率时空跃迁和收敛趋势时，应将空间效应考虑在内。

（三）绿色创新效率的时空跃迁分析

从 Global Moran's I 不难发现，中国区域绿色创新效率空间相关性的波谷数据（0.1742）出现在 2009 年，而波峰数据（0.4795）出现在 2016 年，进一步以这两个年份作为时间节点，计算出这两个年份的 Local Moran's I 值，并通过 Moran's I 散点图的变化反映各省份绿色创新效率时空跃迁的类型特征。

图 2 为 2009 年中国各省份绿色创新效率的 Moran's I 散点图。可以看出，位于第一象限"高高—高效型"和第三象限"低低—低效型"的省份数量达到 21 个，占研究样本数量的 70%，说明 2009 年中国区域绿色创新效率在空间上表现出明显的正向空间相关性。其中，位于第一象限"高高—高效型"的省份有 8 个，且以东部省份为主，分别为北京、天津、上海、江苏、浙江、湖南、广东、海南，形成了以北京、天津为核心的首都高效率圈，以上海、江苏和浙江为核心的长三角高效率圈以及以广东、湖南、海南为核心的环粤高效率圈。位于第三象限"低低—低效型"的省份有 13 个，且以中、西部省份为主，分别为山西、内蒙古、辽宁、江西、河南、湖北、四川、云南、陕西、甘肃、青海、宁夏、新疆，这些省份创新发展相对滞后，效率水平较低。可见，2009 年中国区域绿色创新效率整体水平相对较低，在空间分布上存在显著的空间异质性，这种空间异质性通过"高高—高效型"及"低低—低效型"省份的集聚区域鲜明地体现出来。

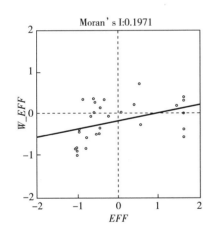

区间	省份
第一象限	北京、天津、江苏、上海、浙江、湖南、广东、海南
第二象限	河北、黑龙江、安徽、福建、广西、贵州
第三象限	山西、内蒙古、辽宁、江西、河南、湖北、四川、云南、陕西、甘肃、青海、宁夏、新疆
第四象限	吉林、山东、重庆

图 2　2009 年中国各省份绿色创新效率 Moran's I 散点图及解析

进一步考察位于第二象限"低高—空心型"、第四象限"高低—极化型"的非典型地区。作为偏离全局正向空间相关性的地区，这两类省份数量相对较少，位于第二象限"低高—空心型"的省份有 6 个，分别为河北、黑龙江、安徽、福建、广西、贵州。其中，河北虽然与北京、天津等高绿色创新效率的省份相邻，但并未有效吸纳其空间溢出效应，形成了效率洼地。同样的情况适用于毗邻吉林的黑龙江，毗邻江苏、浙江、山东的安徽，毗邻浙江、广东的福建，毗邻广东、湖南的广西以及毗邻重庆、湖南的贵州。位于第四象限的"高低—极化型"的省份仅有 3 个，分别为吉林、山东和重庆。与邻近省份相比，这3个省份绿色创新效率相对较高，但对邻近省份的空间溢出效应较小，辐射带动作用有限。

图3为2016年中国各省份绿色创新效率的Moran's I散点图。可以看出，位于第一象限"高高—高效型"和第三象限"低低—低效型"的省份数量增长到22个，空间正相关性进一步增强。其中，位于第一象限"高高—高效型"的省份有10个，与2009年相比，减少了海南，增加了安徽、山东和广西。其中，安徽、广西由"低高—空心型"转变为"高高—高效型"，说明这两个省份分别在以上海、江苏、浙江为核心的长三角创新高效率圈和以广东、湖南为核心的环粤创新高效率圈的辐射带动下，实现了绿色创新效率的跃升。山东由"高低—极化型"转变为"高高—高效型"，则主要是由于其邻近省份

安徽绿色创新效率的提升，使山东邻近高绿色创新效率省份数量增多。位于第三象限"低低—低效型"的省份有12个，与2009年相比，减少了江西、河南、湖北和云南，增加了河北、吉林和黑龙江。其中，河北由"低高—空心型"转变为"低低—低效型"，主要是由于受到"虹吸效应"的影响，河北创新经济发展滞后，在京津冀一体化协同创新发展过程中出现了脱节，进而与山西、内蒙古、辽宁、河南等绿色创新效率水平较低的邻近省份形成"低低—低效型"集聚。吉林由"高低—极化型"转变为"低低—低效型"，说明在东北经济衰退的大背景下，政府虽给予大力资金支持，但该省的创新活力却并没有进发。同时，受吉林绿色创新效率下降的影响，黑龙江则由"低高—空心型"转变为"低低—低效型"。

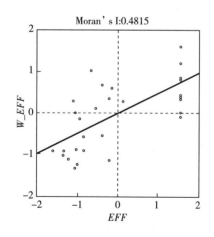

区间	省份
第一象限	北京、天津、上海、江苏、浙江、安徽、山东、湖南、广东、广西
第二象限	江西、河南、湖北、云南、海南、福建、贵州
第三象限	新疆、青海、甘肃、宁夏、四川、内蒙古、陕西、山西、河北、辽宁、吉林、黑龙江
第四象限	重庆

图3　2016年中国各省份绿色创新效率Moran's I 散点图及解析

位于第二象限"低高—空心型"的省份有7个，与2009年相比，新增加了江西、河南、湖北、海南和云南。其中，江西、河南、湖北、云南由"低低—低效型"转变为"低高—空心型"，说明这些省份在发展过程中绿色创新效率并没有显

著提升，与邻近省份的差距越来越大，从而形成了新的效率洼地。海南由"高高—高效型"转变为"低高—空心型"，是由于其绿色创新效率下降所致。与2014年相比，海南2016年的创新产出并没有显著提升，但创新投入却大幅增加。位于第四象

限"低高—空心型"的省份仅有重庆，作为西南地区的经济龙头，重庆持续保持了较高水平的绿色创新效率，但对周边省份的吸纳效应大于溢出效应，导致其与周边省份的差距越来越大，两极分化现象十分突出。

针对研究单元在不同时点的空间关联类型跃迁变化，进一步采用 Rey 和 Janikas（2006）提出的时空跃迁方法对中国区域绿色创新效率的时空跃迁类型与路径进行研究，空间关联类型可以被归为以下四种：类型Ⅰ是指某一研究单元的空间关联类型不变，其相关空间邻近省域的空间关联类型发生跃迁；类型Ⅱ是指某一研究单元与其相关空间邻近省域的空间关联类型一同发生变化，呈现象限对角线上的跃迁；类型Ⅲ是指某一研究单元的空间关联类型发生改变，而与其相关空间邻近省域的空间关联类型未发生变化；类型Ⅳ是指某一研究单元与其相关空间邻近省域的空间关联类型都没有发生跃迁。

由此得出中国区域绿色创新效率的时空跃迁类型与路径（见表4），属于类型Ⅰ的跃迁路径主要包括低效型与空心型之间的跃迁，如河北、黑龙江、江西、河南、湖北和云南；或极化型与高效型之间的跃迁，如山东。属于类型Ⅱ的跃迁路径中没有发生跃迁的省份。属于类型Ⅲ的跃迁路径主要包括高效型和空心型之间的跃迁，如海南、安徽和广西；或低效型和极化型之间的跃迁，如吉林。其余19个省份属于类型Ⅳ，未发生跃迁。

表4　中国区域绿色创新效率的时空跃迁类型与路径

跃迁类型	跃迁路径	代表地区
类型Ⅰ：研究单元不变，邻近单元发生跃迁	高效型→极化型	—
	极化型→高效型	山东
	低效型→空心型	江西、河南、湖北、云南
	空心型→低效型	河北、黑龙江
类型Ⅱ：研究单元自身跃迁，邻近单元发生跃迁	高效型→低效型	—
	低效型→高效型	—
	空心型→极化型	—
	极化型→空心型	—
类型Ⅲ：研究单元自身跃迁，邻近单元不变	高效型→空心型	海南
	空心型→高效型	安徽、广西
	低效型→极化型	—
	极化型→低效型	吉林
类型Ⅳ：研究单元不变，邻近单元不变	未发生跃迁	其余19个省份

可见，中国区域绿色创新效率具有明显的空间集聚性和低流动性特征，跃迁类型表现出高度的空间稳定性，大多数省份并未脱离其原来的集聚范畴，"核心—边缘"空间分布格局已初步形成并产生"锁定"，时空演变具有较强的路径依赖特征。在发生跃迁的小部分省份中，从低效型到空心型跃迁的省份数量最多，说明这些省份虽然自身的绿色创新效率变化不大，但邻近省份的绿色创新效率大幅提升。从空

心型到低效型、空心型到高效型跃迁的省份数量次之，说明这些省份在空间作用下，已演变为符合"核心—边缘"理论的空间结构模式。

（四）绿色创新效率的收敛趋势分析

1. 绝对 β 收敛分析

鉴于中国区域绿色创新效率存在显著的空间相关特征，传统的 β 收敛模型很可能由于忽略空间相关而导致设定错误，不能很好地拟合数据。因此，在采用传统 β

收敛模型进行分析的基础上，进一步纳入空间效应进行绝对 β 收敛检验，即首先应用经典面板数据模型（OLS）对不考虑空间效应的中国区域绿色创新效率绝对 β 收敛趋势进行模拟，并检验回归残差的空间相关性，选择合适的空间计量模型（见表5）。其次构建空间滞后模型（SAR）和空间误差模型（SEM），对考虑了空间效应的中国区域绿色创新效率绝对 β 空间收敛趋势进行空间计量分析（见表6）。

表5　传统绝对 β 收敛模型参数估计及检验结果

变量	全国	东部地区	中部地区	西部地区
α	−0.0449** (0.0262)	−0.0258 (0.2445)	−0.0596 (0.2164)	−0.1136** (0.0254)
β	−0.0795*** (0.0000)	−0.1017** (0.0160)	−0.1145** (0.0344)	−0.1137** (0.0136)
s	0.0075	0.0098	0.0111	0.0110
τ（年）	92.0422	71.0912	62.7010	63.1701
R^2	0.0388	0.0525	0.0561	0.0551
$Rbar^2$	0.0355	0.0432	0.0440	0.0463
Log（L）	32.1328	29.6664	20.2969	−6.9469
LM（LAG）	20.3135*** (0.0000)	11.4233*** (0.0010)	3.4953* (0.0620)	4.7786** (0.0290)
R-LM（LAG）	4.4865** (0.0340)	1.3692 (0.2420)	0.0921 (0.7620)	0.2452 (0.6200)
LM（ERR）	23.7195*** (0.0000)	10.3433*** (0.0010)	3.4032* (0.0650)	5.3640** (0.0210)
R-LM（ERR）	7.8925*** (0.0050)	0.2892 (0.5910)	0.0000 (0.9999)	0.8305 (0.3620)

注：括号内的数值为 p 值；*、**和***分别表示在10%、5%和1%的水平下显著。

表6　绝对 β 空间收敛模型参数估计及检验结果

变量	全国		东部地区		中部地区		西部地区	
	SAR 模型	SEM 模型	SAR 模型	SEM 模型	SAR 模型	SEM 模型	SAR 模型	SEM 模型
β	−0.3756*** (0.0000)	−0.3957*** (0.0000)	−0.4515*** (0.0000)	−0.4569*** (0.0000)	−0.2806*** (0.0016)	−0.3265*** (0.0002)	−0.4157*** (0.0000)	−0.4185*** (0.0000)
ρ or λ	0.2220*** (0.0007)	0.2599*** (0.0002)	0.2269*** (0.0083)	0.2170** (0.0209)	0.2361** (0.0193)	0.2330** (0.0165)	0.2590** (0.0162)	0.2480** (0.0356)

变量	全国		东部地区		中部地区		西部地区	
	SAR 模型	SEM 模型	SAR 模型	SEM 模型	SAR 模型	SEM 模型	SAR 模型	SEM 模型
s	0.0430	0.0458	0.0546	0.0555	0.0299	0.0359	0.0488	0.0493
τ （年）	16.1345	15.1377	12.6957	12.4899	23.1514	19.2898	14.1895	14.0638
R^2	0.2756	0.2377	0.3479	0.2873	0.0470	0.1723	0.2917	0.2452
$Rbar^2$	0.1894	0.1965	0.2641	0.2410	0.1509	0.1318	0.2216	0.2170
Log（L）	71.9581	73.1208	48.7658	47.5302	27.0672	28.3287	7.7355	7.2787

注：括号内的数值为 p 值；＊、＊＊和＊＊＊分别表示在 10%、5%和 1%的水平下显著。

从表5可以看出，无论是全国总体还是东、中、西部地区，β系数都小于 0 且均通过了 5%的显著性检验，说明在不考虑空间效应的情况下，全国总体及东、中、西部地区均存在绝对β收敛，即绿色创新效率低的地区增长率较高，各地区最终将收敛于某一稳态。进一步计算出不同区域的收敛速度 s 和半生命周期τ，全国总体的收敛速度为 0.0075，半生命周期为 92.0422 年；东、中、西部地区的收敛速度分别为 0.0098、0.0111、0.0110，半生命周期分别为 71.0912 年、62.7010 年、63.1701 年。可见，东部地区收敛速度较慢，半生命周期相对较长；中、西部地区收敛速度较快，半生命周期相对较短。

拉格朗日乘数（LM）检验结果表明，全国总体及东、中、西部地区的拉格朗日乘子 LM（LAG）和 LM（ERR）均通过了显著性检验，表明全国总体及东、中、西部地区均存在明显的空间效应，需要考虑空间滞后项或空间误差项的影响。对于空间滞后模型（SAR）和空间误差模型（SEM）的选取，通过比较两个拉格朗日乘数 LM（LAG）、LM（ERR）及其稳健形式 R-LM（LAG）、R-LM（ERR）的显著性，由 Anselin 等（1996）的判定原则确定。在全国总体、西部地区层面，LM（ERR）和 LM（LAG）均通过了显著性检验，但 LM（ERR）更显著且 R-LM

（ERR）的显著性高于 R-LM（LAG），可以判断空间误差模型（SEM）是更为合适的模型。对于东部、中部地区，LM（ERR）和 LM（LAG）也均通过了显著性检验，但 LM（LAG）更显著且 R-LM（LAG）的显著性高于 R-LM（ERR），可以判断空间滞后模型（SAR）是更为合适的模型。

进一步纳入空间效应分析绝对β空间收敛模型的估计结果，从表6可知，无论是全国总体还是东、中、西部地区，β收敛系数均小于 0 且通过了 1%的显著性检验，说明考虑空间效应后，全国总体及东、中、西部地区仍然存在显著的绝对β收敛趋势。从对数似然检验值 Log（L）及拟合优度 R^2 可以看出，无论是全国总体还是东、中、西部地区，空间滞后模型（SAR）和空间误差模型（SEM）的各项检验值均优于传统绝对β收敛模型检验结果，表明考虑了空间效应的收敛模型更为科学合理。从收敛速度 s 和半生命周期τ来看，全国的收敛速度为 0.0458，半生命周期为 15.1377 年；东、中、西部地区的收敛速度分别为 0.0546、0.0299、0.0493，半生命周期分别为 12.6957 年、23.1514 年、14.0638 年。可见，将空间效应纳入模型后，中部地区收敛速度较慢，半生命周期相对较长；东、西部地区收敛速度较快，半生命周期相对较短。相较于传统β收敛模型，无论是全国还是东、中、西部地区，考虑空间效应后收敛速度均明显提高，半生命周期均明显缩短，这在一定程度上说明空间效应对区域绿色创新效率收敛具有明显的促进作用。从空间滞后系数 ρ 和空间误差系数 λ 看，全国总体及东、中、西部地区的系数均显著为正，这在进一步印证空间效应对区域绿色创新效率收敛具有显著正向作用的同时，也表明各地区对共同外生冲击所表现的空间相关性是互补性的关系。

2. 条件 β 收敛分析

绝对 β 收敛严格假定各地区具有相同的经济特征，而条件 β 收敛放弃了各地区不存在异质性的假设，认为外界因素会对不同地区产生不同作用。因此，在具体考察中国区域绿色创新效率条件 β 收敛趋势时，需要设置相关控制变量，借鉴已有文献的研究，本文选择的控制变量包括：

（1）政府资助（gov）：政府可以通过直接或间接的财政支持方式，引导各市场主体参与创新活动，优化资源配置，提升欠发达地区的绿色创新效率；但过度的干预也会扭曲市场机制，使区域间不平衡性加剧。本文采用政府科技经费投入占科技经费筹集总额的比例作为政府资助的衡量指标。

（2）金融支持（fin）：金融体系是影响技术创新发展的重要制度安排之一，充分利用金融系统实现技术与资本的有效对接，是提升我国技术创新能力的重要途径。尤其是欠发达地区通过金融支持，可以直接引入现有成熟技术，提升绿色创新效率，实现区域收敛。本文采用科技经费筹集总额中银行贷款的比例作为金融支持的衡量指标。

（3）产学研合作（cxy）：企业、高校和科研机构是区域创新系统内的创新主体

和创新的基础力量，三者之间的交互作用对创新绩效具有重要的影响。本文采用高校和研发机构科技经费筹集总额中企业资金的比例作为产学研合作的衡量指标。

（4）基础设施投资（$infr$）：基础设施水平改善对各地区技术创新能力有着显著的促进作用。在公路、铁路、通信、能源四类核心基础设施中，通信基础设施对创新可能性的影响最为突出。考虑到信息水平对创新活动的重要性，本文采用邮电业务总量占生产总值的比重作为基础设施投资的衡量指标。

（5）外商直接投资（fdi）：外商直接投资作为国际技术溢出的重要载体，是发展中国家提高自身创新能力的重要途径。近年来，我国 FDI 逐年增加，很多跨国公司都选择在我国投资，进而直接或间接地影响到我国创新水平。本文采用外商直接投资额占地区生产总值的比例作为外商直接投资的衡量指标。

（6）技术转移度（tdd 和 tdf）：技术转移直接影响着创新主体之间的关系及创新结果，通过技术转移，企业能够不断获得有价值的知识并且促进技术扩散，从而缩小地区间的技术差距。本文分别采用技术市场技术流向地域合同金额、国外技术引进合同金额占地区生产总值的比例来表征国内技术转移度（tdd）和国外技术转移度（tdf）。

与绝对 β 收敛一样，首先应用经典面板数据模型（OLS）对不考虑空间效应的中国区域绿色创新效率条件 β 收敛趋势进行模拟，并检验回归残差的空间相关性，选择合适的空间计量模型（见表7）。其次构建空间滞后模型（SAR）和空间误差模型（SEM），对考虑了空间效应的中国区域绿色创新效率条件 β 空间收敛趋势进行空间计量分析（见表8）。

表 7 传统条件 β 收敛模型参数估计及检验结果

变量	全国	东部地区	中部地区	西部地区
α	-0.1172 * (0.0547)	-0.1855 ** (0.0319)	0.1033 (0.3806)	-0.1123 (0.4218)
β	-0.1433 *** (0.0000)	-0.1563 *** (0.0017)	-0.2015 *** (0.0013)	-0.1998 *** (0.0003)
gov	0.0545 (0.6196)	-0.2963 (0.1835)	-0.4839 * (0.0730)	0.2976 (0.1330)
fin	0.4357 (0.4665)	0.8882 (0.2930)	-0.4332 (0.7451)	0.2727 (0.8162)
cxy	0.4955 ** (0.0179)	0.5254 * (0.0880)	0.2355 (0.5661)	0.5578 (0.2958)
infr	-1.676 *** (0.0017)	-0.0584 (0.9440)	-2.6360 ** (0.0246)	-2.7233 *** (0.0037)
fdi	0.0586 ** (0.0278)	0.0500 * (0.0971)	-0.2364 (0.4996)	0.1212 (0.7699)
tdd	-2.7128 (0.1046)	2.8666 (0.2250)	-8.0820 (0.2035)	-12.5762 *** (0.0024)
tdf	5.6963 ** (0.0221)	3.7677 (0.1941)	40.2263 * (0.0569)	7.0864 (0.2043)
s	0.0141	0.0155	0.0205	0.0203
τ（年）	49.2968	44.8617	33.8841	34.2074
R^2	0.1188	0.1433	0.1812	0.221
$Rbar^2$	0.0946	0.0754	0.0890	0.1595
Log（L）	45.1802	35.2044	25.9850	3.6870
LM（LAG）	13.1468 *** (0.0000)	10.7078 *** (0.0010)	2.2020 (0.1380)	3.6499 * (0.0560)
R-LM（LAG）	0.7931 (0.3730)	8.7915 *** (0.0030)	0.1941 (0.6600)	0.0125 (0.9110)
LM（ERR）	12.3801 *** (0.0000)	7.5063 *** (0.0060)	2.9219 * (0.0870)	4.5057 ** (0.0340)
R-LM（ERR）	0.0264 (0.8710)	5.5900 ** (0.0180)	0.9139 (0.3390)	0.8683 (0.3510)

注：括号内的数值为 p 值，* 、* * 和 * * * 分别表示在 10%、5% 和 1% 的水平下显著。

表 8 条件 β 空间收敛模型参数估计及检验结果

变量	全国		东部地区		中部地区		西部地区	
	SAR 模型	SEM 模型	SAR 模型	SEM 模型	SAR 模型	SEM 模型	SAR 模型	SEM 模型
β	-0.4279 *** (0.0000)	-0.4321 *** (0.0000)	-0.4737 *** (0.0000)	-0.4797 *** (0.0000)	-0.4233 *** (0.0000)	-0.4384 *** (0.0000)	-0.4370 *** (0.0000)	-0.4270 *** (0.0000)
ρ or λ	0.1770 *** (0.0069)	0.2030 *** (0.0051)	0.2220 ** (0.0101)	0.2280 ** (0.0146)	0.2361 ** (0.0123)	0.2580 *** (0.0070)	0.2150 ** (0.0429)	0.2820 ** (0.0145)
gov	0.2432 (0.4811)	0.3723 (0.2872)	0.3460 (0.5240)	0.1258 (0.8164)	-1.4325 ** (0.0313)	-0.9833 * (0.0993)	1.1302 * (0.0615)	1.4046 ** (0.0275)

变量	全国		东部地区		中部地区		西部地区	
	SAR 模型	SEM 模型	SAR 模型	SEM 模型	SAR 模型	SEM 模型	SAR 模型	SEM 模型
fin	−1.0945*	−1.1250*	−0.3678	−0.3319	−3.2142**	−3.5655***	−0.0782	0.2046
	(0.0885)	(0.0862)	(0.6699)	(0.7223)	(0.0431)	(0.0082)	(0.9462)	(0.8545)
cxy	−0.0461	0.0642	0.1546	0.0634	0.0400	0.5724	−0.6677	−0.6565
	(0.9104)	(0.8722)	(0.8445)	(0.9378)	(0.9563)	(0.3203)	(0.3179)	(0.3233)
$infr$	−1.9498***	−2.1582***	−0.5626	−0.0085	−2.1524*	−1.5636	−3.8129***	−4.3572***
	(0.0005)	(0.0009)	(0.5299)	(0.9936)	(0.0874)	(0.2467)	(0.0002)	(0.0002)
fdi	0.0602*	0.0594*	0.0549	0.0505	−0.5530	−0.8172	0.7352	0.7162
	(0.0722)	(0.0792)	(0.0742)	(0.1153)	(0.3422)	(0.1150)	(0.3067)	(0.3124)
tdd	−1.3550	−2.1337	4.0654	4.2491	2.6558	−0.1584	−11.6550**	−13.9801***
	(0.6032)	(0.4194)	(0.1812)	(0.1712)	(0.7649)	(0.9839)	(0.0165)	(0.0040)
tdf	3.0025	2.8761	4.9585	4.8516	34.1448	24.7387	2.1397	3.4974
	(0.3333)	(0.3589)	(0.1747)	(0.1987)	(0.2773)	(0.3721)	(0.7133)	(0.5415)
s	0.0508	0.0514	0.0584	0.0594	0.0500	0.0525	0.0522	0.0506
τ（年）	13.6534	13.4756	11.8785	11.6700	13.8520	13.2150	13.2723	13.6919
R^2	0.3249	0.3013	0.3859	0.3246	0.2608	0.3506	0.4013	0.3698
$Rbar^2$	0.2637	0.2636	0.3145	0.2800	0.3258	0.3186	0.3430	0.3462
Log（L）	83.2113	83.3799	52.1130	50.7402	37.0289	38.6295	17.2620	17.8619

注：括号内的数值为 p 值；*、**和***分别表示在 10%、5%和 1%的水平下显著。

由表 7 可以看出，无论是全国总体还是东、中、西部地区，β 系数都小于 0 且均通过了 1%的显著性检验，说明在不考虑空间效应的情况下，全国总体及东、中、西部地区均存在显著的条件 β 收敛趋势，即随着时间的推移，各地区的绿色创新效率会趋向于各自的稳态水平。从收敛速度 s 与半生命周期 τ 来看，全国的收敛速度为 0.0141，半生命周期为 49.2968 年；东、中、西部地区的收敛速度分别为 0.0155、0.0205、0.0203，半生命周期分别为 44.8617 年、33.8841 年、34.2074 年。可见，与传统绝对 β 收敛模型结果一致，东部地区收敛速度较慢，半生命周期相对较长；中、西部地区收敛速度较快，半生命周期相对较短。但不同的是，加入控制变量后，传统条件 β 收敛模型得出的收敛速度更快，半生命周期更短，说明本文所引入的控制变量总体上对区域绿色创新效率收敛性产生促进作用。

拉格朗日乘数（LM）检验结果表明，全国总体和东部地区的 LM（ERR）和 LM（LAG）均通过了 1%的显著性检验，但 LM（LAG）更显著且 R-LM（LAG）的显著性高于 R-LM（ERR），可以判断空间滞后模型（SAR）是更为合适的模型。中部地区的 LM（ERR）通过了 10%的显著性检验，而 LM（LAG）不显著，可以判断空间误差模型（SEM）是更为合适的模型。西部地区的 LM（ERR）和 LM（LAG）分别通过了 5%和 10%的显著性检验，LM（ERR）更显著且 R-LM（ERR）的显著性高于 R-LM（LAG），可以判断空间误差模型（SEM）是更为合适的模型。

进一步纳入空间效应分析条件 β 空间收敛模型的估计结果，从表 8 可以看出，无论是全国总体还是东、中、西部地区，空间滞后系数 ρ 和空间误差系数 λ 均显著为正，说明空间效应对区域绿色创新效率收敛具有明显的促进作用。而 β 系数都小于 0 且均通过了 1% 的显著性检验，说明全国总体及东、中、西部地区均存在显著的条件 β 收敛趋势。与绝对 β 空间收敛模型（见表 6）、传统条件 β 收敛模型（见表 7）估计结果相比，条件 β 空间收敛模型的对数似然检验值 Log（L）、拟合优度 R^2 等各项估计值更大，说明采用条件 β 空间收敛模型更为合适。从收敛速度 s 和半生命周期 τ 来看，全国总体及东、中、西部地区的收敛速度分别为 0.0508、0.0584、0.0525、0.0506，半生命周期分别为 13.6534 年、11.8785 年、13.2150 年、13.6919 年。这一结果比绝对 β 空间收敛模型（见表 6）、传统条件 β 收敛模型（见表 7）的收敛速度更快、半生命周期更短，这也说明空间效应和控制变量均对区域绿色创新效率收敛具有明显的促进作用。

从控制变量看，在全国层面，金融支持、基础设施投资、外商直接投资三个变量均通过了显著性检验，系数分别为 -1.0945、-1.9498 和 0.0602，表明金融支持、基础设施投资对绿色创新效率增长具有显著的负向影响，而外商直接投资则具有显著的正向作用。

就金融支持而言，企业的创新活动离不开金融体系的有效支持，但在目前的金融体制下，作为创新主力军、急需信贷资金的民营企业或科技型中小微企业很难获得贷款，而资金相对充裕的国有企业和大中型企业却备受银行青睐。银行体系所表现出的"所有制歧视"和"规模歧视"现象，割裂了金融市场的整体性和完整性，导致金融市场扭曲形成金融错配问题，抑制了企业的创新活动和绿色创新效率提升。

就基础设施投资而言，基础设施的完善可以为区域创新活动的开展提供有力的支撑，促进区域绿色创新效率提升。但由政府主导的基础设施投资对区域创新效率也存在特定的负面效应，即基础设施投资的增加会挤占地方政府对企业绿色创新的补贴和投入，使其对绿色创新效率的影响从"促进效应"向"抑制效应"转变，进而引起区域绿色创新效率的损失。

就外商直接投资而言，FDI 带来了先进知识、技术、管理经验和生产工艺，使本地区企业可以近距离地学习、模仿与创新，提升了自身的绿色创新效率。但 FDI 也加大了内资企业因市场竞争而从事研发创新的压力，导致内资企业加速科技创新与管理创新，以实现对外资企业先进技术的赶超，这种竞争效应迫使内资企业提升绿色创新效率。

在区域层面，东部地区的外商直接投资对绿色创新效率增长具有显著的正向影响；中部地区的政府资助和金融支持均对绿色创新效率增长具有显著的负向影响；西部地区的政府资助对绿色创新效率增长具有显著的正向影响，但基础设施投资、国内技术转移度对绿色创新效率增长具有显著的负向影响。这表明由于地理位置、要素禀赋、经济发展水平的差异，各外生性因素对不同地区绿色创新效率增长的影响不尽相同。

四、稳健性检验

为了保证研究结论的可靠性，本文进行了如下两项稳健性检验：第一，改变绿色创新效率测度方法。考虑到 SBM-DEA 模型的测度结果存在多个决策单元的效率值同时为 1 而无法比较的问题，进一步采用 Tone（2002）提出的 SUPER-SBM 模型重新测算中国区域绿色创新效率，考察效率测算误差对参数估计的影响。第二，重新设定空间权重矩阵。空间 0-1 权重矩阵假定地区之间不相邻则没有联系，这一设定与现实情况并不吻合，进一步依据 Schlitte 和 Paas（2008）的方法构建反距离空间权重矩阵，对 β 空间收敛模型进行重

新估计，考察空间权重设定误差对参数估计的影响。综上，分别基于 SBM-DEA 模型和反距离空间权重矩阵、SUPER-SBM 模型和反距离空间权重矩阵、SUPER-SBM 模型和 0-1 空间权重矩阵三种情形对绿色创新效率的空间收敛性进行重新估计，三种情形下的稳健性检验结果如表 9 所示①。

表 9　绝对 β 空间收敛的稳健性检验回归结果

变量	基于 SBM-DEA 模型和反距离空间权重矩阵		基于 SUPER-SBM 模型和反距离空间权重矩阵		基于 SUPER-SBM 模型和 0-1 空间权重矩阵	
	SAR 模型	SEM 模型	SAR 模型	SEM 模型	SAR 模型	SEM 模型
β	-0.3828*** (0.0000)	-0.4137*** (0.0000)	-0.3733*** (0.0000)	-0.3906*** (0.0000)	-0.3786*** (0.0000)	-0.4053*** (0.0000)
ρ or λ	0.2870*** (0.0010)	0.3430*** (0.0003)	0.2159*** (0.0010)	0.2330*** (0.0011)	0.2990*** (0.0006)	0.3499*** (0.0002)
s	0.0439	0.0485	0.0425	0.0450	0.0433	0.0472
τ（年）	15.8003	14.2804	16.3168	15.3945	16.0255	14.6712
R^2	0.2691	0.2375	0.2748	0.2385	0.2720	0.2385
$Rbar^2$	0.1826	0.1965	0.1879	0.1934	0.1815	0.1934
Log（L）	70.8757	72.6965	63.7921	64.6701	63.2323	64.6337***
LM（LAG）	16.0781*** (0.0000)		28.0864*** (0.0000)		18.9246*** (0.0000)***	
R-LM（LAG）	0.2845 (0.5940)		0.0729 (0.7870)		4.1980** (0.0400)	
LM（ERR）	17.1580*** (0.0000)		29.6162*** (0.0000)		21.9937*** (0.0000)***	
R-LM（ERR）	1.3644 (0.2430)		1.6027 (0.2060)		7.2671*** (0.0070)	

注：括号内的数值为 p 值。

结果显示，无论是空间滞后模型（SAR）还是空间误差模型（SEM），三种情形下的空间滞后系数或空间误差系数均与上文结果接近，且均通过了 5% 的显著性检验，说明中国绿色创新效率的空间相关性特征仍然显著存在。从绝对 β 收敛和条件 β 收敛的系数来看，三种情形下的系

数值均小于 0 且通过了 1% 的显著性检验，表明中国绿色创新效率仍然存在显著的绝对 β 收敛和条件 β 收敛趋势。从条件 β 收敛的影响因素看，各控制变量在三种情形下对绿色创新效率收敛的影响与上文基于 SBM-DEA 模型和 0-1 空间权重矩阵情形的估计结果基本一致。这说明虽然效率测

---

① 限于篇幅，本文未列出条件 β 空间收敛的稳健性检验回归结果。

度模型、空间权重矩阵的设定形式有所改变，但并没有改变上文的研究结论，回归结果具有稳健性。

五、结论与政策建议

本文基于 2006～2016 年中国 30 个省份的面板数据，构建 SBM-DEA 模型对各省份的绿色创新效率及其区域差异进行测算，并建立空间计量模型探究区域绿色创新效率的时空跃迁特征及收敛趋势。研究结果表明：

第一，中国区域绿色创新效率存在较大的空间差异性，其空间分布呈现出显著的正向空间相关性。效率测度结果表明，中国区域绿色创新效率表现为从东部向中、西部地区递减的阶梯形分布特征，且东、中部地区之间的差距远高于中、西部地区之间的差距。Moran's I 检验发现，中国区域绿色创新效率呈现出显著的正向空间相关性，表明区域创新活动存在明显的空间溢出和扩散效应，在研究时不应忽视空间效应。

第二，中国区域绿色创新效率时空跃迁类型表现出高度的空间稳定性，时空演变具有较强的路径依赖特征。时空跃迁分析结果表明，中国区域绿色创新效率存在明显的"高高—高效型"和"低低—低效型"各自集聚的空间结构特征和低流动性特征，时空跃迁类型表现出高度的空间稳定性，大多数省份并未脱离其原来的集聚范畴，"核心—边缘"空间分布格局已初步形成并产生"锁定"，时空演变具有较强的路径依赖特征。

第三，中国各地区绿色创新效率不仅存在显著的绝对 β 空间收敛趋势，而且存在显著的条件 β 空间收敛趋势。在全国层面，金融支持、基础设施投资对绿色创新

效率收敛具有显著的负向影响，而外商直接投资对绿色创新效率收敛具有显著的正向作用；在区域层面，由于地理位置、要素禀赋、经济发展水平的差异，各外生性因素对不同地区绿色创新效率收敛的影响不尽相同。

针对中国区域绿色创新效率时空跃迁及空间收敛的演变趋势，可以通过引导要素合理流动、优化创新资源配置、激发创新活力等方式，缩小区域间绿色创新效率的差距，促进区域经济协调可持续发展。基于本文的实证研究结论，提出以下政策建议：

第一，在国家层面统筹区域绿色创新发展策略，采取差异化的政策措施。由于中国区域绿色创新效率存在较大的空间差异性，且外生性因素对不同地区绿色创新效率增长的影响不尽相同。因此，中央政府应因地制宜采取有针对性的、差异化的政策措施。对于拥有良好外部环境、位于效率前沿面的东部发达地区，政府一方面应鼓励东部地区大力开展自主创新、引进消化吸收再创新以及集成创新，以保持技术领先地位和竞争优势；另一方面还应兼顾环境保护，制定比中、西部地区更为严格且设计恰当的环境规制政策和标准，促使东部地区绿色创新效率迈向更好、更健康的发展水平。对于外部环境相对较差、绿色创新效率低下的中、西部地区，政府一方面应加大对中、西部地区的政策倾斜和财政支持，以政策性的优势抵补区域性的劣势，助推中、西部地区绿色创新水平提升；另一方面还应制定更优惠的政策，引导高质量外资更多地投向中、西部地区，鼓励东部地区向中、西部地区转让符合其生态功能定位的先进技术，以填平中、西部地区的"效率洼地"，缩小东部与中、西部地区之间的差距，实现不同区域之间

绿色创新效率收敛。

第二，高度重视绿色创新活动的空间相关性和非均衡性特征，充分发挥空间溢出效应。由于中国区域绿色创新效率具有显著的正向空间相关性，各省份的绿色创新水平会受到邻近省份的影响。因此，政府首先应高度重视区域绿色创新活动的空间关联，加强相邻地区之间的合作，搭建跨地区的绿色创新合作平台，建立创新资源的共享机制，以优化绿色创新活动的空间布局，发挥各地区的比较优势，避免同一区域产业同质化和恶性竞争。其次，政府应重点关注 Moran's I 散点图中"低低—低效型"的省份，以防止这些省份陷入路径依赖的陷阱，被"锁定"在低效率状态。对于这些省份，应在其内部率先培育若干有基础和发展潜力的城市，将其建设成全省绿色创新增长极，并通过支配效应、乘数效应和极化与扩散效应，对周边城市绿色创新活动产生辐射带动作用，进而提升这些省份整体的绿色创新效率。最后，对于 Moran's I 散点图中"高低—极化型"的省份，政府应深化改革力度，采取富邻措施，通过区域高水平协同创新和专业化产业合作，化"虹吸效应"为"辐射效应"，积极带动周边欠发达省份，提升欠发达省份的追赶效应。

第三，切实转变政府职能，充分发挥政府在推进企业绿色技术创新中的引导作用。目前在我国绿色创新投入体系中，政府资助对绿色创新效率的影响并不显著，存在一定的"政府失灵"，而金融支持对绿色创新效率的作用显著为负。因此，政府首先应营造公平竞争的创新环境和制度保障，坚持以市场调节为主要手段，减少行政对市场的过度干预和垄断。其次，政府在财税政策等方面应多支持那些急需资金且绿色创新能力强的民营和小微企业，并引导银行加大对这类企业的信贷支持。再次，政府应进一步完善科技政策、科技计划（项目）、创新环境等，以绿色科技项目为引导，鼓励企业与高校、科研院所之间进行技术交流和合作，建立以企业为主体的绿色技术创新体系。最后，政府应倾向于使用财政、经济等手段，建立和完善具有"内在约束力量"的环境经济政策体系，形成企业有效配置环境资源的长效机制，并通过建立绿色创新成果转化机制、强化绿色技术知识产权保护等手段，激发企业进行绿色技术创新的积极性。

参考文献

［1］Anselin L, Bera A K, Florax R, et al. Simple Diagnostic Tests for Spatial Dependence ［J］. Regional Science and Urban Economics, 1993, 26（1）: 77-104.

［2］Archibugi D, Pianta M. Aggregate Convergence and Sectoral Specialization in Innovation ［J］. Journal of Evolutionary Economics, 1994, 4（1）: 17-33.

［3］Barro R J, Sala-I-Martin X. Technological Diffusion, Convergence and Growth ［J］. Journal of Economic Growth, 1997, 2（1）: 1-26.

［4］Chung Y, Fare R, Grosskopf S. Productivity and Undesirable Outputs: A Directional Distance Function Approach ［J］. Microeconomics, 1997, 51（3）: 229-240.

［5］Schlitte F, Paas T. Regional Income Inequality and Convergence Processes in the EU－25 ［J］. Science Regional, 2008（S2）: 29-49.

［6］Grossman G M, Helpman E. Endogenous Innovation in the Theory of Growth ［J］. Journal of Economic Perspectives, 1994, 8（1）: 23-44.

［7］Hu A G Z, Jefferson G H, Qian J. R&D and Technology Transfer: Firm-Level Evidence from Chinese Industry ［J］. Review of Economics and Statistics, 2005, 87（4）: 780-786.

［8］Rey S J, Janikas M V. STARS: Space-

Time Analysis of Regional Systems［J］. Geographical Analysis, 2006, 38（1）: 67-86.

［9］Szajt M. Patent Activity of OECD Countries in Regional View: Convergence or Maintaining the Status Quo［J］. Studies of the Industrial Geography Commission of the Polish Geographical Society, 2018, 31（4）: 40-51.

［10］Tone K. A Slacks-Based Measure of Efficiency in Data Envelopment Analysis［J］. European Journal of Operational Research, 2001, 130（3）: 498-509.

［11］Tone K. A Slacks-Based Measure of Super-Efficiency in Data Envelopment Analysis［J］. European Journal of Operational Research, 2002, 143（1）: 32-41.

［12］白俊红, 江可申, 李婧. 中国区域创新效率的收敛性分析［J］. 财贸经济, 2008（9）: 119-123.

［13］樊华, 周德群. 中国省域科技创新效率演化及其影响因素研究［J］. 科研管理, 2012, 33（1）: 10-18+26.

［14］李小胜, 朱建平. 中国省际工业企业创新效率及其收敛性研究［J］. 数理统计与管理, 2013, 32（6）: 1090-1099.

［15］罗良文, 梁圣蓉. 中国区域工业企业绿色技术创新效率及因素分解［J］. 中国人口·资源与环境, 2016（9）: 149-157.

［16］吕岩威, 李平. 科技体制改革与创新驱动波及: 1998-2013［J］. 改革, 2016（1）: 76-87.

［17］马大来, 陈仲常, 王玲. 中国区域创新效率的收敛性研究: 基于空间经济学视角［J］. 管理工程学报, 2017, 31（1）: 71-78.

［18］潘雄锋, 刘凤朝. 中国区域工业企业技术创新效率变动及其收敛性研究［J］. 管理评论, 2010, 22（2）: 59-64.

［19］钱丽, 王文平, 肖仁桥. 共享投入关联视角下中国区域工业企业绿色创新效率差异研究［J］. 中国人口·资源与环境, 2018, 28（5）: 27-39.

［20］吴延兵. R&D存量、知识函数与生产效率［J］. 经济学（季刊）, 2006, 5（4）: 1129-1156.

［21］熊彼特. 经济发展理论［M］. 郭武军等译. 北京: 华夏出版社, 2015.

［22］张江雪, 朱磊. 基于绿色增长的我国各地区工业企业技术创新效率研究［J］. 数量经济技术经济研究, 2012（2）: 113-125.

□ Study on the Space-time Transition and Convergence Trend of China's Regional Green Innovation Efficiency

Lv Yanwei　Xie Yanxiang　Lou Xianjun

Abstract: Research Objectives: This paper is to reveal the space-time transition characteristics and convergence of regional green innovation efficiency in China. Research Methods: Based on the panel data of 30 provinces in China from 2006 to 2016, this paper constructs SBM-DEA model to measure the green innovation efficiency of each province, and then establishes spatial econometric model to examine the space-time transition characteristics and convergence of China's regional green innovation efficiency. Research Findings: China's regional green innovation efficiency has large spatial differences and presents a significant positive spatial correlation. The type of space-time transition in China's regional green innovation efficiency reflects a high degree of spatial stability, and the space-time evolution has strong path-dependent characteristics. The green innovation efficiency of each regions in China has significant absolute β-space convergence and conditional β-space convergence characteristics, and the influencing factors of different regions are not the same. Research Innovations: This paper incorporates "innovation failure" and "environmental pollution" factors into the analytical framework of green innovation efficiency, and uses spatial correlation analysis to explore the space-time transition characteristics of regional green innovation efficiency; which also constructs spatial autoregressive model and spatial error model, taking into account the influence of spatial factors on convergence. Research Value: It is conducive to narrowing the gap between regional green innovation development and ultimately achieving coordinated and sustainable economic development.

Key Words: Green Innovation Efficiency; Space-time Transition; Spatial Effect; β Convergence

□ 大规模交通基础设施建设与县域企业生产率异质性

——来自"五纵七横"国道主干线的经验证据[*]

徐 明 冯 媛

摘 要：本文以"五纵七横"国道主干线建设作为自然实验，实证研究了大型交通基础设施对沿线县域企业的影响方向和机制。结果发现，国道主干线会引致沿线县域企业生产资源向大城市集聚，并且集聚程度存在产业异质性，其原因在于不同生产要素对交通条件敏感度存在差异。尽管国道主干线促进了沿线县域企业专业化分工水平，但由于处于产业价值链低端，这些沿线县域企业难以与大城市企业竞争并分享来自分工深化的效率提升和经济利益。

关键词：交通基础设施；国道主干线；企业生产率

引 言

工业革命以来世界经济发展史和改革开放以来中国经济奇迹清晰表明，大型交通基础设施建设是优化资源空间配置、区域协调发展和经济增长的必要前提。"大推进理论"认为交通基础设施是社会先行资本，是"经济起飞"的重要前提条件，必须优先发展。"要想富，先修路；公路通，百业兴"更是道出了交通基础设施建设在中国社会经济发展中的重要作用。改革开放以来，特别是20世纪90年代以来，中国交通基础设施建设规模浩大、发展迅猛。从1992年国道主干线系统规划，到2004年国家高速公路网规划（"7918网"）、2007年国道主干线全线贯通、2008年高速铁路开通，再到2013年中国高速公路通车总里程达10.4万千米，超过美国成为世界上规模最大的高速公路网络系统，勾勒出了中国大型交通基础设施建设的宏伟画卷。其中，主要于1998~2007年修建完成的"五纵七横"国道主干线是中国交通基础设施建设史上具有标志性和里程碑意义的重要事件。这为科学量化评估交通基础设施建设影响微观企业效

基金项目：本文受教育部人文社会科学青年基金项目（20YJC790154）、国家社会科学基金重点项目（18AJY001）、国家社会科学基金重大攻关项目（17ZDA067）资助。

作者简介：徐明，经济学博士，现为广东外语外贸大学经济贸易学院副教授，云山青年学者，研究领域为区域政策评估、企业创新。冯媛，经济学硕士，现就职于中信中证投资服务有限责任公司托管部，研究领域为政治经济学、财务与会计。

* 本文曾刊登于《经济学（季刊）》2021年第6期。

率和宏观经济增长提供了丰富的现实素材。

当前，在供给侧结构性改革和中国特色社会主义新时代背景下，交通基建投资补短板，依然是现阶段投资重点，2019年全国交通运输工作会议确定了本年度交通固定资产投资目标：完成公路和水路固定资产投资约 1.8 万亿元①。因而，研究中国交通基础设施建设的总量增长效应和分布效应（异质性效应）具有重大现实意义和实践价值。

理论上，交通基础设施建立了全国区域中心城市经济联系的通道，同时将沿线中小城市连接起来，缩短了不同地区间的空间距离，通过压缩时空和突破地域边界促进交通可达性、降低运输成本和提升交易效率，进而促进总体宏观经济增长。值得注意的是，交通基础条件的改善也会引导经济资源和经济活动的空间转移，改变区域经济空间分布结构和格局。一方面，交通基础设施建设会消除市场壁垒、促进区域间市场整合和一体化进程，进而强化中心城市经济资源向外围城市扩散，发挥"涓流效应"，对中小城市产生有利影响（Baum-Snow，2010）。另一方面，由于中心城市基础设施完善、投资环境优越、生产效率高，因而吸引外围中小城市经济要素向效率高的中心大城市转移，通过"集聚效应"（或"虹吸效应"）对周边中小城市产生抑制作用（Faber，2014；张克中、陶东杰，2016）。这说明，交通基础设施建设对沿线中小城市经济活动的影响方向在理论上存在不确定性。那么，在中国转型期经济情景下，交通基础设施建设在优化资源空间配置、促进大城市企业生产效率提升和宏观经济增长的同时，对沿线中小城市微观企业产生了集聚效应还是扩散效应？进一步地，如果国道主干线建设使经济活动和生产资源向大城市流动，那么这一过程是否在不同产业存在差异，以及存在何种作用机制？本文试图回答这些问题。

本文以"五纵七横"国道主干线建设作为自然实验，采用地理信息数据与大样本工业企业微观数据匹配，研究了国道对沿线县域企业生产率的影响方向、程度和作用机制。借鉴 Faber（2014）提出的"假想直线树国道主干线"② 作为实际国道主干线的工具变量，缓解了本文研究的内生性问题。本文研究发现：第一，国道引致的生产资源从县域企业向大城市企业流动的集聚效应是存在的，并抑制了本地县域企业生产率，即国道存在"空间负溢出效应"（张学良，2012）。第二，国道建设对县域企业生产率的负向效应存在异质性。由于不同生产要素的性质差异，即劳动和生产资料等中间投入品流动对交通运输等硬性条件更敏感，资本和技术要素对市场环境、制度等软环境更敏感，因而，相较于重工业企业、资本和技术密集型企业，轻工业企业和劳动密集型企业受运输条件改善引致的集聚效应更强，负向效应更大。第三，机制检验发现，分工和专业化效应是国道影响沿线企业生产率的重要作用机制。国道将沿途县域企业与大城市连接起来，提升了其专业化程度和分工水平，但是由于其处在区域产业价值链的低端，难以与大城市企业共享分工带来的效率提升等利益，甚至要受优质生产要素向大城市集聚之

---

① 2019年各省交通建设投资规模出炉（完整版）[EB/OL]．[2019-03-18]．https：//mp．weixin．qq．com/s？_biz＝MjM5NzUxNTgwOA＝＝&mid＝2652520662&idx＝2&sn＝0de0e50fccf940170482150aad5c60e1&chksm＝bd3627998a41ae8ff7c271e4c43c40310066b982d9f842789e535cdd736c5189aeb3f2e5f131&mpshare＝1&scene＝23&srcid＝0403usgUchqwP38CI9InwzOt#rd.

② Faber（2014）独具匠心地利用算法中的"最小生成树"这一概念来构建工具变量，引发了后续众多文献借鉴。

所害。这表明，国道建设并不能"皆大欢喜"，并非所有企业均可以从中获益。

本文主要贡献在于：第一，本文找到了国道主干线"空间负溢出效应"的证据，基于严格的实证检验为经济资源从边远中小城市向大城市集聚提供了经验支持，丰富了交通基础设施与企业生产率异质性领域的研究，具有明确的政策含义。第二，本文研究结论深化了对大型交通基础设施建设影响微观企业行为和生产效率作用机制的认识。基于分工效应的测度为理解大型交通基础设施引致的"经济分布效应"提供了新视角，验证和丰富了"斯密分工理论"。这对当前中国交通基础设施规划和建设具有借鉴作用，对中国参与"一带一路"沿线国家和地区乃至全球贸易，在国际产业分工中争取经济利益亦有启示作用。

本文余下部分安排为：第二部分介绍国道主干线建设背景和述评相关文献；第三部分介绍研究方法和数据来源，描述典型事实；第四部分展示实证研究结果和稳健性检验；第五部分分析异质性效应和作用机制；第六部分总结全文，得出研究启示。

一、"五纵七横"建设背景与文献述评

（一）建设背景

中华人民共和国成立初期，中国公路通车里程仅约8.1万千米。1949~1969年，在"依靠地方和群众，普及为主"建设方针下，中国公路通车里程增加了55.6万千米。20世纪70年代后，石油工业的发展和民用汽车的使用对公路交通产生了新的需求。为此，在"普及与提高相结合"建设方针下，10年间中国公路建设又增加了

25.2万千米。遗憾的是，截至20世纪70年代末，由于受技术和财力制约，中国修建的公路多属于低标准普及型，四等级公路占通车总里程高达86.4%（王克宝，1995）。

改革开放以来，经济社会发展对交通需求日益增加，大多数干线公路、城市出入口和沿海发达地区堵车现象严重，交通基础设施供给不能满足经济活动对交通基础设施的需求，进而制约了国民经济的可持续发展。在这样的大背景下，针对当时中国公路交通存在的主要问题（建设长期滞后）和主要矛盾（供需矛盾），并借鉴国外发达国家经验，交通部于20世纪80年代末提出了《"五纵七横"国道主干线系统规划》布局方案，计划用25年到30年的时间，建设3万千米左右、以汽车专用公路为主的高等级公路组成的国道主干线。1992年，该方案得到国务院认可，1993年正式部署实施。值得一提的是，为适应国民经济快速发展和经济活动对交通的需求，国务院于2004年底通过了建立在《国道主干线系统规划》基础上的《国家高速公路网规划》（即"7918网"）。

"五纵七横"国道主干线建设目标是：用30年左右的时间（1991~2020年），建成12条国道主干线，连接首都、各省省会、直辖市、经济特区、重要城市、工业中心、交通枢纽和重要对外开放口岸，覆盖全国所有人口在100万以上的特大城市和93%的人口在50万以上的大城市[①]。

国道主干线系统由"五纵七横"12条国道主干线和公路主枢纽及信息系统构成，是全国公路网的主骨架，主要路线都采用高速公路技术标准。"五纵七横"国道主干线总里程约3.5万千米，其中"五纵"

大规模交通基础设施建设与县域企业生产率异质性

---

① 根据1990年统计资料，规划中的"五纵七横"国道主干线连接了全国567个城市中的203个城市，覆盖约6亿人口，占全国城市人口的70%。

主干线约 1.5 万千米，"七横"主干线约 2.0 万千米。"五纵七横"国道主干线全部是二级以上的高等级公路，其中高速公路约占总里程的 76%，一级公路约占总里程的 4.5%，二级公路约占总里程的 19.5%①，基本改变了 20 世纪 90 年代之前公路质量不高、公路等级低的交通建设基本格局。

"五纵七横"国道主干线构筑了中国区域和省际横连东西、纵贯南北、连接首都的国家公路骨架网络，为其他交通基础设施（高速公路、农村公路、沿海港口、内河水运等）建设积累了经验②。

（二）文献评述

交通基础设施对经济增长的重要作用早已被大量文献所证实（Aschauer，1989；Duranton and Turner，2011；Donaldson，2018；张学良，2012）。虽然少数来自西方发达经济体的经验研究指出交通基础设施对经济增长的贡献有限（Heintz et al.，2009；Duranton and Turner，2012），但这可能与欧美等国家交通基础设施建设较为完善，因而不再是经济增长的主要制约因素有关。大部分研究证明了交通基础设施建设对发展中国家的贡献，如有文献证实了交通基础设施建设对亚洲和拉丁美洲经济增长的巨大促进作用（Straub and Terada，2011；Giordano et al.，2012），也有研究基于印度"黄金四角"高速公路改造升级项目的自然实验，发现交通基础设施改善优化了印度资源配置效率和促进了产业增长（Ghani et al.，2014）。

对于处于经济转型期的中国来说，有文献测算了 1993~2009 年交通基础设施建设对中国区域经济发展的促进作用（张学良，2012）。一些研究发现中国铁路开通（Wang and Wu，2015）和提速（周浩、郑筱婷，2012）促进了沿线城市经济增长。大量文献从区域经济一体化（刘生龙、胡鞍钢，2011；Faber，2014）和市场整合（颜色、徐萌，2015）、运输成本和企业库存（Shirley and Winston，2004；李涵、唐丽淼，2015）、出口增长（白重恩、冀东星，2018）、全要素生产率（刘秉镰等，2010）、空间溢出（张学良，2012）、资本流动（Banerjee et al.，2012）和资源配置（郭晓丹等，2019；步晓宁等，2019）等视角为中国交通基础设施建设对经济发展的贡献提供了丰富的经验证据。

区别于上述研究，本文基于大样本微观企业数据，实证研究了 1998~2007 年中国国道主干线建设的"经济分布效应"（Economic Distributional Effect）③，即国道主干线建设的资源配置和效率提升效应主要体现在大城市企业上，对沿途县域企业生产率造成了负向影响，因而国道建设对不同区域企业生产率的影响存在城市级别异质性。从经验研究文献上看，Faber（2014）、张克中和陶东杰（2016）的研究与本文最为接近，但与此不同的是：第一，鉴于交通基础设施条件的改善最终反映在微观企业行为上，本文将研究样本聚焦在更微观的企业层面，通过企业生产效率的相

---

① 资料来源：https：//news. sciencenet. cn/sbhtmlnews/200712191453747197040. html.

② "五纵七横"国道主干线建设历经 15 年（1992~2007 年）完成，总投资约 9000 亿元人民币，大致经历了稳步建设阶段（1992~1997 年）、加快建设阶段（1998~2003 年）和全面建成阶段（2004~2007 年）。其中，1997 年底之前，建成里程占总里程的 10%；1998 年，国务院决定加快基础设施建设，以应对亚洲金融危机；1998~2003 年建成里程占总里程的 81%，即截至 2003 年底，共建成里程占总里程的 91%；2007 年底，"五纵七横"国道主干线全线贯通（比预期提前了 13 年）。

③ "经济分布效应"为新经济地理学上的概念，即交通基础设施建设在推进经济增长的同时，还会引发经济要素的空间转移，改变区域经济空间分布格局（张克中、陶东杰，2016）。

对变化识别国道主干线建设引致的影响。在数据结构上，不同于 Faber（2014）、白重恩和冀东星（2018）基于截面数据的传统做法，本文研究在截面数据的基础上进一步扩展为面板数据进行实证识别，以相互印证，形成对照。第二，本文基于分工效应的测度，探讨了国道主干线建设引致集聚效应的微观效应和传导路径，为理解交通基础设施影响微观企业的机理提供新的视角，在理论上验证和丰富了"斯密定理"，在实践上得出了具有实践价值的研究启示。

二、方法、数据与典型事实

（一）识别策略与估计方法

本文旨在识别"五纵七横"国道主干线建设对沿线县域企业生产率的影响效应。为此，本文以 1998~2007 年国道主干线建设为自然实验，利用县级城市微观企业样本进行研究。具体而言，以 2003 年建成的国道主干线（占总里程的 91%）为基准，将距离国道主干线 10 千米县级市范围内的企业作为处理组，将距离国道主干线 10 千米之外的县级市企业作为对照组，以对比识别国道主干线建设对沿线县域企业生产率的净影响。进一步地，为保证估计结果稳健，本文也测算了企业与国道主干线的距离，以检验国道建设对企业的影响程度与距离企业远近的关联。图 1 是本文处理组和对照组企业全要素生产率趋势图，可以看出经过样本筛选①，1998~2004 年处理组和对照组增长趋势相近，这为本文的实证估计奠定了基础。同时，中心城市企业全要素生产率在样本期间均高于外围处理组和对照组县市企业，并且随着时间的推移呈现增强趋势。这意味着，大城市确实具有生产率优势（郭晓丹等，2019），人力资本和生产资源更多地向大城市流动。这是本文探讨的集聚效应和空间负溢出效应的基本前提和直观表现。

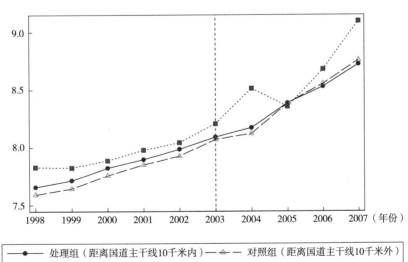

图 1　1998~2007 年处理组和对照组企业全要素生产率变化动态趋势

---

① 本文在样本选择上做了如下工作：第一，将研究样本限定在县级城市范围内的微观企业，以保证企业同质性，排除了事前企业城市级别异质性；第二，由于国道主干线连接大城市和重要港口城市，这些城市附近的县级城市范围内的企业与边远县级市企业没有可比性，因而本文剔除了 48 个国道主干线上主要中心城市（省会城市、副省会城市以及重要港口城市）半径 50 千米内县级城市范围的企业样本。关于时点选择，截至 2003 年底，国道主干线已建成了总里程的 91%，因此以 2003 年为时间节点具有合理性。此外，在后文模型估计中以 2004 年为节点以反映道路建成对企业影响的滞后性。

鉴于本文研究目标和识别策略，构建双重差分基准模型如下：

$$TFP_{it}=\beta_1\times Connect_i\times Post_t+\beta_2\times Connect_i+\beta\times X_{it}+\gamma_{jt}+\delta_d+\varepsilon_{it} \tag{1}$$

$$TFP_{it}=\beta_1\times Distance_i\times Post_t+\beta_2\times Distance_i+\beta\times X_{it}+\gamma_{jt}+\delta_d+\varepsilon_{it} \tag{2}$$

其中，i、j 和 t 分别表示企业、行业和年份；被解释变量 TFP 是基于 OP 法测算的全要素生产率；δ 是县市固定效应，以控制可能影响被解释变量同时不随时间变化的区域特征，如企业所在县市的地理特征等；γ 是行业虚拟变量和年份虚拟变量交乘项，以剔除行业层面的时间趋势因素影响；ε 是残差项。

本文用两种方式测度国道建设与企业的联系，以形成对照。在式（1）中，用 $Connect$ 表示企业是否处在距离国道主干线 10 千米县市范围。在式（2）中，用 $Distance$ 表示企业与国道主干线的实际距离（取对数）。$Post$ 表示 2004 年前后。此外，参考本领域同类研究，控制了其他潜在因素 X 的遗漏对估计结果的影响。

考虑到国道建设的内生性问题，本文做如下处理：第一，在样本筛选上，本文剔除了国道连接的 48 个中心城市附近 50 千米范围的企业，以避开大城市选址的内生性问题；针对县域城市选址内生性，借助县市固定效应控制不随时间变化的地理特征和基期经济发展水平等事前因素。第二，参考 Faber（2014）的做法，以 48 个大城市为节点构造虚拟的"直线树国道主干线"。其逻辑在于：国道主干线建设的宗旨是连接重要大城市，因而大城市必须纳入国道主干线网络，基于这些城市节点直线连接的路线距离短、成本低，是最理想和最经济的施工建设方案。在其他条件不变的情形下，一个企业所在的县市是否恰好处在假想的"直线树主干线"附近可以看成随机事件，主观因素难以左右。因而，构造的"直线树国道主干线"可以作为实际国道主干线的工具变量。

（二）数据来源与样本分布

国道主干线各路段建设和开通时间来源于《中国交通年鉴》（1992～2008 年）。地理行政边界数据（2008 年）和"五纵七横"国道主干线系统地理数据来自云南测绘地理信息中心。由于国道主干线建设主要发生在 1998～2007 年，本文将研究目标限定在国道建设对 1998～2007 年沿线县级城市范围内微观企业的影响，因在此期间中国行政区划有调整，本文以 2004 年行政区划为基准对样本信息进行校正。企业经纬度数据来自百度地图，并借助 ArcGIS 10.2 软件测算了国道主干线距离企业、市辖区中心点及边界的最短直线距离。

本文微观企业数据来源于 1998～2007 年中国工业企业数据库，并参照聂辉华等（2012）的方法对原始数据进行清洗，最终得到 886028 个有效样本观测值。其中，距离国道主干线 10 千米县级城市范围内的企业观测值 522053 个，占比 58.92%；距离国道主干线 10 千米县级城市范围之外的企业观测值 363975 个，占比 41.08%。主要变量、变量测度方法及描述性统计见表 1。

表 1　主要变量、主要测度方法及描述性统计

主要变量及测度方法	观测值	平均值	标准差	最小值	中位数	最大值
全要素生产率：OP 法	886600	8.235	1.021	4.891	8.216	11.327
生产效率1：工业总产值/职工人数	886600	5.290	0.983	2.623	5.245	8.292
生产效率2：工业增加值/职工人数	886600	3.924	1.047	0.594	3.877	7.099

主要变量及测度方法	观测值	平均值	标准差	最小值	中位数	最大值
生产效率3：销售收入/职工人数	886600	5.224	0.992	2.565	5.180	8.257
交互项（10千米）：是否在国道主干线10千米以内×Post	886028	0.353	0.478	0	0	1
交互项（50千米）：是否在国道主干线50千米以内×Post	886028	0.515	0.500	0	1	1
交互项（距离）：企业与国道实际距离对数×Post	886028	5.780	4.883	-2.182	8.028	14.101
工具变量：构造直线树国道主干线	886028	0.500	0.500	0	1	1
分工效应1：增加值/主营业务收入	876947	0.302	0.143	0	0.284	1
分工效应2：（增加值+税金）/（主营业务收入+税金）	876947	0.304	0.143	0	0.286	1
长期投资：对数	886515	0.802	2.252	0	0	16.411
工业销售产值：对数	771138	10.026	1.112	0	9.846	17.991
企业人力资本：年末职工对数	886600	4.751	1.012	2.398	4.682	11.925
企业资本密度：人均固定资产对数	886600	3.581	1.264	-6.627	3.632	10.048
企业经营时间：当年度与开办年份距离+1	886470	7.857	5.230	1	6	22
企业与大城市距离：企业与48个大城市距离对数	886028	11.534	0.469	10.820	11.461	13.948
金融发展程度：地区金融机构贷款余额与GDP比值	885047	0.905	0.212	0.557	0.850	2.424

注：交互项（距离）和企业资本密度变量的最小值均为正值，由于数值较小，取对数后为负值。

（三）典型性事实：国道主干线建设与企业全要素生产率

鉴于本文基准模型以企业是否在距离国道主干线10千米县域城市范围为基准，下面对处理组和对照组企业样本的全要素生产率进行核密度估计，1998年、2003年、2005年和2007年四个主要年份的全要素生产率分布结果见图2。可以发现，处理组和对照组企业全要素生产率均值在2004年前后发生了逆转。这表明，国道建设对沿线县域企业生产效率产生了负向影响。其逻辑在于，距离国道主干线越远的区域，企业受国道建设的影响越小，即距离国道10千米范围内企业受到的影响会强于10千米之外的企业。国道将沿线县域企业与大城市企业建立了联系，压缩了"时空"，引致生产要素向大城市集聚，从而降低了本地企业的生产效率。

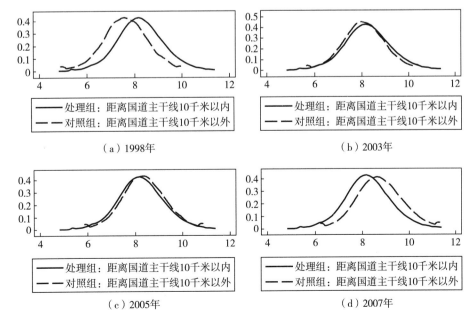

（a）1998年　　　（b）2003年

（c）2005年　　　（d）2007年

图2　1998年、2003年、2005年、2007年处理组和对照组全要素生产率分布的动态走势

大规模交通基础设施建设与县域企业生产率异质性

（四）关于时点选择的补充说明：普通 DID 的有效性与渐进 DID 的弊端

从理论上讲，由于"五纵七横"国道主干线各路段建成时间不同，应该采用多时点的渐进 DID 进行识别。但是在实践中，国道主干线建设的特征决定了渐进 DID 不一定合适，其原因在于：尽管渐进 DID 可以根据各路段建设年份界定对应的处理组和对照组样本，但是国道主干线对沿线企业发挥集聚效应的前提是建成的路段要足够长，并且与大城市连接贯通，如果一条路线只是中间某邻近地级市的路段建成联通，并不能对沿线县域企业发挥实质性作用，即面向大城市的集聚效应十分有限。另外，路线建成对微观企业的影响存在一定的滞后性。因而，本文基于国道主干线主要路段建成和全线贯通的地理分布和年份情况，选择以截至 2003 年底建成的主干线构建单时点 DID 可以规避上述渐进 DID 在本文研究中存在的弊端，并且在识别上更有效①。

三、实证研究结果与稳健性检验

（一）基准回归和工具变量法

尽管国道主干线的建设方案由中央统一规划，每个县级政府难以主观影响国道的铺设路线，因而具有较强的外生性，但是，在客观上，中央制定路线方案时会考虑国道建设的经济效应（连接经济较好的城市），以及沿线城市地方政府的财力（缓解建设成本压力），因而国道建设线路可能并不完全随机。在此情形下，本文估计仍然可能受反向因果导致的内生性影响。对此，在本文样本筛选中剔除了 48 个国道主干线上主要中心城市半径 50 千米范围内县级城市中的企业样本，并在基准模型中控制县市固定效应剔除国道建设之前各县市初始经济条件的影响。进一步地，本文采用工具变量法以应对来自内生性的干扰。由于国道建设目标在于连接全国大城市和重要城市，以形成全国交通网络，本文参考 Faber（2014）的做法，构造"国道主干线直线树"工具变量进行识别。

表 2 为国道建设对沿线县域企业全要素生产率影响的基准估计结果。其中，列（1）~列（4）为基于连续面板数据的估计结果；列（5）~列（8）为基于横截面数据的估计结果；列（1）、列（2）、列（5）和列（6）为固定效应（FE）估计，列（3）和列（4）、列（7）、列（8）为工具变量（IV）估计。以企业所在的县级城市与国道主干线的距离是否在 10 千米范围作为核心测度变量，并与时间变量（2004 年前后）交乘。交互项系数显示，不管是基于 FE 模型还是 IV 模型（第一阶段 F 值拒绝了弱工具变量原假设），均可得到相近的负向估计结果，并且在 1% 水平上显著，即国道主干线建设对沿线县域企业全要素生产率造成了负向冲击。国道建设后，相对于远离国道的企业，靠近国道的企业生产率增长相对缓慢。为尽可能控制内生性的影响，后文所有估计均采用工具变量法。

在理论上，企业距离国道越近受到的影响越大。因而，在其他条件不变的情形下，如果相对于远离国道 10 千米外的企业，

---

① 最理想的处理应该是基于每一条完整的线路分阶段识别，但由于数据所限，在面板数据时点处理上不够精确。但基于 1998 年和 2007 年两年的截面数据处理，可以缓解上述问题。除面板数据之外，本文还借助截面数据进行佐证研究，即采用年 1998 和 2007 年两年的截面数据进行估计，这样就排除了道路建设年份变化的干扰。理论上，基于截面数据的估计，是国道主干线建成的综合效应，而面板数据（1998~2007 年）估计的是 2004 年之后的国道主干线相较于之前的平均效应，因而基于截面数据的估计结果会大于面板数据的估计结果。

靠近国道 10 千米范围内的企业全要素生产率显著更低,其根源只能归结于来自国道建设的影响。国道主干线建立了大城市与县域小城市的经济联系,增加了不同区域之间的活动往来,使沿线县域企业经济资源流向更有效率的大城市。这表明,大型交通基础设施可以通过网络属性将一个地区的经济要素转移到另一个地区(张学良,2012)。

表 2 国道主干线与企业全要素生产率:以是否连接测度(10 千米)

模型	面板数据:1998~2007 年				截面数据:1998 年和 2007 年			
	固定效应 FE		工具变量法 IV		固定效应 FE		工具变量法 IV	
被解释变量	tfp_op (1)	tfp_op (2)	第一阶段 (3)	tfp_op (4)	tfp_op (5)	tfp_op (6)	第一阶段 (7)	tfp_op (8)
交互项(10 千米)	-0.036*** (0.005)	-0.019*** (0.005)		-0.041*** (0.010)	-0.094*** (0.010)	-0.066*** (0.009)		-0.140*** (0.019)
是否连接国道	-0.002 (0.008)	-0.008 (0.008)		0.061** (0.026)	0.046*** (0.014)	0.030** (0.013)		0.140*** (0.042)
企业人力资本	-0.035*** (0.002)	-0.036*** (0.002)	0.000 (0.000)	-0.036*** (0.002)	-0.027*** (0.002)	-0.027*** (0.002)	0.001 (0.000)	-0.027*** (0.002)
企业资本密度	-0.062*** (0.001)	-0.063*** (0.001)	0.000 (0.000)	-0.063*** (0.001)	-0.057*** (0.002)	-0.059*** (0.002)	-0.000 (0.000)	-0.059*** (0.002)
企业经营时间	-0.011*** (0.000)	-0.011*** (0.000)	0.000*** (0.000)	-0.011*** (0.000)	-0.007*** (0.000)	-0.006*** (0.000)	0.000*** (0.000)	-0.006*** (0.000)
企业与大城市距离	-0.010 (0.010)	-0.015 (0.010)	-0.038*** (0.003)	-0.005 (0.011)	-0.020 (0.015)	-0.025* (0.015)	-0.057*** (0.005)	-0.015 (0.016)
金融发展程度	-0.356*** (0.012)	-0.253*** (0.012)	0.070*** (0.005)	-0.250*** (0.012)	-0.353*** (0.017)	-0.239*** (0.017)	0.030*** (0.006)	-0.232*** (0.017)
工具变量(构造直线树)			0.476*** (0.002)				0.496*** (0.003)	
年份固定效应	是	—	—	—	是	—	—	—
行业固定效应	是	—	—	—	是	—	—	—
县市固定效应	是	是	是	是	是	是	是	是
行业×年份效应	否	是	是	是	否	是	是	是
N	884852	884852	884852	884852	215191	215191	215191	215191
adj. R²	0.345	0.357	0.800	0.211	0.417	0.431	0.851	0.314

注:*、**、***分别表示 10%、5%、1%的显著性水平;括号内为县级市层面聚类的稳健标准误。

为了与表 2 的检验结果形成对照,下面以新的方式测度企业与国道的连接关系。第一,将企业是否在距离国道 10 千米县域范围内,扩大到距离国道 50 千米县域范围内;第二,以企业与国道距离的对数进行测度。表 3 的估计表明,以 50 千米为度量单位仍然可以得到一致估计结果①。距离交互项系数直观上表明,距离国道主干线越远,企业全要素生产率越大;更准确的表达是,相对于远离国道的企业,靠近国道的企业全要素生产率更低或增长速度更慢,即国道建设使沿途县域企业生产资源向效率更高的大城市集聚,进而降低了本地企业的效率。

---

① 此处以 50 千米作为度量单位估计的负向效应大于基准模型中基于 10 千米的估计系数,是符合逻辑的。其主要原因在于,此处的对照组样本距离国道更远,其生产效率高于前者对照组企业。

大规模交通基础设施建设与县域企业生产率异质性

表3　国道主干线与企业全要素生产率：以是否50千米连接测度和与国道距离测度

被解释变量	面板数据：1998~2007年		截面数据：1998年和2007年	
	tfp_op （1）	tfp_op （2）	tfp_op （3）	tfp_op （4）
交互项（50千米）	−0.087*** （0.022）		−0.288*** （0.038）	
交互项（距离）		0.013*** （0.004）		0.045*** （0.006）
控制变量	是	是	是	是
县市固定效应	是	是	是	是
行业×年份效应	是	是	是	是
N	884852	884852	215191	215191
adj. R^2	0.311	0.312	0.215	0.215

注：*、**、***分别表示10%、5%、1%的显著性水平；括号内为县级市层面聚类的稳健标准误。

（二）平行趋势检验与动态效应估计

基准估计结果发现，国道建设显著降低了沿线企业全要素生产率，但是这种差异是否在国道建设初期就存在呢？即相对于远距离企业，靠近国道的企业生产率本来就更低。在这种情形下，本文估计结果可能存在高估偏误；在实证策略上，也与双重差分法的平行趋势假设相违背。鉴于此，本文检验了以建设初期即1998年为基准的动态效应。图3显示，国道的"建设冲击效应"在缓慢形成，并在后期表现得十分显著，主要在于2003年底大部分建设路段已联通。由于交通条件对微观企业影响的滞后性，上述影响主要体现在2004年之后的企业生产率上。

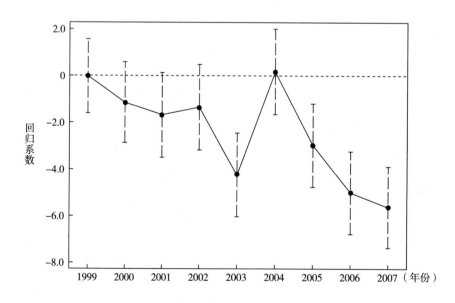

图3　动态效应：1998年为基期

（三）稳健性检验①：考虑企业生存状态和空间转移效应

企业的进入和退出，以及空间转移会影响本文估计结果，因此下面考虑样本期内企业的生存状态。为降低观测误差和国道建设时点的影响，此处采用 1998 年和 2007 年截面数据区分国道全线开通后与建设初期。企业生存状态分为新进、退出和存活三种情形。

表 4 的交互项系数和显著性表明，考虑企业进入和退出因素后，本文基准估计结果依然存在。值得注意的是，由于本文所有回归均剔除了 48 个中心城市 50 千米范围内的企业样本，此处界定的处理组和对照组为 1998 年和 2007 年均存活的企业，实质上避开了企业与大城市之间的转移效应，因此表 4 中列（5）和列（6）已经剔除了县域企业与大城市之间的纵向转移因素的影响，但是仍然可能存在处理组和对照组之间的横向转移效应。

表 4　考虑企业进入和退出效应（1998 年和 2007 年截面数据）

样本	剔除新进企业		剔除退出企业		一直存活的企业	
被解释变量	tfp_op (1)	tfp_op (2)	tfp_op (3)	tfp_op (4)	tfp_op (5)	tfp_op (6)
交互项（10 千米）	-0.270*** (0.034)		-0.118*** (0.031)		-0.218*** (0.038)	
交互项（距离）		0.089*** (0.012)		0.037*** (0.010)		0.076*** (0.013)
控制变量	是	是	是	是	是	是
县市固定效应	是	是	是	是	是	是
行业×年份效应	是	是	是	是	是	是
N	63583	63583	178829	178829	27402	27402
adj. R²	0.310	0.338	0.310	0.321	0.359	0.365

注：*、**、***分别表示 10%、5%、1%的显著性水平；括号内为县级市层面聚类的稳健标准误。

企业空间转移包括大城市之间的纵向转移，以及样本内部处理组和对照组间的横向转移。本文的样本界定已经在一定程度上缓解了纵向转移。表 5 是考虑企业在国道 10 千米内外横向转移效应的估计结果。基本思路是，由于工业企业转移存在较高的成本，企业一般是就近转移，因而对照组中靠近 10 千米区域的企业转移成本更低，转移到国道附近的概率更大。基于此，剔除国道附近 10~50 千米区域内的企业样本后进行估计。表 5 列（1）和列（2）显示，考虑企业横向转移效应后，面板和截面数据估计结果均支持前文结论。由于列（1）和列（2）不能排除企业进入和退出，以及与大城市间的纵向转移因素的影响，因此，表 5 列（3）和列（4）在

---

① 本文进行了多种稳健性检验。比如，以企业与国道距离测度估计动态效应、采用匹配后的样本估计、更换被解释变量度量方式（以"单位职工工业总产值""单位职工工业增加值"和"单位职工产品销售收入"三种方式测算企业生产率），以及改变国道修建时间节点（选取截至 2005 年和 2007 年完成的道路作为基准路线）。上述检验结果均支持国道建设负向影响沿线县域企业效率的基本结论。由于篇幅所限，此部分进行了删减。

列（1）和列（2）的基础上，进一步考虑样本时期内一直存活的企业，这样就同时考虑了横向和纵向两种形式的空间转移效应。可以发现，国道建设对沿线县域企业的负向效应依然存在。在"为增长而竞争"的现实约束下，企业搬离原始地区会受到很大阻力，在这个意义上，企业转移是有限的，而新企业建立是受鼓励的。因此，表4的列（5）和列（6），以及表5的列（3）和列（4），均剔除了新进企业的干扰。

表 5　考虑企业转移效应：距离国道 10 千米内与国道 50 千米外

样本	剔除 10~50 千米的全样本		进一步考虑 1998~2007 年存活企业	
数据和模型	面板：IV	截面：IV	面板：IV	截面：IV
被解释变量	tfp_op (1)	tfp_op (2)	tfp_op (3)	tfp_op (4)
交互项（10 千米）	−0.092*** (0.015)	−0.223*** (0.028)	−0.186*** (0.046)	−0.315*** (0.059)
控制变量	是	是	是	是
县市固定效应	是	是	是	是
行业×年份效应	是	是	是	是
N	648892	156526	60572	20210
adj. R^2	0.311	0.325	0.343	0.362

注：*、**、*** 分别表示 10%、5%、1% 的显著性水平；括号内为县级市层面聚类的稳健标准误。

四、进一步研究：
异质性分析与机制检验

（一）异质性分析①

工业企业数据库中企业类别区分了轻工业和重工业，这为本文异质性分析奠定了基础。相较于重工业企业，轻工业更容易受市场整合和经济一体化、市场范围和规模扩大等因素的影响。在理论上，国道建设建立了全国不同区域之间的经济联系和交通可达性，打通了不同城市之间经济活动的空间壁垒，降低了运输成本、提升了交易效率、拓展了市场半径。由于不同性质企业对交通条件和市场环境变化的反应存在差异，因而本文预期国道建设对沿线县域企业生产率的影响存在企业性质异质性。表6的实证结果显示，相较于重工业企业，国道建设对轻工业企业全要素生产率的影响更强烈，即轻工业企业生产要素向大城市的集聚效应大于重工业企业（见表6 Part A）。进一步地，本文参考郭晓丹等（2019）的行业要素密集度分类标准，将县域企业重新分类为劳动密集型、资本和技术密集型。新的异质性检验结果表明，劳动密集型企业受国道主干线影响显著更强烈（见表6Part B），这进一步支撑了表6Part A的实证发现。

---

①　由于本文研究的样本，已经剔除了中心城市50千米区域的企业，因而本文识别的主要是国道主干线建设对中小城市企业的影响，故此处的异质性检验没有研究大城市与中小城市的异质性问题。

表6 异质性检验：不同类型企业对交通条件的敏感度差异

测度方式	以是否连接测度（10千米）		以与国道距离测度	
数据和模型	面板：IV	截面：IV	面板：IV	截面：IV
被解释变量	tfp_op （1）	tfp_op （2）	tfp_op （3）	tfp_op （4）
Part A：轻工业与重工业				
交互项×是否为轻工业	−0.058*** （0.006）	−0.043*** （0.008）	−0.011*** （0.001）	−0.016*** （0.001）
控制变量	是	是	是	是
县市固定效应	是	是	是	是
行业×年份效应	是	是	是	是
N	657771	180399	657771	180399
adj. R²	0.340	0.376	0.341	0.377
Part B：劳动密集型与资本密集型和技术密集型				
交互项×是否为劳动密集型	−0.026*** （0.006）	−0.007 （0.008）	−0.004*** （0.001）	−0.002** （0.001）
控制变量	是	是	是	是
县市固定效应	是	是	是	是
行业×年份效应	是	是	是	是
N	884852	215191	884852	215191
adj. R²	0.346	0.417	0.346	0.417

注：*、**、***分别表示10%、5%、1%的显著性水平；括号内为县级市层面聚类的稳健标准误。

（二）作用机制检验

1. 价值链分布与分工效应①

"斯密定理"认为生产效率的提升来自分工和专业化水平，而分工程度受市场范围限制。既然国道拓展了市场范围，那么势必会影响企业生产专业化和参与市场分工深度，因而国道建设引致的分工效应可能是其影响沿线县域企业作用机制的重要线索。试想，虽然国道沿线企业借助交通条件参与全国市场并提升了自身专业化分工水平，但是如果这些企业长期处于全国产业价值链低端，势必难以与国道沿线大城市企业竞争，并分享来自分工深化的

效率提升效应。下面对此理论猜想进行实证检验。

"纵向一体化"与"专业化分工"是企业生产经营活动的一体两面。本文参照范子英和彭飞（2017）的做法，借助"价值增值法"（Adelman，1955）和"修正的价值增值法"（Buzzell，1983）度量企业纵向一体化程度②，从而间接估计企业分工效应。如果国道建设负向影响了企业纵向一体化程度，那么就可以认为是促进了企业专业化分工。表7估计了国道对企业纵向一体化，以及将纵向一体化变量加入基准模型后国道对沿线县域企业全要素生

① 为了更全面地测度国道主干线修建完成相对于建设初期的分工效应，此处采用1998年和2007年截面数据进行实证估计。
② 一体化1（价值增值法）=工业增加值/主营业务收入，一体化2（修正的价值增值法）=（工业增加值-税后净利润+正常利润）/（主营业务收入-税后净利润+正常利润），且剔除缺失和偏离合理值域（0，1）的样本观测值。

产率影响的结果。表7列（1）和列（2）显示，相较于距离国道10千米之外的企业，距离国道10千米之内的企业纵向一体化程度显著更弱，即分工和专业化程度显著更强。进一步地，表7列（3）和列（4）表明，两种方式度量的分工效应均可以解释一部分国道建设影响企业生产率的渠道过程。同样地，表7列（5）~列（8）表明，以企业与国道的距离作为测度指标也验证了分工效应的传导机制是成立的。

这表明，国道主干线建设导致沿线县域企业分工和专业化程度提升进而影响企业生产率的中间机制，可以解释其对企业生产率总体效应的21%~25%。可问题在于，既然国道建设提升了企业分工水平，为何又降低了企业生产率呢？其原因大致为：国道在全国范围内建立了大城市与小城市之间经济活动互通互联的桥梁，促进了要素向更有效率的地方流动和优化区域空间配置，并且增进了不同城市、不同地域企业专业化分工水平。市场一体化和分工深化改进了全国层面的资源配置效率，早已被大量文献证实（步晓宁等，2019）。本文研究进一步发现，大型交通基础设施建设引致的分工效应，进而对企业生产率的影响存在强烈的"城市级别异质性"。一方面，分工和专业化提升了大城市企业生产率和全国宏观经济效率；另一方面，同样的分工和专业化又降低了小城市企业的生产率。其原因在于，国道沿线小城市企业尽管借助交通条件的改善进入了全国产业分工价值链①，但是由于其处于价值链的低端，且优质的经济要素（中间产品和劳动等）向大城市集聚，因而难以获得来自产业分工的经济利益。

表7　机制检验：分工效应及其中介过程（1998年和2007年截面数据）

被解释变量	以是否连接测度（10千米）				以与国道距离测度			
	一体化1 （1）	一体化2 （2）	tfp_op （3）	tfp_op （4）	一体化1 （5）	一体化2 （6）	tfp_op （7）	tfp_op （8）
交互项	-0.015*** (0.003)	-0.015*** (0.003)	-0.099*** (0.017)	-0.100*** (0.017)	0.005*** (0.001)	0.004*** (0.001)	0.033*** (0.006)	0.033*** (0.006)
纵向一体化1 （分工效应1）			2.261*** (0.015)				2.261*** (0.015)	
纵向一体化2 （分工效应2）				2.236*** (0.015)				2.236*** (0.015)
控制变量	是	是	是	是	是	是	是	是
县市固定效应	是	是	是	是	是	是	是	是
行业×年份效应	是	是	是	是	是	是	是	是
N	212358	212358	212358	212358	212358	212358	212358	212358
adj. R²	0.110	0.112	0.325	0.322	0.111	0.111	0.324	0.321
Sobel 检验	中介效应显著				中介效应显著			
中介效应	分工1=0.034（25.6%）；分工2=0.034（25.4%）				分工1=0.011（25.0%）；分工2=0.009（21.4%）			

注：*、**、***分别表示10%、5%、1%的显著性水平；括号内为县级市层面聚类的稳健标准误。

---

① 本文借鉴 Koopman 等（2010）的方法，基于企业增加值测算了全国各地区企业价值链地位指数，基于此可以得到处理组、对照组以及中心城市企业价值链动态变化趋势。

2. 长期投资与产出分化

理论上，国道改善了沿线企业参与其他区域的交通成本和交易费用，因而企业的长期投资势必会增加。值得关注的是，投资增加是否会增进企业产出业绩呢？接下来检验企业长期投资与产出的分化现象。

将企业长期投资和工业销售产值作为被解释变量进行回归估计，结果见表8。表8列（1）和列（2）表明，由于国道扩展了市场半径，推进了市场一体化进程，因而相对于远离国道的县域企业，国道沿线县域企业借助得天独厚的便利交通条件，提升了其长期投资水平。然而遗憾的是，投资增加的结果并没有导致本地企业销售产值相应地增长（表8列（3）和列（4））。这表明，国道沿途县域企业尽管借助有利的交通条件参与到全国生产价值链中，但是并没有给本地企业带来实质性经济收益。这一现象不难理解，其关键制约在于国道沿线企业处于全国产业价值链低端，难以借助分工效应获得相应的经济利益增进。

表 8　机制检验：对投资及其工业产值的差异化影响

被解释变量	ln（长期投资）		ln（工业销售产值）	
数据和模型	面板：IV （1）	截面：IV （2）	面板：IV （3）	截面：IV （4）
交互项（10千米）	0.100*** (0.027)	0.287*** (0.046)	−0.023** (0.010)	−0.084*** (0.016)
控制变量	是	是	是	是
县市固定效应	是	是	是	是
行业×年份效应	是	是	是	是
N	884767	215175	769391	215165
adj. R²	0.185	0.212	0.475	0.472

注：*、**、***分别表示10%、5%、1%的显著性水平；括号内为县级市层面聚类的稳健标准误。

3. 生产要素流动还是企业迁移

在理论上，国道加强了不同区域之间的交通可达性和经济联系，如果优质企业从沿线县域城市向大城市迁移，留下生产效率较低的在位企业，也会导致县域企业整体生产率下降。那么，是否存在这一情形呢？下文的检验排除了这种情形。

从图4可以看出，从固定资产占总资产比重看，企业投资规模有所扩张；相对于远离国道的县级城市，国道沿线县域企业数量不减反增。这表明：一方面，交通条件改善加强了沿线县域企业与国道连接的大城市的联络，增加了投资机会，因而投资有所扩张；另一方面，由于县域企业的本地属性，国道主干线引致的集聚效应主要是生产资料和经济资源向大城市流动，而不是企业的整体迁移。这与张天华等（2018）和郭晓丹等（2019）的研究结论一致。因而本文估计的效应主要是基于劳动和中间投入品等经济要素流动引致的国道沿线县域企业生产率变化，而不是企业整体迁移。前文对1998~2007年一直存活企业的检验也支持这一结论①。

---

① 为进一步探讨国道建设引致的企业进入因素的潜在影响，本文借鉴 Brandt 等（2017）的方法分解全要素生产率。分解结果表明，国道建设吸引了大量企业在国道沿线区域选址进入。进入效应是国道建设正向影响沿线县域企业的重要机制，但并不能抵消国道建设对在位企业的负向冲击。因此，如果考虑企业进入因素影响，本文研究结论也是成立的。

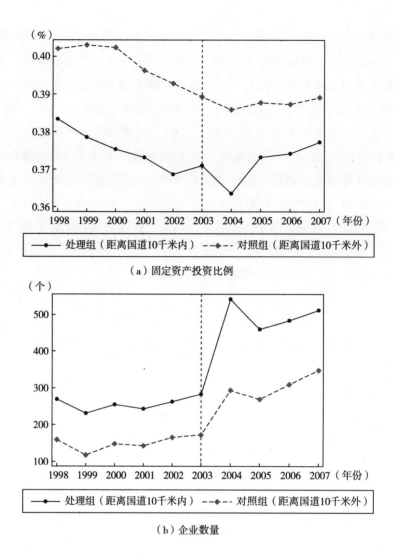

（a）固定资产投资比例

（b）企业数量

图4　1998~2007年固定资产投资比例和企业数量动态变化趋势

综上所述，本文多种检验结果和机制探讨，均支持国道建设使沿线县域企业生产要素借助便利的交通条件向大城市集聚的基本结论。本文并非否定交通基础设施在促进区域一体化和改善经济资源空间配置中的重要作用。比如，交通条件改善后，人口的自由流动有利于在全国层面和人均意义上实现区域经济"在集聚中走向平衡"（陆铭，2017）。本文试图从生产要素向大城市集聚和分工专业化的视角，探索大规模交通基础设施建设影响资源空间分布的异质性特征。

五、结论与启示

交通基础设施建设是经济发展的重要条件，不仅对宏观经济增长产生直接推动作用，还会间接改变经济资源空间分布，对微观企业生产率产生"城市级别异质性效应"。"五纵七横"国道主干线建设是改革开放以来中国大型交通基础设施条件改善的标志性事件。2007年国道主干线全线通车具有里程碑意义，对中国区域城市之间的经济往来发挥着重要作用，并对沿线中小城市微观企业主体市场扩张和生产行为产生着长期持续影响。

本文以"五纵七横"国道主干线建设作为自然实验，采用大样本微观企业数据，实证研究了国道主干线建设对沿线县域企业的影响和作用机制。研究结果表明：第一，国道建设存在"空间负溢出效应"。国道将全国人口众多的大城市连接起来，增加了城市间的互联互通程度和交通可达性，但是没有被直接连接的沿线县域城市企业受大城市集聚作用的负向影响。进一步研究发现，大城市对县域小城市企业的集聚主要表现在劳动和中间投入品等生产要素上，而不是企业迁移。第二，国道对沿线县域城市的集聚程度存在行业异质性，由于劳动和中间投入品流动对交通运输条件更敏感，轻工业企业和劳动密集型企业受集聚效应影响更大。第三，国道引致的分工效应是其产生影响的重要机制。国道建设将沿线县域企业纳入全国市场，导致市场范围扩展、企业专业化水平提升和分工程度深化、长期投资增加、自身规模扩张，但是由于其处在全国产业分工价值链低端，难以获得分工水平提升带来的效率增进和经济利益提升。

上述研究发现，有助于政策制定者全面理解大型交通基础设施建设对不同城市企业生产效率的异质性影响，即生产资源和要素向大城市集聚的"经济分布效应"。第一，在关注交通基础设施建设的重要作用的同时，也应注意到，交通条件改善会导致经济资源重新配置，引发"经济分布效应"。这需要得到地方政府和政策制定者的足够重视。第二，国道主干线沿途县域企业要借助交通便利条件加强中小城市之间的分工合作，整合优势资源、发展具有本地比较优势的产业。本文研究对经济欠发达的边远地区企业参与全国市场竞争和产业分工，乃至中国参与"一带一路"沿线国家和地区以及全球产业价值链分工，争取来自市场整合和市场竞争带来的分工利益具有重要实践启示。

参考文献

［1］Adelman M A. Concept and Statistical Measurement of Vertical Integration［M］. Princeton：Princeton University Press，1955.

［2］Aschauer D A. Is Public Expenditure Productive？［J］. Journal of Monetary Economics，1989，23（2）：177-200.

［3］Banerjee A，Duflo E，Qian N. On the Road：Access to Transportation Infrastructure and Economic Growth in China［R］. National Bureau of Economic Research，2012.

［4］Baum-Snow N. Changes in Transportation Infrastructure and Commuting Patterns in US Metropolitan Areas，1960-2000［J］. American Economic Review，2010，100（2）：378-382.

［5］Brandt L，Van Biesebroeck J，Wang L，et al. WTO Accession and Performance of Chinese Manufacturing Firms［J］. American Economic Review，2017，107（9）：2784-2820.

［6］Buzzell R D. Is Vertical Integration Profitable［J］. Harvard Business Review，1983，61（1）：92-102.

［7］Donaldson D. Railroads of the Raj：Estimating the Impact of Transportation Infrastructure［J］. American Economic Review，2018，108（4-5）：899-934.

［8］Duranton G，Turner M A. The Fundamental Law of Road Congestion：Evidence from US Cities［J］. American Economic Review，2011，101（6）：2616-2652.

［9］Duranton G，Turner M A. Urban Growth and Transportation［J］. Review of Economic Studies，2012，79（4）：1407-1440.

［10］Faber B. Trade Integration，Market Size，and Industrialization：Evidence from China's National Trunk Highway System［J］. Review of Economic Studies，2014，81（3）：1046-1070.

［11］Ghani E, Goswami A G, Kerr W R. Highway to Success：The Impact of the Golden Quadrilateral Project for the Location and Performance of Indian Manufacturing ［J］. The Economic Journal, 2014, 126（591）：317-357.

［12］Giordano P, Guzman J, Watanuki M. Evaluating the Impact of Transport Costs in Latin America ［R］. IDB Working Paper Series, 2012.

［13］Heintz J, Pollin R, Garrett-Peltier H. How Infrastructure Investments Support the US Economy：Employment, Productivity and Growth ［R］. Political Economy Research Institute（PERI）, University of Massachussetts Amberst, 2009.

［14］Koopman R, Powers W, Wang Z, et al. Give Credit Where Credit is Due：Tracing Value Added in Global Production Chains ［R］. National Bureau of Economic Research, 2010.

［15］Shirley C, Winston C. Firm Inventory Behavior and the Returns from Highway Infrastructure Investments ［J］. Journal of Urban Economics, 2004, 55（2）：398-415.

［16］Straub S, Terada-Hagiwara A. Infrastructure and Growth in Developing Asia ［J］. Asian Development Review, 2011（231）：119-156.

［17］Wang Y, Wu B. Railways and the Local Economy：Evidence from Qingzang Railway ［J］. Economic Development and Cultural Change, 2015, 63（3）：551-588.

［18］白重恩，冀东星. 交通基础设施与出口：来自中国国道主干线的证据 ［J］. 世界经济, 2018（1）：101-122.

［19］步晓宁，张天华，张少华. 通向繁荣之路：中国高速公路建设的资源配置效率研究 ［J］. 管理世界, 2019（5）：44-63.

［20］范子英，彭飞. "营改增"的减税效应和分工效应：基于产业互联的视角 ［J］. 经济研究》, 2017（2）：82-95.

［21］郭晓丹，张军，吴利学. 城市规模、生产率优势与资源配置 ［J］. 管理世界, 2019（4）：77-89.

［22］李涵，唐丽淼. 交通基础设施投资、空间溢出效应与企业库存 ［J］. 管理世界, 2015（4）：126-136.

［23］刘秉镰，武鹏，刘玉海. 交通基础设施与中国全要素生产率增长：基于省域数据的空间面板计量分析 ［J］. 中国工业经济, 2010（3）：54-64.

［24］刘生龙，胡鞍钢. 交通基础设施与中国区域经济一体化 ［J］. 经济研究, 2011（3）：72-82.

［25］陆铭. 城市、区域和国家发展：空间政治经济学的现在与未来 ［J］. 经济学（季刊）, 2017（4）：1499-1532.

［26］聂辉华，江艇，杨汝岱. 中国工业企业数据库的使用现状和潜在问题 ［J］. 世界经济, 2012（5）：142-158.

［27］王克宝. "五纵七横"构筑公路主骨架 ［J］. 中国软科学, 1995（6）：104-107.

［28］颜色，徐萌. 晚清铁路建设与市场发展 ［J］. 经济学（季刊）, 2015（2）：779-800.

［29］张克中，陶东杰. 交通基础设施的经济分布效应：来自高铁开通的证据 ［J］. 经济学动态, 2016（6）：62-73.

［30］张天华，陈力，董志强. 高速公路建设、企业演化与区域经济效率 ［J］. 中国工业经济, 2018（1）：79-99.

［31］张学良. 中国交通基础设施促进了区域经济增长吗：兼论交通基础设施的空间溢出效应 ［J］. 中国社会科学, 2012（3）：60-77.

［32］周浩，郑筱婷. 交通基础设施质量与经济增长：来自中国铁路提速的证据 ［J］. 世界经济, 2012（1）：78-97.

Large-scale Transportation Infrastructure Construction and County-Level Enterprise Productivity Heterogeneity

—Empirical Evidence from the Main Route of the "Five Vertical and Seven Horizontal" National Highways

Xu Ming   Feng Yuan

Abstract: This paper takes the "five vertical and seven horizontal" national trunk system (NTS) as a natural experiment to study the impact direction and mechanism of NTS on county-level enterprises along the system. It is found that the NTS has led to the accumulation of production resources of county-level enterprises along the system to large cities, and the degree of agglomeration has industrial-level heterogeneity, the reason is that the sensitivity of different production factors to traffic conditions is different. Although the NTS has promoted the specialized division of labor among county-level enterprises, it is difficult for these enterprises to compete with big-city enterprises and share efficiency and economic benefits from deepening the division of labor.

Key Words: Transport Infrastructure; National Trunk System; Total Factor Productivity

大规模交通基础设施建设与县域企业生产率异质性

□ 旅游共同体：传统村落旅游利益分配正义的新视角*

李 军 胡 盈

摘 要： 传统村落旅游开发的特殊性在于以社区民众生产生活基本聚落为基础的物质与非物质文化要素的整体性开发。面对旅游利益分配差距扩大的现实，获益较少者要求实现旅游利益分配正义的呼声越发强烈。而旅游共同体为其提供了最重要的学理支撑，其基本内涵是在传统村落旅游发展中，社区民众从旅游资源生成、旅游持续发展到旅游成本分担等方面形成了相互联系与不可分割的有机整体，其中文化资源共同体是传统村落旅游开发的前提，持续发展共同体是传统村落持续获益的基础，而成本分担共同体是传统村落有序运行的保障。

关键词： 旅游共同体；传统村落；旅游利益；分配正义

一、文献综述与问题提出

共同体这一概念最早可溯源到亚里士多德的城邦共同体思想中，但在社会学视野中较早对其界定与阐释的是德国社会学家斐迪南·滕尼斯（1999），其在《共同体与社会》中将人类群体生活分为共同体与社会两种理想类型。所谓共同体是指建立在本质意志基础上的自然结合体，本能的中意、惯习或共同记忆是共同体的连接基础，其描述的是一种人与人、人与物及人与环境间联系的状态，这种联系可能是传统的血缘、亲缘、地缘联结，也可能是现代意义上的法律契约、价值共享（孙九霞，2019）。该学说经过不断发展演变对我国民族旅游研究产生了深远影响：在传统村落旅游开发中，共同体是推动社区变迁的核心主体，在旅游发展前是以合作共生为准则的共同体生产，而在旅游发展后这一共同体逐渐多元化（苏静、孙九霞，2018），因而民族旅游开发的成功与村寨共同体意识紧密相关，有必要在旅游发展实践中不断加强共同体意识建设（孔瑞、高

基金项目：本文系国家社会科学基金重大项目"中国相对贫困的多维识别与协同治理研究"（19ZDA151）、中国博士后科学基金项目"共同富裕视角下西南民族旅游村寨相对贫困治理研究"（2021M693548）阶段成果。

作者简介：李军，中南财经政法大学工商管理学院应用经济学博士后，博士，凯里学院旅游学院教授。胡盈，华中科技大学宪法与行政法博士生，中南财经政法大学讲师，研究方向为教育行政。

* 本文曾刊登于《云南民族大学学报（哲学社会科学版）》2021年第6期。

永久，2021）正因为如此，民族旅游研究者不断丰富与拓展其理论内涵：孙九霞和罗婧瑶（2019）立足民族旅游发展实践提出了"旅游体验共同体"与"后地方共同体"；彭兆荣（2012）从旅游人类学视角提出了"临时共同体"；哈斯额尔敦（2011）则提出了传统村落旅游发展的"摩梭共同体"。上述这些研究成果不仅延续与承继、丰富与完善了共同体理论内涵，而且拓宽了民族旅游研究的新视野。但颇为遗憾的是，这些成果主要探讨了开发商、政府、经营者等参与主体因利益联结而形成的共同体，而较少关注传统村落内部当地民众相互作用与相互影响而形成的旅游共同体。这一旅游共同体不仅是传统村落旅游开发成功的关键，而且是传统村落旅游可持续发展的基石，更是传统村落获得一切旅游利益的源泉所在，因此从旅游共同体视角探讨社区民众之间的利益分配问题具有十分重要的学术价值。自传统村落旅游开发以来，社区民众的利益分配问题备受学界关注：有学者从文化权理论视角进行探讨，认为文化和文化活动是一切人生活尤其是体面生活不可缺少的一种需要（田艳，2017），因此少数民族文化权既具有精神权利性质，也具有财产权利的性质（刘旺、王汝辉，2008），而经济权利保障是文化权利保障的基础，应当将行使文化权而获得的物质利益在该少数民族中进行合理分配（张钧，2005）。也有学者从产权理论视角展开研究，认为少数民族是民族文化资源的载体，只有让少数民族成为文化旅游资源的主人，才能激励其合理开发与保护自己的资源（单纬东，2004），但因少数民族文化旅游资源具有集体产权特征，在具体的利益分配实践中往往出现"权力真空"现象。还有学者从社区参与视角探讨当地民众利益分配问题，认为社

区参与的实质是实现权力再分配，要让每一个公民都拥有自我决定和自我塑造的权利，并最终促成社区的政治行动（左冰，2012），其参与的内容包括直接参与（如参与决策、规划等）和间接参与（产业带动等）两方面，但受特殊的政治体制及其他因素限制，部分民众的社区参与只不过是象征性的、浅层次的参与（左冰、保继刚，2008）。上述这些研究成果为社区民众参与旅游利益分配提供了理论支撑，且从实践层面看成效显著：在广西龙脊平安寨、贵州西江苗寨等传统村落旅游开发中，开发商采取了一系列有利于增进当地民众福利的利益分配措施，如龙脊平安寨按门票收入的7%发放梯田维护经费、西江苗寨按照门票收入的18%发放文物保护经费等。但遗憾的是，这些地方仅把当地民众作为一个整体参与者来关注其旅游利益分配问题，而较少关注传统村落内部微观个体之间的旅游利益分配问题。

总之，传统村落旅游开发的特殊性在于以社区民众生产生活基本聚落为基础的物质与非物质文化要素的整体性开发，而当地少数民族群众是传统村落的主人，可以说每一位成员为这一整体性开发做出了同等重要的贡献。但在旅游利益分配实践中，受诸多因素影响，不同群体之间的收入差距逐渐拉大，这对当下传统村落旅游高质量发展与实现共同富裕构成严峻挑战。与此同时，在旅游发展中当地民众的权利意识日益增强，要求平等分享旅游利益的呼声越来越强烈，且不再满足于较少的物质利益分享与低层次的社区参与（如低层次就业等），而是希望获得深层次的参与机会（如自主经营、房屋出租等机会）与更多的经济收入，这一新的权益诉求对原有的分配规则与秩序构成严峻挑战。那么，对于那些获益较少的群体而言，是否有正

当的理由要求平等分享旅游利益呢？本文研究的主要任务就是从旅游共同体视角来回应社区民众要求平等分享旅游利益的正当性与合理性，一方面为实现传统村落旅游利益分配正义提供学理依据，另一方面为实现传统村落旅游发展、促进共同富裕提供参考借鉴。

二、旅游共同体：传统村落旅游利益分配正义的理论框架

旅游利益分配正义意味着在传统村落旅游开发中，村落内部的每一位成员平等地享有发展权利、平等地获得发展机会与平等地分享经济利益，意味着每一个当地民众平等地站在公平的起点上迈入旅游开发新时期（本文所指的旅游利益是指传统村落旅游开发带来的经济与非经济利益）。但反观现实，在传统村落旅游生命周期的动态演变中，不同个体受诸多因素影响从旅游开发中获得发展机会与分享的经济利益有较大差别：有的村民因自然区位较好获得了较多的发展机会，如那些位于观景台或旅游沿线附近的村民获得了较多的经济收入与发展机会；有的村民因家庭背景较好，在开发初期就占有较高起点的比较优势，如家庭经济条件较好的村民更能优先抓住经营机会获得更多的经济收入；有的村民因拥有较多的文化资源禀赋获得更多的经济收入，如那些拥有较多古老建筑面积的家庭就可以分享较多的文化保护金；而那些拥有特殊文化技能、掌握传统文化知识的群体可以获得更好的就业机会，如"银匠哥"因有突出民间音乐舞蹈和银饰锻制技艺具有进入旅游行业的先天优势，不仅带来了更好的职业声望，也获得了专业人士的认同和尊重，从而提高了个人的社会地位（龙良富，2018）；也有部分民

众因更加勤奋与努力、更有抱负从而获得较多的经济利益与发展机会，如黔东南清江苗寨阿花姑娘大学毕业后立志反哺乡村，于是立足传统农耕与民族文化资源优势发展研学旅游，年收入 15 万元以上……正是因为上述诸多因素的复合作用导致不同群体在旅游利益分配中的差距拉大，而且这种差距随着旅游的动态发展进一步扩大，而那部分获益较少群体一旦"锁定"在低水平的路径依赖中，就很难通过自身努力改变不利境况。

由前文可知，不同群体之间利益分配差距扩大是个体责任与非责任等诸多因素共同作用的结果，尤其是市场竞争优胜劣汰的结果。那么，获益较少的民众是否有正当的理由或资格要求平等分享旅游利益？答案是肯定的。因为传统村落旅游开发不是某单一文化要素或文化事项的开发，而是以传统聚落为基本单元的整体性开发，而这一整体性传统村落是一个集合性的旅游发展要素，即以村落为载体的人、文化、环境等诸多要素的统一体，而在诸多要素中，人是最核心、最关键的要素。村落文化因人而生，可以说有了人才有文化，也才有人与自然双向互动的生计环境。正因为如此，村落内部的每一位成员无论是否有机会参与到旅游发展中，其存在的本身就是一种价值，就是整个村落旅游开发与发展链条中不可或缺的重要一环。因而，传统村落内部民众之间的相互影响与相互联系从传统的生产、生活共同体逐渐转型为新时期的旅游共同体。

所谓旅游共同体是指在传统村落旅游发展中，社区民众之间从旅游资源生成、旅游持续发展到旅游成本分担等方面形成的相互联系与相互作用的不可分割的有机统一体，而这一整体既是传统村落持续发展的根本动力，也是传统村落获得持续利

益的源头活水（具体参见图1）。社区民众世代承继的民族文化是传统村落旅游得以成功开发的根本前提，因为以少数民族群众生产生活为基础的差异性文化是形成旅游吸引力的关键所在，可以说没有独特的文化旅游资源，就没有旅游吸引力，也就没有旅游开发价值。而持续发展是传统村落持续获得旅游利益的重要条件，没有少数民族群众的参与，就难以完成民族文化的再生产，也就难以实现不同功能区的协同发展，更难以维持安定和谐的发展环境，若初次开发成功后不能获得持续发展，那么任何个体或组织都不能从中继续分享旅游红利。与此同时，传统村落旅游的"投入—产出"是一项系统性工程，在增加旅游福利的同时也会产生一系列旅游发展成本（也称负效应），若这些发展成本得不到消化吸收与分担转移，村落旅游的持续发展将难以为继，而这些发展成本大部分由获益较少的当地民众来分摊或消化，甚至部分负效应制约其发展机会的获得与生活处境的改善。为此，获益较少群体要求

平等分享旅游利益的正义性与正当性体现在：其作为传统村落旅游共同体的有机组成部分，既为旅游发展做出了贡献（其贡献体现在旅游资源的生成与旅游可持续发展方面），又为旅游发展做出了牺牲（分担了较多的旅游发展成本，制约了其发展机会的获得）。既然当地民众形成的旅游共同体为其成功开发与持续发展做出了重要贡献，那么其作为共同体中的一分子，理应要求平等分享旅游发展带来的各种利益，这不仅是得其应得的客观要求，而且是分配正义的客观要求。所谓应得是指基于人们的表现F，行为者P应得利益B，这意味着一种正义的分配是基于某种属性给予每个人其应该得到的份额，其中决定每个人应得份额的属性被称为应得之基础（李石，2014）。对传统村落旅游开发而言，正是基于全体民众形成的旅游共同体，获益较少群体才有资格要求平等分享旅游利益；反之，若内部成员未能平等分享旅游利益则违背了应得原则，则是分配不正义的体现。

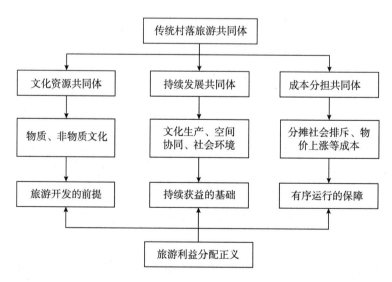

图1　传统村落旅游共同体

前文论述了获益较少群体要求平等分享旅游利益的正义性与正当性，那么传统

村落旅游利益分配正义是否意味着村落内部的每一成员平均分配旅游利益呢？是否

意味着对市场效率的否定呢？是否意味着要拉平不同群体的收入呢？答案是否定的。之所以需要分配正义，是因为在当前旅游利益的分配中存在着分配的不正义，而这种不正义集中体现在两极分化与贫富差距过大方面，一部分人因旅游开发过上了富裕生活，而另一部分人依旧处在相对贫困状态，因而需要改善他们的福利处境。为此，改善弱势群体的福利处境实际上是分配正义所要达到的目的（姚大志，2012）。本文所倡导旅游利益分配正义也就是为了有效解决贫富差距过大与村落社会分化严重的问题，不是为了平等而平等，因而让每一个成员共享旅游利益与实现共同富裕才是分配正义之目的所在。既然传统村落旅游开发是一种市场经济行为，那么不同群体因资源要素、家庭背景、空间区位、后天努力等因素差异必然存在一定利益分配的差距，这既是市场配置资源的结果，也是市场分配正义的体现，因而不能说只要不同群体存在收入与发展差距就是分配不正义的体现。相反，要充分肯定甚至鼓励不同组织、不同个体通过各种旅游要素投入的正常所得。因此，绝不允许任何人以任何借口侵犯个人的正当所得，更不容许为了平等而采取强制性的拉平措施，否则就会陷入一部分人反对另一部分人的霍布斯丛林社会中。但必须指出的是，任何个体或群体从传统村落旅游开发中获得的旅游获益（不论多少）均来自当地民众形成的旅游共同体：从要素贡献视角看，村落内部每一个体皆为旅游资源的生成与村落旅游可持续发展做出了贡献；从成本分担视角看，获益较少者承担了较多的负效应。那么，不同群体之间发展差距、收入差距及机会不均等程度的持续扩大是分配不正义的体现，因而要采取相应的措施加以矫正。总之，要辩证看待传统村落内部不同群体之间的利益分配差距，因为一定程度的不平等对人类社会而言，并非绝对坏事，它甚至还是人类社会得以发展的某种内在动因（高兆明，2010），但获益较少群体为村落旅游发展做出了较大贡献与较大牺牲，有正当的理由要求平等分享旅游利益。因此，在充分肯定不同组织与个体得其应得基础上将获益较少群体的利益分配差距控制在一定范围内，才能彰显旅游利益分配正义。

三、共同体视角下传统村落旅游利益分配正义的理论支点

（一）文化资源共同体：旅游开发的前提

少数民族群众在长期的生产生活中形成了一套以传统村落为载体的文化生态系统，其是人与自然、社会互动的产物，具体包括村落物质文化遗产、非物质文化遗产以及自然文化遗产，囊括了传统村落蕴含的人文、地理、民俗等综合价值（王小明，2013）。可以说，传统村落中的每一个体皆是村落文化的主人，皆为特定区域文化生态系统的创造与生成、传承与发展做出了贡献，具体而言：传统村落各种物质文化（传统建筑、公共空间等）是当地民众世代持续营建与共同维护的结果；各类非物质文化（如民族习俗、民间信仰、民族节庆、文化空间等）是当地民众耳濡目染、行为示范与代际承继的结果；各种生计环境（如梯田）更是当地少数民族群众与自然双向互动的结果。这充分表明，传统村落中的每一位成员为村落社会及其文化生态系统的缔结与创建做出了最基本、最重要的贡献。文化功能论认为，少数民族群众创造的文化生态系统在于满足其生产生活的需要，但随着市场经济的发展，

部分文化因失去原有的功能而退出历史舞台，但这并不意味着该文化系统的消亡，而是以另外的形式获得了新生：因其民族性、地域性与独特性，其经济价值逐渐凸显，尤其是在大众旅游消费背景下，对其资本化运作后，成为当地少数民族群众谋求经济社会发展的新路径，为此可以人为地采取一些干预措施重构其功能，改变传统文化原有的价值属性，以旅游化生存的方式为乡村社会发展服务。但传统村落文化资源在向文化资本转化过程中具有明显的公共产品特征，也就是以村落为载体生成的旅游吸引物具有整体性与不可分割性的特征，在实践中难以清晰界定文化旅游资源的产权主体，从而导致旅游利益分配有失正义，具体分析如下：

首先，非物质文化遗产的不可分割性。源于传统村落文化生态系统的共享性与集体性特征，进行旅游开发的非物质文化部分往往不属于某一个具体的人，而是属于传统村落这一集体，如民族节庆、民间信仰、民族工艺等，即使某一成员拥有某一特殊文化头衔或文化技能，如苗族村落社会中的寨老、活路头、鼓藏头以及各级各类非物质文化传承人等，其所拥有的文化资本依旧不完全属于该个体，在某种程度上仍然属于该集体。因为该个体是特定群体的典型代表，其拥有的文化专长必然是从一出生开始就从这一集体中汲取营养，因而不能脱离当地民众这一群体而孤立存在。从旅游开发实践来看，激发游客旅行动机不是某一个体所拥有的一技之长，也不是其他某单一文化事项，而是该村落独特的、差异化的整体文化模式。但旅游开发后某些非物质文化要素的经济价值并不能从文化持有者的收入贡献中体现出来，而那些拥有特殊文化符号的个体在旅游市场中更具比较优势，也更容易将文化资本

转化为经济资本，如西江苗寨中的鼓藏头充分利用自身文化符号从事苗族医药经营，即使该村民位于空间区位较差的山顶片区，其经济收入也颇为可观，若该村民一旦脱离传统村落这一整体文化背景，其拥有的文化资本向经济资本转化的可能性极低。总之，在旅游利益分配实践中，相当一部分当地民众不能获得与自身贡献大致相等的旅游利益，这明显有失公平正义，为此部分学者呼吁要为旅游吸引物权立法，但因传统文化的非物质性、人文性、无形性等特征，如当地居民的生活、行为方式、习俗和当地空气等，其权利主体与客体在某些方面不甚明确，所以无法对其进行整体性立法保护（张琼、张德淼，2013）。若大部分民众"内化于自己身上的非物质文化资源"的权益没有得到相应的体现，就会将相应的人力资本"关闭"起来，直接危害到整个民族村寨的旅游氛围，从而可能导致民族村寨的旅游价值一落千丈（王汝辉，2009）。

其次，物质文化遗产具有不可分割性。在传统村落旅游开发中，部分固定的物质遗产虽然可以精确界定其主体（如村民的房屋、村民的田土、森林等），但在一个传统村落内当地民众所拥有的物质遗产往往是一个有机联系、不可分割、整体性的旅游资源系统，这一系统由若干要素组成的具有一定新功能的有机整体，具有独立要素所不具有的性质和功能，形成了新的系统的质的规定性，从而表现出整体的性质和功能不等于各个要素的性质和功能的简单加和（魏宏森、曾国屏，2009）。这表明当地民众分散的、单个文化遗产形成的整体性旅游景观是一种新的集合性旅游吸引物，这一旅游吸引物显然不属于任何个体，而是属于该村落全体民众所有，与此同时，这些物质文化要素所具备的功能

也发生了本质变化。例如西江苗寨中的传统吊脚楼在旅游开发前是当地民众的居住场所，而旅游开发后这些吊脚楼连同周边的自然环境产生了可视化的规模效应，这是其拥有的核心竞争力所在；又如广西龙脊梯田在旅游开发前发挥着农业生产功能，而旅游开发后人与自然和谐共生和层次分明的梯田是其核心旅游价值所在，特别是当地民众的劳作场景也成了一道独具特色的风景线。这些案例旨在说明传统村落物质文化遗产具有整体性特征，一旦将村民拥有的建筑物、梯田等物质文化要素从这一整体性文化背景中剥离出来，整个村落的吸引力将大幅度下降，甚至失去旅游开发价值。那么，若构成这一整体性景观的物质文化持有者不能从旅游开发中获得经济利益，很可能出现自我毁损物质文化资源的现象，如改建吊脚楼、撂荒梯田等，这对传统村落文化旅游资源的可持续利用构成严峻挑战。

总之，在传统村落旅游开发中，任何个体或组织参与村落旅游开发获得的一切利益，归根结底都是传统村落给予的，可以说传统村落对个体或组织具有最高效用与最大价值。而传统村落不过是每一个当地民众的有机结合体，不过是每一个当地民众结合成的更大集体。因此，在传统村落旅游开发中，无论个体对旅游发展贡献及参与程度如何，都应该得到作为村落社会一员从旅游开发中所应得的利益。基于传统村落民众之间形成的文化旅游资源共同属性，获益较少者要求平等分享旅游利益的正当性在于：每一个体为传统村落旅游资源的生成均做出了贡献，这既是传统村落旅游开发成功的根本前提，也是传统村落获得一切旅游利益的根源所在。因此，获益较多者在传统村落旅游开发中必定较多利用了与获益较少者共同创造的文化旅

游资源：村落及村落文化；反之，获益较少者对村落及村落文化的利用较少。既然获益较多者包含着对共同旅游资源的较多使用，因而也就间接地包含着机会较少者的贡献。对获益较多群体而言，他们因这些较大贡献所取得的权利，便含有机会较少者的权利（王海明，2011）。但对获益较少群体而言，他们为传统村落共同旅游资源的形成做出了同等的重要贡献，但却未能分享到相应的旅游利益，对这部分群体而言是不公平的，也是不正义的。因此，在旅游利益分配中应当秉承资格先于能力的分配主张，也就是人们均等地享有基本的社会应得，以他们拥有共同体成员资格为充分条件。不能凭借人做过什么才能享有什么，而是只要拥有一定的社会共同体的成员资格便应当享有什么（张国清，2015）。既然传统村落中的每个人一生下来显然完全同样地参加了村落及村落文化生态系统的缔结与创建；那么，每个人之所以不论具体贡献如何都应该完全平等地享有基本权利，就是因为并且仅仅是因为每个人参与缔结社会这一最基本、最重要的贡献和因此所蒙受的损失是完全相同的（王海明，2011）。由此得出的结论是：基于文化旅游资源共同体这一客观事实，每一个当地民众都有资格要求平等分享传统村落旅游利益。

（二）持续发展共同体：持续获益的基础

较好的旅游资源禀赋是传统村落旅游开发成功的基本前提，但开发成功后并不意味着按照预期轨道获得持续发展。调研发现，相当一部分传统村落开发成功后先是"火了一阵子"，随后便"销声匿迹"。例如湖北省麻柳溪传统村落，贵州省南花村、青曼村、三穗寨头村等传统村落，这不仅破坏了传统村落原生态文脉与自然风

貌，而且也造成了大量人力、物力的浪费，更糟糕的是对部分旅游失地农民基本生计构成严重威胁。这表明传统村落初次开发成功后还需要具备一系列条件才能获得持续发展，具体包括民族文化再生产、空间区域的协同优化、安定和谐的社会环境等，而这一系列条件的获得又离不开当地民众的参与及支持。

第一，传统村落旅游持续发展需要不断进行文化再生产。民族地区发展传统村落旅游的核心竞争力在于其独特的民族文化，如民族建筑、民族生境、民族信仰等，但对其资本化运作后弱化了原有的文化特色是不争的事实。有学者指出，旅游开发背景下传统村落只剩下其"形"，其背后的民族文化正在不断消失，从而导致民族文化"空壳化"（贺能坤，2009），具体体现在以下两个方面：一是传统村落物质文化的损耗与折旧。为获得更多经济收入与发展机会，旅游沿线的民众对传统建筑进行了"修旧如旧"的改造，如广西平安寨、四川桃坪羌寨、湖南德夯苗寨等。若不及时采取利益平衡措施，这些具有民族特色的传统建筑很可能消亡，如当地村民向本文课题组反映西江苗寨所剩传统吊脚楼不足200栋。二是传统村落非物质文化的变迁。旅游开发在产生经济效益的同时也会诱导村落文化的整体变迁与转型，如熟人社会与人情社会的消解、民族文化特色的式微等。对外来旅游者而言，最强烈的旅游动机就是体验与感知当地原生态民族文化，更渴望在旅游中"见人、见物、见生活"。面对旅游开发文化蜕化的挑战与游客差异化体验的需求，行之有效的办法就是不断进行文化再生产。那么，谁是民族文化再生产的主体呢？当然是传统村落中的少数民族群众。因为传统村落文化具有非文字性，其依附于村寨成员的言语、

行为和思想，并依靠他们世世代代的口耳相传和循环往复的民俗活动而得以绵延不绝（肖青、李宇峰，2008）。可以说对传统村落中那些拥有特殊文化基因的少数民族群众而言，其不仅是一个简单意义上的"人"，而且是一个群体或民族的"代言人"，是一个民族区别于另一个民族的文化符号。对那些旅游化运作的传统村落而言，当地民族群众存在的本身就是一种活态的吸引物，就会产生不可替代的旅游价值。有学者指出，少数民族文化社区内的所有少数民族文化表现形式有机地结合在一起，对旅游者更具有吸引力，使旅游者在旅游过程中产生更强的愉悦感和美感，并给权利人带来更大的经济利益（袁泽清，2014）。如龙脊平安寨中的壮族女性，因其独特的头饰、服饰等，当游客踏进平安寨随即感受到浓郁的壮族文化气息。总之，传统村落中的当地民众是村落文化再生产的主体，因而有正当的理由要求平等分享旅游持续发展带来的各种利益，如此才能进一步激发其民族文化再生产的主动性与创造性，不断增强传统村落的旅游吸引力。

第二，传统村落旅游持续发展需要不同功能区协同作用。传统村落旅游空间结构主要包括核心体验区、延伸发展区与支持配合区。核心体验区是传统村落旅游开发的"前台"，是民族文化的展示窗口与表演空间，其主要功能是向游客展示当地少数民族文化；而延伸发展区与支持配合区是传统村落旅游发展的"后台"，其主要功能是为"前台"提供所需要的文化养分、物质资料及空间支持等，这一空间区域商业化程度较低，系统性地保存了该区域的文化特色。因此，只有不同功能区的相互配合与协同作用才能确保村落旅游持续发展。可以说，没有"前台"的集中展

示，就不能凸显与聚焦整个村落的文化特色，就不能产生经济集聚效应，那么"后台"的延伸发展与支持配合也将失去其应有的意义；而没有延伸发展区与支持配合区对"前台"的资源补给，就不能有效发挥核心体验区的经济发展与文化展示功能。随之而来的问题是，虽然传统村落旅游的持续发展是不同功能区协同作用的结果，但同时因不同空间区域的功能分异导致当地民众获得的发展机会与经济收入有较大差异：核心体验区是整个村落的旅游经济中心，各种旅游要素向该中心集聚，靠近这些"点"或"线"空间位置的当地民众拥有较多的发展机会，从而获得较多的经济利益，并在此基础上进一步提升自己的可行能力，以便在下一轮竞争中获得更大的比较优势；而那些处在延伸发展区与支持配合区的民众，虽然拥有较多的文化资本，但因该区域是整个村落的经济洼地，几乎不能获得较高层次的发展机会，而更多只能以低层次就业、销售农产品及民族工艺等方式参与其中，获得经济收入相对较少，在后续的发展中既缺乏提升可行能力的观念，又缺乏提升可行能力的条件。由此可知，那些远离核心体验区的当地民众为传统村落持续发展做出了贡献，甚至为整个村落旅游利益牺牲了自我发展的机会，却分享了较少的旅游利益，这对他们而言有失公平。为缩小不同空间区域的收入与发展差距，有学者提出了通过"前台"的"收入"来补偿"后台"因失去部分发展机遇而付出的代价，采取相应的措施对"前台"收入进行统一的调剂和分配（杨振之，2006），这充分肯定了"后台"区域民众对村落旅游持续发展的贡献。从另一个视角看，不同空间区域的每一个体是创建与缔结村落社会的重要力量，在旅游开发前居住在哪一具体空间位置具有不

以人的意志为转移的客观性，因此在旅游开发中能否位于"前台"获得较好的发展机会具有偶然的运气成分。对共同体内的其他成员而言，这些偶然的因素使某些人得到了更多的收入，那么这些更多的收入在道德上就不是他们应得的，所产生的不平等就是应该加以纠正的（姚大志，2011）。总之，处在较差功能区域的当地民众为传统村落旅游的可持续发展做出了同等重要的贡献，从而有资格要求平等分享旅游利益。

第三，传统村落旅游持续发展需要安定和谐的社会环境。村落共同体是维持乡土社会秩序的重要力量，因此安定团结与和谐稳定的社会环境是传统村落旅游可持续发展的必要条件。旅游开发前，传统村落以共同体为社会的主要组织形式，而共同体是一个有着较强感情认同和归属感的紧密团体，具有自我提供公共产品、自我生产帮扶体系、自我满足消费欲望、自我维持内部秩序的自主性特征（刘伟，2009）。在这一村落共同体社会中，成员之间密切往来与互帮互助，因而有着较强的凝聚力与向心力。而旅游开发后不同群体因利益分配失衡对原有的社会秩序构成严峻挑战：为获得更多游客入住，社区民众之间经常发生抢客行为，有时候演变成口角冲突，甚至是肢体冲突，给游客留下很不好的印象，严重损害了村落旅游形象（郭小涛，2015）；因收入差距导致社会分层与地位分化，不同群体之间相互嫉妒与仇视；还有部分获益较少者制造与散布不利于村落旅游发展的"谣言"。上述这些案例表明，如果村落旅游开发仅仅是一部分人受益，那么获益较少群体就会从心理上感到被村庄所孤立与排斥，进而失去对旅游发展的认同，就会破坏旅游发展环境。这说明，在村落旅游开发中获益较多群体

与获益较少群体是一种"链式连接"的关系：当获益较少者从旅游发展中获得较好的发展机会与较多的经济利益，就会不断改善自己的弱势处境，进而增强发展旅游的信心，实现了自身利益与村落旅游发展的有机关联，就会营造稳定和谐的旅游发展环境，主动维护村庄的整体利益，从而进一步增强旅游目的地吸引力。对传统村落而言，只有吸引更多旅游者才能带动资金流、信息流、物流的流动，如此才能维持与巩固获益较多者的优势地位；反之，旅游利益分配的非均衡性导致贫富差距持续扩大，村落不稳定因素就会增加，一旦不同群体之间矛盾激化导致旅游经济系统瘫痪，任何群体都不会从中获得好处。因此，获益较多者采取相应措施改善获益较少者处境，增进获益较少者福利的过程也是实现自身利益最大化的过程，除了获得更多经济利益、物质财富外，还能获得安全感、社会生活环境以及享受更好生活的可能。一言以蔽之，获益较少群体为传统村落旅游持续发展营造了安定团结的发展环境，理应从传统村落开发中获得相应的旅游利益。

（三）成本分担共同体：有序运行的保障

传统村落旅游作为民族地区经济发展的重要途径，能超越区域生产力发展总体水平，实现民族地区经济跨越式发展（杨振之，2004），可以说以"村寨模式"为典型代表的旅游扶贫在带动就业、脱贫增收、转变观念等方面成效显著，但同时也会产生一系列发展成本。因为传统村落旅游的有序运行是一项系统性工程，在外部它每时每刻都在与别的社会系统、自然系统进行着信息、物质、能量的互换；在内部则是各层次不断地发生相互作用，进行更迭代谢（魏宏森，曾国屏，2009），其

为获得稳定有序发展，一方面需要从外部环境中汲取有利于自身发展的各种旅游要素；另一方面也要向外部环境排放由此产生的负效应（如噪声污染、环境污染等），而且只有不断消化与转化这些负效应才能维持旅游发展系统的动态平衡。但在负效应的消化与转移过程中，受制度约束力不强、权责不清晰等因素制约，开发商及其他经营者一般不会主动承担相应的责任，大部分发展成本最终由当地民众来承担，更确切地说是由那些获益较少群体来承担。因为这部分群体在旅游利益分配的各个链条中处于弱势地位，既缺乏可供选择的成本分摊机会，又缺乏相应的成本分摊能力，具体分析如下：

第一，获益较少者承担较多的环境成本。生态人类学认为，良好的生态环境是人类生存发展与繁衍生息的基础，因为环境给予人以维持一切生存的东西。但任何产业的发展都会给当地自然环境产生一系列消极影响，即便是以传统村落为载体的生态与文化旅游开发也会产生不同程度的环境破坏与环境污染问题。首先是环境破坏问题。在旅游生命周期的成长期及成熟期，因品牌知名度提升与外来游客较多，传统村落需要不断拓展发展空间以提升接待能力，为此不断扩建与完善相应的旅游基础设施，如修建停车场、新增旅游服务中心等，这样就会在一定程度上破坏传统村落的生态系统与自然风貌。例如2012年西江苗寨修建西大门游客接待中心需要征用大片的山地、林地，当地村民认为这严重破坏了传统公共信仰空间——龙脉，遂与施工队发生冲突。其次是环境污染问题。因生态环境的公共产品特性、村落自身排污能力的有限性及其经济利益驱动，开发商或经营农户一般不会主动采取积极治理的措施，而是将各种污染物直接排入当地

环境中。2016 年以前，西江苗寨游客单日接待量多达数万人，除部分游客随地吐痰、乱丢垃圾等不文明旅游行为外，最严重的是经营者将游客消费产生的废水、污水等直接排放到白水河（现已基本完善排污系统），这对那些继续从事农业种植、家禽养殖的农户造成减产、减收等不利影响。这表明，传统村落旅游开发产生的环境破坏与污染问题不仅降低当地民众的生活质量，而且对部分群体的持续生计产生消极影响，但遗憾的是这部分群体没有从旅游开发中获得应有的补偿。

第二，获益较少者要承担社会排斥成本。社会排斥是一种能力与关系剥夺，这种排斥对受排斥人产生很大的直接影响，造成诸多损失（阿马蒂亚·森，2005）。为提升传统村落旅游品牌的知名度与美誉度，景区治理主体采取了一系列规范摆摊设点、临时交通管制、严控房屋修建等治理措施。虽然政策制定者的主观目的并非有意排斥任何群体参与旅游发展，但事实上却产生了消极排斥效应，尤其是对获益较少群体的基本生计构成严重威胁。例如二次开发初期，西江村委会及其周边区域有 20~30 人依靠跑"摩的"（摩托车载客）谋生，月收入在 2000~3000 元，但治理主体基于景区安全与营造良好旅游环境的考虑，逐步规范村民这一生计行为，尤其是 2020 年的"一盔一带"行动进一步加大管控力度，如今这一群体已集体失业。也有部分村民反映，开发初期可以在公共空间（如道路、凉亭）等区域兜售工艺、小吃及瓜果蔬菜，年收入在 3 万~5 万元，但自规划小吃摊位后禁止摆摊设点，从而导致部分参与能力较弱的民众失去了收入来源。再如为缓解景区内部交通压力出台了从早上 8 点到晚上 6 点的交通管制措施，这一举措严重制约后山片区客栈发展。未

管控前，该地段村民用私家车接送游客上下山，但采取管制措施后因游客不愿意上山因而该地段村民失去了客源。上述案例表明，为确保传统村落旅游有序运行，治理主体采取的各项措施客观上产生了消极排斥效应，牺牲了部分弱势群体的发展机会，因此获益较多者应当采取相应的补偿措施。

第三，获益较少者分摊较多物价上涨成本。大部分传统村落旅游开发后都会产生区域性的通货膨胀，较之于周边村落物价涨幅在 25%~70%，这样就会增加当地民众的生活成本，尤其是对那些获益较少群体影响较大。因为这部分群体参与机会较少，参与层次较低，家庭总收入没有明显增加，可以说因旅游开发产生的旅游收入效应明显。所谓旅游收入效应是指，旅游开发后在家庭总收入没有明显增加的情况下，物价上涨导致其拥有的货币收入（物质财富）相对减少，其购买能力随之下降，生活幸福指数也会随之降低。这样就会导致当地民众"交换权利映射"恶化，村民与开发方之间的共识逐渐减少，社区处于群体性事件爆发的风险域扩大（罗章、司亦含，2014）。总之，获益较少群体从旅游发展中获得的增收效应小于通货膨胀效应，物价上涨后其处境变得更加糟糕，因而需要承担更多的物价上涨成本；而对那些获得较多旅游利益的群体而言，虽然也要承受物价上涨成本，但因其增收效应远远大于通货膨胀效应，对其生活影响较小。

第四，获益较少者承担较多的噪声污染成本。噪声污染是旅游开发向外部环境排放的不可避免的负效应之一。调查发现，相当一部分传统村落旅游开发过度商业化倾向明显，各类经营主体从早到晚的吆喝声、叫卖声、演绎声等声声不息，这既影

153

响了当地民众的正常作息，又影响了下一代教育质量。但传统村落内部不同群体规避或转移这一污染的能力有较大差异，那些获益较多者的典型做法是将生计场所与生活场所有效区隔，而那些获益较少者因缺乏购置新房的经济能力，只能继续在传统村落中生活，更糟糕的是其子女也只能在嘈杂的商业环境中学习。可以说，获益较少群体为传统村落旅游发展承担了较多的噪声污染成本，且这一成本的代际传递制约下一代人的发展。

总之，那些获益较多的群体，其经济实力强、人脉关系广，可以说是传统村落旅游开发的最大受益群体，因而其有能力转移、规避旅游开发产生的各种负效应（如异地购房等）；而那些获益较少的群体，他们能力较弱、地位较低，已成为名副其实的弱势群体，却为此要分摊更多的发展成本，如社会排斥、通货膨胀、噪声污染等，可以说获益较少群体为传统村落旅游发展做出了较大的牺牲，正因如此整个村落才得以获得持续不断的旅游利益。但对于这部分群体而言，传统村落旅游开发不仅没有明显增加其家庭收入、改善其生活境况、提升其发展能力，而且严重制约其发展机会的获得，甚至使其处境变得更糟糕。因此，基于成本分担共同体视角获益较多者应当为获益较少者采取相应的补偿措施，以此缩小不同群体之间的发展差距，彰显旅游利益分配正义。

四、结语

旅游开发前，传统村落是一个天然的地缘、血缘与生产共同体，是一种持久的真正的共同生活，如水利、防卫、治安等生存之需与生产生活领域的互惠互助等，这给茫然无助的人们提供了一种生存和生活的安全或保障，或"确定性"，让人们得以相互依赖，由此共同体获得了人们的信任与认同（项继权，2009）。在这一共同体内，任何个体只有得到村落集体的接纳与认可才能获得基本的安全屏障与生存发展；而个体一旦认同村落，就会不自觉地维护村落的集体利益。旅游开发后，当地民众之间形成了不可分割与有机联系的旅游共同体，这一共同体体现在旅游资源生成、旅游持续发展、旅游成本分担等方面，其不仅是传统村落持续发展的关键所在，而且是传统村落获得一切旅游利益的源泉所在。但在旅游利益分配中有的人较多利用这一共同体，而有的人较少利用共同体，因而获益较多群体包含了获益较少群体的贡献或付出。正因如此，获益较少群体有理由、有资格要求平等分享旅游利益，获益较多群体有义务、有责任采取措施缩小贫富差距，如此才能实现旅游利益分配正义，也才能进一步增强获益较少群体对旅游发展的共同体意识，从而形成更大的凝聚力与向心力巩固与延续这一旅游共同体，继而推动整个村落旅游可持续与高质量发展。

参考文献

［1］阿马蒂亚·森. 论社会排斥［J］. 王燕燕，译. 经济社会体制比较，2005（3）：1-7.

［2］单纬东. 少数民族文化旅游资源保护与产权合理安排［J］. 人文地理，2004，19（4）：26-29.

［3］斐迪南·滕尼斯. 共同体与社会［M］. 林荣远，译. 北京：商务印书馆，1999.

［4］高兆明. 分配正义的两个考察维度［J］. 南京师大学报（社会科学版），2010（1）：5-15.

［5］高兆明. 和谐社会建设视域中的社会正义问题［J］. 长春市委党校学报，2006（3）：3-6.

［6］郭小涛. 贵州西江千户苗寨旅游利益协调机制研究［D］. 西南民族大学硕士学位论

文，2015.

［7］哈斯额尔敦．地域分布与共同体的形成：以泸沽湖地区旅游开发中的"摩梭化"现象为例［J］．中央民族大学学报（哲学社会科学版），2011（4）：70 74.

［8］贺能坤．旅游开发中民族文化变迁的三个层次及其反思：基于贵州省黎平县肇兴侗寨的田野调查［J］．广西民族研究，2009（3）：172-177.

［9］孔瑞，高永久．旅游开发中的民族村寨共同体意识建设：以渝东南金珠苗寨为例［J］．青海民族研究，2021，32（1）：95-98.

［10］李石．论罗尔斯对"应得"理论的批评［J］．哲学动态，2014（12）：72-76.

［11］刘旺，王汝辉．文化权理论在少数民族社区旅游发展中的应用研究：以四川省理县桃坪羌寨为例［J］．旅游科学，2008，22（2）：63-68.

［12］刘伟．论村落自主性的形成机制与演变逻辑［J］．复旦学报（社会科学版），2009（3）：133-140.

［13］龙良富．文化资本视角下民族青年传统技艺的积累和转化——旅游发展中个体的社会实践［J］．广西民族研究，2018（5）：129-136.

［14］罗章，司亦含．交换权利与冲突：对西南民族地区群体性事件的新阐释：以贵州XJ苗寨为例［J］．广西民族研究，2014（1）：61-66.

［15］彭兆荣．旅游人类学："临时共同体"的民族志关照［J］．旅游学刊，2012（10）：5-6.

［16］苏静，孙九霞．共同体视角下民族旅游社区生产主体变迁研究：以岜沙苗寨为例［J］．人文地理，2018，33（6）：118-124.

［17］孙九霞，罗婧瑶．旅游发展与后地方共同体的构建［J］．北方民族大学学报（哲学社会科学版），2019（3）：101-108.

［18］孙九霞．共同体视角下的旅游体验新论［J］．旅游学刊，2019，34（9）：10-12.

［19］田艳．试论少数民族基本文化权利的界定［J］．贵州民族研究，2007，27（6）：21-27.

［20］王海明．平等问题的哲学思考［J］．南通大学学报（社会科学版），2011，27（1）：

1-18.

［21］王汝辉．基于人力资本产权理论的民族村寨居民参与旅游的必要性研究［J］．旅游论坛，2009（4）：559-562.

［22］王小明．传统村落价值认定与整体性保护的实践和思考［J］．西南民族大学学报（人文社会科学版），2013，34（2）：156-160.

［23］魏宏森，曾国屏．系统论：系统科学哲学［M］．北京：世界图书出版公司，2009.

［24］项继权．中国农村社区及共同体的转型与重建［J］．华中师范大学学报（人文社会科学版），2009，48（3）：1-9.

［25］肖青，李宇峰．民族村寨文化的理论架构［J］．云南师范大学学报（哲学社会科学版），2008，40（1）：65-69.

［26］杨振之．旅游经济是建设民族地区小康社会的发展模式［J］．云南民族大学学报（哲学社会科学版），2004，21（4）：59-64.

［27］杨振之．前台、帷幕、后台：民族文化保护与旅游开发的新模式探索［J］．民族研究，2006（2）：39-46.

［28］姚大志．再论分配正义：答段忠桥教授［J］．哲学研究，2012（5）：99-105.

［29］姚大志．分配正义：从弱势群体的观点看［J］．哲学研究，2011（3）：107-114.

［30］袁泽清．论少数民族文化旅游资源集体产权的法律保［J］．贵州民族研究，2014（1）：18-22.

［31］张国清．分配正义与社会应得［J］．中国社会科学，2015（5）：21-39.

［32］张钧．文化权法律保护研究：少数民族地区旅游开发中的文化权保护［J］．思想战线，2005，31（4）：29-33.

［33］张琼，张德淼．"旅游吸引物权"整体立法保护质疑［J］．法治研究，2013（6）：84-89.

［34］左冰，保继刚．从"社区参与"走向"社区增权"：西方"旅游增权"理论研究述评［J］．旅游学刊，2008，23（4）：58-63.

［35］左冰．社区参与：内涵、本质与研究路向［J］．旅游论坛，2012，5（5）：1-6.

Tourism – based Community: A New Perspective of the Justice of the Distribution of Tourism-based Interests in Traditional Villages

Li Jun   Hu Ying

Abstract: The particularity of the tourism development of traditional villages lies in the overall development of the material culture and intangible culture based on the production and life settlement of the communal people. Facing the reality of the widening difference in the distribution of tourism-based interests, the appeal for a fair distribution is growing. The tourism-based community provides an important theoretical basis for this appeal, and its essence is for the tourism development of traditional villages, because the communal people can benefit from the generation of tourism resources, sustainable tourism development and the sharing of tourism costs, all of which have formed an interrelated and integral organic whole. The community with cultural resources is the premise of the tourism de-velopment of traditional villages, the sustainable development of the community is the basis of stable benefit, and the cost-sharing community is the guarantee of the orderly operation of traditional villages.

Key Words: Tourism-based Community; Traditional Villages; Tourism-based Interests; Distributive Justice

□ 数字经济与乡村振兴耦合的理论构建、实证分析及优化路径*

张　旺　白永秀

摘　要：创新性地将数字经济与乡村振兴纳入统一框架，探索性地融合扎根理论和实证模型，提出包含理论构建—实证分析—优化路径的完整研究框架，采用 12 个案例和 2012～2019 年 30 个省（自治区、直辖市）的面板数据展现出研究过程。研究发现，数字经济与乡村振兴在内、外部环境下通过关键活动交叉耦合，数字经济包含数字基础设施、农业数字化和农业数字产业化，乡村振兴包含产业兴旺、生态宜居、乡风文明、治理有效、生活富裕；数字经济的发展程度整体上弱于乡村振兴，但前者增长速度明显快于后者，差距逐步缩小；数字经济与乡村振兴具有强烈的相关性，但并未达到最优耦合状态，难以高质量实现协调互补发展；不同省份、不同年份指标层和要素层的主要障碍因子不尽相同，但都反映出了耦合系统协调演化的主要障碍。

关键词：数字经济；耦合；乡村振兴；扎根理论；实证模型

中国长期存在的城乡二元结构体制，导致城市和农村数字化程度相距较远，城市的传统行业早已完成信息数字化正在经历业务数字化，甚至一些服务行业都完成了数字转型，如各类平台经济如火如荼，第三方支付和外卖 APP 成为城市日常生活不可分割的一部分。在非网民规模巨大的农村，无论是信息数字化还是业务数字化，发展都相对比较滞后，对中国增强数字经济世界竞争力造成严重阻碍。然而从另一方面来讲，农村数字经济发展虽有滞后，但未来潜力巨大，数字经济也成为促进农村改革发展、实现农业农村现代化、实现农村地区跨越式发展的强劲动力，能够全力推动农业农村高效率、高质量发展。因此，高效率引导数字经济嵌入农村生产生活，已经成为中国农村经济发展方式转变的基本方向。

当期，中国脱贫攻坚战取得了全面胜利，农业农村发展迈入新时代，

基金项目：国家社会科学基金重大项目"西部地区巩固拓展脱贫攻坚成果同乡村振兴有效衔接的路径及政策研究"（21ZDA063）。

作者简介：张旺，男，博士，西北大学经济管理学院师资博士后，研究方向为数字经济赋能乡村振兴。白永秀，男，西北大学经济管理学院教授、博士研究生导师，现任陕西省高校哲学社会科学重点研究基地西北大学市场经济与企业制度研究中心主任、西北大学乡村振兴战略研究中心主任，研究方向为反贫困理论与乡村振兴等。

*　本文曾刊登于《中国软科学》2022 年第 1 期。

乡村振兴顺势接力成为全党工作重中之重，这标志着"三农"问题正式进入化解之道（温铁军等，2018）。民族要复兴，乡村必振兴。对此，党的十九大明确提出"实施乡村振兴战略"，以实现中国乡村"产业兴旺、生态宜居、乡风文明、治理有效、生活富裕"的总要求。脱贫攻坚与乡村振兴有效衔接是一项庞大的系统工程，尤其是在近5年有效衔接期内需要以巩固脱贫攻坚成果为主、以建设乡村振兴为辅，这就要求必须同时存在有效引擎牵引和持续动力驱动两种能量才能保证高效过渡，确保乡村振兴高质量完成。数字经济以数字化的知识和信息为关键生产要素，以数字技术为核心驱动力量，以现代信息网络为重要载体，通过数据要素、数字技术和数字基础设施三者叠加、渗透、扩散对传统行业形成叠加效应、渗透效应和扩散效应，能够在提高资源配置效率的同时降低生产成本，对乡村振兴来说既是一种新动能，又是一种新引擎，这已经成为学术界和实业界的共识。此外，中国兼具网络大国和农业大国双重身份，互联网领域的数字资源极为丰富，农业领域的应用空间极为广阔，如何激发和释放数字经济在乡村振兴中的巨大潜能和倍增效应，以促进农业全面升级、农村全面进步、农民全面发展，亟须学术界给予理论回应。因此，本文认为数字经济与乡村振兴具有双向耦合优势和耦合需求，大力发展农村数字经济是乡村振兴的一个战略方向，而农村数字经济是中国数字经济不可或缺的重要组成部分，乡村振兴又是时下阶段数字经济红利大释放和规模性反哺的主要对象。

本文从系统耦合视角切入，创新性地将数字经济（本文主要指农村数字经济）与乡村振兴纳入统一的框架，探索性地融合扎根理论和实证模型，提出包含理论构建—实证分析—优化路径的完整研究框架，从理论和实践两个层面回答了数字经济与乡村振兴耦合的系列问题。

一、文献综述

乡村振兴本质上是漫长的乡村转型发展过程中的一个特殊阶段（郭远智等，2021），既具有对历史的继承性又具有明显的历史跨越性（张海鹏等，2018）。乡村振兴战略是乡村发展演化到一定程度后，为解决其面临的突出问题以向更高层次迈进的战略选择（贺雪峰，2018）。如今，在中国共产党的带领下，中国脱贫攻坚战取得了全面胜利，消除了绝对贫困问题，但相对贫困问题依然存在。农村的突出问题已经转化为农村空心化、污染加剧和农产品缺乏竞争力（李周，2017），农村发展不充分、不平衡（白永秀和宁启，2021），以及乡村和城市在现代化进程中地位不平等（杨慧莲等，2018），乡村振兴成为破解之道。乡村振兴具有丰富的科学内涵，经济建设、文化建设、生态建设、福祉建设和政治建设是全面振兴乡村的重要内容（张军，2018），高质量发展、农业农村优先发展、城乡融合发展是乡村振兴的3个方面（姜长云，2018），乡村振兴的对象不仅包括"人—地—钱—业"（何仁伟，2018），还包含为"三农"提供良好的生产、生活、生态环境（李铜山，2017）。

乡村振兴战略实施过程中面临生产要素流动不畅（温铁军等，2018）、价值链运作不畅、供需链梗阻不畅等诸多堵点，现有文献一致认为数字经济能够高质量、高效率、高精度地畅通乡村振兴堵点。如李晓华（2019）认为，数字经济作为一种加速重构经济发展与治理模式的新型经济形态，具有高成长性、强扩散性和降成本性。李珍刚等（2019）认为，数字经济是乡村连接外部市场的桥梁，不仅能为农业提高生产效率提供技术支持，而且可以极大地释放农村创新活力。陈一明等（2021）认为，数字经济具有优化要素配置、降低交易成本、缓解市场信息不对称等诸多优势，对促进农业现代化、农村进步和农民发展具有倍增效应。邱蓉（2021）指出，数字经济在减少产业和产品同构、助力产业兴旺方面表现出色。Young（2019）认为，数字经济通过构建"物理世界"和"数字世界"孪生的虚拟空间，为农业生产、农村流通、社会治理、生活形态、文化观念等应用场景赋能，是支撑实现乡村全面振兴的一种全新的手段和工具。

从数字经济的核心元素来看，数字化的知识和信息是关键生产要素（数据要素），数字技术是核心驱动力量，现代信息网络是重要载体，三大核心元素能够协同赋能于乡村振兴产生叠加效应，分别赋能于乡村振兴产生倍增效应。从数据要素视角，Goldfarb等（2019）认为，数据成为关键生产要素，能够推动产业结构升级优化、降低信息不对称程度、优化资源配置、提升社会供需匹配效率，从而创造新的价值。沈费伟（2020）则将数据作为一种新的生产力要素，对农业生产、管理、销售全过程进行赋能重塑，进而开发乡村经济的新产业、新业态、新模式；从数字技术视角，秦秋霞（2021）认为，数字技术能够渗透到乡村振兴的方方面面，产生巨大的资源优化与集成作用，带来颠覆性变革和创新破坏，实现乡村生产科学化、治理可视化、生活智能化和服务便捷化。朱秋博等（2019）认为，数字技术被应用到农业领域，可深刻改变农业发展方式、提升农业生产效率与发展质量，Song等（2020）认为，还能提高农村

人力资本水平、提升农民市场对接能力、提供创业就业机会和推动农业产业转型升级。从信息网络载体视角，沈费伟等（2021）和刘俊祥等（2020）认为，互联网的便捷性和低成本打破了原有的社会结构、关系结构、地缘结构，重塑了乡村治理格局，而Sutherland等（2018）则认为，互联网载体创新和变革了农村消费模式。此外，还有文献认为数字经济对生态、文化、金融等具有促进作用，如李翔（2020）认为，数字经济促进了乡村文化产业发展，而张勋等（2019）认为，农村数字普惠金融能够降低交易成本实现农村资金的供需配置，解决农村的金融地域歧视和供给型金融抑制问题，支撑农村数字经济增长。

数字经济与乡村振兴耦合是时代必然趋势，两者耦合发展互为补充、相得益彰，这正是本文研究的意义。党和政府文件将数字农业、数字乡村建设提升到了前所未有的高度，在顶层设计上通过制定宏伟蓝图以确保农业农村现代化建设的方向和进程；学术界文献对乡村振兴提出的历史背景和突出问题进行了详细研究，在理论上强调了数字经济对乡村振兴来讲是一种新动能、乡村振兴为数字经济提供广阔赋能空间，两者相辅相成、互为耦合、相互赋能。但仍然存在以下不足：一是数字经济与乡村振兴耦合的理论体系不完善、理论构建依据不充分、研究方法脱离现实，更无涉及两者耦合过程、耦合维度等相关研究；二是数字经济与乡村振兴耦合的指标体系未达成统一共识、耦合协调度测算和障碍因子诊断更无涉猎、耦合协调演化阶段识别并未见报道，虽然有农村数字经济测度和乡村振兴水平测度文献，但并未见将两者纳入统一框架的研究，十分缺乏数字经济与乡村振兴耦合的实证分析；三是促进数字经济与乡村振兴耦合的优化路径

缺乏理论依据和实践依据，更多的政策建议、路径选择、政策参考落地困难，能够将定量分析和定性分析结合充分发挥两者互补优势的研究较少。上述不足成为研究数字经济与乡村振兴耦合的短板，亟须学者给予回答，这正是开展本文研究的目的和意义。

二、数字经济与乡村振兴耦合的理论构建

（一）研究对象

以数字乡村典型案例库和成功案例为遴选依据，在全国范围内充分结合区域差异遴选出 12 个典型案例作为本文研究对象。12 个典型案例具有一定的代表性，包含了河北巨鹿样本、江苏宿城样本、江苏沙集模式、河南孟津模式，也包含了数字乡村示范县浙江德清县、浙江平湖市、重庆石柱县，以及被誉为西北电商第一县的陕西武功县等。12 个典型案例遍布东部、东北部、中部、西部，涉及金银花产业、木耳产业、家具业等诸多产业，12 个典型案例之间存在较强的完备性和互补性（白长虹等，2019）。

为形成完整的证据链并通过三角验证，保证研究资料的完整性和准确性，本文通过多种渠道获取典型案例资料。主要来源包括：①进行实地调研，对接县级以上乡村振兴局有关领导进行面对面访谈，对访谈记录进行整理；②针对典型案例的发展历程、结果呈现等，主要通过政府文件、文档介绍、发展报告等途径采集；③针对一些事件观点、理论观点、学术观点等，主要通过核心论文、专家评论、学术会议等途径获得。课题小组成员对研究资料进行整理、编号、精练，确保实地、准确地反映实际情况。

（二）扎根分析过程

扎根理论是一种典型的自下而上建立理论的方法，扎根分析过程具有科学性和严谨性，特别强调从实际资料中生成理论，要求所产生的理论有可以追溯到的原始资料，这样产生的理论才具有鲜活生命力。扎根理论主要参考《质性研究的基础：形成扎根理论的程序与方法》，此处不再赘述。扎根分析过程主要包含开放式编码、主轴性编码和选择性编码三级编码。

1. 开放式编码

开放式编码是对原始资料进行贴标签和概念化的过程，需要不断地对出现的标签和概念进行修订与校验。本文为了消除主观倾向对编码结果的影响，组织课题小组成员仔细研读案例资料，针对具有争议的编码举手投票决定，反复比较资料的逻辑关系，剔除重复冗余的概念，最终在整理好的 75 份原始资料中，贴上 107 个标签，概括出 107 个概念。

2. 主轴式编码

主轴式编码是在开放式编码基础上不断对初始概念进行对比分析，根据初始概念之间的内在逻辑联系，将具有相同内在逻辑的初始概念提炼为更高一级的范畴。比如本文将初始概念"数字基础设施普及率""数字化服务站点""农产品质量安全监督平台""数字设施向农户扩散""农业运作智能化平台""农产品生产可视化平台""农产品销售可视化平台"提炼、归纳为"数字基础设施"范畴。同理，本文最终将 107 个初始概念提炼成 16 个范畴。

3. 选择性编码

选择性编码是在主轴式编码基础上提炼出高度概括的核心范畴，从而建立核心范畴与范畴之间的联系。比如本文将"数字基础设施""农业数字化""农业数字产

业化"提炼为"数字经济"核心范畴。同理，最终将 16 个范畴提炼成为 5 个核心范畴。

（三）理论模型

通过三级编码，得到数字经济、外部环境、内部环境、关键活动和乡村振兴 5 个核心范畴。为了将核心范畴之间可能的关系具体化，使分析逻辑更加具有连贯性，本文借鉴陶小龙等（2021）和綦良群等（2021）的做法，采用"故事线"的方式将支离破碎的事件重新聚拢在一起，精练地诠释出原始资料所呈现出的理论框架，如图 1 所示。

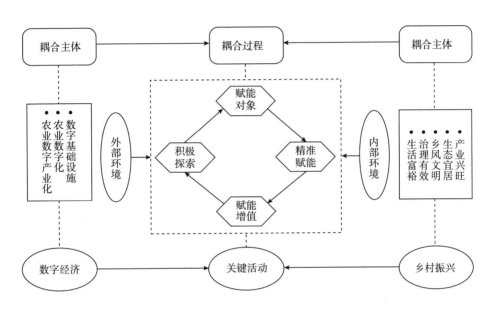

图 1　数字经济与乡村振兴耦合的理论模型

本文认为数字经济与乡村振兴耦合最终形成数字经济—乡村振兴耦合系统，该系统的形成和演化对建设数字乡村、实现农业农村现代化建设来说是必不可少的。数字经济是一种与自然生态系统类似的复杂动态的生态系统，有多个亚系统和多个复杂的要素，主要由生产者亚系统、消费者亚系统、分解者亚系统和数字生态环境构成（孟方琳等，2020）；乡村振兴作为国家宏观战略体系，涵盖了乡村地域系统"人""地""业"众多要素，是一个具有特定结构与功能的目标系统，乡村振兴是乡村地域系统的一个子系统（李志龙，2019）。本文根据人地关系地域系统理论，依据乡村地域系统（乡村综合体）是由人文、经济、资源与环境相互联系、相互作用构成的，具有一定结构、功能和区间联系的乡村空间体系这一论述（刘彦随，2018），认为数字经济生态系统与乡村振兴地域系统同属于人地关系地域系统，数字经济生态系统重点强调乡村空间体系的数字生态环境，而乡村振兴地域系统重点强调乡村空间体系的乡村地域环境。数字经济子系统与乡村振兴子系统通过要素、结构、功能实现耦合现象，两者之间相互作用、相互影响形成一个有机的耦合整体，本文将其界定为数字经济—乡村振兴耦合系统，该耦合系统是一个复杂的、动态的、不断演化的系统。

本文认为，数字经济—乡村振兴耦合

系统是实现农业农村现代化的必由之路，是对乡村振兴过程中遇到的堵点的积极回应，以数据要素和数字技术作为推动农业农村现代化的核心力量，涵盖乡村振兴领域的产业兴旺、生态宜居、乡风文明、治理有效、生活富裕等方面。对于产业兴旺，数字经济通过资源整合、信息共享和要素互联，健全一、二、三产业融合发展利益联结机制，推进农业产业全面升级（Onituka，2018）；对于生态宜居，数字经济可以实现农业生产过程的透明化，协助农业生产中对肥料、农药等生产要素的精细化操作，用精细化生产替代传统的粗放式生产，保护农村生态环境；对于乡风文明，数字经济通过乡村文化资源数字化和网格化，促使乡村文化业态升级，打造统一的公共文化空间以实现城乡文化融合发展；对于治理有效，大数据与乡村治理、互联网与乡村治理网格化、数字乡村和公共服务、智慧乡村等已经成为乡村治理的主要形式，大幅度提升了政府的治理效能；对于生活富裕，数字经济通过重构乡村人、地、钱三要素在产业链和价值链中的位置，优化组合形成诸如直播带货、农业生产+电商、农业基地+盒马的乡村经济发展新模式，在拉动网络消费和网络创业方面效果显著，对提高农户收入和生产水平具有重要的带动作用。

三、数字经济与乡村振兴耦合的实证分析

（一）指标构成

本文紧扣数字经济与乡村振兴耦合的理论模型，先构建数字经济—乡村振兴耦合系统指标体系，再通过实证分析对理论模型进行阐释，理论模型与实证分析互为支撑、互为补充。本文构建指标体系主要有法律政策依据、理论依据和现实依据三个遴选依据，法律政策依据是指依据党和政府文件中涉及数字经济与乡村振兴耦合的阐释；理论依据是指依据学术界关于数字经济与乡村振兴耦合、数字经济指标体系、乡村振兴指标体系等理论成果；现实依据是指依据数据的可获得性和实际操作性，主要用于具体衡量中代理指标的遴选。

本文遵循指标体系三大遴选依据，有关数字经济的指标主要参考张鸿等（2021）和慕娟等（2021）学术成果，有关乡村振兴的指标主要借鉴党和政府文件及李志龙（2019）、张挺等（2018）、程明等（2020）学术成果，遴选出包含数字经济和乡村振兴两个系统8个要素层26个指标层的数字经济—乡村振兴耦合系统指标体系，指标层权重由熵权法计算而来，要素层权重由指标层合成而来（见表1）。

表1 数字经济—乡村振兴耦合系统指标体系

变量	要素层（权重）	指标层（单位，属性）	指标衡量公式	权重
数字经济（X）	X_1 数字基础设施（0.151）	X_{11} 农村互联网普及率（%，+）	农村宽带接入用户/乡村户数	0.017
		X_{12} 农村智能手机普及率（部/百人，+）	农村居民每百户年移动电话拥有量	0.077
		X_{13} 农业气象观测站（个，+）	农业气象观测业务	0.057
	X_2 农业数字化（0.652）	X_{21} 农业数字化规模（万元，+）	第一产业数字活动增加值	0.285
		X_{22} 农产品数字化交易（亿元，+）	农村电子商务销售额和采购额	0.296
		X_{23} 农业生产投资力度（%，+）	农、林、牧、渔业固定资产投资/社会固定资产总投资	0.071

变量	要素层（权重）	指标层（单位，属性）	指标衡量公式	权重
数字经济（X）	X_3 农业数字产业化（0.198）	X_{31} 农村网络支付水平（—，+）	农村数字金融普惠指数	0.049
		X_{32} 农村信息技术应用（人，-）	平均每一营业网点服务人口	0.014
		X_{33} 农业农村创业创新基地（个，+）	淘宝村个数	0.135
乡村振兴（Y）	Y_1 产业兴旺（0.296）	Y_{11} 劳动生产率（元/人，+）	第一产业增加值/乡村人口	0.043
		Y_{12} 土地生产率（元/亩，+）	第一产业增加值/农作物总播种面积	0.109
		Y_{13} 人均机械总动力（千瓦/人，+）	农用机械总动力/第一产业从业人员	0.094
		Y_{14} 第一产业增加值比重（%）	第一产业增加值/地区生产总值	0.050
	Y_2 生态宜居（0.266）	Y_{21} 卫生厕所普及率（%，+）	使用卫生厕所的农户数/农户总数	0.029
		Y_{22} 千人村卫生室人员（人，+）	卫生技术人员数/乡村人口	0.147
		Y_{23} 绿化覆盖率（%，+）	绿化覆盖面积/乡村总面积	0.090
	Y_3 乡风文明（0.138）	Y_{31} 文化站覆盖率（%，+）	乡镇文化站个数/乡镇个数	0.036
		Y_{32} 文化教育支出比例（%，+）	文化教育支出量/总消费量	0.019
		Y_{33} 平均受教育年限（年，+）	（文盲数×1+小学人数×6+初中人数×9+高中和中专人数×12+大专及本科以上人数×16）/6岁以上人口总数	0.015
		Y_{34} 电视综合覆盖率（%，+）	电视拥有量/农户总数	0.068
	Y_4 治理有效（0.208）	Y_{41} 开展村庄整治的比例（%，+）	开展整治的村庄个数/行政村个数	0.049
		Y_{42} 有村庄建设规划的比例（%，+）	有建设规划的村庄个数/行政村个数	0.040
		Y_{43} 村民委员会覆盖率（%，+）	村民委员会个数/自然村个数	0.119
	Y_5 生活富裕（0.094）	Y_{51} 人均居住面积（平方米/人，+）	住宅建筑面积/乡村人口	0.060
		Y_{52} 城乡居民收入对比（元/人，-）	城市居民收入/（农村居民收入=1）	0.018
		Y_{53} 恩格尔系数（%，-）	食品支出总额/消费支出总额	0.016

数字经济与乡村振兴耦合的理论构建、实证分析及优化路径

本文以我国 2012～2019 年 30 个省（自治区、直辖市）的面板数据为考察样本，鉴于数据的可获得性和可比较性，暂不考虑西藏地区以及港澳台地区。原始数据主要来源于《中国统计年鉴》《中国农村统计年鉴》《中国城乡建设统计年鉴》《中国人口和就业统计年鉴》等，"农村数字普惠金融指数"来源于《北京大学数字普惠金融指数（2011-2020）》，"淘宝村个数"来源于《中国淘宝村研究报告（2009～2019）》。农业数字化规模测算借鉴慕娟等（2021）和许宪春等（2020）的处理方式，首先利用投入产出表测算第一产业数字活动增加调整系数，然后计算得到第一产业数字活动增加值，用以表征农业数字化规模。具体而言，令 ρ 为第一产业数字经济调节系数，π_d 为第一产业数字产品和服务中间投入，π 为第一产业总中间投入，θ_{dav} 为第一产业数字活动增加值，θ 为第一产业增加值，则调整系数 $\rho = \pi_d / \pi$，第一产业数字活动增加值 $\theta_{dav} = \rho \times \theta$。一些基础数据主要从 EPS 数据平台中"三农数据库""宏观经济数据库""中国城乡建设数据库"等下载而来，对于部分缺失的数值采用插值法进行填补。为方便后续分析，依据国家统计局 2011 年划分办法，将我国 30 个省（自治区、直辖市）分为东部地区、东北部地区、中部地区和西部地区四大经济区。

（二）模型介绍

1. 熵权法

熵权法是一种客观赋权方法，能够客观真实地反映隐含在指标数据中的信息，利用其可计算出评价指标权重，为综合评价提供依据。熵权法主要计算程序参考王军等（2021）和周成等（2016）学术成果。

（1）标准化处理：

$$Z'_{ij} = \frac{Z_{ij} - \min(Z_{ij})}{\max(Z_{ij}) - \min(Z_{ij})} \quad (+) \tag{1}$$

$$Z'_{ij} = \frac{\max(Z_{ij}) - Z_{ij}}{\max(Z_{ij}) - \min(Z_{ij})} \quad (-)$$

$$i = 1, 2, \cdots, m; \ j = 1, 2, \cdots, n$$

在式（1）中，Z_{ij} 是第 i 年第 j 个指标的值，Z'_{ij} 是指标标准化结果，$\max(Z_{ij})$ 是指标 Z_{ij} 的最大值，$\min(Z_{ij})$ 是指标 Z_{ij} 的最小值。

（2）计算第 i 年第 j 个指标的比重：

$$d_{ij} = Z'_{ij} / \sum_{i=1}^{m} Z'_{ij} \tag{2}$$

（3）计算第 j 个指标信息熵：

$$e_j = -1/\ln(m) \sum_{i=1}^{m} \{d_{ij}\ln(d_{ij})\} \tag{3}$$

（4）计算第 j 个指标权重：

$$\psi_j = -(1 - e_j) / \sum_{j=1}^{n} (1 - e_j) \tag{4}$$

$$\psi_j \in [0, 1]; \ \sum_{j=1}^{n} \psi_j = 1$$

（5）计算各子系统第 i 年的发展指数：

$$f(x) \text{ or } g(y) = \sum_{j=1}^{n} \psi_j \times d_{ij} \tag{5}$$

在式（2）~式（5）中，m 为年数，n 为指标数，$f(x)$ 和 $g(y)$ 分别为数字经济子系统和乡村振兴子系统发展指数。

2. 耦合协调度模型

耦合协调度表征两个或两个以上子系统相互作用影响的程度，耦合作用和协调程度决定了耦合系统演化发展状况。本文所构建的数字经济—乡村振兴耦合系统表现为一种复杂的非线性耦合关系，则数字经济—乡村振兴耦合系统协调度模型可表示为：

$$D = \sqrt{C \times T} \tag{6}$$

其中：

$$C = \left\{ \frac{f(x) \cdot g(y)}{\left[\frac{f(x) + g(y)}{2} \right]^2} \right\}^{1/2} \tag{7}$$

$$T = \alpha f(x) + \beta g(y) \tag{8}$$

在式（6）中，D 为耦合协调度，C 为耦合度，T 为两个子系统的综合发展指数，α 和 β 为待定系数，对于两个子系统通常取 0.5。耦合协调度 D 的取值范围为 0 到 1，本文借鉴李志龙（2019）的"四分法"，对耦合系统协调度区间进行划分（见表2）。

表 2　耦合协调度等级区间划分

耦合协调度	协调水平	耦合协调度	协调水平
(0, 0.4]	低度协调耦合	(0.5, 0.8]	高度协调耦合
(0.4, 0.5]	中度协调耦合	(0.8, 1)	极度协调耦合

3. 耦合演化模型

数字经济—乡村振兴耦合系统是一个复合系统，包含数字经济子系统和乡村振兴子系统，本文根据系统理论，将两个子系统的演化方程表示为：

$$F(x, t) = dF(x)/dt \tag{9}$$

$$G(y, t) = dG(y)/dt \tag{10}$$

在式（9）和式（10）中，$F(x, t)$ 和 $G(y, t)$ 分别为受自身与外界影响的数字经济子系统和乡村振兴子系统的演化状态，则两个子系统的演化速率分别为：

$$V(x) = \mathrm{d}F(x,\ t)/\mathrm{d}t \tag{11}$$

$$V(y) = \mathrm{d}G(y,\ t)/\mathrm{d}t \tag{12}$$

将 $V(x)$ 和 $V(y)$ 的演化轨迹投影到同一二维平面，对于某一时间点，曲线 $V(x)$ 和 $V(y)$ 的夹角 γ 可表示为 $Tan\gamma = V(x)/V(y)$，则 $\gamma = \arctan[V(x)/V(y)]$，夹角 γ 反映了数字经济与乡村振兴两个系统变化趋势之间的特征与差异。

4. 障碍度模型

协调发展是系统内部各子系统及其子系统要素相互适应、协作、促进，形成的由低级到高级、由无序到有序、由简单到复杂的演化过程。可见，数字经济—乡村振兴耦合系统协调发展与两个子系统及其要素关系密切，为了有效促进两者耦合协调发展，借助障碍度模型诊断影响两者耦合协调发展的障碍因子，障碍度模型如下：

$$I_{ij} = 1 - Y_{ij} \tag{13}$$

$$h_j = \left(\frac{F_j I_{ij}}{\sum_{j=1}^{m} F_j I_{ij}} \right) \times 100\% \tag{14}$$

$$H_j = \sum h_j \tag{15}$$

在式（13）~式（15）中，Y_{ij} 为指标标准值，等于熵权法中的 Z'_{ij}，I_{ij} 为指标偏离度，即单项指标与耦合协调目标间的差距，F_j 为因子贡献度，即单项指标对耦合协调目标的权重，h_j 和 H_j 为指标层与要素层的障碍度。

（三）结果讨论

1. 子系统发展指数分析

计算数字经济和乡村振兴两个子系统的发展指数，为了能够清晰展示两个子系统发展指数之间的差距，将两者的发展指数写成分式形式，分子分母分别表示数字经济发展指数和乡村振兴发展指数，并对全国、东部、中部、东北部和西部分别求均值（见表3）。

表3　2012~2019 年数字经济—乡村振兴子系统发展指数

年份 地区	2012	2013	2014	2015	2016	2017	2018	2019
北京	0.158/0.429	0.216/0.433	0.266/0.444	0.292/0.524	0.284/0.548	0.345/0.567	0.353/0.583	0.404/0.621
天津	0.076/0.336	0.089/0.366	0.106/0.379	0.125/0.405	0.126/0.449	0.137/0.462	0.152/0.432	0.166/0.490
河北	0.171/0.339	0.201/0.358	0.214/0.363	0.222/0.369	0.248/0.352	0.269/0.363	0.286/0.346	0.303/0.354
上海	0.111/0.362	0.151/0.356	0.225/0.354	0.231/0.384	0.261/0.384	0.275/0.372	0.305/0.364	0.347/0.377
江苏	0.158/0.350	0.210/0.365	0.214/0.382	0.229/0.391	0.241/0.408	0.272/0.422	0.319/0.420	0.348/0.430
浙江	0.150/0.380	0.193/0.387	0.204/0.383	0.236/0.385	0.263/0.419	0.297/0.436	0.353/0.435	0.398/0.437
福建	0.257/0.334	0.289/0.359	0.297/0.373	0.324/0.378	0.352/0.427	0.364/0.424	0.400/0.415	0.440/0.440
山东	0.150/0.382	0.203/0.404	0.215/0.421	0.245/0.426	0.288/0.407	0.342/0.405	0.383/0.405	0.370/0.418
广东	0.208/0.211	0.311/0.233	0.340/0.240	0.375/0.238	0.429/0.260	0.495/0.258	0.573/0.271	0.636/0.283
海南	0.068/0.295	0.076/0.323	0.084/0.347	0.093/0.357	0.101/0.368	0.114/0.395	0.126/0.386	0.134/0.410
山西	0.116/0.270	0.140/0.279	0.149/0.296	0.172/0.292	0.186/0.272	0.207/0.256	0.237/0.258	0.227/0.265
安徽	0.075/0.220	0.101/0.247	0.113/0.255	0.133/0.261	0.145/0.271	0.165/0.279	0.189/0.278	0.204/0.283
江西	0.078/0.280	0.096/0.265	0.105/0.278	0.120/0.288	0.134/0.292	0.155/0.296	0.167/0.294	0.183/0.300
河南	0.135/0.263	0.168/0.273	0.177/0.280	0.197/0.283	0.215/0.279	0.235/0.262	0.261/0.270	0.275/0.279
湖北	0.333/0.242	0.373/0.260	0.392/0.275	0.412/0.283	0.451/0.292	0.465/0.292	0.482/0.283	0.522/0.288
湖南	0.107/0.209	0.143/0.231	0.146/0.258	0.166/0.293	0.181/0.300	0.194/0.303	0.221/0.294	0.241/0.313
辽宁	0.125/0.218	0.137/0.237	0.143/0.251	0.156/0.263	0.158/0.257	0.171/0.254	0.192/0.253	0.202/0.269
吉林	0.089/0.204	0.103/0.213	0.116/0.227	0.134/0.231	0.142/0.228	0.151/0.229	0.162/0.229	0.174/0.247

年份\地区	2012	2013	2014	2015	2016	2017	2018	2019
黑龙江	0.134/0.218	0.148/0.241	0.158/0.261	0.172/0.263	0.180/0.269	0.206/0.277	0.213/0.283	0.231/0.342
内蒙古	0.124/0.198	0.136/0.209	0.134/0.225	0.157/0.244	0.169/0.248	0.184/0.269	0.190/0.273	0.210/0.285
广西	0.170/0.181	0.187/0.196	0.200/0.220	0.233/0.230	0.250/0.239	0.272/0.251	0.297/0.250	0.330/0.269
重庆	0.083/0.174	0.103/0.179	0.121/0.194	0.136/0.202	0.148/0.224	0.165/0.224	0.182/0.235	0.196/0.247
四川	0.183/0.196	0.201/0.194	0.208/0.199	0.227/0.211	0.247/0.218	0.283/0.230	0.317/0.233	0.352/0.260
贵州	0.054/0.131	0.070/0.188	0.075/0.168	0.088/0.194	0.103/0.198	0.127/0.200	0.147/0.208	0.167/0.208
云南	0.118/0.155	0.141/0.170	0.145/0.194	0.169/0.197	0.178/0.205	0.203/0.219	0.221/0.221	0.249/0.243
陕西	0.098/0.222	0.113/0.228	0.125/0.242	0.140/0.245	0.156/0.244	0.179/0.223	0.198/0.233	0.214/0.239
甘肃	0.099/0.165	0.111/0.179	0.111/0.192	0.133/0.203	0.140/0.208	0.165/0.217	0.182/0.215	0.190/0.222
青海	0.087/0.246	0.108/0.266	0.091/0.285	0.108/0.275	0.112/0.278	0.125/0.279	0.135/0.285	0.135/0.308
宁夏	0.070/0.187	0.076/0.200	0.085/0.222	0.092/0.234	0.104/0.219	0.121/0.221	0.133/0.224	0.143/0.233
新疆	0.143/0.271	0.157/0.312	0.149/0.326	0.160/0.325	0.160/0.327	0.172/0.331	0.196/0.343	0.202/0.317
东部	0.151/0.342	0.194/0.358	0.217/0.369	0.237/0.386	0.259/0.402	0.291/0.410	0.325/0.406	0.355/0.426
中部	0.141/0.247	0.170/0.259	0.180/0.273	0.200/0.283	0.219/0.285	0.237/0.281	0.259/0.279	0.275/0.288
东北部	0.116/0.213	0.129/0.231	0.139/0.246	0.154/0.253	0.160/0.251	0.176/0.253	0.189/0.255	0.202/0.286
西部	0.112/0.193	0.128/0.211	0.131/0.224	0.149/0.233	0.161/0.237	0.182/0.242	0.200/0.247	0.217/0.257
全国	0.131/0.256	0.158/0.272	0.170/0.284	0.189/0.296	0.205/0.303	0.229/0.307	0.252/0.307	0.273/0.323

整体而言，数字经济发展指数普遍小于乡村振兴发展指数，但差距在协调发展中逐步缩小，2019年存在个别省份的数字经济发展指数大于乡村振兴发展指数的现象，说明数字经济增长速度大于乡村振兴增长速度，这种发展趋势有利于耦合系统向高阶演化。然而，两者整体上普遍偏低，增长速度普遍较慢，如2019年，数字经济发展指数和乡村振兴发展指数的全国均值分别为0.273和0.323。局部而言，2012~2019年乡村振兴发展指数都存在东部遥遥领先，中部、东北部和西部在全国均值之下的现象。两种指数的增长速度在不同区域呈现出不同现象，如西部的乡村振兴增长速度快、中部的数字经济增长速度快，说明数字经济演化趋势与乡村振兴演化趋势同步不同速，这个主要是因为数字经济与乡村振兴发展基础不同。

2. 耦合协调度分析

计算耦合系统的耦合度和协调度，分子分母分别表示耦合度和协调度（见表4）。

表4 2012~2019年数字经济—乡村振兴耦合系统的耦合度与协调度

年份\地区	2012	2013	2014	2015	2016	2017	2018	2019
北京	0.886/0.510	0.942/0.553	0.968/0.586	0.959/0.626	0.949/0.628	0.970/0.665	0.969/0.673	0.977/0.708
天津	0.777/0.400	0.794/0.425	0.826/0.447	0.848/0.474	0.827/0.488	0.840/0.502	0.878/0.506	0.869/0.534
河北	0.944/0.491	0.960/0.518	0.966/0.528	0.969/0.535	0.985/0.544	0.989/0.559	0.996/0.561	0.997/0.572
上海	0.848/0.448	0.915/0.482	0.975/0.531	0.968/0.546	0.982/0.563	0.989/0.566	0.996/0.577	0.999/0.601
江苏	0.926/0.485	0.963/0.526	0.960/0.535	0.965/0.547	0.966/0.560	0.976/0.582	0.991/0.605	0.995/0.622
浙江	0.901/0.489	0.942/0.522	0.952/0.529	0.971/0.549	0.974/0.576	0.982/0.600	0.995/0.626	0.999/0.646
福建	0.991/0.541	0.994/0.567	0.994/0.577	0.997/0.591	0.995/0.622	0.997/0.627	1.000/0.638	1.000/0.663
山东	0.900/0.489	0.944/0.535	0.946/0.548	0.963/0.568	0.985/0.585	0.996/0.610	1.000/0.628	0.998/0.627

年份 地区	2012	2013	2014	2015	2016	2017	2018	2019
广东	1.000/0.457	0.990/0.518	0.985/0.534	0.975/0.547	0.970/0.578	0.949/0.598	0.934/0.628	0.923/0.652
海南	0.780/0.376	0.785/0.396	0.794/0.414	0.809/0.427	0.823/0.439	0.835/0.461	0.861/0.470	0.862/0.484
山西	0.917/0.420	0.943/0.445	0.944/0.458	0.966/0.473	0.982/0.474	0.994/0.480	0.999/0.497	0.997/0.495
安徽	0.871/0.358	0.908/0.398	0.922/0.412	0.946/0.432	0.953/0.446	0.967/0.463	0.982/0.479	0.987/0.490
江西	0.825/0.384	0.884/0.399	0.892/0.413	0.911/0.432	0.929/0.445	0.949/0.463	0.962/0.471	0.970/0.484
河南	0.947/0.434	0.971/0.463	0.974/0.472	0.984/0.486	0.992/0.495	0.998/0.498	1.000/0.515	1.000/0.526
湖北	0.987/0.533	0.984/0.558	0.985/0.573	0.983/0.584	0.977/0.603	0.973/0.607	0.965/0.608	0.957/0.623
湖南	0.946/0.387	0.972/0.426	0.961/0.441	0.961/0.470	0.969/0.483	0.976/0.492	0.990/0.505	0.991/0.524
辽宁	0.963/0.406	0.963/0.424	0.962/0.435	0.967/0.450	0.971/0.449	0.981/0.456	0.991/0.470	0.990/0.483
吉林	0.920/0.367	0.937/0.385	0.947/0.403	0.964/0.419	0.973/0.425	0.979/0.431	0.985/0.439	0.985/0.456
黑龙江	0.971/0.414	0.970/0.434	0.970/0.451	0.978/0.461	0.980/0.469	0.989/0.489	0.990/0.496	0.981/0.530
内蒙古	0.973/0.396	0.977/0.411	0.968/0.417	0.976/0.442	0.982/0.453	0.982/0.471	0.984/0.477	0.988/0.495
广西	0.999/0.419	1.000/0.438	0.999/0.458	1.000/0.481	1.000/0.494	0.999/0.511	0.996/0.522	0.995/0.546
重庆	0.935/0.347	0.963/0.369	0.973/0.391	0.981/0.407	0.979/0.427	0.989/0.439	0.992/0.455	0.993/0.469
四川	0.999/0.435	1.000/0.444	1.000/0.452	0.999/0.468	0.998/0.482	0.995/0.506	0.988/0.522	0.989/0.550
贵州	0.909/0.290	0.891/0.339	0.924/0.335	0.927/0.361	0.949/0.378	0.975/0.399	0.985/0.418	0.994/0.432
云南	0.991/0.367	0.996/0.393	0.990/0.410	0.997/0.427	0.997/0.437	0.999/0.459	1.000/0.470	1.000/0.496
陕西	0.921/0.384	0.942/0.400	0.948/0.417	0.962/0.430	0.975/0.442	0.991/0.447	0.997/0.464	0.998/0.475
甘肃	0.969/0.357	0.973/0.375	0.964/0.382	0.978/0.405	0.981/0.413	0.991/0.435	0.997/0.444	0.997/0.453
青海	0.880/0.383	0.906/0.412	0.857/0.402	0.899/0.415	0.905/0.420	0.924/0.432	0.934/0.443	0.921/0.452
宁夏	0.891/0.338	0.893/0.351	0.894/0.370	0.901/0.383	0.934/0.389	0.956/0.405	0.968/0.416	0.971/0.427
新疆	0.951/0.443	0.944/0.471	0.929/0.470	0.940/0.478	0.940/0.478	0.949/0.489	0.962/0.509	0.975/0.503
东部	0.895/0.469	0.923/0.504	0.937/0.523	0.942/0.541	0.946/0.558	0.952/0.577	0.962/0.591	0.962/0.611
中部	0.916/0.419	0.944/0.448	0.946/0.461	0.959/0.480	0.967/0.491	0.976/0.501	0.983/0.512	0.984/0.524
东北部	0.951/0.396	0.957/0.414	0.959/0.430	0.969/0.444	0.975/0.448	0.983/0.459	0.989/0.468	0.985/0.489
西部	0.947/0.378	0.953/0.400	0.949/0.409	0.960/0.427	0.967/0.438	0.978/0.454	0.982/0.467	0.984/0.482
全国	0.924/0.418	0.942/0.446	0.946/0.460	0.955/0.477	0.961/0.489	0.969/0.505	0.976/0.518	0.977/0.534

整体而言，绝大多数省份的耦合度一直稳定在 0.9 以上，处于高水平耦合阶段，说明中国数字经济与乡村振兴两个子系统之间存在紧密的相互依赖、相互作用关系，也就是数字经济与乡村振兴之间存在强烈的相关性。但是，具有高水平耦合度并不代表两者能进行高水平的协调发展，由式（6）可知，耦合协调度不仅与耦合度有关，还与两个子系统的综合发展指数密切相关，子系统发展指数普遍较低时同样无法实现高水平协调发展。由表4可知，各省份的耦合协调度普遍偏低，大多数省份都处于低度协调耦合和中度协调耦合区间，少数省份、个别年份勉强达到了高度协调耦合区间，但呈现逐年上升趋势，主要得益于近几年农村地区数字经济和乡村振兴的相关政策驱动。局部而言，出现了一些反常态的现象，东部、中部、西部和东北部的耦合度依次递增，表明数字经济与乡村振兴的相关性逐渐增强，换句话说，东部地区两者的相关性弱于西部地区两者的相关性。但东部、中部、东北部和西部的协调度却依次递减，说明数字经济与乡村振兴的协调性在减弱，也就是说，东部地区协调性最强，西部地区协调性最弱。相关性和协调性成反比，相关性高的地区，协调性反而低，这主要是由数字经济与乡村振兴子系统的演化速度和方向不稳定所

导致的，两者相关性高的时候难以实现高水平协调。

3. 子系统演化方程拟合

分别对数字经济子系统和乡村振兴子系统进行时序拟合，通过反复试算和比较发现，四阶幂函数的拟合优度分别为0.9992和0.9968，因此得到两个子系统的演化方程为：

$$F(x, t) = -0.0001449t^4 + 0.002767t^3 - 0.01748t^2 + 0.06025t + 0.08598 \quad (16)$$

$$G(y, t) = 0.0001364t^4 - 0.002172t^3 + 0.0102t^2 - 0.00359t + 0.2519 \quad (17)$$

在式（16）和式（17）中，$F(x, t)$ 和 $G(y, t)$ 分别表示数字经济子系统演化方程和乡村振兴子系统演化方程。本文对演化方程两边求导，求得各子系统演化速度函数如下：

$$V(x) = -0.0005796t^3 + 0.008301t^2 - 0.03496t + 0.06025 \quad (18)$$

$$V(y) = 0.0005456t^3 - 0.006516t^2 + 0.0204t - 0.00359 \quad (19)$$

式（18）和式（19）反映了数字经济子系统和乡村振兴子系统的演化速度，演化速度的表达式为三阶幂函数。

为清晰展现子系统演化趋势和演化速度的变化规律，对式（16）至式（19）进行制图，并将2020年、2021年和2022年的预测数据 并显示，如图2所示。

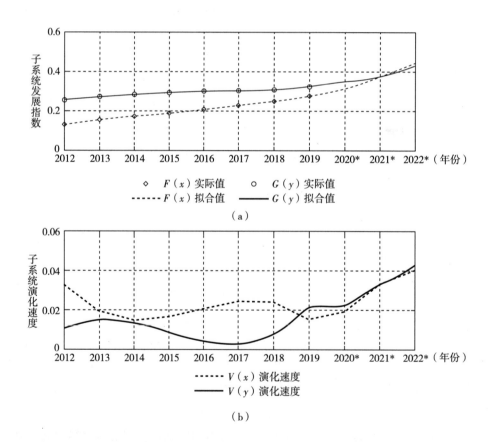

（a）

（b）

图2　2012~2019年数字经济与乡村振兴子系统的演化趋势和演化速度

注：*表示该年份为预测数据。

由图2（a）发现，实际曲线和拟合曲线基本吻合，说明本文拟合的演化趋势基本体现了数字经济子系统和乡村振兴子系统的演化规律。可以发现，样本考察期内，数字经济发展指数一直处于乡村振兴发展指数之下，再次印证了中国整体上农村数字经济发展弱于乡村振兴发展的观点，但数字经济的增长速度快于乡村振兴的增长速度，两者的差距也在演化过程中逐步缩小。预测数据显示，2022年以后数字经济子系统和乡村振兴子系统的耦合协调水平会得到大幅度改善，两者趋于同步同速，为深度融合奠定了现实基础，在基础设施得到大幅度改善之后，两者将迎来深度耦合快速发展阶段。

由图2（b）发现，样本考察期内，数字经济子系统和乡村振兴子系统演化速度的趋势相反，数字经济子系统的演化速度一直处于乡村振兴子系统的演化速度之上，再次说明两者之间并未达到最优耦合状态，难以高效率实现协调互补发展。虽然数字经济和乡村振兴都具备要素、结构和功能，但是数字经济是一种虚拟系统，而乡村振兴是一种实体系统，系统要素、结构和功能差异较大，目前的耦合环境难以支撑两者高水平协调发展。本文认为经过近10年的曲折发展和不断调整，数字经济子系统和乡村振兴子系统将在2022年以后进入高

速度高水平协调发展阶段，届时无论是数字经济还是乡村振兴都将迈上新的阶段。

为进一步分析样本考察期内子系统的演化方向，本文通过公式 $Tan\gamma = V(x)/V(y)$ 和 $\gamma = arctan[V(x)/V(y)]$，借助 Matlab 2021a 计算得到 2012~2019 年两个系统演化速度之间的夹角 γ 值分别为 71.82°、50.62°、46.49°、61.74°、79.75°、85.07°、73.25°、34.51°。夹角 γ 总体上呈现波动趋势，但整个演化过程中又都均为锐角，最大值为 2017 年的 85.07°，最小值为 2014 年的 46.49°，再次说明数字经济—乡村振兴耦合系统的演化方向并不稳定，既不是数字经济主导，也不是乡村振兴主导，两者处于磨合阶段。在这个演化方向不稳定的阶段，需要政府介入进行方向牵引、宏观调控、政策刺激，以确保耦合系统向着更高质量、更高效率、更好协同的方向不断演化，这是政府在数字经济反哺农村发展中所要展现的主要功能。

4. 障碍因子分析

分别计算出数字经济子系统和乡村振兴子系统的障碍度，按照障碍度大小对障碍因子进行排序，本文将排名前3位的障碍因子称为主要障碍因子，考察期内各省份的主要障碍因子如表5所示。

表5　数字经济—乡村振兴指标层主要障碍因子

省份	数字经济子系统			乡村振兴子系统		
	2012 年	2015 年	2019 年	2012 年	2015 年	2019 年
北京	$X_{21}/X_{22}/X_{23}$	$X_{21}/X_{22}/X_{23}$	$X_{21}/X_{22}/X_{23}$	$Y_{22}/Y_{12}/Y_{13}$	$Y_{13}/Y_{22}/Y_{14}$	$Y_{13}/Y_{14}/Y_{23}$
天津	$X_{22}/X_{21}/X_{23}$	$X_{21}/X_{22}/X_{23}$	$X_{21}/X_{22}/X_{23}$	$Y_{22}/Y_{12}/Y_{23}$	$Y_{22}/Y_{12}/Y_{14}$	$Y_{12}/Y_{14}/Y_{43}$
河北	$X_{22}/X_{21}/X_{23}$	$X_{22}/X_{21}/X_{23}$	$X_{22}/X_{21}/X_{23}$	$Y_{22}/Y_{12}/Y_{23}$	$Y_{22}/Y_{12}/Y_{23}$	$Y_{22}/Y_{12}/Y_{23}$
上海	$X_{22}/X_{21}/X_{23}$	$X_{21}/X_{22}/X_{23}$	$X_{21}/X_{22}/X_{23}$	$Y_{22}/Y_{12}/Y_{13}$	$Y_{12}/Y_{13}/Y_{43}$	$Y_{12}/Y_{13}/Y_{43}$
江苏	$X_{22}/X_{21}/X_{23}$	$X_{21}/X_{22}/X_{23}$	$X_{21}/X_{22}/X_{23}$	$Y_{22}/Y_{12}/Y_{43}$	$Y_{22}/Y_{12}/Y_{43}$	$Y_{22}/Y_{43}/Y_{12}$
浙江	$X_{22}/X_{21}/X_{23}$	$X_{21}/X_{22}/X_{23}$	$X_{21}/X_{22}/X_{23}$	$Y_{22}/Y_{12}/Y_{13}$	$Y_{22}/Y_{23}/Y_{12}$	$Y_{22}/Y_{13}/Y_{43}$
福建	$X_{22}/X_{21}/X_{23}$	$X_{22}/X_{21}/X_{23}$	$X_{21}/X_{22}/X_{23}$	$Y_{22}/Y_{13}/Y_{12}$	$Y_{13}/Y_{12}/Y_{43}$	$Y_{12}/Y_{13}/Y_{43}$
山东	$X_{22}/X_{21}/X_{23}$	$X_{22}/X_{21}/X_{23}$	$X_{21}/X_{22}/X_{23}$	$Y_{22}/Y_{12}/Y_{13}$	$Y_{22}/Y_{12}/Y_{13}$	$Y_{22}/Y_{12}/Y_{13}$

博士后视野下的中国经济（第二辑）

省份	数字经济子系统			乡村振兴子系统		
	2012 年	2015 年	2019 年	2012 年	2015 年	2019 年
广东	$X_{22}/X_{21}/X_{23}$	$X_{21}/X_{22}/X_{23}$	$X_{21}/X_{23}/X_{12}$	$Y_{22}/Y_{12}/Y_{13}$	$Y_{22}/Y_{13}/Y_{12}$	$Y_{22}/Y_{13}/Y_{43}$
海南	$X_{22}/X_{21}/X_{23}$	$X_{22}/X_{21}/X_{23}$	$X_{22}/X_{21}/X_{23}$	$Y_{22}/Y_{13}/Y_{43}$	$Y_{22}/Y_{13}/Y_{43}$	$Y_{22}/Y_{13}/Y_{43}$
山西	$X_{22}/X_{21}/X_{23}$	$X_{22}/X_{21}/X_{23}$	$X_{22}/X_{21}/X_{23}$	$Y_{12}/Y_{22}/Y_{13}$	$Y_{12}/Y_{22}/Y_{13}$	$Y_{12}/Y_{22}/Y_{13}$
安徽	$X_{22}/X_{21}/X_{23}$	$X_{21}/X_{22}/X_{23}$	$X_{21}/X_{22}/X_{23}$	$Y_{12}/Y_{22}/Y_{43}$	$Y_{12}/Y_{12}/Y_{43}$	$Y_{12}/Y_{22}/Y_{43}$
江西	$X_{22}/X_{21}/X_{23}$	$X_{22}/X_{21}/X_{23}$	$X_{22}/X_{21}/X_{23}$	$Y_{12}/Y_{12}/Y_{43}$	$Y_{12}/Y_{22}/Y_{13}$	$Y_{12}/Y_{22}/Y_{43}$
河南	$X_{22}/X_{21}/X_{23}$	$X_{22}/X_{21}/X_{23}$	$X_{22}/X_{21}/X_{23}$	$Y_{12}/Y_{22}/Y_{13}$	$Y_{12}/Y_{22}/Y_{13}$	$Y_{12}/Y_{22}/Y_{13}$
湖北	$X_{22}/X_{21}/X_{23}$	$X_{22}/X_{21}/X_{23}$	$X_{22}/X_{23}/X_{12}$	$Y_{12}/Y_{22}/Y_{13}$	$Y_{12}/Y_{22}/Y_{13}$	$Y_{12}/Y_{22}/Y_{13}$
湖南	$X_{22}/X_{21}/X_{23}$	$X_{22}/X_{21}/X_{23}$	$X_{22}/X_{21}/X_{23}$	$Y_{12}/Y_{22}/Y_{13}$	$Y_{12}/Y_{22}/Y_{13}$	$Y_{12}/Y_{22}/Y_{13}$
辽宁	$X_{22}/X_{21}/X_{23}$	$X_{22}/X_{21}/X_{23}$	$X_{21}/X_{22}/X_{23}$	$Y_{12}/Y_{22}/Y_{13}$	$Y_{12}/Y_{22}/Y_{13}$	$Y_{12}/Y_{22}/Y_{13}$
吉林	$X_{22}/X_{21}/X_{23}$	$X_{22}/X_{21}/X_{23}$	$X_{22}/X_{21}/X_{23}$	$Y_{12}/Y_{22}/Y_{23}$	$Y_{12}/Y_{12}/Y_{23}$	$Y_{12}/Y_{22}/Y_{43}$
黑龙江	$X_{22}/X_{21}/X_{23}$	$X_{22}/X_{21}/X_{23}$	$X_{22}/X_{21}/X_{12}$	$Y_{12}/Y_{22}/Y_{13}$	$Y_{12}/Y_{22}/Y_{23}$	$Y_{12}/Y_{22}/Y_{23}$
内蒙古	$X_{22}/X_{21}/X_{23}$	$X_{22}/X_{21}/X_{23}$	$X_{21}/X_{22}/X_{23}$	$Y_{12}/Y_{22}/Y_{13}$	$Y_{12}/Y_{22}/Y_{13}$	$Y_{12}/Y_{22}/Y_{43}$
广西	$X_{22}/X_{21}/X_{23}$	$X_{22}/X_{21}/X_{23}$	$X_{22}/X_{21}/X_{23}$	$Y_{22}/Y_{12}/Y_{13}$	$Y_{12}/Y_{22}/Y_{13}$	$Y_{12}/Y_{22}/Y_{13}$
重庆	$X_{22}/X_{21}/X_{23}$	$X_{22}/X_{21}/X_{23}$	$X_{21}/X_{22}/X_{23}$	$Y_{12}/Y_{22}/Y_{13}$	$Y_{12}/Y_{22}/Y_{13}$	$Y_{12}/Y_{22}/Y_{13}$
四川	$X_{22}/X_{21}/X_{23}$	$X_{22}/X_{21}/X_{23}$	$X_{22}/X_{21}/X_{23}$	$Y_{12}/Y_{22}/Y_{13}$	$Y_{12}/Y_{22}/Y_{13}$	$Y_{12}/Y_{22}/Y_{13}$
贵州	$X_{22}/X_{21}/X_{23}$	$X_{22}/X_{21}/X_{23}$	$X_{22}/X_{21}/X_{23}$	$Y_{12}/Y_{22}/Y_{13}$	$Y_{12}/Y_{22}/Y_{13}$	$Y_{12}/Y_{22}/Y_{13}$
云南	$X_{22}/X_{21}/X_{23}$	$X_{22}/X_{21}/X_{23}$	$X_{22}/X_{21}/X_{23}$	$Y_{12}/Y_{22}/Y_{13}$	$Y_{12}/Y_{22}/Y_{13}$	$Y_{12}/Y_{22}/Y_{13}$
陕西	$X_{22}/X_{21}/X_{23}$	$X_{22}/X_{21}/X_{23}$	$X_{22}/X_{21}/X_{23}$	$Y_{12}/Y_{22}/Y_{13}$	$Y_{12}/Y_{22}/Y_{23}$	$Y_{12}/Y_{22}/Y_{13}$
甘肃	$X_{22}/X_{21}/X_{23}$	$X_{22}/X_{21}/X_{23}$	$X_{22}/X_{21}/X_{23}$	$Y_{12}/Y_{22}/Y_{13}$	$Y_{12}/Y_{22}/Y_{13}$	$Y_{12}/Y_{22}/Y_{13}$
青海	$X_{22}/X_{21}/X_{23}$	$X_{22}/X_{21}/X_{23}$	$X_{22}/X_{21}/X_{23}$	$Y_{12}/Y_{22}/Y_{13}$	$Y_{12}/Y_{22}/Y_{13}$	$Y_{12}/Y_{22}/Y_{13}$
宁夏	$X_{22}/X_{21}/X_{23}$	$X_{22}/X_{21}/X_{23}$	$X_{22}/X_{21}/X_{23}$	$Y_{12}/Y_{22}/Y_{23}$	$Y_{12}/Y_{22}/Y_{43}$	$Y_{12}/Y_{22}/Y_{43}$
新疆	$X_{22}/X_{21}/X_{23}$	$X_{22}/X_{21}/X_{23}$	$X_{22}/X_{21}/X_{23}$	$Y_{22}/Y_{12}/Y_{13}$	$Y_{22}/Y_{12}/Y_{13}$	$Y_{22}/Y_{12}/Y_{43}$

就指标层而言，不同省份、不同年份的主要障碍因子各有不同，但都能够在一定程度上反映出子系统协调演化的主要障碍。比如，北京在 2012 年、2015 年和 2019 年数字经济子系统的主要障碍因子排序均为 $X_{22}/X_{21}/X_{23}$，而乡村振兴子系统 2012 年的主要障碍因子排序为 $Y_{22}/Y_{12}/Y_{13}$，2015 年为 $Y_{13}/Y_{22}/Y_{14}$，2019 年演化为 $Y_{13}/Y_{14}/Y_{23}$，说明障碍因子并非一成不变，而是随着系统演化不断调整的，也就是障碍因子与系统发展程度密不可分。

就要素层而言，通过障碍因子出现的频次归纳出数字经济子系统的主要障碍因子为农业数字化（X_2）>数字基础设施（X_1）>农业数字产业化（X_3），其中 8 年考察期内 30 个考察对象共有 240 个组合，符合上述排序的组合个数中 X_2 出现的频次为 240/240，X_1 出现的频次为 128/240，X_3 出现的频次为 112/240。同理，归纳乡村振兴子系统的主要障碍因子排序为产业兴旺（Y_1）>生态宜居（Y_2）>治理有效（Y_4）>乡风文明（Y_3）>生活富裕（Y_5），其中产业兴旺出现的频次为 215/240，生态宜居出现的频次为 202/240，治理有效出现的频次为 195/240，乡风文明出现的频次为 240/240，生活富裕出现的频次为 240/240。

四、数字经济与乡村振兴耦合的优化路径

（一）阶段识别

本文认为数字经济—乡村振兴耦合系统就是一种具有特殊性的人地关系地域系统，特殊性主要表现为系统要素高端化、系统结构扁平化和系统功能多样化。耦合系统的要素呈现数字化和虚拟化特征，流动性更强，更容易形成集聚效应和乘数效应；耦合系统的结构呈现出柔性化和模块化特征，既能连接一切又能压缩时空，更容易提高资源配置效率；耦合系统的功能呈现出碎片化和自由化特征，既能满足基本商品功能又能满足生态、景观等功能，更容易实现价值增值和价值实现。耦合系统的演化轨迹在内外动力驱动下由低级协调向高级协调演化，本文依循因果关系逻辑方向将耦合系统的演化过程分为压力阶段—嵌入阶段—调整阶段—协调阶段4个阶段，每个阶段之间具有衔接连贯性。

数字经济与乡村振兴耦合过程就是系统演化过程，演化轨迹体现出原因—结果—对策的因果驱动原则。当乡村振兴地域系统状态失衡时（价值流失、经济下行、环境破坏等），形成一种制约乡村进一步发展的压力，乡村振兴地域系统自发响应寻求新的发展方向，更渴望外界新动能及时介入打破制约实现高层次的平衡。数字经济兼具数据要素和数字技术双重属性，以新动能身份嵌入乡村振兴地域系统中，为乡村振兴地域系统平衡运作和向高阶演化带来了勃勃生机，此时耦合系统开始进入嵌入阶段，两个子系统之间开始出现耦合现象，也并未发生较大冲突；数字经济与乡村振兴耦合并非一帆风顺，耦合过程中也会出现一系列问题，如数字经济

的高速增长与乡村振兴的落后基础设施的矛盾，粗放的管理体系和无序开发相矛盾，商业氛围掩盖了乡土气息等系列问题凸显。耦合系统慢慢步入调整阶段，子系统之间在演化趋势、演化速度、演化方向等方面均产生冲突，通过引入政策法规缓解冲突、调整方向、增添动能，子系统开始协调发展；耦合系统通过内生动力和外部机制进行自我调节，子系统配套设施和体制机制逐步完善，耦合系统开始进入互促互补、共生互利、协调优化的高水平协调发展阶段，走向高质量高水平发展道路。

基于上述阶段划分，结合实证分析的计算结果，本文认为目前中国数字经济—乡村振兴耦合系统已经历压力和嵌入两个阶段，正处于调整阶段尾声，时间预测在10年左右。由预测值来判断，2022年以后耦合系统将进入协调阶段，数字经济与乡村振兴协同优化逐步实现高水平协调发展，制定政策时需要重点考虑这一重要变化。做出该判断主要有三个依据：一是因为耦合度均在0.9以上，始终处于高水平耦合状态，说明数字经济与乡村振兴之间的耦合已经进行了一段时间，具备一定的耦合基础；二是因为数字经济与乡村振兴两个子系统在样本考察期内呈现出不协调、不同速现象，耦合协调度又普遍偏低，这是耦合系统调整阶段的典型特征；三是因为2020年以后有关数字经济和乡村振兴的政策逐步向农业农村发展倾斜，在高耦合水平情况下，两者发展指数的大幅度提升必然会使耦合协调度大幅度提升，届时将实现更高层次的协调发展。

（二）主要问题

虽然中国数字经济—乡村振兴耦合系统即将迈出调整阶段进入协调阶段，但是仍然面临诸多问题和阻力，需要加大政策支持力度予以破解，精准梳理主要问题是

破解的前提。本文根据理论模型核心范畴和指标构成详情，归纳出以下主要问题。

一是农村数字基础设施薄弱，数据资源城乡分布不均衡。中国农业农村信息化已经开展了很长时间并取得了长足发展，但不可否认的是城乡之间存在较大的数字鸿沟。就互联网普及率而言，截至2020年12月，中国城镇地区的互联网普及率为79.8%，网民规模占网民整体的68.7%，而在农村地区互联网普及率为55.9%，网民规模占网民整体的31.3%①，差距较大。数字基础设施是数字经济与乡村振兴耦合的载体，是弥合数字鸿沟释放数字红利的重要载体，为实现农业数字化提供有力支撑，但目前数字基础设施成为阻碍数字经济与乡村振兴高水平耦合的主要障碍因子。另外，农村农业数字化应用明显滞后，农村数字建设和管理的体制机制不健全、不灵活，地区、部门之间信息和数据交流不畅，致使农业大数据建设和农村数据资源体系建设仍然处于起跑的状态，数据整合共享不充足、开发利用不充分、价值流失严重。

二是劳动力数字素养偏低，数字经济向农业扩散受阻。现阶段农村劳动力普遍呈现出"兼业化、老龄化、低文化"特征，严重阻碍数字经济反哺乡村振兴的进程。2021年国家统计局公布的《2020年农民工监测调查报告》显示，2020年我国进城务工人员总人数为2.856亿人，男性占比65.2%，女性占比34.8%，其中实现跨省务农的人数为7052万人，占总量的24.69%，外出务工农民的平均年龄为36.6岁，其中40岁及以下所占比重为66.8%，农业逐渐沦为进城务工人员的兼职。全国老龄工作委员会办公室、中国老龄协会编

印的《奋进中的中国老龄事业》显示，2035年前后，中国老年人口占总人口的比例将超过1/4，到2050年前后将超过1/3，大量的青壮年劳动力外流致使农村数字化转型缺乏足够的人力资源，这成为农业领域数字经济扩散受阻的主要原因。另外，被迫沦为农村农业现代化建设主力的留守老人，受教育程度普遍偏低，观念陈旧，学习能力和适应能力相对较弱，对于数字产品及各类科技信息呈现一定的封闭性，难以满足农业数字化对劳动力的需求，严重制约了尚处于起步阶段的农村数字经济的发展。

三是农村数字专业人才匮乏，新型职业农民规模急需壮大。数字专业人才是推动数字经济—乡村振兴耦合系统高水平协调发展的核心要素，目前中国对此类专业人才仍有巨大缺口，主要表现在缺乏高素质、专业化、富有创新精神的数字化专业人才。当前数字经济与乡村振兴耦合协调发展的主体大多是不具备高学历的农村居民，相较于高学历的专业人才而言，农村居民的文化教育水平普遍偏低，对于掌握数字技术专业领域的知识具有一定的困难，难以满足乡村数字化建设的要求。据农业农村部预测，到2020年全国新型职业农民总量将超过2000万人，这在很大程度上缓解了专业人才短缺的困局，但是新型职业农民规模较小，真正懂技术、有文化、善经营、懂管理且有开拓、冒险精神的"新农人"还远远不够。部分技术能力强、专业素养高的城市人才下乡创业，因种种条件限制无法真正扎根乡村，减弱了对农村专业人才的支撑力度，农村人才引进机制亟待创新。

四是数字乡村政策供给不足，农业技

---

① 数据来源：https://www.163.com/dy/article/G397VBQ805387IEF.html.

术基础研究明显滞后。虽然国家对于实施乡村振兴战略提出了"实施数字乡村战略，做好整体规划设计"的要求，但是中国数字乡村建设还处于自上而下的各地试点探索阶段，数字经济与乡村振兴耦合的组织化程度比较低，财政投入力度还不够，人员配备不充足，各部门的协调机制有待建立和理顺。除需要数字专业人才保障之外，还需要组织、制度、政策、法律、人员等层面的保障，亟待形成整体的、统一的、具有分类指导作用的顶层设计。此外，数字农业前沿研究基础弱，尤其是基础技术研究明显滞后。比如物联网和大数据精准农业、农产品智慧流通体系等创新还处于初级水平，中国能够自主研发精准农业传感器的比例还不足10%，可靠性及稳定性不强。

（三）政策参考

本文将数字经济与乡村振兴耦合的实现表述为目标—响应—政策—协调作用机制，高水平协调发展为演化目标，行为主体响应目标进行目标驱动的路径选择与政策制定。在响应过程中，政府是主要响应主体，政策效应是最重要的保障，政策体系的设计应以耦合系统演化规律与作用机制为依据，采用宏观调控与市场调节相结合的手段，引导系统高水平协调发展。本文认为在初级阶段，数据资源开发投入较大，但相对效益不高，农民参与积极性不高，需要政府引导推动与管理，从而促进农村数字经济与乡村振兴耦合；在调整阶段，农民积极性逐渐提高，但在发展过程中会出现矛盾与冲突，为确保数字经济与乡村振兴耦合系统的健康有序发展，需要有关政策法规及制度进行规范、引导、扶持与推动，实现数字经济与乡村振兴的健康耦合，带动整个乡村社会、经济、文化的协同发展。

针对数字经济与乡村振兴耦合的实现路线，面对主要问题，本文提出以下政策参考：

一是优化农村财政投资政策，加强农村数字设施建设。加大农村地区财政投资力度，拓展农村数字基础设施可触达边界，实现城乡互联互通，助力农业数字化和农业数字产业化。本文认为可择地、优先、依次由离城市近的农村向离城市远的农村逐步实施，在顶层统一设计框架下，分区、分省、分批打通已有条块分割的涉农信息系统，推进重要农产品全产业链数据、农业农村基础数据资源共享开放、有效整合，弥合城乡数据设施鸿沟。

二是优化农村人才培育政策，提高农民数字素养。加大对"三农"工作队伍建设的力度，调动亿万农民群众的积极性，引导其转变思维方式，让农业成为有奔头的产业，让农民成为有吸引力的职业。本文认为分人、分批、分地由政府主导、企业参与开展农村居民培育工程，使数字产品普及化、大众化，整体提高农民数字素养，壮大懂网络、爱农业、会经营的新型职业农民队伍，激发乡村振兴的内在动力。

三是优化农村人才引进政策，推动数字专业人才下乡。加大对高层次人才的引进力度，破解农村长期面临的数字人才匮乏困境，积极引导各类人才投身数字乡村建设中。本文认为要激发能人示范作用，鼓励专业人才下乡，政策应该向人才待遇和发展机会等方面倾斜，特别是对农业类院校、企业、机构等下乡人才，可由政府联合企业提供发展机会，以实现"长久留才""自愿下乡"，为农业农村输入新理念、新思维、新方略。

四是优化农村创新政策，驱动农村技术创新。加大对农村技术创新的支持力度，吸引社会各界力量广泛参与农村技术创新，引导资本投入农村技术创新，鼓励研发创新、应用创新和应用推广。本文认为要增加农业技术研发财政投入，鼓励城市科研院所参与农村技术创新，加大补贴力度，充分发挥政府的整合功能，加强组织领导，整合社会资源，协同研发，提高技术创新成果转化率。

五、结论与启示

（一）研究结论

（1）数字经济与乡村振兴两个耦合主体，在外部环境和内部环境下，通过关键活动这一耦合过程进行交叉耦合。其中，数字经济包含数字基础设施、农业数字化和农业数字产业化3个范畴，乡村振兴包含产业兴旺、生态宜居、乡风文明、治理有效、生活富裕5个范畴，关键活动包括积极探索、赋能对象、精准赋能和赋能增值4个范畴，外部环境包括政府支持和时代背景两个范畴，内部环境包括劳动结构和理念变革两个范畴。

（2）目前中国农村数字经济发展水平普遍落后于乡村振兴，但是两者差距在耦合过程中逐步缩小，匹配性和带动性逐渐增强；根据耦合测度发现，数字经济与乡村振兴之间存在强烈的相关性，但是大部分省份耦合协调性差，普遍处于低度协调耦合和中度协调耦合区间；根据区域差异反常态现象判断，数字经济与乡村振兴的相关性和协调性成反比，相关性高的地区，协调性反而低；通过障碍度诊断发现，农业数字化>数字基础设施>农业数字产业化，产业兴旺>生态宜居>治理有效>乡风文明>生活富裕；通过阶段划分和实证结果发现，目前中国数字经济—乡村振兴耦合系统正处于调整阶段的尾声，有望在2022年以后进入高速度高水平协调发展阶

段，制定政策时需要重点考虑这一重要变化。

（二）启示

本文研究从理论和实践方面对数字经济与乡村振兴耦合的系列问题做了回应，无论是对学术界还是对实业界都具有一定的启示意义。从理论上，本文将数字经济生态系统与乡村振兴地域系统融合在一起，并在厘清系统要素基础上进行了实证分析，为后续从系统结构和系统功能两个视角探讨数字经济生态系统与乡村振兴地域系统耦合提供了参考，也为后续研究数字经济—乡村振兴耦合系统协同演化机制埋下伏笔；从实践上，本文测度了数字经济和乡村振兴两个子系统的发展指数、耦合度、协调度等，并分地区进行了详细分析，为政策调整和政策制定提供了参考，如本文认为2022年数字经济与乡村振兴耦合将迈入新阶段，需要提前对政策效应进行评估，适当做出调整、退出、增加选择。

参考文献

［1］Goldfarb A, Tucker C. Digital Economics［J］. Journal of Economic Literature, 2019, 57 (1)：3-43.

［2］Onituka K, Hoshino S. Inter - community Networks of Rural Leaders and Key People：Case Study on a Rural Revitalization Program in Kyoto Prefecture, Japan［J］. Journal of Rural Studies, 2018 (61)：123-136.

［3］Song Z, Wang C, Bergmann L. China's Prefectural Digital Divide：Spatial Analysis and Multivariate Determinants of ICT Diffusion［J］. International Journal of Information Management, 2020, 52 (6)：992-1010.

［4］Sutherland W, Jarrahi M H. The Sharing Economy and Digital Platforms：A Review and Research Agenda［J］. International Journal of Information Management, 2018 (43)：328-341.

［5］Young J C. Rural Digital Geographies and New Landscapes of Social Resilience［J］. Journal of Rural Studies, 2019（70）：66-74.

［6］白永秀, 宁启. 巩固拓展脱贫攻坚成果同乡村振兴有效衔接的提出、研究进展及深化研究的重点［J］. 西北大学学报（哲学社会科学版）, 2021, 51（5）：5-14.

［7］白长虹, 刘欢. 旅游目的地精益服务模式：概念与路径——基于扎根理论的多案例探索性研究［J］. 南开管理评论, 2019, 22（3）：137-147.

［8］陈一明, 温涛. 数字经济与乡村产业融合发展的机制创新［J］. 农业经济问题, 2021（12）：81-91.

［9］程明, 钱力, 倪修凤, 等. 深度贫困地区乡村振兴效度评价与影响因素研究——以安徽省金寨县样本数据为例［J］. 华东经济管理, 2020, 34（4）：16-26.

［10］郭远智, 刘彦随. 中国乡村发展进程与乡村振兴路径［J］. 地理学报, 2021, 76（6）：1408-1421.

［11］何仁伟. 城乡融合与乡村振兴：理论探讨、机理阐释与实现路径［J］. 地理研究, 2018, 37（11）：2127-2140.

［12］贺雪峰. 关于实施乡村振兴战略的几个问题［J］. 南京农业大学学报（社会科学版）, 2018, 18（3）：19-26+152.

［13］姜长云. 实施乡村振兴战略需努力规避几种倾向［J］. 农业经济问题, 2018（1）：8-13.

［14］李翔, 宗祖盼. 数字文化产业：一种乡村经济振兴的产业模式与路径［J］. 深圳大学学报（人文社会科学版）, 2020, 37（2）：74-81.

［15］李铜山. 论乡村振兴战略的政策底蕴［J］. 中州学刊, 2017（12）：1-6.

［16］李晓华. 数字经济新特征与数字经济新动能的形成机制［J］. 改革, 2019（11）：40-51.

［17］李珍刚, 古桂琴. 民族地区农村数字经济发展的公共服务供给研究［J］. 广西民族研究, 2019（6）：131-138.

［18］李志龙. 乡村振兴—乡村旅游系统耦合机制与协调发展研究——以湖南凤凰县为例［J］. 地理研究, 2019, 38（3）：643-654.

［19］李周. 全面建成小康社会决胜阶段农村发展的突出问题及对策研究［J］. 中国农村经济, 2017（9）：17-25.

［20］刘俊祥, 曾森. 中国乡村数字治理的智理属性、顶层设计与探索实践［J］. 兰州大学学报（社会科学版）, 2020, 48（1）：64-71.

［21］刘彦随. 中国新时代城乡融合与乡村振兴［J］. 地理学报, 2018, 73（4）：637-650.

［22］孟方琳, 田增瑞, 姚歆. 基于Lotka-Volterra模型的数字经济生态系统运行机理与演化发展研究［J］. 河海大学学报（哲学社会科学版）, 2020, 22（2）：63-71+107.

［23］孟方琳, 汪遵瑛, 赵袁军, 等. 数字经济生态系统的运行机理与演化［J］. 宏观经济管理, 2020（2）：50-58.

［24］慕娟, 马立平. 中国农业农村数字经济发展指数测度与区域差异［J］. 华南农业大学学报（社会科学版）, 2021, 20（4）：90-98.

［25］綦良群, 王琛, 王成东. 基于虚拟联盟的我国装备制造业与生产性服务业融合机制研究——基于扎根理论的质化研究［J］. 中国软科学, 2021（4）：32-41.

［26］秦秋霞, 郭红东, 曾亿武. 乡村振兴中的数字赋能及实现途径［J］. 江苏大学学报（社会科学版）, 2021, 23（5）：22-33.

［27］邱蓉. 乡村振兴视角下西部地区农业产业同构研究［J］. 贵州社会科学, 2021（4）：137-145.

［28］沈费伟. 乡村技术赋能：实现乡村有效治理的策略选择［J］. 南京农业大学学报（社会科学版）, 2020, 20（2）：1-12.

［29］沈费伟, 叶温馨. 数字乡村建设：实现高质量乡村振兴的策略选择［J］. 南京农业大学学报（社会科学版）, 2021, 21（5）：41-53.

［30］陶小龙, 刘珊, 钟雨芮, 等. 大数据应用与企业开放式创新的协同演化——基于扎根理论的对比性案例研究［J］. 科技进步与对策, 2021, 38（5）：69-78.

［31］王军，朱杰，罗茜．中国数字经济发展水平及演变测度［J］．数量经济技术经济研究，2021，38（7）：26-42.

［32］温铁军，罗士轩，董筱丹，等．乡村振兴背景下生态资源价值实现形式的创新［J］．中国软科学，2018（12）：1-7.

［33］温铁军，邱建生，车海生．改革开放40年"三农"问题的演进与乡村振兴战略的提出［J］．理论探讨，2018（5）：5-10.

［34］许宪春，张美慧．中国数字经济规模测算研究——基于国际比较的视角［J］．中国工业经济，2020（5）：23-41.

［35］杨慧莲，韩旭东，李艳，等．"小、散、乱"的农村如何实现乡村振兴？——基于贵州省六盘水市舍烹村案例［J］．中国软科学，2018（11）：148-162.

［36］张海鹏，郜亮亮，闫坤．乡村振兴战略思想的理论渊源、主要创新和实现路径［J］．中国农村经济，2018（11）：2-16.

［37］张鸿，王浩然，李哲．乡村振兴背景下中国数字农业高质量发展水平测度——基于2015—2019年全国31个省市数据的分析［J］．陕西师范大学学报（哲学社会科学版），2021，50（3）：141-154.

［38］张军．乡村价值定位与乡村振兴［J］．中国农村经济，2018（1）：2-10.

［39］张挺，李闽榕，徐艳梅．乡村振兴评价指标体系构建与实证研究［J］．管理世界，2018，34（8）：99-105.

［40］张勋，万广华，张佳佳，等．数字经济、普惠金融与包容性增长［J］．经济研究，2019，54（8）：71-86.

［41］周成，冯学钢，唐睿．区域经济—生态环境—旅游产业耦合协调发展分析与预测——以长江经济带沿线各省市为例［J］．经济地理，2016，36（3）：186-193.

［42］朱秋博，白军飞，彭超，等．信息化提升了农业生产率吗？［J］．中国农村经济，2019（4）：22-40.

□ Theoretical Construction，Empirical Analysis and Optimization Path of the Coupling of Digital Economy and Rural Revitalization

Zhang Wang   Bai Yongxiu

Abstract：The innovative inclusion of digital economy and rural revitalization into a unified framework，exploratory integration of grounded theory and empirical model，and a complete research framework containing theoretical construction-empirical analysis-optimization path are proposed，and 12 cases and panel data from 30 provinces（regions and cities）from 2012-2019 are used to demonstrate the research process. The study finds that the digital economy and rural revitalization are cross-coupled through key activities in the internal and external environments; the digital economy includes digital infrastructure, agricultural digitization, and agricultural digital industrialization, while rural revitalization includes industrial prosperity, ecological livability, rural civilization, effective governance, and affluent living. The development of the digital economy is generally weaker than rural revitalization, but the former is growing significantly faster than the latter, and the gap is gradually narrowing. The digital economy and rural revitalization are strongly correlated, but they have not yet reached the optimal coupling state, making it difficult to achieve high-quality coordinated and complementary development. The main obstacle factors at the indicator and factor levels vary in different provinces and years, but they all reflect the main obstacles to the coordinated evolution of the coupled system.

Key Words: Digital Economy; Coupling; Rural Revitalization; Grounded Theory; Empirical Model

数字经济与乡村振兴耦合的理论构建、实证分析及优化路径

企业管理篇

□ 关系投资促进新时代乡村振兴的内在机制研究*

李先军

摘　要：基于农村相对贫困的现实，关系投资是农村贫困地区可持续发展的有效模式，其是农村贫困地区的利益相关企业，以情感归属、回馈社会等社会履责为动机，以"非纯粹"的投资行为，帮助农村贫困地区实现从观念脱贫、经济脱贫、能力脱贫到全面脱贫的一种投资方式。通过对碧桂园和昊龙两家企业在支持农村贫困地区的案例分析，探寻企业在农村贫困地区关系投资的内在机制。作为农村贫困地区发展的重要参与者，企业可通过关系投资方式，为农村发展提供资本、人才、知识以及组织供给，帮助农民提升乡村发展中的主体行为能力，推动农村产业、资本、人才和市场的发育和成长，为农村贫困地区脱贫不返贫和可持续发展提供了有力的保障。关系投资不同于传统意义上的价值投资，它源于"市场失灵"和"政府失效"的特定市场领域，其发展需要社会信任资本维系，尤其需要具有情感认同和资本实力的投资者以及对民间投资的有效环境营造。当然，为推进乡村振兴中企业作用的发挥，政府需要扮演好制度供给者和服务提供者的角色，为企业在农村贫困地区的投资提供良好的环境。

关键词：乡村振兴；企业参与；关系投资；农村贫困地区；双案例研究

引　言

改革开放 40 多年来，中国经济快速发展并成长为全球第二大经济体，市场经济的"洪流"浇灌着中国社会的每一个角落，使中国从传统的"乡土社会"朝着市场化的"城乡二元结构"转型。广阔的地理空间造就了转型过程中不可回避的结构性差异，基于社会资本的乡土社会瓦解和权力结构所嵌入的市场经济体制（陆铭、周群力，2013），产生了中国经济

基金项目：国家社会科学基金青年项目"企业参与乡村振兴的长效机制研究"（19CGL019）；国家自然科学基金面上项目"竞争性国有企业的混合所有制改革研究"（71472186）；国家自然科学基金应急项目"我国经济高质量发展与推进创新驱动发展研究"（71841014）。

作者简介：李先军，男，中国社会科学院工业经济研究所副研究员，中国社会科学院工业经济研究所博士后，研究方向为中小企业发展、农村企业以及组织创新，电子邮箱：25780203@ qq. com。

* 本文曾刊登于《经济管理》2019 年第 11 期。

社会发展的结构性问题，尤其是与庞大经济总量形成鲜明对照的贫富差距和农村落后地区的贫穷问题。党的十八大明确了全面建成小康社会的时间节点和路线图，十八届五中全会把精准扶贫、精准脱贫作为基本方略，中国农村贫困地区脱贫已成为关乎中国小康社会目标实现的重要议题。党的十九大提出实施乡村振兴战略和区域协调发展战略，将解决好"三农"工作作为全党工作的重中之重，要求确保到2020年我国现行标准下农村贫困人口实现脱贫。不可回避的是，农村一些地区市场尚未发育成熟，而传统的社会资本在转型阶段难以发挥其积极作用，这就迫切需要探索适应性的模式，以驱动农村相对贫困地区的经济起飞，推动乡村振兴和支持中国全面建成小康社会。

中国的改革起源于农村，但当前却表现为城乡差距的不断拉大。随着40多年改革开放的不断深化，一大批来自农村地区的创业者在改革开放的大好机遇下获得了成功，他们创办的企业具有显著的本地化投资倾向。这些本地化投资的企业主尽管也期望通过关系投资来获取在信贷、税收等方面的支持，但一些企业主出于对"生于斯长于斯"的故土眷念（周大鸣，2002），表现出强烈的"情感投资"特征，且表现出对农村市场发育滞后的巨大促动，积极发挥了关键作用、示范作用和带动作用（张红宇，2018），且在形式上表现出强烈的"关系化"倾向。关系投资作为市场机制不完善背景下的一种补充，是企业参与农村发展和乡村振兴的重要方式，它能有效激发农村贫困地区涌现出"带头人"，为农村地区发展提供资本和商业知识支持，促进民众在观念、能力、经济等方面全面脱贫，最终为全面建成小康社会目标的实现创造条件。

关系投资研究较早见于公司治理理论和营销理论中。公司治理研究中的关系投资指机构投资者在能确定性地发挥作用时所形成的特征，它是一种有依据且有节制的监督手段（Pound，1993），它是投资者与管理层构建积极关系主动参与公司治理的一种投资模式（王家华、孙清，2003）。营销理论中的关系投资是企业通过与顾客建立良好的正式关系和非正式关系，以实现企业营销绩效的有效改善（Grönroos，1996；Gustafsson et al.，2005；唐小飞等，2007）。此外，在银行信贷的相关研究中，银企关系对于帮助企业获取更多的银行贷款（Booth and Deli，1999）、降低融资成本（Sisli-Ciamarra，2012）并提升投资效率（翟胜宝等，2014）具有积极意义，但与之相对应的是，关系型信贷并未替代交易型信贷，它只是对不完全市场的有效反应（李克勉、李先军，2017）。与关系营销和关系信贷类似，企业的关系投资是企业以参与和嵌入社会网络、弥补价值投资"失灵"情境下的一种投资方式，是价值投资的一种"复杂化"和"多目标化"。事实上，从"关系"本身的内涵来看，其是对契约化和非人格化交易的一种替代，是介于市场交易机制和计划分配机制之间的"自然选择"，尤其适应于基于差异格局的中国乡土社会，甚至成为中国商业活动的基础模式（韩巍、席酉民，2001）。事实上，相对于非关系投资而言，关系投资是对市场化价值投资的一种补充和回归，它是以价值投资为基本原则，融合社会网络、社会责任等社会概念的一种投资模式，在中国情境下取得了巨大的成就，在市场化和互联网蓬勃发展的今天具有较大的现实价值。但是，关系投资是否适用于市场发育程度尚低的中国农村地区？其促进贫困农村地区发展进而促进乡村振兴的内在机制和路径为何？其有效实施的基本条件和特殊情景条件为何？是否具有可复制和拓展的其他模式？能否从真正意义上促进农村地区的可持续发展进而支持中国乡村振兴战略目标的实现？基于对这些问题的思考，本文将启发式双案例研究和理论研究相结合，试图对上述问题予以解答。

一、企业在农村发展中的角色演化与关系投资

（一）中国农村发展模式的演进

农村发展是社会发展理论的重要分支和体系构成。从发展的动力来源来看可以分为两种模式：一种是内源发展模式（Galdeano-Gómez et al.，2011；方劲，2018），即农村通过内生资源的挖掘和能力的建设实现自我发展，这是一种封闭的、自然进化的发展观；另一种是城乡衔接的"二元发展模式"或"嵌入模式"（于水等，2017），即农村和城市的发展具有时空上的先后顺序。在"前工业革命"时代，城市规模较小，其在社会生产和经济系统中的地位相对广大的农村地区比例极低，城乡表现出弱关系的自我发展，内源发展模式成为农村发展的基本模式。兴起于城市的工业革命，打破了传统社会中城乡一体的形态，二元状态成为城乡关系的基本逻辑，城市成为社会发展的主导力量，而农村则沦为城市发展的"附庸"，农村支持城市发展成为工业化早期的主导逻辑。与城市发展以及规模扩大相伴随的是，农村与城市的分野造成贫富差距不断加大。按照马克思的城乡观，从"分离与对立走向统筹与融合成为必然"（周志山，2007），农村发展必将被重新置于社会发展体系之中，城市反哺农村也成为现代农村发展的基本思路。

回到中国的现实，改革开放后中国农村发展总体上经历了"以家庭联产承包责任制为特征的内源发展模式—自然演化的二元发展模式—政府干预下的二元发展模式—多元主体共同推进模式"四个发展阶段。

（1）以家庭联产承包责任制为特征的内源发展阶段。以1978年安徽小岗村"包产到户"为开端，家庭联产承包责任制成为中国农村的基本经济制度，以家户为基本单元的生产经营体系（徐勇，2013）的恢复支撑了中国农村的新发展。其中，1982~1986年中央连续发布五个"一号文件"，明确了以建立健全家庭联产承包责任制和促进乡镇企业发展为主要目标，极大地释放了"制度红利"，促进了农村的快速发展。1986~1978年，农村人均纯收入增长率达到17.93%，远高于同一时期职工收入年均增长率的11.64%[①]，农村经济增长速度也高于同期城市经济增长速度。

（2）自然演化的二元发展阶段。随着东部沿海改革开放的推进，集聚在沿海城市的生产供应体系被激活，新创造的就业机会以及城乡间的收入差异，加之户籍流动性限制的放松，引致农村劳动力向城市转移（章元等，2012），形成了中国特色的庞大"农民工"群体，农民在农业生产的同时获取了城市发展带来的"收入溢价"，农村的内源发展模式朝着自然演化的二元发展模式演化。在效率导向的总体发展方针下，农村在基础设施、交易成本、制度成熟度等方面的比较劣势，决定了其总体发展速度显著低于城市，农村居民人均纯收入增长速度自1986年以来显著低于

[①] 数据来源于国家统计局。文中其他数据如无标注皆来源于国家统计局。

城镇居民人均可支配收入增长速度（尽管部分年份会有所起伏）。2003年，城镇居民人均可支配收入高达农村居民人均纯收入的3.23倍。与此同时，改革开放形成的"累积性优势"[①]催生了中国城市的加速发展，这一速度的差异进一步加剧了城乡居民收入的二元鸿沟。需要予以高度重视的是，由于自然涌现的二元发展模式难以向边疆地区、少数民族地区和山区扩散，这些地区的整体发展水平依然落后，进一步发展的压力巨大。

（3）政府干预下的二元发展阶段。为实现中国小康社会和共同富裕目标，脱贫成为促进农村贫困地区发展的必然之举，而政府干预则成为这一进程的必然选择，这也预示着中国农村发展从"自然演化的二元发展模式"向"政府干预的二元模式"转变，即给予农村更多的资源和制度支持，尤其在党的十八大重新明确小康社会时间节点和全面脱贫要求之下，政府干预型二元发展模式成为中国农村发展的新模式，政府主导下的"大推进"战略成为新时期中国农村贫困地区发展的必然选择。自2004年起，中央连续16年发布的"一号文件"都重点关注"三农"问题的解决。2011年，《中国农村扶贫开发纲要（2011-2020年）》提出行业扶贫、社会扶贫等多种精准脱贫方式，在此框架指导下，中国开展了史无前例的精准扶贫行动。2012~2018年，全国农村贫困人口从9899万人减至1660万人，贫困发生率从10.2%下降至1.7%。

（4）多元主体共同推进阶段。随着精准扶贫工作的进一步推进，扶贫工作的难度越来越高，尤其是在党的十九大提出乡村振兴战略的背景下，如何保证脱贫不返贫，真正实现农村可持续高质量发展更是摆在政府、实践界和理论界面前的现实问题，这些问题单单依靠政府力量是难以解决的。因此，多元主体共同推进和协作成为推进农村贫困地区发展的必然选择，这也是新时代政府干预二元发展模式的创新和发展。为此，通过多种扶贫方式，注重多主体参与、创新扶贫已成为新时代农村发展的重要选择，尤其是在不断推动市场化进程的趋势下，以市场力量驱动中国农村贫困地区发展具有重要的现实意义（周敏慧、陶然，2016）。

（二）中国农村发展进程中企业角色的发挥与演化

在西方国家的话语体系中，手工业、前工业、乡镇工业、农舍工业、制造业、家内工业、原工业（张卫良，2009）支撑了英国从"原工业化"（Hudson and Clarkson，1986）到"工业化"的渐进发展过程，这是西方国家工业革命和现代化进程的基础。受多重因素的影响，中国现代化的发展表现出与西方国家不同的发展模式。自改革开放以来，中国企业在农村发展中扮演着独特的角色，从社队企业和乡镇企业的兴起，到城市企业吸引农民"进城"，再到农业产业化过程中农业龙头企业的发展，以及当前农村兴起的创业高潮，既体现了中国工农关系、城乡关系的变化（中国宏观经济研究院产业所课题组，2018），也反映了农村特殊土壤环境下企业与农村发展融合共生的历史现实（李先军、黄速建，2019）。

（1）社队企业和乡镇企业的崛起改善了中国农村的物质条件。农村家庭联产承包责任制打破了农村生产的制度约束，农

---

① 从经济发展的基本规律来看，经济起飞阶段的核心是要素和资源的积累（尤其是资本、技术、生产设备、基础设施等），在起飞阶段积累的相关优势本文称为"累积性优势"。

民生产的积极性得到快速释放，农村劳动生产率迅速提高。在有限耕地的面积约束下，农村劳动力剩余问题凸显，同时也表现出一定的资本积累，加之集体文化的制度和文化惯性，社队企业应运而生。它有效地适应了城市重工业化难以调整以及无法满足群众多样化需求的现实，有效地占据了改革开放后的农村和城市消费品市场。1987年，乡镇企业产值占农村社会总产值的比重达52.4%，首次超过了农业总产值。到1993年，乡镇企业增至2452.93万户，职工数超过1.23亿人，总产值超过3.21万亿元①。社队企业和乡镇企业的发展，解决了农村剩余劳动力的本地非农就业问题，直接增加了农民收入，诞生了"一部分先富裕起来的民众"，进而为中国民营经济发展提供了物质条件。在企业参与下，中国的扶贫工作取得了突出成效，贫困人口由1978年的2.5亿人减少到1993年的8000万人。

（2）农民的"进城大潮"增加了农民的非农业收入。随着改革的深化和对内开放的推进，人口流动的限制性措施不断宽松，农民进城的限制也逐步被取消，改革开放前沿地区的工资溢价吸引了大量农民进城尤其是向东部沿海城市集聚，规模庞大的农民工群体成为中国经济社会发展不可忽略的一股力量。进入城市工厂务工成为农民的自然选择，中国农民在改革开放进程中也实现了从"土地依赖"向"能力依赖"的转型。与之同步的是，非农业收入（即务工收入）成为农民收入的重要来源，工资性收入开始成为农民收入特别是现金收入的主体部分。到2003年，工资性收入占农村居民纯收入的比重已达到35.02%，且这一比例保持持续的增长态势②。在城市收入优势的背景下，农民向城市大量涌入，农民工这一巨大的"流量"促进了城乡间知识、信息、资金、人才的有效流动，打破了中国传统的城乡分割"稳态"。农民工进城大潮是农民自主融入现代市场经济、镶嵌于城市发展的一种自然选择，同时形塑了中国特色的工业化、市场化、城镇化和现代化发展模式。在此过程中，企业本身也有效地开发了农民工群体的劳动力比较优势，实现了自身的快速发展。

（3）农业产业化背景下新型农村经济主体的发展以及农民向市场的融入。家户形式的家庭联产承包责任制解决了中国农民的温饱问题，但其本质上是一种半自然状态下的小农经济，难以实现农业的现代化，为此，农业的产业化经营也就成为必然，农业龙头企业和农民专业合作社等新型农村经济主体快速发展。作为农民与市场连接的纽带，农业龙头企业和农民专业合作社不仅通过产业化经营增加了农民收入，也为农民进入市场创造了新的机会。截至2016年底，我国农业产业化龙头企业有13.03万个，年销售收入约有9.73万亿元，固定资产约为4.23万亿元③，成为当前中国农村发展的重要市场主体。截至2018年底，农民专业合作社有217.3万

① 农业部乡镇企业局组.中国乡镇企业统计资料：1978—2002年［M］.北京：中国农业出版社，2003：3-11.
② 国家统计局农村社会经济调查总队.中国农村统计年鉴：2001［M］.北京：中国统计出版社，2001.其中，2013年调整统计口径，农村居民纯收入指标被农村人均可支配收入替代，2013年这一指标下降，但在2013~2015年依然保持增长。
③ 高鸣，郭芸芸.2018中国新型农业经营主体发展分析报告（一）［N］.中国农业新闻网-农民日报，2018-02-22.

户，年度新增登记的有 23.1 万户①。2017 年，全国合作社实现经营收入 5890 亿元，可分配盈余为 1100 亿元，为每个成员平均分配 1644 元，为成员提供统供统销、统防统治、统耕统种统收等经营服务总值达到 1.17 万亿元。截至 2017 年底，全国有 237.5 万户建档立卡贫困户加入合作社，约 10% 的国家示范社位于国家级贫困县中，带动成员 22.8 万户②。尽管对于龙头企业和合作社在与农民交易中是否是一种公平的合作关系存在一些争论（张晓山，2017），但是从历史辩证主义和历史唯物主义的视角来看，作为对解决中国"三农"问题的有益探索，农业龙头企业和农民专业合作社不仅带动了一大批农民先富起来，同时通过农村土地流转等，为解决土地荒芜问题和农村生产规模不经济等问题提供了新的解决方案，更重要的是，它们吸引农民进入市场，为农民更加广泛地参与市场创造了新的条件。

（4）移动互联网时代下的农民创业和农村市场的内生发展。随着政府对农村投资的不断加大，农村基础设施尤其是交通、通信条件得以极大改善，农村市场的交易成本有效下降。随着移动互联网的普及，城乡之间信息阻塞、地理分割的问题得以缓解，农村的资源优势和城市升级的基本生活需求为农村孕育了新的创业机会，政府推动的"双创"政策为农村创业提供了新的空间。在此背景下，中国农村的经济发展模式从大企业主导和农民参与向农民创业的内生模式演化，农民创业企业成为

新时代农村发展的重要力量。农业农村部披露的数据显示，到 2018 年底，各类返乡下乡创新创业人员累计达到 780 万人，"田秀才""土专家""乡创客"等本乡创新创业人员达 3100 多万人③。返乡农民创业和农村涌现的创业态势打破了传统农村发展中企业难以发展的"稳态陷阱"，使企业成为互联网时代促进农村发展的内在驱动力量，形塑了中国农村的市场化发展模式，这也为促进农村经济发展，实现新时代中国农村起飞提供了新的思路和路径（夏柱智，2017）。

在中国农村发展的历史进程中，企业发挥了不同的角色和作用，这反映了中国企业的强大适应性，也体现了中国农民的创新和冒险精神。企业在农村发展进程中角色的发挥，不仅助推了农村的脱贫，更重要的是为中国经济 40 余年的高速发展提供了有力的支撑，企业发展不仅表现出巨大的经济贡献，更表现出巨大的社会贡献，这是"中国发展道路"的重要内容，其不仅对贫困地区和国家脱贫具有重要的参考意义，对于欠发达地区的经济社会发展也具有重要的借鉴意义。

（三）关系投资：企业参与农村发展的一种新视角

从企业在中国农村发展中角色演化的历史进程中可以看出，企业发展与农村发展具有高度的契合性，企业对于推动农村贫困地区发展具有重要的促进作用。在不同的历史阶段，企业推动农村发展的模式上存在着鲜明特色，这些模式的选择具有

---

① 2018 年全国市场主体发展基本情况 [EB/OL]. [2019 - 02 - 28]. https：//www. samr. gov. cn/zhghs/tjsj/201902/t20190228_291539. html.

② 韩俊. 强单体促联合整县推进农民专业合作社质量提升 [EB/OL]. [2018 - 10 - 17]. https：//baijiahao. baidu. com/s? id=1614555851206111475&wfr=spider&for=pc.

③ 韩长赋. 国务院关于乡村产业发展情况的报告——2019 年 4 月 21 日在第十三届全国人民代表大会常务委员会第十次会议上 [EB/OL]. [2019 - 04 - 21]. http：//www. npc. gov. cn/npc/c30834/201904/1e30cb31a2a242cdb82586c5510f756d. shtml.

特殊的历史背景和时代适应性。其中，有一批来自农村地区的创业者，在改革开放的历史进程中不断拼搏和开拓创新，在行业或者区域内取得了成功，这些企业基本摆脱了创立之初的生存阶段，发展到多元价值选择和多重战略路径的探索阶段。在党和政府的号召下，加之企业主社会参与意识和责任意识的觉醒，企业在纯粹价值目标的基础上发生了"异化"，涌现出一些企业将部分资源投资于可能难以产生高投资收益的农村贫困地区，这些投资表现出显著的关系投资特征。

现实中，企业在农村贫困地区的关系投资表现出多种方式，典型的方式就是企业参与扶贫。在精准扶贫和全面脱贫的大背景下，企业响应党和政府号召，主动履行企业责任，利用自身在资金、市场、技术、产业等方面的优势，通过无偿捐赠和有偿服务相结合的方式对农村贫困地区实施对口帮扶，这既可帮助贫困民众解决生活困难，又可通过扶持产业发展为贫困地区经济生态的构建提供支撑。企业参与扶贫工作是企业主对中国传统文化的实践（刘宾，2018），体现了中华传统文化"达则兼济天下"所蕴含的责任意识。此外，尽管有些企业未直接参与到农村扶贫工作中，其则以一种更为包容的投资方式参与到农村发展过程中，如一些旅游企业利用农村丰富的旅游资源禀赋发展乡村旅游，一些农业加工企业利用当地特色的农产品资源优势开发新产品，一些加工制造企业从城市向农村的转移等。通过为农村发展提供必要的启动资金，或者投资农村基础设施建设，为支撑农村产业发展、经济起飞和促进农民增收，进而打破了农村贫困的"恶性循环"和推动农村贫困地区的发展提供有力的支撑。

中国企业在农村的关系投资，是与农村贫困地区的利益相关企业以情感归属、回馈社会等社会履责为动机，以参与和嵌入社会网络的方式，弥补价值投资"失灵"情境下的投资方式，为农村贫困地区发展提供行动示范、资本以及商业知识，促进农村落后地区在观念、经济、能力等方面全面脱贫，最终为乡村振兴目标的实现积蓄力量。作为对政府投资农村、支持农村发展的重要补充，企业关系投资可以有效地避免行政推动下农村发展的体制机制束缚（郁建兴，2013），有利于发挥农民在农业农村发展中的主体地位，真正发挥市场在配置资源中的决定性作用，提升农村社会的自治能力，激发农村自我发展潜力，推动企业价值尤其是社会价值的提升，并在此过程中推动农村落后地区的全面脱贫和共同富裕。

二、研究设计及案例选择

（一）研究方法选择

关系投资作为价值投资的一种"回归"，其本质上却难以对价值投资形成有效的替代，其运行模式较之价值投资具有更多的不可控变量和复杂度，简化的抽象模型难以对其展开翔实的研究。基于研究主题特征的考虑，本文选择案例研究法，以启发式的案例研究法，通过对案例企业行为过程的剖析，抽象出并构建理论。基于这一方法的运用，本文利用启发式的案例研究法，对关系投资的主要模式、投资路径以及实现条件等进行观察、分析和总结，探寻理论的突破口或者构建新的理论。此外，由于本案例现象上的典型性与内容上的复杂性，本文采用双案例的研究方法。双案例研究可以实现对两个案例的比较和深度分析，能够更好地检视研究框架中提出的问题（Pettigrew，1990；Siggelkow，

2007)。

（二）数据收集与整理

使用多样化的数据来源是保证数据资料信度和效度的重要条件（Glasser and Strauss，1967）。基于研究对象的特征和研究目的，本文综合采用深入观察、访谈、公开报表、材料和出版物研究等方法多方面获取数据资料。①作者曾在云南昊龙实业集团（以下简称"昊龙"）工作3年，任董事长秘书，对该企业情况较为熟悉，且在工作的过程中与公司股东进行了多次深入的交流，对昊龙投资建设的鸭子塘村发展有比较全面的了解，可以方便地向企业以及合作社获取全面、真实的资料；②作者长期关注碧桂园集团（以下简称"碧桂园"）在教育和扶贫工作中的动态，在工作中与碧桂园区域负责人有较为紧密的联系，且借助于碧桂园系统和常态化的培训体系，得以较为真实地了解碧桂园在教育投资、农村扶贫等方面的信息，并对相关负责人进行了较为深入的访谈；③在研究过程中，作者重新补充了3次调研活动，共获得访谈资料25万字；④研究团队持续多方面收集案例企业的相关资料和数据，可以对案例企业发展历程、主要事件等展开多维度、多角度的剖析，获取案例企业较为客观的信息（见表1）。

表1　研究的主要数据来源及获取过程

数据类型	数据来源	获取过程及主要数据量
一手数据	深入观察和访谈	1. 2011~2014年工作过程中相关会议和调研的资料整理，共计13万字 2. 2017年、2018年和2019年分别对昊龙集团及鸭子塘主要负责人进行了专题调研，获取访谈资料及相关数据15万字 3. 对碧桂园区域负责人多次访谈，获取碧桂园关于教育投资和农村扶贫的相关资料约10万字

续表

数据类型	数据来源	获取过程及主要数据量
二手数据	案例对象资料提供	1. 鸭子塘合作社提供合作社经营情况、组织运行的相关信息，约3万字 2. 碧桂园提供的扶贫案例以及教育投资的相关信息，约5万字
	出版物	1. 昊龙集团内部出版物 2. 碧桂园内部出版物
	网络收集	1. 昊龙集团和碧桂园网站、公众号等相关信息 2. 外部媒体对其报道的相关信息。共计23万字
	第三方数据	慈善报告、光彩事业基金会公布的相关信息

资料来源：本文作者整理。

（三）案例简介

本文选择的案例研究对象为：①以"扶贫先扶智"为主要特征的碧桂园。创建于1984年广东顺德的碧桂园集团，2018年权益销售金额为5018.8亿元，成为中国房地产企业的"新标杆"。碧桂园秉持"授人以鱼不如授人以渔"的理念，坚持"造血扶贫"的方式，在扶贫的过程中将提供技能培训和创业资金置于重要的位置，先后扶持英德市树山村、广州梯面镇、肇庆怀集县、清远市鹤咀岭新村、生水塘新村、潭洞新村、四川马边县、四川甘洛县等贫困地区，打造了有效的企业扶贫样本，集团主席杨国强先生荣获"2015中国消除贫困创新奖"。从创业至2016年底，碧桂园的总公益投入超过26亿元，2016年国强基金会的投入为全国非公募基金会前五名①。②以捐助和无偿的基础设施投资为主要特色的昊龙。云南省昭通市鲁甸县鸭子塘村，在国家不断推动新农村建设和加快脱贫致富的良好机遇下，依托属地企业云南昊龙实业集团，组建集体经济组织农业开发专业合作社，为村民修建房屋垫资，为合作社企业运营垫资，推动其发展特色产业，并为合作社运行提供管理和技术人员支持，助推鸭子塘村从贫困乡村向现代城镇转型。在属地企业关系投资的带动下，鸭子塘村生产生活基础设施发生了翻天覆地的变化，家家户户入住建筑面积为286平方米的三层小楼，交通状况极大改善；老人每月获得合作社发放的生活补贴，高中以上教育和学生生活费用全部由合作社"买单"；农民收入有了极大提高，2015年人均纯收入达到18152元，是同年云南省农村常住居民人均可支配收入8242元的2.2倍；鸭子塘村传统小规模和分散的种植业和养殖业生产模式被规模化和组织化的工业、种植业和服务业所取代，实现了从农业生产向工业和服务业的转型；村民从传统"日出而作、日落而息"的生活方式朝着现代城镇的生活方式转型；村民的生活环境得到明显改善，生活废水和生活垃圾集中处理，农村环境面貌得以有效改善。

三、案例分析与讨论

（一）关系投资的基本模式和主要动机

企业对贫困地区的关系投资表现出多元化的特征，其中直接捐助是最常见的投资形式，并已成为企业承担社会责任的重要内容。受慈善基金管理体制、中国基金管理人才匮乏等多种因素的影响，与美国类似，直接的慈善捐助是一部分"先富起来"的企业主履行企业社会责任的主要方式。从中国的实际来看，慈善捐助目的主要集中在灾后重建捐款、教育援助、医疗和生活资助等。根据对案例企业的资料分析发现，2008年汶川地震后，碧桂园及控股股东杨惠妍捐款1300万元，昊龙公司捐赠1120万元；在2014年鲁甸"8·3"地震后昊龙迅速组织公司近千名员工参与抗震救灾工作并捐款超过350万元。在支持贫困地区发展方面，昊龙垫资5亿元支持鸭子塘新农村建设以及村庄的道路、生产生活设施等，通过以工促农，鸭子塘新村已成为云南新农村建设的典范，碧桂园在加大投入的基础上，不断完善对口支援农村地区"造血扶贫"的运作机制。在教育投资上，昊龙自2014年开始每年向云南民族文化发展基金会捐助100万元设立"昊龙民族助学专项基金"，仅2018年就向云南省光彩事业促进会捐款5000万元，碧桂园投资超过1亿元人民币，支持办学及贫困民众的就业培训。这些捐助是对政府公共服务的重要补充，对于贫困落后地区民众生活生产条件的改善发挥了重要作用。直接捐助属于间接性的投资模式，资金主要由基金会和慈善会使用，这一方式更多地表现出一种"被动性"的投资。从动机来看，企业主可能希望通过此举改善和提升自己和企业声誉等（Zhang et al.，2010），也可能为了获取企业存续和发展的合法性（吴炯、邢修帅，2016），具有强烈的"利他"动机（Sharfman，1994），且受到诸如CEO生活经历（许年行、李哲，2016）、企业地处受灾地区（潘越等，2017）等多方面的影响。从案例企业的实际来看，昊龙创始人马永升先生出生于鸭

———————————————
① 碧桂园控股有限公司.2016年碧桂园可持续发展报告［R］.2017：44.

子塘村，经历了贫穷且遭遇天灾的少年生活，通过读书"走出大山"，对"知识改变命运"有深刻的感触，在教育捐款和灾区捐款方面十分积极。碧桂园创始人杨国强先生穷苦时被资助过的经历，为其留下了深刻的人生烙印，其热衷于在教育方面的慈善投入。总体来看，捐助作为企业的一种"被动性"的投资方式，捐助者对于投资价值收益的诉求较低，因此捐助可视为企业实施关系投资的初始表达方式。

为弥补直接捐助作为一种"被动性投资"难以实现企业和企业主自身价值性投资的问题，企业往往会选择一些"主动性"的投资方式，如碧桂园和昊龙投资捐资建设当地的基础设施、投资于一些与当地经济社会发展相契合的商业领域、主动承担当地政府扶贫的对口工作等。与纯粹的捐助不同，对相关基础设施的投资也是中国企业在实施"关系型"投资过程中的常见方式。案例企业结合自身生产经营，尤其是交通运输的实际状况，修建从生产经营场所到外部市场的道路等基础设施，碧桂园和昊龙都投资兴建学校或投资自建学校，或支持"希望工程"校区建设，这都是对农村贫困地区建设投资的有效补充。这类投资具有半公益的色彩，也具有一定的价值性投资色彩。

再有，价值投资也成为重要的投资形式。企业往往偏好于与自身战略和目标相匹配的领域进行投资，这是企业专业化逻辑的延伸。随着中国城镇化进程的推进，房地产市场从一、二线中心城市逐步向三、四线城市和小城镇扩散，这也为一些企业投资于房地产领域创造了新的机遇。例如，碧桂园利用自身在行业的领先优势参与易地搬迁扶贫，昊龙响应地方政府号召，利用自有建筑工程和建材产业优势，帮助昭通市政府建设卯家湾公租房，不仅有效地

解决了贫困民众的居住问题，也在此过程中树立了良好的社会形象和社会声誉，为其未来的发展积淀了有益的"关系资本"和"声誉价值"，在投资过程中既实现了自身价值的提升，也实现了对贫困地区的投资支持。

作为关系投资的核心，对贫困地区的人才和知识投资是促进贫困地区发展的根本。在政府大力倡导"精准扶贫"的背景下，案例企业结合贫困地区民众的实际需求，以产业扶持、人才培育、知识溢出等方式，帮助农村贫困地区获取发展过程中所需的人才和知识积累。例如，碧桂园集团任命助理总裁任碧桂园精准扶贫乡村振兴办公室主任，专门负责对碧桂园在贫困地区的投资业务；昊龙集团任命集团党委副书记为分管领导，并派驻大量中层管理人员到鸭子塘合作社通过"传帮带"帮助合作社社员提升经营管理能力。

（二）关系投资破除农村贫困地区发展的"四大门槛"

尽管农村对于一国（地区）经济社会发展具有极为重要的意义，但现实中，近代经济的发展史可以归纳为城市的发展史，而农村被排斥在主流发展体系中。从理论上来看，农村贫困存在诸多原因。资源禀赋说认为，由于土地以及其他自然不足或者结构上的不均衡导致农村地区的贫困（Palmer-Jones and Sen，2006）；制度学说认为，由于政治的边缘化（Bird et al.，2010）、地方政治竞争（Rupasingha and Goetz，2007）、社会资本的稀疏（Adato et al.，2006）、社会文化的距离（Epprecht et al.，2011）等制度性因素导致贫困；服务供给学说认为，由于基础设施的落后以及公共服务的供给不足（Venables and Kanbur，2003）导致贫困；市场学说认为，由于缺乏思想与新技术的扩散和交流

（Bird and Shepherd，2003）以及良好的交易网络（杨小凯，2003）导致贫困地区的正常经济增长受到限制。总体来看，限制农村贫困地区发展的原因是多元化和复杂化的。因此，需要从更加全面、深入的角度来认识农村贫困的根源。从案例企业支持贫困地区发展的实践来看，无论是直接的捐助，还是参与农村贫困地区经济社会发展并最终实现农村脱困的过程中，关系投资可以有效地为整个农村贫困地区的起飞发展提供包括资本投资在内的必要条件，即有助于解决农村贫困地区发展的资本、知识、组织和市场问题。

（1）关系投资可为农村发展尤其是贫困农户启动生产活动直接提供物质资本。受小农生产传统和农村基本经济制度的影响，中国农村发展属于典型的家庭高劳动投入生产，资本在农业生产中的投入严重不足，加之贫困地区农民自身的收入约束，农村贫困地区发展过程中的资本极为稀缺。碧桂园和昊龙在支持农村发展的过程中，都在利用自身积累形成的资本实力，以非营利的方式为农村提供发展基金，用于农村基础设施建设（如修路、修建房屋）、农民合作社的启动资金（为其提供无息贷款或者直接垫资）、农民生产活动的初始资金投入等。与案例企业对农村的资金支持相比，传统意义上农村的投资主要来源于政府，且投资方式主要集中于提供公共基础设施和公共服务方面的投资，对于产业发展的支持则由于财政资金的性质而无法实施。关系投资是政府支持农村的重要补充，其灵活性的优势和多元化的投资目标可以保证其资金供给更加关注于农村的产业投资，更加注重对农民能力的培育，更加有效地提升农民参与经济活动的积极

性，尤其是向缺乏资本积累的小农户和贫困农户提供再生产或者创业资金。此外，企业对贫困农村地区的关系投资可有效地弥补政府投资过程中"用户需求"精准度不足的问题，对于激活小农户尤其是贫困农民的生产积极性具有重要的促进作用。

（2）关系投资可促进解决农村发展过程中知识和人才不足的问题。除资本匮乏之外，农村的人力资本与城市的差距不断扩大，这极大地制约了农村贫困地区经济社会的发展。改革开放后，城市的快速发展对农村民众形成强大的吸附能力，农村从业人员数量持续下降且老龄化问题突出。2016年，农业生产经营人员较1996年农村从业人口减少了43.97%，且从业人口中老年人口比重快速增长，在农村全部从业人口中的比重从9.86%增长到33.6%。与此同时，农村劳动人口的整体人力资源素质并未得到有效的提升，大量出生于农村受过高等教育的人员未能有效回流，城市受高等教育的人员也未能对农村发展形成有力的支撑。2016年，高中以上学历的农业生产经营人员占全部农业生产经营人员的比重仅为8.3%，超过90%的就业人口学历在初中及以下[①]。从案例企业的实践来看，碧桂园和昊龙均成立了专门的扶贫工作小组，在集团层面派驻高级管理人员，并在组织内部抽调专人负责相关工作，为回乡创业的退伍军人、农民等提供资金、技术和管理支持，或者支持"创业带头人"，或者抽调企业内部精英为农民创业提供示范作用，以组织化的方式为农村贫困地区发展注入了新的人才力量和示范榜样，尤其是懂经营、懂管理的人才，并通过组织化的模式吸引进城人员的回流，为

---

① 根据第三次全国农业普查快速汇总结果的公报计算得出。

农村贫困地区发展注入了人才及其附带的有益知识。

除了直接为贫困地区提供经营管理人才外，案例企业对于长期培育人才，尤其是农村贫困地区人才方面不遗余力，为农村贫困地区长期地积淀和提升人力资本创造了条件。碧桂园公司对投资教育极为热衷，早在1997年就设立仲明大学生助学金；2002年，设立广东顺德国华纪念中学，这是全国第一所纯慈善、全免费的民办高级中学；2007年，碧桂园创立国良职业培训学校，系统培训农村籍退伍军人，目前已经有超过1.4万人受训后成为技能型产业工人；2012年，成立碧桂园志愿者协会，发起了送技术技能下乡活动；2013年，成立国强基金会，创办了广东碧桂园职业学院，这所学校是全国唯一对贫困生全免费的大学，且已经面向广东、广西、江西、湖北招收1000多名学生；2015年，设立滴灌智力扶贫项目。自2014年开始，昊龙公司每年向云南民族文化发展基金会捐助100万元设立"昊龙民族助学专项基金"，用于支持少数民族贫困学子的生活与学习。

（3）关系投资以现代组织形式带动农村生产经营活动的开展。导致农村发展过程中的人力资本不足问题的根源是传统农业生产边际产出率低，人力资源自然朝着更高产出率的产业，尤其是积聚于城市中的二三产业转移，企业以其组织化的方式可以有效地提升农业的边际产出率和增加农民收入。在关系投资中，农村的组织化生产是对家庭联产承包责任制的重要补充，它一方面改变了农村分散经营的方式，另一方面可以促进第一、第二、第三产业在农村的融合发展，进而促进农村的边际产出率和农民收入的提升。碧桂园和昊龙均帮助所支持的农村地区结合自身优势和市场需求引入新的产业，如苗圃、建材、编织袋生产等，并以农民专业合作社为载体，以产品经营公司为实体，并帮助其按照现代治理的要求，完善合作社的治理结构、组织架构，帮助合作社成长为具有市场竞争能力的市场主体。

（4）关系投资通过引入市场机制促进农村市场的发展。传统的中国社会是一个"熟人社会"，基于差异格局所形成的社会资本是中国农村发展的核心内容。社会资本作为对农村市场机制的重要补充或者替代，会有效地改善农村资源的有效配置。张爽等（2007）的研究表明，社会网络和公共信任能显著地减少贫困，在社区层面的作用尤其明显；王晶（2013）从家庭和社区两个层面初步探讨了农村市场化过程中社会资本的收入效应及其变化。然而，随着改革开放后农村市场化的不断发展，尤其是21世纪后移动互联网的快速发展，更具一般性的市场秩序对农村发展造成巨大的影响和冲击，社会资本在农村发展中的主导地位也受到严重的冲击，而以正式契约为主要标志的现代市场经济成为农村新时代发展的重要条件。碧桂园和昊龙均通过人才帮扶、信息导入、组织建设等途径，为农民了解市场、树立现代市场交易的公平和竞争理念创造了机会，促进了一部分农民从原有的生产者转变为直面市场的经营者，为进一步培育农村企业家，激活农村市场提供了新途径，促进了中国传统农村向现代农村的转型。

（三）关系投资推动农村贫困地区振兴发展的路径

与一般意义上的价值投资不同，企业通过关系投资促进农村贫困地区发展是企业作为投资者与被投资者农民互动的过程。碧桂园创始人杨国强先生和昊龙公司创始人马永升先生，在实现一定水平的财富积累之后，致力于为家乡摆脱贫困和未来发展做贡献，从一般意义上的捐资、捐物开始，到组织农民自主创业和互助创业，帮助农民逐步提升自身的创收能力和发展能力，实现了自身的内生发展。这体现了关系投资推动农村贫困地区发展的路径演化，即在为农村导入要素的同时，核心是培育农民的能力，促进农村和农业的内生发展，进而助推乡村振兴目标的实现，这一过程与党的十九大提出的乡村振兴目标契合，并有力地支持了农村贫困地区的振兴发展。

（1）导入要素，为农村贫困地区发展奠定基础。关系投资首先是为农村发展导入必要的生产要素，包括资本、人才、组织和知识，其目的是破除农村发展要素"门槛"（见图1）。从中国农村发展的实际情况来看，政府是农村发展的主导者，为农村基础设施建设、农村发展、乡村治理等方面做了长期的工作，随着农村发展朝着多元主体共同推进的阶段转化，企业在为农村发展导入要素方面也逐步发挥作用，农村的要素供给表现出多主体共同导入的模式。从案例企业支持农村地区发展的实践来看，昊龙为合作社开办企业垫资、碧桂园为农民创业提供贷款，都是企业对农民发展生产的资金支持；昊龙在合作社成立之日起就派驻公司人员支持，通过"传帮带"为合作社培育经营管理人才，碧桂园派驻副总裁作为扶贫的负责人，都体现了案例企业对农村人才的引入和培育，且在此过程中有效地将外部市场知识、企业经营管理知识等根植于村民内心之中，有效地提升了农民经营者的认知水平；从案例企业支持农村发展的实践来看，合作社是最常见的组织形式，这在一定程度上弥补了家庭联产承包责任制的缺陷，可以有效地发挥集体协作和分工所带来的效率提升。

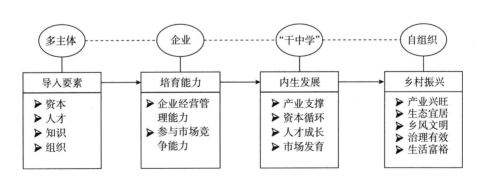

**图1　关系投资推动农村贫困
地区发展的逻辑框架**

资料来源：本文绘制。

（2）培育能力，提升农民参与市场经营活动的竞争能力。能力基础的发展观（Barney，2001）认为，资源并不能直接带来绩效的改善，它需要辅之以一系列条件，其中重要的条件是需要将资源转化为竞争优势的能力。由于长期以来存在的城乡二元体制矛盾（国务院发展研究中心农村部课题组等，2014），农村远离城市中心市场，农民不具有有效参与市场的能力，农民在竞争中也就自然地处于劣势地位。但是，作为农村发展的主体（朱铁辉，2004），农民的能力最终决定了其长期可持续收入水平。碧桂园和昊龙为农民提供培训、企业抽调精干员工到帮扶农村指导生产经营工作，为农民了解市场、了解企业经营管理的基本规律提供条件，这是帮助农民补足适应现代市场经济所需经营管理能力的重要途径。此外，基于"扶贫先扶智"的考虑，碧桂园成立多种类型的学校和培训项目，昊龙为教育基金捐资，都为解决农村贫困家庭的子女就业问题以及贫困农民的就业问题提供了重要支撑，是解决贫困农民知识和技能不足的重要举措。通过在市场和企业经营管理中的"传帮带"以及提供普适性的技能教育，企业的参与可以有效地提升农民参与市场经营活动的竞争能力。

（3）注重培育，促发农村内生发展动力。摒弃自然内生发展状态后的中国农村地区，在外部力量影响过程中，农民可以通过"干中学"，将外部支持吸收转化，形成自身发展的内源动力，形成产业支撑、资本循环、人才成长和市场发育的状态，支持农村从一种相对贫困落后的稳态向新的更高水平的稳态跃迁，推动农村地区的长期可持续发展。①产业支撑。碧桂园支持村民种植苗圃，发展具有当地优势的特色产业。昊龙支持合作社成立各种类型的企业，或为昊龙产业发展提供配套，或走向周边市场，产业成长为村民带来了长期可持续的收入增长。②资本循环。碧桂园为创业农民提供无息贷款，帮助农民提升经营水平，形成良性的资金循环促进农民的扩大再生产。昊龙为合作社提供资金支持并帮助合作社开展形式多样的经营活动，指导合作社提升自身的融资能力和经营管理水平。③人才成长。通过产业发展留住了原本外出务工的农民群众，并在不断的经营管理工作中实现了人才的成长和发展，支持农村地区的长远发展。④市场发育。

市场本身是一种逐步发展的过程，它也在农村发展过程中不断嵌入更高层级的市场，并在中国快速发展的电子商务环境中实现了更便捷、更高效率的传播，成为贫困地区民众脱贫致富的有效方式。

（4）内生发展，助推农村贫困地区的乡村振兴。党的十九大提出了乡村振兴战略，对产业发展、生态建设、农村文化、乡村治理、农民生活提出了总体要求。乡村振兴作为新时代指引中国农村发展的基本战略，不仅对农村经济发展提出了要求，也对生态环境、农村文化、乡村治理、农民生活等提出了更高的要求。从案例企业的实践来看，碧桂园作为中国房地产行业的领导者之一，在贫困民众易地搬迁过程中始终坚持环境保护，坚持对传统文化的保护，坚持为村民提供优质的生活服务；昊龙通过鸭子塘村的集中建设以及积极发展苗圃产业等，有效解决了当地生态环境恶化、村民居住条件恶劣的问题，并通过回汉居民区的集中设计与重要生活场景的分开建设，有效地推动了回汉民族融合。企业的关系投资，通过驱动贫困农村地区的内生发展，促使农村内部各要素、各主体以自组织的方式良性运转，真正实现了收入改善、产业发展、生态保护、文化改善、治理有效的乡村振兴目标。

（四）进一步讨论：关系投资实施的前提条件以及可能的发展趋势

案例企业通过关系投资支持农村贫困地区脱贫致富具有较强的典型性，符合当前中国企业回馈社会、主动承担社会责任的时代背景，对于地域极为广阔的中国具有较强的适应性和拓展性，尤其对于当前全面建成小康社会和实现乡村振兴具有极为重要的现实意义。但是，关系投资能否推而广之，能否在中国大地，乃至其他国家和地区进行复制，这需要一系列前提条件。

（1）在社会网络基础上形成的信任资本是关系投资得以实施的社会文化前提。关系投资是一种自发性的投资方式，投资主体更多的是出于对投资区域和对象的情感归属和社会认同动机实施的投资，这种投资天然依赖于投资主体与投资对象处于一个紧密的社会网络中，且这个社会网络具有自动的信用生成机制，能为网络内的各个参与方形成有效的信号识别和良好的信任积累机制，为参与者累计信用形成社会资本。与此同时，尽管随着技术的发展和信用市场的发展，社会资本在一定程度上被削弱，但"关系"作为中国从事商业活动的一个基础性变量（庄贵军，2012）这一现实将会长期存在，且其在小范围地理区域内依然长期保持强大的影响力。从案例企业关系投资实践来看，昊龙投资于创始人家乡鸭子塘村且主要产业均分布在鲁甸县，碧桂园投资于距离集团总部顺德不远的清远县，可从中得以窥视关系网络和社会资本是关系投资的必要条件。

（2）在特定领域的"市场失灵"和"政府失效"是关系投资得以产生的市场条件。进入价值取向的市场经济时代后，关系投资往往被视为有损效率、阻碍公平、扭曲资源配置的"落后"方式，但现实中为何关系投资依然普遍存在，其根本原因在于关系投资在特定情境下具有"比较优势"。一方面，关系投资在一定程度上弥补市场投资在结构上的失衡问题，尤其是在投资效率显著较低的农村贫困地区投资不足（郑万军、王文彬，2015），且表现出投资的结构性失衡和分化效应，这为借助社会资本形成关系投资创造了机会；另一方面，中国广袤的地理区域决定了政府在农村的投入还难以满足农村发展的现实需要，且受城市"大投资"模式的影响，

政府在农村的投资表现出显著的效率不足问题（柴盈、曾云敏，2012），而关系投资主体利用其有效的社会网络关系，既可以准确地把握市场机会，也可对特定对象予以精准的帮扶。关系投资创新了农村发展的金融供给方式，构建起适合特定关系网络和市场情景的组织形态，更以下沉式的运营管理方式真切地了解农村和农民，在实现企业成长的同时直接促进了农村贫困地区的发展。

（3）具有情感认同和资本实力的投资者是关系投资实现的主体条件。关系投资尽管是普遍存在的，但它并非匀质分布的，其中的关键原因就是关系投资主体资源的稀缺。关系投资的发生，必须建立在投资者对投资对象的高度情感认同上，只有这样，投资主体才能不追逐纯粹的商业价值目标，才能够开展长远的战略投资。中国传统文化积蓄的"善意理念"，尤其是"达则兼济天下"的个人情怀是投资主体实施关系投资的精神内核，它指引着投资主体探索与所在社会关系网络联系的民众共同发展问题。与此同时，关系投资往往是投资者的一部分投资行动，这种行动不能对其主业或者价值投资行动造成严重的"利益侵害"，这就要求投资者具有强大的资本实力或者投资能力，能够在专注价值投资的同时，兼顾关系投资，形成两者共生共促的状态。

（4）给予民间投资者充分的自由度是关系投资实现的政策前提。自改革开放以来，随着改革的不断深化，民营企业活力迅速释放，投资领域不断拓宽，民营企业的投资覆盖了国民经济的绝大多数角落，尤其是事关民众生产生活的产品和服务供给方面，民营企业更是表现出前所未有的积极性和有效性，这也是民营企业实施关系投资的制度来源。党的十九大进一步提

出支持民营企业发展，全面实施市场准入负面清单制度，为民间投资者提供了更高的自由度，民间投资者在开发城镇市场的同时不断开拓农村的"投资绿地"，这既有利于自身的成长，也直接促进了农村贫困地区的脱贫致富。

关系投资作为对价值投资在特定情境下的"异化"，当情景改变甚至消失时，关系投资会朝着新的投资模式乃至价值投资演化，这取决于投资环境和条件的变化。农村要实现长期可持续发展，根本在于农村能够形成一个有效的市场生态，能够有效地促进产业发展和农民的共同富裕。从案例企业支持农村发展的实践来看，在解决农村发展的资本、知识、组织以及市场"四大门槛"之后，着力于培育农村发展的能力和内在动力，进而为实现农村的内生发展和乡村振兴创造条件。在此基础上，农村市场可以与城镇市场有效连接，农民可以发挥其闲暇时间、地租、生活成本的比较优势，进而形成特定的产业优势和城乡互补、城乡融合互促的发展态势。案例企业近十年来对农村的关系投资，促进了被投资农村经济社会的快速发展，且在此过程中关系投资的方式也在不断演化，企业与被投资农村的情感联系和社会认同不断改善，为提升企业社会价值创造了一个新的维度。但与此同时，企业与被投资农村的投资联系不断削弱，尤其是通过培育和支持农村的"致富能手"形成良好的示范带头作用，形成有效的发展氛围，逐步淡化了企业对被投资对象的直接干预，提高了农民发展的自主权，有效地调动农民自我发展的内在驱动力。从趋势来看，关系投资在中国会长期存在，但其可能会从个体企业自发的行动转变为企业群体组织性和制度性的行为，并成为中国企业履行社会责任和开展社会慈善工作的重要方式，形成中国农村独有的市场状态。但是，这一趋势在很大程度上受制于农村发展以及慈善事业制度的影响。一方面，不断改革和宽松的慈善制度改革，将为中国民营企业多渠道地参与社会慈善工作创造条件，关系投资的未来投资对象将从农村向其他领域转移，如学校、医院等公益领域；另一方面，随着全面建成小康社会背景下政府对农村投入的不断增加，农村将迎来新的发展时代，农村的自我发展能力不断增强，农村市场化程度不断提高，这势必对传统基于情感认同的社会关系造成冲击，关系投资将朝着更加纯粹的价值投资转型。

四、结语及研究展望

（一）主要结论

（1）关系投资是价值投资的重要补充，它是农村贫困地区的利益相关企业，以情感归属、回馈社会等社会履责为动机，以"非纯粹"的投资行为参与和嵌入农村社会网络中，弥补农村贫困地区价值投资的"失灵"，推动农村贫困地区观念、经济、能力的全面脱贫。

（2）关系投资支持农村贫困地区振兴发展具有可参照的发展路径。投资主体通过为农村发展提供基础的资本、人才、知识以及组织供给，并在此基础上推动农民作为主体地位的行为能力的提升，以产业支撑、资本循环、人才成长和市场发育的状态，支持农村从一种相对贫困落后的稳态向新的更高水平的稳态转变，推动农村地区的长期可持续发展。

（3）关系投资的实施和复制需要特定的情景和条件。其中，在社会网络基础上形成的信任资本是关系投资得以实施的社会文化前提，在特定领域的"市场失灵"

和"政府失效"是关系投资得以产生的市场条件，具有情感认同和资本实力的投资者是关系投资实现的主体条件，给予民间投资者充分的自由度是关系投资实现的政策前提。着眼于未来，企业参与农村贫困地区发展的关系投资将从个体企业自发的行动转变为企业群体组织性和制度性的行为，并成为中国企业履行社会责任和开展社会慈善工作的重要方式，且从长期来看会朝着价值投资的方向回归。

（二）政策启示

（1）注重为农村企业和企业家成长营造良好环境。关系投资有效地促进农村贫困地区民众在理念、经济、能力等方面的有效改善，是农村贫困地区实现全面脱贫的有效选择之一，但是企业对农村贫困地区的关系投资是一种自然涌现，是一种诱致性的制度创新，尚需要持续的创新与试错过程。因此，对于企业的关系投资，政府合意的方式应该是鼓励创新，鼓励更多企业在农村地区投资，尤其是基层政府要在"放管服"改革背景下为企业提供优质服务，为企业成长营造良好的制度环境和社会环境，以推动企业发展来助推关系投资在农村贫困地区"生根发芽"，为乡村振兴提供支撑。

（2）以更包容的心态推动企业参与农村发展过程。中国广袤的农村地区，促生了农村发展的多元模式，这与当前日新月异的商业模式创新相伴相生。按照"非禁即入"的要求，对企业参与农村发展的模式创新高度包容，鼓励企业投资农村贫困地区，鼓励企业以共生、共享、共建的方式参与到乡村振兴战略中。对其中可能涉及的产权、税收等问题进行搁置，按照"不违反法律；不损害农民利益；不破坏农村生态"这一"三不原则"来对企业实施评价。

（3）创新农村发展的公共服务供给方式。关系投资支持农村贫困地区发展的成功经验为政府比较和反思自身的扶贫工作提供了有力的参照，尤其是要"明确政府在农业农村优先发展中的责任"（张晓山等，2018），其核心是创新农村商业服务体系，为农村发展提供更为精准和有效的基本公共服务。设立"巡回"服务模式，为农村企业提供"流动上门"服务，解决农村公共服务供给不足的问题；利用移动互联网探索农村公共服务提供的远程和移动互联模式，解决农村交通成本相对较高的问题。

（4）创新乡村振兴的资源供给方式。一方面，调整金融供给结构，从政策上向农村倾斜。重点是进一步壮大农村发展基金，加大对农村基础设施和产业发展投资；创新农村融资方式，激发民间资本活力，以不断壮大的民间资本供给补充了农村发展基金，切实发挥好农村信用社服务乡村振兴的重要作用（吴刘杰、张金清，2018）；适度提高对农村金融风险的容忍度，对农村投资计提较高的坏账准备，更加注重农村投资的社会效益，防范农村投资的短期倾向。另一方面，引导人才向农村贫困地区回流，为乡村振兴充实人力资本。政府在扶贫工作中要与企业有效衔接，利用好企业在产业、市场、资本、技术等方面的优势，让懂产业、懂经营、懂市场、懂资本、懂技术的专业人员能够在扶贫过程中真正发挥作用；创新人员流动机制，吸纳优秀的企业扶贫人员进入政府扶贫部门工作，真正实现人员的专业化；创新扶贫人员的激励机制，允许其停薪留职，参与农村创业，并给予扶贫人员更多、更优的晋升机会（聂继红、吴春梅，2018）；制定外出务工人员回乡创业扶持政策，为其回乡创业提供辅助性的资金支持，并在税收方面给予新创小微企业的最高额优惠；与企业合作推进农村创业和知识培训，逐步改变农民观念，为创业农民了解市场、学习技术、学习企业经营与管理提供条件。

（三）研究展望

本文选择碧桂园和昊龙作为启示性案例，构建关系投资支持农村贫困地区振兴发展的基本框架，明确了关系投资所需要的基本条件及前提。作为一种理论框架，其还处于不断丰富和完善的过程中，这需要在未来的研究中有更多的案例支持，且需要严格的实证检验来论证这一模式的有效性。在研究内容上，由于关系投资是企业，尤其是民营企业主导的一种投资模式，其与政府扶贫开发具有相容的目标，但关系投资如何与政府扶贫开发有效融合有待进一步研究。此外，本文所研究的关系投资在某种程度上是一种社会资本投资，它在一定程度上是对政治资本投资的一种替代和补充（潘越等，2009），但与此同时，需要有防范其演化成为政治关系投资，演变成为"政商操控"的悲剧，或者防范因为政治关联导致企业过度投资问题的出现（梁莱歆、冯延超，2010）。从投资主体的资金来源来看，具有一定资本实力的企业往往是由多个股东构成的股份制企业，某一股东出于个人善意的关系投资有可能会侵害其他股东的利益，这需要在后续的研究中予以关注。

参考文献

［1］Adato M, Carter M R, May J. Exploring Poverty Traps and Social Exclusion in South Africa Using Qualitative and Quantitative Data ［J］. The Journal of Development Studies, 2006, 42（2）：226-247.

［2］Barney J B. Is the Resource - Based "View" a Useful Perspective for Strategic Management Research？ Yes ［J］. Academy of Management Review, 2001, 26（1）：41-56.

［3］Bird K, McKay A, Shinyekwa I. Isolation and Poverty：The Relationship between Spatially Differentiated Access to Goods and Services and Poverty ［R］. Overseas Development Institute, 2010.

［4］Bird K, Shepherd A. Livelihoods and Chronic Poverty in Semi-Arid Zimbabwe ［J］. World Development, 2003, 31（3）：591-610.

［5］Booth J R, Deli D N. On Executives of Financial Institutions as Outside Directors ［J］. Journal of Corporate Finance, 1999, 5（3）：227-250.

［6］Epprecht M, Müller D, Minot N. How Remote are Vietnam's Ethnic Minorities？ An Analysis of Spatial Patterns of Poverty and Inequality ［J］. The Annals of Regional Science, 2011, 46（2）：349-368.

［7］Galdeano-Gómez E, Aznar-Sánchez J A, Pérez-Mesa J C. The Complexity of Theories on Rural Development in Europe：An Analysis of the Paradigmatic Case of Almería（South – east Spain）［J］. Sociologia Ruralis, 2011, 51（1）：54-78.

［8］Glasser B G, Strauss A L. The Development of Grounded Theory ［R］. Chicago, IL：Alden, 1967.

［9］Grönroos C. Relationship Marketing：Strategic and Tactical Implications ［J］. Management Decision, 1996, 34（3）：5-14.

［10］Gustafsson A, Johnson M D, Roos I. The Effects of Customer Satisfaction, Relationship Commitment Dimensions, and Triggers on Customer Retention ［J］. Journal of Marketing, 2005, 69（4）：210-218.

［11］Hudson P, Clarkson L A. Proto-Industrialization：The First Phase of Industrialization？ ［J］. The Economic History Review, 1986, 39（2）：307.

［12］Palmer-Jones R, Sen K. It Is Where You are that Matters：The Spatial Determinants of Rural Poverty in India ［J］. Agricultural Economics, 2006, 34（3）：229-242.

［13］Pettigrew A M. Longitudinal Field Research on Change：Theory and Practice［J］. Organization Science, 1990, 1（3）：267-292.

［14］Pound J. The Rise of the Political Model of Corporate Governance and Corporate Control［J］. NYUL Rev., 1993（68）：1003.

［15］Rupasingha A, Goetz S J. Social and Political Forces as Determinants of Poverty：A Spatial Analysis［J］. The Journal of Socio - Economics, 2007, 36（4）：650-671.

［16］Sharfman M. Changing Institutional Rules：The Evolution of Corporate Philanthropy, 1883-1953［J］. Business & Society, 1994, 33（3）：236-269.

［17］Siggelkow N. Persuasion with Case Studies［J］. Academy of Management Journal, 2007（50）：20-24.

［18］Sisli-Ciamarra E. Monitoring by Affiliated Bankers on Board of Directors：Evidence from Corporate Financing Outcomes［J］. Financial Management, 2012, 41（3）：665-702.

［19］Venables A J, Kanbur R. Spatial Inequality and Development［R］. Department of Applied Economics and Management Working Paper, 2003.

［20］Zhang R, Rezaee Z, Zhu J. Corporate Philanthropic Disaster Response and Ownership Type：Evidence from Chinese Firms' Response to the Sichuan Earthquake［J］. Journal of Business Ethics, 2010, 91（1）：51-63.

［21］柴盈, 曾云敏. 管理制度对我国农田水利政府投资效率的影响：基于我国山东省和台湾省的比较分析［J］. 农业经济问题, 2012（2）：56-64+111.

［22］方劲. 内源性农村发展模式：实践探索、核心特征与反思拓展［J］. 中国农业大学学报（社会科学版）, 2018（1）：24-34.

［23］国务院发展研究中心农村部课题组, 叶兴庆, 徐小青. 从城乡二元到城乡一体：我国城乡二元体制的突出矛盾与未来走向［J］. 管理世界, 2014（9）：1-12.

［24］韩巍, 席酉民. 关系：中国商业活动的基本模式探讨［J］. 西北大学学报（哲学社会科学版）, 2001（1）：43-47.

［25］李风华. 中国农村工业的起源：基于制度的视角［J］. 湖南师范大学社会科学学报, 2014（4）：25-33.

［26］李克勉, 李先军. 市场发育、信息供给与商业银行小微金融服务：基于四家商业银行的案例比较分析［J］. 当代经济管理, 2017（6）：86-92.

［27］李先军, 黄速建. 新中国70年企业扶贫历程回顾及其启示［J］. 改革, 2019（7）：16-26.

［28］梁莱歆, 冯延超. 政治关联与企业过度投资：来自中国民营上市公司的经验证据［J］. 经济管理, 2010（12）：56-62.

［29］刘宾. 习近平新时代中国特色社会主义扶贫思想渊源探析［J］. 河南社会科学, 2018, 26（5）：39-43.

［30］陆铭, 周群力. 迈向儒法并重的市场经济：论中国的社会结构与发展道路［J］. 经济社会体制比较, 2013（4）：11-23.

［31］聂继红, 吴春梅. 乡村振兴战略背景下的农村基层党组织带头人队伍建设［J］. 江淮论坛, 2018（5）：39-43.

［32］潘越, 戴亦一, 吴超鹏, 等. 社会资本、政治关系与公司投资决策［J］. 经济研究, 2009（11）：82-94.

［33］潘越, 翁若宇, 刘思义. 私心的善意：基于台风中企业慈善捐赠行为的新证据［J］. 中国工业经济, 2017（5）：133-151.

［34］唐小飞, 贾建民, 周庭锐. 关系投资和价格促销的价值比较研究［J］. 管理世界, 2007（5）：73-82, 72.

［35］王家华, 孙清. 关系型投资：美国的实践及对我国的启示［J］. 经济体制改革, 2003（6）：143-146.

［36］王晶. 农村市场化、社会资本与农民家庭收入机制［J］. 社会学研究, 2013（3）：119-144+244.

［37］吴炯, 邢修帅. 家族企业成长中的合法性约束及其变迁［J］. 南开管理评论, 2016

（6）：155-167.

［38］吴刘杰，张金清．乡村振兴战略下农村信用社改革目标与实施路径［J］．江淮论坛，2018（3）：51-56+193.

［39］夏柱智．嵌入乡村社会的农民工返乡创业：对H镇38例返乡创业者的深描［J］．中国青年研究，2017（6）：5-11.

［40］徐勇．中国家户制传统与农村发展道路：以俄国、印度的村社传统为参照［J］．中国社会科学，2013（8）：102-123+206-207.

［41］许年行，李哲．高管贫困经历与企业慈善捐赠［J］．经济研究，2016（12）：133-146.

［42］杨小凯．发展经济学：超边际与边际分析［M］．北京：社会科学文献出版社，2003.

［43］于水，姜凯帆．内生整合与外部嵌入：农村社会发展模式比较分析［J］．华中农业大学学报（社会科学版），2017（6）：87-93+151.

［44］郁建兴．从行政推动到内源发展：当代中国农业农村发展的战略转型［J］．经济社会体制比较，2013（3）：12-25.

［45］翟胜宝，易旱琴，郑洁，等．银企关系与企业投资效率：基于我国民营上市公司的经验证据［J］．会计研究，2014（4）：74-80.

［46］张卫良．现代工业的起源：英国原工业与工业化［M］．北京：光明日报出版社，2009.

［47］张红宇．乡村振兴战略与企业家责任［J］．中国农业大学学报（社会科学版），2018（1）：13-17.

［48］张爽，陆铭，章元．社会资本的作用随市场化进程减弱还是加强？：来自中国农村贫困的实证研究［J］．经济学（季刊），2007（2）：539-560.

［49］张晓山．理想与现实的碰撞：《农民专业合作社法》修订引发的思考［J］．求索，2017（8）：16-24.

［50］张晓山，韩俊，魏后凯，等．改革开放40年与农业农村经济发展［J］．经济学动态，2018（12）：4-16.

［51］章元，许庆，邬璟璟．一个农业人口大国的工业化之路：中国降低农村贫困的经验［J］．经济研究，2012（11）：76-87.

［52］郑万军，王文彬．基于人力资本视角的农村人口空心化治理［J］．农村经济，2015（12）：100-104.

［53］中国宏观经济研究院产业所课题组．改革开放40年中国工农关系演变：从缓和走向融合［J］．改革，2018（10）：39-51.

［54］周大鸣．农民企业家的文化社会学分析［J］．中南民族大学学报（人文社会科学版），2002（2）：32-37.

［55］周敏慧，陶然．市场还是政府：评估中国农村减贫政策［J］．国际经济评论，2016（6）：63-76+5-6.

［56］周志山．从分离与对立到统筹与融合：马克思的城乡观及其现实意义［J］．哲学研究，2007（10）：9-15.

［57］朱铁辉．农业综合开发中农民的主体地位探讨［J］．农业经济问题，2004（9）：48-51+80.

［58］庄贵军．关系在中国的文化内涵：管理学者的视角［J］．当代经济科学，2012（1）：18-29+45+124-125.

□ Enterprise Participation in Rural Revitalization: A Perspective of Guanxi Investment

Li Xianjun

关系投资促进新时代乡村振兴的内在机制研究

Abstract: Based on the reality of relative poverty in rural areas in China, guanxi investment is an important choice for poverty alleviation in rural poverty-stricken areas. It can be defined that the stake-related enterprise invests in rural poverty-stricken areas by non-value oriented, which is driven by social responsibility such as emotional attribution or social contribution. The investment behaviors can help rural poverty-stricken areas to reduce or alliviate poverty by changing the peoples' concept and cognition, increasing their income, promoting their capability then achieving comprehensive poverty alleviation. The paper focuses on the apocalyptic case analysis method by conducting double cases study on the guanxi investment between Country Garden and Haolong Group in order to explore the mechanism of guanxi investment. Providing capital, talents, knowledge and organizational supply by guanxi enterprisesis especially is important for rural development to take off, which is still the foudation for farmers to enhance their behavioral capacity to get rid of poverty. The guanxi investment can promote the formation of indstry, capital circulation, talent growth and market development in rural areas. Then the rural will transit from a relatively poor and backward steady state to a new higher level of steady state, getting long-term sustainable development in rural areas as an important model forthe rural revitalization. However, it is unavoidable that a series of preconditions are required to ensure the promotion and implementation of guanxi investments. Among them, the trust capital formed on the basis of social network is the social and cultural premise that the guanxi investment can be implemented. The "market failure" and "government failure" in specific fields are the market conditions for it. And having emotional identity and capital strength are the main conditions for the realization of guanxi investment. At last, giving full freedom to private investors is a policy premise for the realization of investment.

Key Words: Rural Revitalization; Enterprise Participation; Guanxi Investment; Rural Poverty-stricken Areas; Double Case Study

□ 电商平台与独立线上销售商部分一体化的竞争效应研究

——基于对中国电商市场结构的考察

李世杰　蔡祖国

摘　要： 电商平台与独立线上销售商的竞合关系受到业界和学术界的广泛关注。已有研究对竞争关系进行了深入分析，而对合作关系乃至部分一体化行为却鲜有讨论。本文以中国电商市场为背景，构建了两者部分一体化的博弈模型，探讨拥有产品定价权的独立线上销售商接入电商平台的定价策略选择，进而考察部分一体化对电商平台巩固已有市场势力，及补齐业务短板的作用机理，从而探讨部分一体化行为电商平台同独立线上销售商的定价策略冲突，解析部分一体化行为的福利效应，并对模型均衡进行数学仿真。研究发现，当独立线上销售商按平台接入规则定价时，部分一体化对电商平台市场势力的巩固效应，及其业务短板的补齐效应均较为明显；使独立线上销售商丧失寡头定价优势，致使消费者需求不稳定。当独立线上销售商按寡头垄断策略定价时，部分一体化虽巩固电商平台市场势力，却因独立线上销售商同平台非一体化销售商的价格结构差异性，抑制了业务短板补齐效应，而使独立线上销售商与不同类型的线上销售商均保持价格优势，获得稳定的消费者需求，并提升消费者福利，这昭示了两者在定价策略上是激励不相容的。在产业实践中，独立线上销售商以寡头垄断定价策略结束同电商平台的定价策略冲突。基于此，本文认为反垄断规制部门针对部分一体化可采用附加条件式规制措施，即在允许两者部分一体化的同时，要求电商平台不得干预独立线上销售商的定价活动。

关键词： 电商平台；独立线上销售商；部分一体化；竞争效应

引　言

2015 年 8 月 10 日，中国知名的电商企业——阿里巴巴集团与中国知名线上销售商——苏宁云商集团实施相互战略投资，且相互持股。一周

基金项目：国家自然科学基金面上项目"跨国公司在华 RPM 策略实施动因、垄断势力纵向传导及规制路径研究"（批准号：71473066）；国家自然科学基金项目"政府行为作用下的我国制造业集聚空间演化与集聚效率研究"（批准号：41361029）。

作者简介：李世杰，男，海南大学经济学院院长、教授、博士生导师，海南开放型经济研究院院长，海南自由贸易港人才发展研究院院长。蔡祖国，男，西南交通大学工商管理学院博士研究生。

后，苏宁云商集团旗下的核心企业——苏宁易购接入阿里巴巴集团旗下电商平台——天猫商城，并正式运营，实现苏宁易购与天猫商城销售数据等信息互通。约两年后，苏宁易购又以电商平台当当网家电业务一体化销售商的身份，接入当当网平台。有意思的是，这两起电商平台同线上销售商一体化整合的案例中，线上销售商并未因接入电商平台就取消原有销售网络或向电商平台交出产品定价权，而是依旧保持原有经营体系和销售网络，即依旧独立运营。学术界将这类电商平台同独立线上销售商一体化整合行为称为"部分一体化"，且就部分一体化的动因及影响产生较大的分歧（de Cornière and Taylor，2014）。

在考察部分一体化的动因及影响时，部分学者侧重于电商市场的整体层面，认为部分一体化行为促使形成市场势力更强大的电商平台或独立线上销售商，进而制定更具掠夺性的价格，抑制市场竞争且获取垄断利润（张千帆等，2016；刘维奇、张苏，2017）。具体方式：电商平台借助独立线上销售商的价格优势，吸引更多消费者用户接入平台并使用平台进行购物，从而巩固已有的市场地位，同时独立线上销售商借助电商平台强大的客户基数，获取更多消费者需求及利润，从而巩固已有的价格优势，实现电商平台和独立线上销售商的双赢（Oliver and Karoline Henrike，2015）。也有学者突出强调部分一体化对电商平台销售边用户市场影响的层面，指出部分一体化等同于电商平台自建一体化销售商，进而有激励利用一体化销售商侵蚀非一体化销售商的消费者需求，进而削弱非一体化销售商谈判势力，从而促使非

一体化销售商配合其价格行动（Lee，2013）。不仅如此，为培育一体化销售商的市场势力，包括电商平台在内的平台企业在搜索结果的安排机制上采取非中立行为，倾向于将一体化销售商置于优先位置，进而形成一体化销售商的市场圈定效应，或是一体化销售商对平台企业的渠道依赖效应（Edelman，2015；Edelman and Lai，2016；曲创、刘洪波，2017）。

除了获取市场份额动因外，还有一个较为隐蔽的动因需要深入探究，即电商平台借助独立线上销售商的销售网络，补齐业务短板。近年来，电商企业战略管理的研究成果表明，从电商平台的发展历程看，其一些业务领域消费者偏好较强，另一些业务领域消费者偏好较弱，借此形成业务领域非对称的发展路径，并产生了依赖效应（周耿等，2013；张明玺、雷明，2016）。为增强业务领域价格活动的控制力，电商平台在消费者偏好较强的业务领域组建一体化销售商，然而该策略运用至消费者偏好较弱的业务领域却行之无效，因为自建一体化销售商对非一体化销售商的消费者需求有侵蚀效应，而无扩张效应（White，2013；Burguet et al.，2015）。因而，电商平台有效选择是引入具有较大销售网络和价格优势的独立线上销售商。这样既能形成需求扩张效应，也可通过一体化销售商对业务领域的价格活动施加影响。具体到中国电商市场的产业实践[①]，可知电商平台消费者偏好越强的业务领域，价格竞争越弱（即价格需求弹性越低），消费者偏好越弱的业务领域，价格竞争越强（即价格需求弹性越高）。

现有研究文献为后续提供了宝贵的线索，也存在几点可能的局限。首先，现有

文献将部分一体化两层面的不同影响割裂开来，将之视为不同市场。实际上，部分一体化后，独立线上销售商同时嵌入两种竞争：同其他独立线上销售商的竞争，及同电商平台销售边用户的竞争。其次，已有研究未探讨部分一体化的业务短板补齐效应作用机制。考虑到市场份额过度集中可能形成压力，电商平台激励将"巩固市场地位"和"补齐短板"两种动因融入一次部分一体化行动之中。另外，这些文献忽视了极有部分一体化行为的前置条件——平台效率。

本文在分析电商平台与独立线上销售商竞争策略差异性的基础上，将独立线上销售商所嵌入两种竞争进行有机融合，构造了内嵌电商平台效率的电商平台与独立线上销售商的部分一体化博弈模型，考察不同定价策略下部分一体化行为对电商平台垄断市场势力、独立线上销售商市场地位的影响，进而探讨部分一体化引致的独立线上销售商定价策略选择，从而分析部分一体化对消费者福利的影响。在此基础上，本文利用产业实践数据，对模型结果进行仿真模拟，进一步地考察部分一体化的反垄断规制议题。

一、理论框架和基础模型

（一）理论框架

早期研究在探讨平台企业定价行为或排他性行为对积累消费者用户的影响时，倾向于将市场结构设置为经典的"双寡头垄断"（Armstrong, 2006; Armstrong and Wright, 2007），但这易造成理论模型假设同产业实践不符的矛盾，故近期文献在探索某一类平台型企业的策略性行为时，先考察平台企业所在市场的结构类型，再做理论假设（White, 2013; Burguet et al.,

2015）。循此研究思路，对中国电商市场结构的考察结果：2017 年 2 月至 2018 年 1 月，电商平台淘宝网、天猫商城的用户覆盖率分别是 58.0%、25.2%，居前两名，第三、第四名则仅有 8.3% 和 5.5%；鉴于两个平台的用户数据接口相连且同属一家电商企业——阿里巴巴集团，故可将两个电商平台的用户覆盖率相加，统称为"阿里巴巴系"电商平台用户覆盖率，为83.2%；因而，阿里巴巴系电商平台接近完全垄断或单寡头垄断（傅瑜等，2014）。显然，本文假设电商市场只有 1 家电商平台企业更为合理。

电商市场近乎完全垄断的市场结构，不表示电商市场缺乏竞争；相反，电商市场竞争尤为激烈。不过，不同类型电商企业竞争策略存在差异。其中，电商平台的竞争策略是服务差异化或优质化；线上销售商的竞争策略则是价格竞争。这是由电商企业的成长机理所决定的。尽管电商平台和独立线上销售商均采取"商业生态系统"战略，但两者的成长机理有着本质差异。电商平台的成长机理：按双边市场特质——交叉网络外部性，实现消费者用户基数和销售边用户基数双向扩张，增大交易的概率与基数，通过抽取交易佣金和服务费，获取利润（Tirole and Rochet, 2003; Armstrong, 2006）；独立线上销售商则运用商品价格需求富有弹性特质，通过大幅度降价，直接刺激消费者需求的增长，进而获取利润（Haucap and Heimeshoff, 2014）。因而，本文认为电商平台与独立线上销售商直接产生价格竞争；只有在接入电商平台后，同电商平台的销售边用户（即非独立线上销售商）发生价格竞争。

实际上，独立线上销售商之间不仅是价格竞争，而且是寡头竞争。继续考察中国电商市场结构，可知用户覆盖率前十名的电商企业当中，除去四家"阿里巴巴系"电商平台，其余六家电商企业均是独立线上销售商。按排名顺序，它们分别是：京东商城、苏宁易购、唯品会、亚马逊（中国）、1号店及国美商城，其中苏宁易购和国美商城分别由家电领域全国性寡头销售商苏宁电器、国美电器组建。2017年，苏宁电器和国美电器两家企业在全国的实体销售门店分别为1689家、1628家。这显示独立线上销售商在产品销售领域具有寡头垄断的市场地位。因而，这五家独立线上销售商之间维持寡头竞争的市场格局，故本文假设电商市场存在两家独立线上销售商较为合理。

除对市场结构做出假设外，本文还需考虑电商平台的信息技术特质，即平台效率。已有研究表明，具有垄断特征的搜索引擎平台，在其关键词检索结果列表中，6~10位搜索结果的平均点击率不及1~3位搜索结果平均点击率的1/3，由点击行为转换成购买行为的转换率则更低（Ghose and Yang，2009）。这一研究成果也适用电商平台企业，因为两者用于呈现搜索结果的检索技术是同质的（Oliver and Karoline Henrike，2015）。因而，包括电商平台在内的平台企业，一方面努力提升可获得有效需求的销售边用户占全部销售边用户的比例，即提高平台效率；另一方面，把与自身利益有关联的销售边用户安排在优先位置，使其尽可能多地获得有效需求，即采取非中立行为（曲创、刘洪波，2017）。然而，平台效率作为平台型企业一个典型且稳定的信息技术特质，除非采取新的检索技术，否则短期内不会有太大变化（Edelman et al.，2007）。基于此，本文假定电商平台受平台约束，且平台效率在部分一体化前后保持不变。在上述基础假设支持下，本文可推导出基础模型。

（二）基础模型

基于前述分析，本文假设电商市场主体包括：1家电商平台企业 T，2家独立线上销售商 R 和 S，以及数量庞大的非独立线上销售商。同时，本文假设电商市场销售两种产品：价格竞争偏弱型产品（产品 X）和价格竞争激烈型产品（产品 Y）。电商市场主体之间关系：独立线上销售商 R 和 S，在产品 B 市场上价格竞争；非独立线上销售商通过接入电商平台 T，成为电商平台 T 的销售边用户，借助价格竞争，获取电商平台 T 的消费者边用户市场份额，其中一部分非独立线上销售商销售产品 X，另一部分非独立线上销售商销售产品 Y，且同一家非独立线上销售商不得同时销售产品 X 和 Y。另外，销售产品 Y 的非独立线上销售商与两家独立线上销售商均有价格竞争。不过，这一形式的价格竞争，不论对于非独立线上销售商还是独立线上销售商，均仅为他们的价格竞争次要方面，故本文暂不考虑其对市场均衡的影响。

通过严格划分电商市场主体的类型和经营范围，本文将求解电商市场中的两种均衡：电商平台 T 销售边用户竞争均衡和独立线上销售商竞争均衡。

1. 电商平台 T 销售边用户竞争均衡

由于不存在同时销售产品 X 和 Y 的非独立线上销售商，产品 X 和 Y 的非独立线上销售商各自通过价格竞争达到均衡状态。本文将从模型化消费者在电商平台 T 的购买行为入手，考察销售产品 Y 的非独立线上销售商竞争均衡①。依据 Rochet 和 Tirole

---

① 囿于篇幅限制，本文不在正文里给出产品 X 的非独立线上销售商竞争均衡。有兴趣的读者，可向作者索取。

（2006）的平台购买行为的效用函数，本文假设当任一消费者在电商平台 T 购买产品 Y 时，其效用函数为：

$$U_{i2}^T = b_{i2}^T N_{j2}^T + B_{i2}^T - p_{i2}^e \quad \text{s. t.} \ b_{i2}^T \sim U \ [\underline{b_{i2}}, \overline{b_{i2}}] \tag{1}$$

其中，b_{i2}^T 表示在产品 Y 上电商平台 T 的消费者偏好，假设为均匀分布；N_{j2}^T 代表销售产品 Y 的非独立线上销售商数量；B_{i2}^T 表示电商平台 T 给消费者带来的固有效用；p_{i2}^e 为商品零售价的消费者期望价格，消费者实际接触到的价格为 p_{i2}^T 且服从以 p_{i2}^e 为均值的正态分布，即 $p_{i2}^T \sim N \ (p_{i2}^e, \sigma^2)$，其中 σ^2 是商品特征之外的其他因素对消费者期望价格的扰动效应，采用 p_{i2}^e 而非 p_{i2}^T 的原因是 p_{i2}^e 能更好地刻画消费者购买行为；下标 i、j 分别代表电商平台 T 的消费者用户和销售边用户。

相应地，电商平台 T 产品 Y 的消费者需求 $Q_2 = Pr \ (U_{i2}^T > 0) \cdot N_{i2}^T$，其中，$Pr \ (U_{i2}^T > 0)$ 表示任一消费者效用大于 0 的概率，N_{i2}^T 表示电商平台 T 产品 Y 的消费者用户基数。基于理论框架的设置，本文设定电商平台效率为固定值 n_{j2}/N_{j2}^T，其中，N_{j2}^T 为电商平台 T 销售边用户总数，n_{j2} 为可获得有效需求的销售边用户数量。换言之，销售产品 Y 的 N_{j2}^T 个非独立线上销售商均参与价格竞争，但只有 n_{j2} 个销售商能获得有效需求且获得利润，并分享总需求 Q_2，剩下的（$N_{j2}^T - n_{j2}$）个销售商未能获得有效需求处于亏损状态。

本文假设任一非独立线上销售商 m 为获得有效需求的 n_{j2} 个销售商的其中一员，任一非独立线上销售商 n 为未获得有效需求的（$N_{j2}^T - n_{j2}$）个销售商的其中一员，则他们的利润函数：

$$\pi_m = (p_m - w_m) \ D_m \ (p_m, \ p_{-m}) - \gamma p_m D_m \ (p_m, \ p_{-m}) \tag{2}$$

$$\pi_n = (p_n - w_n) \ D_n \ (p_n, \ p_{-n}) - \gamma p_n D_n \ (p_n, \ p_{-n}) \tag{3}$$

其中，p_m，w_m 为销售商 m 零售价和批发价，p_{-m} 为除销售商 m 外其他零售商的零售价组合，即 $p_{-m} = (p_1, \ p_2, \ \cdots, \ p_{m-1}, \ p_{m+1}, \ \cdots, \ p_{Nj2}^T)$，相应地，$p_n$，$w_n$，$p_{-n}$ 为销售商 n 对应项。γ 为电商平台 T 的抽成率，具体含义：电商平台 T 的抽成占销售商销售总额的比例。一般来说，抽成率由交易佣金和平台使用费两部分构成。

依据利润最大化的一阶条件，可求得 m、n 的均衡价格和需求：

$$p_m^* = \left(\frac{w_m}{(1-\gamma) - C_m} \right) \tag{4}$$

$$p_n^* = \left(\frac{w_n}{(1-\gamma) - C_n} \right) \tag{5}$$

$$D_m^* (p_m^*, \ p_{-m}^*) = Q_2/n_{j2} \tag{6}$$

$$D_n^* (p_n^*, \ p_{-n}^*) = 0 \tag{7}$$

式（4）和式（5）中的 C_m、C_n 分别代表销售商 m、n 的价格需求特征：$C_m = dp_m/dD_m \ (p_m, \ p_{-m})$，$C_n = dp_n/dD_n \ (p_n, \ p_{-n})$，不妨设定为常数。式（4）和式（5）共同表明，不论非独立线上销售商是否有效率，其在定价时均要考虑平台抽成规则。式（6）表明不具有垄断势力但具有效率的任一非独立线上销售商可获得一个平均需求。式（7）表明不具有垄断势力且无效率的任一非独立线上销售商将没有任何消费者需求。实际上，这些均衡结果与 n_{j2} 个厂商进行伯川德竞争的结果较为相似，即价格结构相似性决定了各方采取相同策略来获取消费者需求，均衡时，各销售商只能获取平均需求。不妨将非独立线上销售商的定价策略，命名为"平台接入规则定价"。

2. 独立线上销售商竞争均衡

在电商平台的销售边用户市场取得市场均衡的同时，两家独立线上销售商，也通过价格竞争，取得市场均衡。他们同电商平台 T 销售边用户的行动是同时进行的，不存在时序差异。因而，当两家独立线上销售商 R、S 在销售产品 Y 时，他们的利润函数 π_R、π_S 分别为：$\pi_R = (p_R - w_R - c_R) D_R (p_R, p_S)$，$\pi_S = (p_S - w_S - c_S) D_S (p_R, p_S)$，其中，$p_R$、$w_R$、$c_R$ 分别表示独立线上销售商 R 的零售价、批发价及服务成本，相应地，p_S、w_S、c_S 分别表示独立线上销售商 S 的对应项。这显示独立线上销售商和非独立线上销售商的一个较大差异：独立线上销售商需要为消费者或二级销售商提供服务，并形成服务成本；非独立线上销售商则依托电商平台向消费者提供服务。另外，本文不采用具体形式的需求函数的原因是运用一般形式的需求函数即可将独立线上销售商寡头竞争的效果模型化。

依据利润最大化的一阶条件，可求得独立线上销售商 R 和 S 的均衡价格和需求：

$$p_R^* = w_R + c_R - C_R \tag{8}$$

$$p_S^* = w_S + c_S - C_S \tag{9}$$

$$D_R^* (p_R^*, p_S^*) = D_R (w_R + c_R - C_R, w_S + c_S - C_S) \tag{10}$$

$$D_S^* (p_R^*, p_S^*) = D_S (w_R + c_R - C_R, w_S + c_S - C_S) \tag{11}$$

其中，C_R、C_S 分别为独立线上销售商 R、S 的价格需求特征：$C_R = \mathrm{d}p_R / \mathrm{d}D_R (p_R, p_S)$，$C_S = \mathrm{d}p_S / \mathrm{d}D_S (p_R, p_S)$，均设定为常数。值得注意的是，独立线上销售商的服务成本主要由物流成本、安装成本等构成，而且相对于零售价而言是不能忽略的。因而，不妨将独立线上销售商的定价策略称为"寡头垄断定价"。对比式（4）或式（5）同式（8）或式（9），不难发现，尽管平台接入定价策略和寡头垄断定价策略下的定价水平不可知，但两者的价格机构

是存在明显差异的。这一差异性在部分一体化情形中将更为明显。

二、电商平台和独立线上销售商部分一体化情形下的市场均衡

在电商平台 T 对独立线上销售商 S 实施部分一体化后，独立线上销售商 S 的所有品牌商品都将在电商平台 T 上销售，使电商平台的销售边用户数量由 N_{j2}^T 增加到 N_{j2}^{TI}，即 $N_{j2}^{TI} = N_{j2}^T + N_{j2}^S$。其中，$N_{j2}^{TI}$ 为部分一体化后电商平台 T 的销售边用户数量；N_{j2}^S 常被误认为 1，实则是独立线上销售商 S 的自营商店与二级销售商的数量之和。在未部分一体化情形下，独立线上销售商 S 被电商平台 T 视为单个线上销售商。然而，当独立线上销售商接入平台后，其自营商店和二级销售商将因线上店铺名称差异，而被电商平台 T 视为不同的销售边用户，尽管这些销售边用户均属于独立线上销售商 S。依据独立线上销售商 S 的市场地位可知，N_{j2}^S 接近甚至超过 N_{j2}^T。此时，当任一消费者在电商平台购买产品 Y 时，其效用函数为 $U_{i2}^{TI} = b_{i2}^T N_{j2}^{TI} + B_{i2}^T - p_{i2}^e$。显然，同一消费者的效用 U_{i2}^{TI} 随着电商平台 T 销售边用户数量增加而上升。相应地，电商平台 T 产品 Y 的消费者需求：$Q_{i2}^{TI} = Pr (U_{i2}^{TI} > 0) \times N_{i2}^{TI}$，也随之上升。

由前文的分析可知，平台接入规则定价策略与寡头垄断定价策略存在本质差异。这一差异促使独立线上销售商 S 决定采用哪种定价策略接入电商平台 T。接下来，本文将分别考察独立线上销售商 S 两种定价策略——平台接入规则定价策略和寡头垄断定价策略下的市场均衡，进而探讨电商平台 T 与独立线上销售商部分一体化的动因，及独立线上销售商 S 接入平台的定

价策略选择。另外，本文假定独立线上销售商 S 只能以单一定价策略接入电商平台，不得采用混合定价策略接入电商平台。

（一）独立线上销售商 S 以平台接入规则定价策略接入电商平台 T

1. 电商平台 T 销售边用户竞争均衡

当独立线上销售商 S 按平台接入规则定价时，由式（4）和式（5）可知，独立线上销售商 S 均衡价格 $(p_S^{IP})^* = (w_S/(1-\gamma) - C_S)$，其中，$(p_S^{IP})^*$ 表示独立线上销售商 S 的均衡价格。与此同时，电商平台 T 的非一体化销售商 m、n 均仍按平台接入规则定价，故均衡价格保持不变，分别为式（4）、式（5）。

基于式 p_m^*、p_n^* 及 $(p_S^{IP})^*$ 的价格结构可知，任一销售边用户要么获得有效需求（即平均需求），要么没有任何消费者需求。考虑到平台效率的约束，电商平台 T 将有 $N_{j2}^{TI} \times n_{j2}/N_{j2}^T$ 个销售边用户获得有效需求，且任一有效率的销售边用户（如销售商 m）的有效需求 $D_u = Q_{i2}^{TI} \times N_{j2}^T/(N_{j2}^{TI} \times n_{j2})$。因而，独立线上销售商 S 将有 $N_{j2}^{TI} \times n_{j2}/N_{j2}^T$ 个销售边用户获得有效需求；任一有效率的销售商 m 将获得有效需求；任一无效率的销售商 n 的消费者需求为零。故，独立线上销售商 S 的均衡需求 $D_S^*((p_S^{IP})^*, p_{-S}^*)$，销售商 m 的均衡需求 $D_m^*((p_S^{IP})^*, p_{-S}^*)$，销售商 n 的均衡需求 $D_n^*((p_S^{IP})^*, p_{-S}^*)$ 分别为：$D_S^*((p_S^{IP})^*, p_{-S}^*) = Q_{i2}^{TI} \times N_{j2}^T/N_{j2}^{TI}$；$D_m^*((p_S^{IP})^*, p_{-S}^*) = Q_{i2}^{TI} \times N_{j2}^T/(N_{j2}^{TI} \times n_{j2})$；$D_n^*((p_S^{IP})^*, p_{-S}^*) = 0$。其中，$p_{-S}$ 为除独立线上销售商 S 外其他销售商的均衡价格组合，自然包含销售商 m、n 的均衡价格 p_m^* 和 p_n^*。随后，将总需求 Q_{i2}^{TI} 减去独立线上销售商 S 的均衡需求 $D_S^*((p_S^{IP})^*, p_{-S}^*)$，再比上有效需求，即 $(Q_{i2}^{TI} - D_S^*((p_S^{IP})^*, p_{-S}^*))/D_u$，不难解出有效率的

销售商数量 $(n^{NI})^* = n_{j2}$。这一数值与未部分一体化情形下的结果是相同的。因而，当独立线上销售商 S 按平台接入规则定价时，部分一体化行为并未削弱非一体化销售商定价的有效性。

尽管如此，部分一体化能否提升销售商 m 的有效需求则需进一步分析。将式 $D_m^*((p_S^{IP})^*, p_{-S}^*)$ 减去式 $D_m^*(p_m^*, p_{-m}^*)$，并整理得到：$D_m^*((p_S^{IP})^*, p_{-S}^*) - D_m^*(p_m^*, p_{-m}^*) = Q_{i2}^{TI} \times N_{j2}^T/(N_{j2}^{TI} \times n_{j2}) - Q_2/n_{j2}$。令 $\alpha = D_m^*((p_S^{IP})^*, p_{-S}^*) - D_m^*(p_m^*, p_{-m}^*)$，可求解当 $\alpha = 0$ 时，$\overline{b_{i2}^T}$ 的约束条件 $(\overline{b_{i2}^T})^*$，即 $(\overline{b_{i2}^T})^* = (N_{j2}^S + 2N_{j2}^T) \times (p_{i2}^e - B_{i2}^T) \times (N_{j2}^T + N_{j2}^S)^{-1} \times (N_{j2}^T)^{-1}$。进一步地，可得到：①当 $\overline{b_{i2}^T} < (\overline{b_{i2}^T})^*$ 时，则 $\alpha > 0$，即 $D_m^*((p_S^{IP})^*, p_{-S}^*) > D_m^*(p_m^*, p_{-m}^*)$；②当 $\overline{b_{i2}^T} > (\overline{b_{i2}^T})^*$ 时，则 $\alpha < 0$，即 $D_m^*((p_S^{IP})^*, p_{-S}^*) < D_m^*(p_m^*, p_{-m}^*)$。总结上述分析，可得到命题 1。

命题 1：当独立线上销售商 S 按平台接入规则定价并接入平台时，部分一体化行为能否提升非一体化销售商的有效需求，将受到电商平台消费者偏好阈值的影响：①消费者偏好小于阈值，则部分一体化行为提升非一体化销售商的有效需求；②消费者偏好大于阈值，则部分一体化行为减少非一体化销售商的有效需求；③消费者偏好等于阈值，则部分一体化行为不改变非一体化销售商的有效需求。

命题 1 揭示了电商平台 T 向独立线上销售商 S 发起部分一体化的动因。在产品 Y 的电商市场上，电商平台的消费者偏好偏弱致使电商平台空有庞大的消费者用户基数，却难以使之转化为销售边用户的消费者需求，进而不能有效激励潜在线上销售商接入平台。因而，电商平台 T 需通过扩大销售边用户数量，借助交叉网络外部性，增大消费者的购买效用，将消费者用户

基数转化为消费者需求。扩大销售边用户数量的最快捷方式：吸纳拥有 N_{j2}^S 个销售边用户的独立线上销售商 S。此时，电商平台和非一体化销售商均欢迎独立线上销售商 S 以平台接入规则定价策略接入平台。

2. 独立线上销售商竞争均衡

部分一体化后，独立线上销售商 S 不仅要同电商平台 T 销售边用户竞争，还需同独立线上销售商 R 争夺消费者需求。此时，独立线上销售商 S 率先达到均衡价格 $(p_S^{IP})^*$，失去同时定价的优势。这体现在独立线上销售商 R、S 的利润函数 π_R^{NI} 和 π_S^{IP}，即：$\pi_R^{NI}=(p_R^{NI}-w_R-c_R)D_R((p_S^{IP})^*,p_R^{NI})$；$\pi_S^{IP}=((p_S^{IP})^*-w_S-c_S)D_S((p_S^{IP})^*,p_R^{NI})$。其中，$p_R^{NI}$ 为独立线上销售商 R 的销售价。由 π_R^{NI} 和 π_S^{IP} 的表达式可知，独立线上销售商 R 需依据独立线上销售商 S 的均衡定价水平，调整自身价格实现利润最大化，而独立线上销售商 S 不能相应地调整自身价格追求最大化利润。

依据独立线上销售商 R 利润最大化的一阶条件：$\mathrm{d}\,\pi_R/\mathrm{d}p_R=D_R((p_S^{IP})^*,p_R)+(p_R-w_R-c_R)\mathrm{d}D_R((p_S^{IP})^*,p_R)/\mathrm{d}p_R=0$，可解出独立线上销售商 R 的均衡需求与均衡价格的关系：$D_R^*((p_S^{IP})^*(p_R^{NI})^*)=(w_R+c_R-(p_R^{NI})^*)/C_R$，其中，$(p_R^{NI})^*$、$D_R^*((p_S^{IP})^*(p_R^{NI})^*)$ 分别表示独立线上销售商 R 的均衡价格和需求；C_R 为独立线上销售商 R 的价格需求特征，为常数。因而，该式表达的是均衡价格与均衡需求间的确定关系，而非函数关系。进一步地，可推出独立线上销售商 R 的均衡利润同均衡价格的确定关系：$(\pi_R^{NI})^*=-((p_R^{NI})^*-w_R-c_R)^2/C_R$，其中，$(\pi_R^{NI})^*$ 为独立线上销售商 R 的均衡利润。

斯塔克尔伯格模型显示先行定价寡头厂商将获得垄断价格和利润，后发厂商只

能在先行厂商均衡价格实现后再进行垄断定价（Tirole，1988）。实际上，两家寡头独立线上销售商所面临的情形与斯塔克尔伯格模型相吻合，不同的是，独立线上销售商 S 看似先行制定价格，实际却是后发厂商，独立线上销售商 R 才是真正的先行者。原因在于：均衡价格 $(p_S^{IP})^*$ 并非独立线上销售商 S 同 R 价格竞争时利润最大化的均衡价格，而是为不违反"企业不得在不同市场实施价格歧视"的价格公平条款所制定的。因而，独立线上销售商 R 在定价时按常数来考量独立线上销售商 S 的均衡价格。总结上述分析，得到引理 1。

引理 1：当独立线上销售商 S 按平台接入规则定价并接入平台时，其将失去同独立线上销售商 R 寡头竞争的定价优势，转变成独立线上销售商 R 定价行为的被动接受者。

引理 1 揭示了独立线上销售商 S 同电商平台 T 之间关于定价策略的冲突。独立线上销售商 S 以平台接入规则定价策略接入平台，其同非一体化销售商竞争，均衡时，仅能获得平均需求，却失去了同独立线上销售商 R 的寡头竞争优势，均衡需求 $D_S^*((p_S^{IP})^*(p_R^{NI})^*)$ 只受到独立线上销售商 R 定价行为影响，变得不稳定。显然，平台接入规则定价策略不是独立线上销售商 S 的最优选择。相反，在此过程中，电商平台 T 不仅不会因部分一体化而加剧销售边用户的价格竞争，而且会因部分一体化扩大非一体化销售商的有效需求而激励潜在线上销售商接入平台，巩固其垄断地位。因而，平台接入规则定价策略是电商平台 T 期盼独立线上销售商 S 做出的决策，也就是电商平台 T 的最优选择。

（二）独立线上销售商 S 以寡头垄断定价策略接入电商平台 T

1. 电商平台 T 销售边用户竞争均衡

当独立线上销售商 S 以寡头垄断定价

策略接入电商平台 T 时，其均衡价格 $(p_S^{IO})^* = p_S^* = w_S + c_S - C_S$。均衡时，独立线上销售商 S 利润函数为 $\pi_S^{IO} = ((p_S^{IO})^* - w_S) \times D_S((p_S^{IO})^*, p_{-S}^*) - \gamma (p_S^{IO})^* \times D_S((p_S^{IO})^*, p_{-S}^*)$，其中 p_{-S}^* 为非一体化销售商均衡价格组合，由于非一体化销售商仍按平台接入规则定价，故保持不变。将 $(p_S^{IO})^*$ 具体表达式代入其中，并整理得到：$\pi_S^{IO} = ((1-\gamma)(c_S - C_S) - \gamma w_S) \times D_S((w_S + c_S - C_S), p_{-S}^*)$，该式有两层含义：①给出了独立线上销售商 S 边际利润非负的条件；②表明了独立线上销售商 S 的均衡需求取决于非一体化销售商的均衡价格。依据第一层含义，通过调整 w_S 与 c_S，使多项式 $((1-\gamma)(c_S - C_S) - \gamma w_S) > 0$，即 $w_S < (c_S - C_S)(1-\gamma)/\gamma$，独立线上销售商 S 便可获得边际利润。依据第二层含义，部分一体化前后，由于非一体化销售商均衡价格保持不变，且独立线上销售商 S 的需求函数具体形式未知，本文不能准确地给出独立线上销售商 S 的均衡需求。考虑到上文中，由独立线上销售商均衡价格 $(p_S^{IP})^*$ 可以推导出其均衡需求的前例，不妨以 $(p_S^{IP})^*$ 为参考值，分析独立线上销售商 S 均衡需求的变化情况。

本文结合价格定律（即需求同价格反向变动的关系），通过比较均衡价格 $(p_S^{IO})^*$ 与 $(p_S^{IP})^*$ 的大小关系，考察均衡需求 $D_S((p_S^{IO})^*, p_{-S}^*)$ 同 $D_S^*((p_S^{IP})^*, p_{-S}^*)$ 的大小关系，并基于总需求保持不变（即 Q_{i2}^{TI}）及获得有效需求的销售商数量保持不变（即 n_{j2}）的规律，进一步地考察任一有效率销售商 m 的有效需求 $D_m((p_S^{IO})^*, p_{-S}^*)$ 的变化情况。将 $(p_S^{IO})^*$ 减去 $(p_S^{IP})^*$，得到 $(p_S^{IO})^* - (p_S^{IP})^* = c_S - \gamma w_S/(1-\gamma)$。可解出：①若 $w_S = (1-\gamma)c_S/\gamma$，则 $(p_S^{IO})^* - (p_S^{IP})^* = 0$，即 $(p_S^{IO})^* = (p_S^{IP})^*$，故 $D_S((p_S^{IO})^*, p_{-S}^*) = D_S^*((p_S^{IP})^*, p_{-S}^*) = Q_{i2}^{TI}N_{j2}^S/N_{j2}^{TI}$ 且

$D_m((p_S^{IO})^*, p_{-S}^*) = D_m^*((p_S^{IP})^*, p_{-S}^*) = Q_{i2}^{TI}N_{j2}^T/(n_{j2}N_{j2}^{TI})$；②若 $(1-\gamma)c_S/\gamma < w_S < (c_S - C_S)(1-\gamma)/\gamma$，则 $(p_S^{IO})^* - (p_S^{IP})^* < 0$，即 $(p_S^{IO})^* < (p_S^{IP})^*$，故 $D_S((p_S^{IO})^*, p_{-S}^*) > D_S^*((p_S^{IP})^*, p_{-S}^*) = Q_{i2}^{TI}N_{j2}^S/N_{j2}^{TI}$ 且 $D_m((p_S^{IO})^*, p_{-S}^*) < D_m^*((p_S^{IP})^*, p_{-S}^*) = Q_{i2}^{TI}N_{j2}^T/(n_{j2}N_{j2}^{TI})$；③若 $w_S < (1-\gamma)c_S/\gamma$，则 $(p_S^{IO})^* - (p_S^{IP})^* > 0$，即 $(p_S^{IO})^* > (p_S^{IP})^*$，故 $D_S((p_S^{IO})^*, p_{-S}^*) < D_S^*((p_S^{IP})^*, p_{-S}^*) = Q_{i2}^{TI}N_{j2}^S/N_{j2}^{TI}$ 且 $D_m((p_S^{IO})^*, p_{-S}^*) > D_m^*((p_S^{IP})^*, p_{-S}^*) = Q_{i2}^{TI}N_{j2}^T/(n_{j2}N_{j2}^{TI})$。总结上述分析，可得到命题2。

命题2：当独立线上销售商 S 以寡头垄断定价策略进驻平台时，若其批发价 w_S 和服务成本 c_S 满足：①$(1-\gamma)c_S/\gamma < w_S < (c_S - C_S)(1-\gamma)/\gamma$，则独立线上销售商 S 的均衡需求高于平均水平，非一体化销售商的均衡需求低于平均水平；②$w_S < (1-\gamma)c_S/\gamma$，独立线上销售商 S 的均衡需求低于平均水平，非一体化销售商的均衡需求超过平均水平；③$w_S = (1-\gamma)c_S/\gamma$，独立线上销售商 S 将获得平均水平的均衡需求，非一体化销售商也将获得平均水平的均衡需求。

这一命题既进一步反映了电商平台 T 实施部分一体化的动因，也进一步揭示了独立线上销售商 S 同电商平台 T 在定价策略上的冲突。独立线上销售商 S 采取部分一体化行动，有两方面战略目的：①扩大电商平台产品 Y 的消费者需求；②获得尽可能多的市场份额。目的①只需独立线上销售商 S 接入电商平台 T，即可完成。结合命题1可知，独立线上销售商 S 和电商平台 T 在目的①上是激励相容的。目的②是不易实现的，因为若独立线上销售商 S 仅获得一个不超过平均水平的均衡需求，则其有可能面临亏损，甚至零需求。因而，其唯有通过调整价格和服务成本，使自身

价格具有效率，才能获得超过平均水平的均衡需求，巩固自身在产品 Y 电商市场的垄断地位，才能实现目的②。然而，由命题1可知，电商平台 T 则希望独立线上销售商 S 仅获得平均水平的均衡需求，将更多需求转移至非一体化销售商，进而维护自身在整个电商市场垄断地位。显然，独立线上销售商 S 和电商平台 T 在目的②上是激励不相容的，也就是两者存在定价策略冲突。

2. 独立线上销售商竞争均衡

由于独立线上销售商 S 采用的寡头垄断定价策略，独立线上销售商 R、S 的均衡价格和需求与未部分一体化情形相同。换言之，独立线上销售商 S 维持了同独立线上销售商 R 的寡头定价优势。因而，当独立线上销售商 S 同电商平台 T 进行部分一体化整合时，平台接入规则定价策略是电商平台 T 的最优选择，寡头垄断定价策略则是独立线上销售商 S 的最优选择。

实际上，这表明了拥有产品 Y 定价权的独立线上销售商 S 将按寡头垄断定价策略而非平台接入规则定价策略，接入电商平台 T。对于独立线上销售商 S 而言，寡头垄断定价策略优点在于：①独立线上销售商 S 可维持同独立线上销售商 R 的寡头竞争的市场地位；②独立线上销售商 S 只需将批发价和服务成本调整至存在边际利润的有效区间，便可获得超过平均水平的均衡需求，而不需要为非一体化销售商创造更多需求，同制造商展开激烈批发价谈判。综合上文的分析，独立线上销售商 S 和电商平台 T 为扩大产品 Y 的消费者需求而实施部分一体化，却在定价策略上存在冲突或困境，但拥有产品 Y 定价权的独立线上销售商 S 将按寡头垄断定价策略接入平台。鉴于批发价和服务成本未知，暂不能明确哪种定价策略是消费者福利最优的，有待借助模型仿真做进一步分析。

三、实证检验

（一）实证策略

本文的实证检验分两步展开。首先，理论模型结果表明，若独立线上销售商按平台接入规则定价，其均衡需求为平均水平，与电商平台非一体化销售商相同；若按寡头垄断策略定价，则其有效需求存在多个均衡结果，其中寡头垄断策略特有的均衡结果是均衡需求高于或低于平均水平。进一步地，本文需对独立销售商的均衡需求与非一体化销售商的均衡需求的差异进行实证检验，进而判别独立线上销售商定价策略类型。因而，本文计量模型之一：

$$sales = \beta_0 + \beta_1 price + \beta_2 ret\_brand + \beta_3 manu\_brand + \beta_4 depict + \beta_5 comt + \beta_6 good\_rate + XTech + \varepsilon$$

模型（1）

其中，因变量月销售量 $sales$，表示产品 Y 单月的销售数量。解释变量包括：产品 Y 的价格 $price$，表示产品 Y 在线上销售商的零售价；销售商品牌 ret_brand，表示产品 Y 是否在独立线上销售商 S 的网页上销售。控制变量包括：产品 Y 的品牌 $manu\_brand$，表示产品 Y 的制造商；产品 Y 的描述相符 $depict$，表示线上销售商对产品 Y 的描述与真实情况的相似程度；产品 Y 的总评论情况 $comt$，表示产品 Y 的累计评价总数或好评总数；产品 Y 的好评率 $good\_rate$，表示产品好评总数占累计评价总数的比例；产品 Y 的技术参数向量 $Tech$。ε 表示扰动项。

其次，理论模型结果表明，在独立线上销售商 S 按平台接入规则定价时，独立线上销售商 S 和 R 的价格竞争将激励独立线上销售商 S 降低零售价；在按寡头垄断策略定价时，由于持有寡头垄断定价优势，独立线上销售商 S 没有去调整零售价。基于此，在判别了独立线上销售商 S 接入电商平台的定价策略后，本文可进一步地考察独立线上销售商 S 接入电商平台的定价水平。因而，本文计量模型之二：

$$price = \gamma_0 + \gamma_1 ret\_brand + \gamma_2 manu\_brand + \gamma_3 comt + \gamma_5 good\_rate + XTech + \mu \quad 模型（2）$$

其中，需要指出的是，模型（2）的样本是在独立线上销售商 R 和 S 单独网页上的销售数据，与模型（1）情形是不同的，尽管部分变量的符号相同。在模型（2）中，因变量产品 Y 的价格 $price$，表示产品 Y 在独立线上销售商 R 和 S 上的零售价；解释变量销售商品牌 ret_brand，表示产品 Y 是否在独立线上销售商 S 的网页上销售；控制变量包括产品 Y 的品牌 $manu\_brand$，产品 Y 的总评论情况 $comt$，表示产品 Y 的累计评价总数或好评总数，产品 Y 的好评率 $good\_rate$，表示产品好评总数占累计评价总数的比例，产品 Y 的技术参数向量 $Tech$；μ 表示扰动项。

另外，本文采用两种策略：市场集中度赋值和聚类分析，来处理产品 Y 制造商品牌的影响。所谓市场集中度赋值法，是指根据制造商品牌是否为上一年销量前五名的制造商，对产品 Y 的制造商品牌进行赋值；若是，则赋值1，若否，则赋值0。所谓聚类分析，是指在回归时将相同制造商品牌对回归分析的影响进行约束。

（二）数据来源及变量的描述性统计

本文选择中国电商市场三家知名电商企业：天猫商城、京东商城和苏宁易购作为样本企业，以"家用空调"模拟产品 Y，通过在电商网站网页的搜索栏输入关键词"空调"，检索商品网页，设定爬虫程序爬取2018年7月的销售数据，其中天猫商城数据为模型（1）的样本，京东商城和苏宁易购的数据为模型（2）的样本（简称样本（2））。本文采取此数据爬虫策略的原因有两点。首先，天猫商城是单寡头电商平台企业，京东商城和苏宁易购则是寡头独立线上销售商，且在2015年8月，天猫与苏宁进行部分一体化整合，苏宁接入天猫平台，实现数据互通。显然，这三家电商企业既能反映行业概貌，也与模型设计相符合。其次，比起其他商品，以"家用空调"模拟产品 Y 的策略有以下几点优势：①每年7月是空调销售的旺季，产品价格竞争激烈；②空调销售是苏宁、京东两家线上销售商的主营业务之一，能反映其经营状况；③天猫和苏宁的部分一体化动机之一是借助苏宁在家电产品的电商市场的份额，扩大平台的市场份额。

本文所有变量的指标及其数值皆可在网页上直观地观察到，其中天猫商城样本的描述性统计如表1所示，京东商城和苏宁易购样本的描述性统计如表2所示。

表1　天猫商城样本所有变量的描述性统计

变量	观测值	平均值	标准差	最小值	最大值
$sales$	630	680.0556	2318.3990	0	31617
$price$	630	4299.5030	2846.8400	1348	22990
ret_brand	630	1.5333	0.4993	1	2
$depict$	630	4.5921	1.0677	0	5
$manu\_brand$	630	0.6143	0.4872	0	1
$comt\_count$	630	1641.3460	4787.7870	0	63436
$good\_comt$	630	350.3048	1059.1030	0	15073
$good\_rate$	600	0.5659	0.3891	0	1

变量	观测值	平均值	标准差	最小值	最大值
num	630	1.7698	0.7524	1	5
fre_cons	630	0.6222	0.4852	0	1
wall_moutd	630	0.3333	0.4718	0	1
eff_ind	630	0.7048	0.8104	−1	2

资料来源：作者运用 Stata 软件计算。

表 2　京东商城与苏宁易购样本所有变量的描述性统计

变量	观测值	平均值	标准差	最小值	最大值
price	812	4084.0800	2488.4530	1259	21340
ret_brand	812	0.7118	0.4532	0	1
manu_brand	812	0.6638	0.4727	0	1
comt_count	812	22880.9100	49178.5700	0	360000
good_comt	812	22701.3600	48518.3800	0	359221
good_rate	812	0.9778	0.0648	0	1
num	812	1.8024	0.8235	1	6
fre_cons	812	0.5702	0.4954	0	1
wall_moutd	812	0.3473	0.4764	0	1
eff_ind	812	0.6416	0.8315	−1	2
auto_cln	812	0.7007	0.4582	0	1
qui_desn	812	0.9273	0.2597	0	1

资料来源：作者运用 Stata 软件计算。

在表 1 中，因变量销量的均值为 680.0556 台，表明在空调销售的最旺季，天猫商城空调销售商的平均销量是 680.0556 台。实际上，这是一个比较高的数值。在解释变量方面，空调价格最小值为 1348 元，均值是 4299.5030 元；销售商品牌的均值为 1.5333，由变量定义可知，在样本数据中，大约 47% 的空调产品在苏宁易购官方旗舰店上销售。在控制变量方面，描述相符的均值为 4.5921，最小值为 0，属于异常值，可能原因是该款产品尚未有消费者进行评价；按集中度赋值，制造商品牌的均值为 0.6143，显示销售量前五名的制造商品牌及国外品牌的产品款数占天猫商城样本的 61.43%。在消费者评价上，累计评价、好评总数及好评率的均值分别为 1641.3460、350.3048 和 0.5659。

技术参数方面，空调产品的平均匹数为 1.7698，接近于 2，即匹数为 2 的空调产品较多；二元变量变频的均值为 0.6222，表明大约 62.22% 的商品的工作方式是变频；二元变量立柜式的均值为 0.3333，显示大约 33.33% 的空调商品为立柜式；能效等级的均值为 0.7048，接近于 1，显示天猫商城样本多数为二级能效。

在表 2 中，因变量价格的均值为 4084.08 元，最小值为 1259 元。解释变量销售商品牌的均值为 0.7118，表明在样本数据中，苏宁易购的产品占 71.18%，京东商城的产品占 28.82%。在控制变量方面，制造商品牌的均值为 0.6638，显示销量前五名及国外品牌的产品的款数的比重为 66.38%。在消费者评价方面，累计评价、好评总数及好评率均值分别为

22880.91、22701.36 及 0.9778，均处于极高水平。在产品技术参数方面，空调匹数均值为 1.8024，接近于 2，且标准差为 0.8235，表明多数空调匹数为 2，且比较集中；二元变量变频的均值为 0.5702，显示大约 57% 的产品的工作方式为变频；二元变量立柜式均值为 0.3473，反映了大约 35% 的产品为立柜式；能效等级指标的均值为 0.6416，介于 0~1，表明样本空调产品的能效等级倾向于 3 级能效；二元变量自动清洁的均值为 0.7007，表明大约 70% 的产品拥有自动清洁功能；二元变量静音设计的均值为 0.9273，则显示 92.73% 的产品具备静音设计功能。

（三）实证结果讨论

依前文分析，首先，本部分对天猫商城的样本数据进行回归分析，回归结果如表 3 所示。

表 3　天猫商城样本数据回归结果

	市场集中度赋值		聚类分析	
	（1）	（2）	（3）	（4）
	$sales1$	$sales1$	$sales1$	$sales1$
$price1$	-1.915 ***	-1.799 ***	-1.396 ***	-1.321 ***
	（0.173）	（0.169）	（0.321）	（0.301）
ret_brand	0.295 ***	0.196 *	0.246	0.148
	（0.112）	（0.113）	（0.186）	（0.190）
$depict$	0.567 **	0.570 **	0.588 **	0.590 **
	（0.251）	（0.247）	（0.235）	（0.232）
$manu\_brand$	0.634 ***	0.579 ***		
	（0.119）	（0.114）		
$comt\_count$	0.000120 ***		0.000130 ***	
	（0.0000258）		（0.0000348）	
$good\_rate$	-3.434 ***	-3.537 ***	-3.507 ***	-3.617 ***
	（0.162）	（0.148）	（0.241）	（0.219）
num	0.491 ***	0.476 ***	0.346 **	0.343 **
	（0.117）	（0.113）	（0.166）	（0.164）
fre_cons	0.0761	0.0424	-0.00842	-0.0372
	（0.135）	（0.127）	（0.232）	（0.205）
$wall\_moutd$	0.359 **	0.314 *	0.205	0.171
	（0.170）	（0.164）	（0.162）	（0.146）
eff_ind	0.115	0.0977	0.0483	0.0352
	（0.0745）	（0.0695）	（0.0985）	（0.0848）
$good\_comt$		0.000658 ***		0.000699 ***
		（0.000150）		（0.000193）
$\_cons$	17.09 ***	16.41 ***	13.62 ***	13.23 ***
	（1.663）	（1.630）	（2.132）	（2.008）
N	599	599	599	599
adj. R^2	0.705	0.734	0.692	0.724

注：*、**、***分别代表在 10%、5%、1% 的显著性水平下统计显著。

资料来源：作者利用 Stata 软件计算。

在表 2 中，回归（1）和回归（2）是对制造商品牌采用市场集中度赋值法处理后的回归结果；回归（3）和回归（4）则是对制造商品牌采用聚类分析法处理后的回归结果。在回归（1）和回归（2）中，两个解释变量价格和销售商品牌均统计显著。其中，价格的回归系数符号为负，表明产品价格与产品销量呈负向关系；由于价格和销量均作了取对数处理，价格变量的回归系数便是产品需求价格弹性，即天猫商城上空调产品的需求价格弹性的绝对值介于 1.799 ~ 1.915。销售商品牌的回归系数为正，表明苏宁易购官方旗舰店的平均销量要明显低于天猫商城非一体化销售商的平均销量，即苏宁易购官方旗舰店均衡需求低于平均需求。这表明独立线上销售商苏宁易购是按寡头垄断策略接入电商平台天猫商城的。在控制变量方面，制造商品牌的回归系数统计显著且为正，符合理论预期；其数值表明销量前五名的中国制造商及七家国外制造商，共同持有市场份额介于 57.9% ~ 63.4%。描述相符和好评率均统计显著。不过，好评率的回归系数为负，与直观判断不相符。

在回归（3）和回归（4）中，价格的回归系数依旧统计显著且为负，销售商品牌的回归系数虽为正却统计不显著。进一步地，在控制了制造商品牌的影响后，苏宁易购官方旗舰店的平均需求与其他销售商平均销量之间的差异不显著。换言之，苏宁易购官方旗舰店的均衡需求低于平均水平的原因在于：苏宁易购官方旗舰店所售的部分空调品牌，其销量明显低于平均水平。通过分析苏宁易购官方旗舰店所售空调品牌的结构，扬子、大金等低知名度国内品牌和伊莱克斯等刚进入中国市场的国外品牌，拉低了苏宁易购官方旗舰店的整体销量，如销量偏低的扬子空调，苏宁易购官方旗舰店的商品数占天猫商城所售的扬子品牌的一半以上，剩余的扬子空调则由五家空调线上销售商销售。

其次，本部分将京东商城和苏宁易购的样本数据回归分析，考察两家独立线上销售商零售价差异，回归结果如表 4 所示。

表 4　京东商城与苏宁易购样本的回归结果

	市场集中度赋值		聚类分析	
	(5)	(6)	(7)	(8)
	price	*price*	*price*	*price*
ret_brand	−0.0524 ***	−0.0524 ***	−0.0566	−0.0566
	(0.0199)	(0.0199)	(0.0391)	(0.0391)
manu_brand	0.219 ***	0.219 ***		
	(0.0173)	(0.0173)		
comt_count	−0.00387		−0.00582	
	(0.00276)		(0.00559)	
good_rate	1.044 ***	1.051 ***	1.794 ***	1.804 ***
	(0.278)	(0.279)	(0.530)	(0.533)
num	0.312 ***	0.312 ***	0.308 ***	0.308 ***
	(0.0163)	(0.0163)	(0.0210)	(0.0210)
fre_cons	0.285 ***	0.285 ***	0.318 ***	0.318 ***
	(0.0183)	(0.0183)	(0.0359)	(0.0359)

	市场集中度赋值		聚类分析	
	（5）	（6）	（7）	（8）
	price	*price*	*price*	*price*
wall_moutd	0.350 ***	0.350 ***	0.385 ***	0.385 ***
	（0.0289）	（0.0289）	（0.0346）	（0.0345）
eff_ind	0.119 ***	0.119 ***	0.120 ***	0.120 ***
	（0.0120）	（0.0120）	（0.0169）	（0.0169）
auto_cln	−0.180 ***	−0.180 ***	−0.173 **	−0.173 **
	（0.0197）	（0.0197）	（0.0654）	（0.0654）
qui_desn	0.0934 ***	0.0934 ***	0.102 **	0.102 **
	（0.0274）	（0.0274）	（0.0443）	（0.0443）
good_comt		−0.00385		−0.00575
		（0.00274）		（0.00552）
_cons	6.168 ***	6.161 ***	5.556 ***	5.546 ***
	（0.268）	（0.269）	（0.483）	（0.485）
N	809	809	809	809
adj. R^2	0.839	0.839	0.808	0.808

注：*、**、***分别代表在10%、5%、1%的显著性水平下统计显著。

资料来源：作者利用 Stata 软件计算。

在回归（5）和回归（6）中，解释变量销售商品牌统计显著，且回归系数为负，表明苏宁易购的零售价要低于京东商城。因而，作为由传统家电寡头苏宁电器所建立的电商企业，苏宁易购执行的是低价战略。不仅如此，两家独立线上销售商网站销售数据统计结果表明，苏宁易购空调价格的统计数据：0~1500元，占比为22%；1500~3000元，占比为23%；4000~8000元，占比为21%；8300~9000元，占比为18%；9000元及以上，占比为16%。不难发现，每一价格区间的购买比重相差不大，保持在20%左右。京东商城空调价格的统计数据：0~2247元，占比为8%；2248~3248元，占比为29%；3248~5850元，占比为46%；5850~8970元，占比为11%；8970元及以上，占比为6%。京东商城的价格区间与购买比重分布比较集中，趋向于正态分布。进一步地，苏宁易购在同京东商城进行价格竞争时，没有降低零售价。这表明苏宁易购在接入天猫商城时选择的是寡头垄断策略，并且执行的是低批发价、高服务成本的定价方式。在控制变量方面，制造商品牌变量统计显著，且回归系数为正，表明销量前五名中国制造商和五家国外制造商的售价高于其他制造商；从数值上看，大约高出21.9%。

在回归（7）和回归（8）中，当控制制造商品牌的影响时，解释变量销售商品牌统计不显著，但回归系数依然为负。换言之，苏宁易购的零售价存在低于京东商城的趋势，尽管这一趋势不够明显。实际上，苏宁易购较低的零售价并非苏宁易购压缩服务成本所致，而是制造商如扬子、伊莱克斯等品牌有意识通过低价快速获取市场份额的结果。

总结上述分析，实证结果表明，独立线上销售商与电商平台进行部分一体化整合后，将选择寡头垄断策略接入电商平台，并采用低价策略，一方面可以维持与其他独立线上销售商的寡头竞争地位，另一方面引入更多的制造商品牌扩大销售网络，提升电商平台的非一体化销售商的均衡需求，激励潜在销售商接入平台，巩固平台的地位。

四、结论与启示

（一）研究结论

本文构建寡头线上销售商与互联网平台的"强强联合"的部分一体化模型，分析了不同定价策略下一体化销售商进驻平台后，对用户规模的创造效应及价格竞争效应。研究结论如下：①当线上销售商采用按平台接入规则进行定价时，垄断电商平台可通过提高平台使用效用，提升非一体化销售商需求，进而吸引潜在销售商接入平台，维持垄断地位，独立线上销售商将获得更高的均衡销售价，但却丧失了寡头定价优势；②当独立线上销售商采用寡头垄断定价策略进驻平台时，独立线上销售商不仅可以保持寡头垄断的优势，而且还以较低的均衡价格在电商平台市场获得超过平均水平的消费者需求，而平台非一体化零售商则较难获得稳定需求，从而使潜在销售商失去接入平台的激励；③独立线上销售商和垄断电商平台在独立销售商进驻垄断电商平台定价策略的选择上，表现出激励不一致两难的困境；④模型仿真结果既表明了结论①和②的准确性，还证实了拥有产品定价权的独立线上销售商将采用寡头垄断定价，降低均衡价格，提高消费者福利。

（二）政策建议

（1）反垄断规制部门对垄断电商平台与独立线上销售商部分一体化行为持附加

条件的允许态度，这一附加条件：独立线上销售商保留定价权。垄断电商平台虽在电商市场占据"巨无霸"的地位，但不能直接改变所售商品的价格，即便在其与强大寡头垄断的独立线上销售商实现部分一体化，在保持中立性的原则下，同样不得像独立线上销售商一样直接决定产品价格。尽管垄断电商平台可以利用改变抽成率的方式，迫使包括一体化销售商在内的所有销售商调整产品价格，但"牵一发而动全身"，这样非但不能实现价格上升，反而会引起主管部门的关注，遭遇反垄断规制。因而，当两者进行相互战略投资时，反垄断规制只需要求垄断电商平台不得直接干预独立线上销售商的定价策略，便能相对地使寡头独立线上销售商朝着有利于消费者福利方向定价。

（2）反垄断规制部门应该要求垄断电商平台公布搜索结果的安排机制。尽管电商平台可将搜索结果的安排机制按商业机密进行严格保密，一旦电商平台向销售边用户发起一体化行动，那么电商平台在搜索结果上如何安排一体化销售商，势必引起包括非一体化销售商的各方关注。本文在研究价格列向量的权重时，发现即使电商平台采用了较为明显的中立原则，也有会将一体化销售商中非最佳匹配的结果，进行分散至自身搜索结果的各个价格列向量，提高一体化销售商被消费者抓取的概率，进而形成对其他独立线上销售商的价格竞争合围之势。显然，这一举动有违背电商平台不直接参与同独立线上销售商进行价格竞争的中立性条款，但鉴于搜索结果安排机制的隐秘性，业界和学术界都无法找到破绽，并提起反垄断调查。因而，凡是拥有一体化销售商的纯粹性平台型的企业，以及正在向平台型企业转型的独立线上销售商都要报告其搜索结果的安排机制。

当然，本文也存在不足之处或研究局限：①本文对独立线上销售商同电商平台销售边用户的价格竞争，只进行较为简单的描述和解释，未进行具体刻画和细致假设；②受制独立线上销售商批发价数据的可获得性，本文对理论模型大部分均衡结果进行了实证检验，未能对其余小部分均衡结果进行实证检验；③本文探讨电商平台对其一体化销售商的搜索结果的抓取方式时，未考察其是否存在非中立行为及可能的影响。针对以上不足之处，后续研究将通过提出更为符合产业实践的理论假设、收集更为丰富的数据、有针对地进行试验模拟的方式，做进一步分析和探讨。

参考文献

［1］Armstrong M, Wright J. Two-sided Markets, Competitive Bottlenecks and Exclusive Contracts ［J］. Economic Theory, 2007（32）：353-380.

［2］Armstrong M. Competition in Two-sided Markets ［J］. Rand Journal of Economics, 2006, 37 （3）：668-691.

［3］Budzinski, Oliver, Köhler, Karoline Henrike. Is Amazon the Next Google? ［R］. Ilmenau Economics Discussion Papers, No. 97, 2015.

［4］Burguet R R, Caminal, M. Ellman. In Google We Trust? ［J］. International Journal of Industrial Organization, 2015, 39：44-55.

［5］de Cornière A, Taylor G. Integration and Search Engine Bias ［J］. Rand Journal of Economics, 2014, 45 （3）：576-597.

［6］Edelman, Benjamin., Michael Ostrovsky, Michael Schwarz. Internet Advertising and the Generalized Second-Price Auction：Selling Billions of Dollars Worth of Keywords ［J］. American Economic Review, 2007, 97 （1）：242-259.

［7］Edelman B, Lai Z. Design of Search Engine Services：Channel Interdependence in Search Engine Results ［J］. Journal of Marketing Research,
2016, LIII：881-900.

［8］Edelman B. Does Google Leverage Market Power Through Tying and Bundling? ［J］. Journal of Competition Laws and Economics, 2015, 11 （2）：365-400.

［9］Ghose A, Yang S. An Empirical Analysis of Search Engine Advertising：Sponsored Search in Electronic Markets ［J］. Management Science, 2009, 55 （10）：1605-1622.

［10］Haucap J, Heimeshoff U. Google, Facebook, Amazon, eBay：Is the Internet Driving Competition or Market Monopolization? ［L］. International Economics and Economic Policy, 2014, 11 （1）：49-61.

［11］Jean Tirole. The Theory of Industrial Organization ［M］. MIT Press, 1988.

［12］Lee R. Vertical Integration and Exclusivity in Platform and Two-sided Markets ［J］. American Economic Review, 2013, 103 （7）：2960-3000.

［13］Rochet J C, Tirole J. Two-sided Markets：A Progress Report ［J］. Rand Journal of Economics, 2006, 37 （3）：645-667.

［14］Rochet J, J. Tirole. Platform Competition in Two-sided Markets ［J］. Journal of the European Economic Association, 2003 （1）：990-1029.

［15］White A. Search Engine：Left Side Quality Versus Right Side Profits ［J］. International Journal of Industrial Organization, 2013 （31）：690-701.

［16］傅瑜，隋广军，赵子乐. 单寡头竞争性垄断：新型市场结构理论构建：基于互联网平台企业的考察 ［J］. 中国工业经济, 2014 （1）：140-152.

［17］刘维奇，张苏. 双边平台兼并策略下定价问题分析 ［J］. 中国管理科学, 2017, 25 （5）：17-24.

［18］曲创，刘洪波. 平台非中立性策略的圈定效应：基于搜索引擎市场的试验研究 ［J］. 经济学动态, 2017 （1）：28-40.

［19］张明玺，雷明. 产品销量、网络口碑

与在线观察学习信息之间的动态交互影响：基于天猫商城笔记本销售页面信息的实证分析 ［J］. 经济管理，2016（2）：91-101.

［20］张千帆，于晓娟，张亚军. 网络平台企业合作的定价机制研究：基于多归属情形

［J］. 运筹与管理，2016，25（1）：231-237.

［21］周耿，卜茂亮，王宇伟. 用户经验与羊群行为：基于网上购物的实证研究 ［J］. 山西财经大学学报，2013，35（3）：56-66.

□ The Study on Competitive Effects of Partial Integration between E-commerce Platform and Independent Online Salers

—Based on the case of Examining China's E-commerce Market Structure

Li Shijie   Cai Zuguo

Abstract：The competitive or cooperative relationship between e-commerce platform and independent online salers is a research topic in platform theory. Previous research literature pays more attentions to their competitive relationship and a little attention to cooperative relationship. Based on the context of China's e-commerce maket structure, this paper sets a game model in which they cooperate with each other, and pricing strategy choice of investigate independent online saler, which holds pricing rights, in using platform. Under the case of partial integration, we clarify：（a）passing mechnaism for monopoly e-commerce platform's market power within different business domains；（b）an incentive mechnaism for new entrants and（c）harmful or beneficial effects for consumer welfare. Research findings：when an independent online saler chooses pricing rule of using platform, monopoly e-commerce platform's market power was passed from quantity-competitive domains to price-competitive domains with higher efficency than that under oligopoly pricing rule in outside maket of platfrom. In the same time it incentives new entrant to use platfrom. However, under the oligopoly pricing rule it could't or difficultly produce incentive effercts for new entrant, but will maintain the independent online saler's oligopoly market structure. Moreover, the pricing strategy of using platform is better for e-commerce platfrom, but the oligopoly pricing rule is better for independent online salers. No matter which pricing strategy is done well, the consumer welfare will become better under partial inegration only when e-commerce platfrom sets neutral rules.

Key Words：E-commerce Platform；Independent Online Saler；Partial Integration；Competitive Effect

电商平台与独立线上销售商部分一体化的竞争效应研究

□ 社会信任与企业高管腐败

王成方　潘　颉

摘　要：近年来，社会环境对企业高管腐败的影响一直受到学术界和实务界的广泛关注。本文通过手工筛选 2007~2018 年我国上市公司高管腐败的相关数据，研究社会信任对高管腐败的影响。实证结果表明，社会信任水平越高，企业发生高管腐败的可能性越低；并且，社会信任对国有企业、高法治水平和高市场化水平地区的高管腐败的抑制作用更强。控制省级固定效应、工具变量法等内生性检验以及替换自变量度量方式、采用 2013~2018 年数据重新回归及自变量分组检验等稳健性检验均支持了本文的研究结论。本文可以从制度层面加深对于高管腐败环境诱因方面的认知，也将有助于将政府官员腐败的相关研究拓展至企业管理层面，还可以为政府监管部门治理企业腐败行为提供一定的借鉴。

关键词：社会信任；高管腐败；产权性质；法治水平；市场化水平

引　言

社会信任既是社会资本的核心组成部分，也是一个国家（地区）经济可持续发展的关键决定因素（Putnam，1993；Knack and Keefer，1997；Özcan and Bjørnskov，2011）。相关研究表明，各个地区社会信任的提升，在一定程度上可以促进企业价值的增加（张维迎，2006）。目前关于社会信任对企业行为及其经济后果影响的研究主要分为三类：一是高水平的社会信任有助于缓解相关债权人对企业债务违约的忧虑（杨国超和盘宇章，2019），增强债权人对企业发展的信心，进而提升企业价值；二是有助于减少企业代理问题的发生（Hilary and Huang，2015），减少企业代理成本（Xia et al.，2017）；三是有助于分散企业管理层权力（Gur and Bjrnskov，2017），降低高管盈余操纵的可能性（Li et al.；2017），使审计成本更低

　　基金项目：中国博士后科学基金面上资助（2022M712018）；2022 年安徽财经大学科研重点项目（ACKYB22017）；现任职于中国银行江苏省分行，上海财经大学中央高校基本科研业务费专项资金项目。
　　作者简介：王成方，男，副教授，管理学博士，上海财经大学工商管理流动站博士后，研究方向为财务会计与公司治理。潘颉，女，会计学硕士，现任职于中国银行江苏省分行，研究方向为财务会计与公司治理。

（Jha and Chen，2015；雷光勇等，2014）。

随着我国的经济发展进入"新常态"，为顺应我国经济发展与社会转型的新趋势，解决腐败问题已成为目前我国各级政府工作的重心。此外，多家著名企业被曝光的治理丑闻，也使社会各界更加关注企业的高管腐败行为。高管腐败受多种因素的影响，现有研究多从管理层权力（周美华等，2016）、外部治理环境（卢馨等，2015）、内部控制（Paletta and Alimehmeti，2016）、高管道德水平（Yalamov and Belev，2011）等视角分析高管腐败的成因，尽管已从多方面探究了高管腐败的成因，但却未跳出既定的研究框架。

国家的腐败程度可以直观地反映出一国的法律、经济、文化和政治环境（La Porta et al.，1999；Djankov et al.，2003），我国作为一个完全不同于西方发达国家的独特经济体，有着特殊的法律体系、市场经济、权力文化以及政治环境。因此，要想真正理解中国制度背景下的腐败现象，就不能脱离与其息息相关的制度背景和文化环境。企业高管作为企业的掌舵人，是社会经济发展的中坚力量；高管腐败问题不仅反映出企业的内部治理问题，还会影响到社会的公平与稳定。基于此，研究高管腐败应当立足于本国国情并结合非正式制度因素。

当高管腐败在企业中普遍存在并逐渐演变为一种群体行为时，探究高管腐败背后的根源对于进行反腐败就具有重要的意义。各方要采取有效的反腐败措施，就必须对高管腐败的成因有更加充分的认识。梳理以往学者对腐败影响因素的理论分析与实证研究（陈信元等，2009；Lambsdorff，2006；Rose - Ackerman，1999）发现，国内外学者对于腐败问题多进行论述性的规范研究，并且局限于政府官员的腐败问

题。为数不多的对企业高管腐败进行的实证研究也多是以企业内部控制（周美华等，2016）及高管腐败分类（赵璨等，2015）为视角，从非正式制度角度探讨企业高管腐败的实证研究较少。故为丰富此类研究，本文从企业发生高管腐败所处的外部环境为切入点，探究社会信任作为一种非正式制度对企业高管腐败行为的影响。

本文以我国2007~2018年沪深A股的非金融上市公司为研究样本，对社会信任与企业高管腐败之间的关系进行实证检验。研究结果表明，地区的社会信任程度与企业高管腐败之间存在显著的负相关关系，这一结论在采用控制省级固定效应和工具变量等方法控制"内生性问题"后仍然成立。之后，本文进一步研究了社会信任影响企业高管腐败的调节机制，研究发现，社会信任对国有企业高管腐败的负相关影响更加明显，且企业所处地区的法治水平、市场化水平均会增强社会信任对高管腐败的抑制作用。同时，本文通过替换自变量度量方式采用2013~2018年数据重新回归，以及对自变量进行分组检验等一系列稳健性检验，证明研究结论仍然成立。最后，本文希望可以通过此研究更好地评估企业高管决策的有效性，加强对高管行为的监管，保护企业相关方权益，也为当前的反腐败提供一条除法律规范和市场控制以外的新途径。

本文的研究贡献主要体现在以下几个方面：①从新的视角研究高管腐败行为，丰富了对企业高管腐败影响因素及其调节机制方面的研究。本文将社会信任纳入"反腐"的研究体系内，探讨社会信任这样一种非正式制度与企业高管腐败之间的关系，为形成完整的高管治理研究体系做出了贡献，也对改善我国企业治理结构提供了一定的政策建议。②本文拓宽了有关

社会信任经济后果的研究内容。本文基于中国独特的制度环境，以中国现阶段经济转型面临的来自微观治理的挑战为现实背景，以"社会信任"这一非正式制度为研究高管腐败的切入点，考察了非正式制度之社会信任如何影响企业高管腐败及其调节机制，有助于理解社会信任这一非正式制度对微观企业行为的影响，对企业适应不同的制度环境具有一定的启示和实践意义。

本文余下部分的结构安排如下：第二部分是理论分析与研究假说；第三部分是研究设计；第四部分是样本分布与描述统计；第五部分是实证结果分析；第六部分是研究结论与启示。

一、理论分析与研究假说

党的十八大召开以来，以习近平同志为核心的党中央高度重视腐败问题，各级政府也充分意识到了腐败的严重后果，并采取"反腐败"措施以规避其可能造成的严重后果。国际透明组织（Transparency International）在2013年发布的全球清廉指数排名显示，中国的腐败印象指数居全球175个国家（地区）中的第80位，与我国政治经济大国的地位不符，故反腐措施势在必行。在传统知识框架中，腐败行为被认为仅存在于政治官僚体系中，但事实上，其范围早已延伸至财务经济领域，企业高管腐败就是其中典型的一例（黄群慧，2006）。根据 Helmke 和 Levitsky（2004）的研究，非正式制度是指在体系外产生、传播和执行，人们约定俗成、共同遵守的不成文的社会规则，包括但不限于社会信任程度、文化习俗和伦理道德。其中，信任作为一种经济活动的外部治理机制，是维持社会经济长久发展的基础，对社会上

各种行为活动均具有一定的影响，故被认为是社会环境的重要组成部分（Fukuyama，1995）。本文对社会信任与高管腐败之间的关系进行研究，可以补充相关研究的空白，进而构建更加完善的理论体系。

目前，大多数社会学家赞同将"信任"这一概念分为以下两种类型（尤其是在当前中国社会制度的背景下）：普遍信任和特殊信任（Fukuyama，1995）。特殊信任主要是基于血缘、家庭、直接利益相关，针对特定个人的信任（Weber，1951），与之相反，普遍信任多是指对非特定个人的信任。一般来说，社会信任主要作用于陌生人之间的信任与合作，因此，社会信任属于普遍信任，即社会信任程度不受企业内部直接利益相关者之间特殊信任的影响。因此，本文中社会信任的影响体现在以下两个方面：一种是企业股东（未兼任企业高管的股东）对于高管的信任，另一种是除上述企业股东以外的外部相关利益者（此处的"相关利益者"指的是广义上一切与企业相关的利益方）对于高管的信任。

社会信任通过上述两个方面对企业高管的腐败行为产生影响，因此，本文基于这两个方面反映出的两种类型的社会信任提出相关的研究假设。

根据 Berle 和 Means（1932）提出的"委托代理理论"可知，企业中的委托代理问题通常表现为"道德风险"和"逆向选择"，而发生这两种不当行为的根本原因是企业所有者与企业管理者之间的不信任关系导致信息不对称。在社会信任度高的社会中，企业股东往往会对该地区内的企业产生一种基于社会文化传统判断的高度信任感，进而判断企业高管不会对其进行欺诈。因此，从"股东对高管的信任"这一角度来说，所处地区较高的社会信任

水平在一定程度上可以缓解企业的委托代理问题。也就是说，在信任程度普遍较高的环境中，企业的股东对高管的信任程度也较高，这会减少企业的信息不对称程度，进而有助于减少企业内部委托代理问题的发生（Hilary and Huang，2015），缓解股东与高管之间的紧张关系，消除不必要的猜疑，增强股东对高管管理的信心，从而形成社会信任促进股东信任企业高管的"正循环"。

一方面，股东对高管的信任有助于构建一个稳定和谐的企业内部环境；另一方面，较高的信任也会使企业股东对高管实际进行的企业经营活动放松警惕。股东对企业高管的高度信任会使高管拥有更大的企业管理权力，从而给高管腐败以可乘之机。徐细雄和刘星（2013）发现：企业管理层拥有的权力越大，其腐败成本越低，高管腐败的可能性也就越大。在这种情况下，社会信任程度越高，高管腐败的可能性就越高。Kanagaretnam 等（2018）也从高管薪酬的角度提出，在社会信任程度高的地区，管理层的薪酬水平和基于股权的薪酬比例都较低。在我国"薪酬管制"这一背景下，高管希望通过实施腐败行为获得额外受益的动机较大，即高管腐败发生的概率较高（陈信元等，2009）。在这种情况下，社会信任与高管腐败也会呈现出正相关关系。基于以上的分析与推导，推测出社会信任对高管腐败的影响可能为正，故提出假设：

H1a：地区的社会信任程度越高，该地区高管腐败的可能性越高。

从企业外部相关利益者（以下简称"企业外部"）对高管的信任角度来说，社会团体的声誉对于个体行为的影响具有"迭代效应"。具体来说，一旦地区社会信任程度不高，企业外部对于高管的信任程度也会降低，甚至会默认高管有实施腐败等行为的动机。在这种情况下，企业高管会默认依靠自身努力无法改变社会集体的声誉，因此，企业高管一般会选择顺势而为，实施腐败行为，从而谋求自身私利。故而，高管腐败行为由此迭代发展一直延续下去。由此推断，在社会信任水平较低的地区，高管腐败的可能性更高。

从成本收益的角度来看，社会信任也属于一项社会资本，而腐败行为的发生是腐败收益与腐败成本之间的博弈（彭敏和华阳标，2006；赵璨等，2013）。当所处地区社会信任程度较低时，高管腐败的成本更低，且腐败能够帮助企业获取额外的资源便利，可以缓解高管腐败等声誉负面效应所引起的成本损失，此时，腐败收益高于腐败成本。因此，高管实施腐败行为谋取自身利益的动机和机会更大。当所处地区社会信任程度较高时，企业高管腐败所引起的社会信任损失的成本较高，与此同时，企业外部对高管的信任在一定程度上也会加强外界对企业高管行为的监督，促进企业对社会责任的履行（聂军和冉戎，2020），此时，腐败成本高于腐败收益。因此，高管不会选择实施腐败行为谋取自身利益。综上所述，社会信任与企业高管腐败之间会呈现负相关关系。基于以上的分析与推导，推测出社会信任对高管腐败的影响可能为负，故提出假设：

H1b：地区的社会信任程度越高，该地区高管腐败的可能性越低。

二、研究设计

（一）模型构建与变量选取

为了检验社会信任对企业高管腐败的影响，本文构建如下模型进行 Logistic 回归：

$$Corrupt = \alpha + \beta_1 \times Trust1 + \beta_2 \times Salary +$$
$$\beta_3 \times Mshare + \beta_4 \times Dual +$$
$$\beta_5 \times Oshare + \beta_6 \times Indep +$$
$$\beta_7 \times Bsize + \beta_8 \times Size +$$
$$\beta_9 \times Risk + \beta_{10} \times Growth +$$
$$Industry + Year + \varepsilon \qquad (1)$$

其中，$Corrupt$ 表示高管腐败，为模型因变量；$Trust1$ 表示社会信任，为模型自变量；其余为控制变量；α、β_i 为系数；ε 为误差扰动项；$Industry$、$Year$ 代表行业与年份的固定效应。

本文选用以下两种标准，分别作为度量社会信任的变量（$Trust1$、$Trust2$）：

（1）省份每万人无偿献血量（$Trust1$），即某省份在 2000 年无偿捐献的血液量（以毫升为单位）除以省份人口数，2000 年是可以从中国输血协会获得献血数据的唯一年份。Uslaner（2002）和 Bjørnskov（2007）指出，在近 50 年的时间范围内，信任是基本稳定的，故以此数据为代理变量是可信的，且自愿献血不受法律、利益动机与所在省份基础设施和经济地位的影响，可以作为社会信任的基础。Guiso 等（2004）和 Ang 等（2015）也使用献血量来衡量社会信任程度，这说明使用人均自愿献血量来衡量社会信任是可靠的。

（2）对社会信任的第二种衡量标准（$Trust2$）来自张维迎和柯荣住（2002）在 2000 年对中国企业进行的一项调查结果。该调查针对企业管理人员，从他们对问题的回答中获得地区社会信任程度，计算出在所有受访者中排名的每个省比例，并根据这一比例对所有省份进行排名，五个部分的加权平均值作为一个省份的社会信任度。Chen 等（2016）和吕朝凤等（2019）也采用此项调查结果作为衡量社会信任的

依据。

影响企业高管腐败的因素较多，本文借鉴已有研究（陈信元等，2009；Dong and Torgler，2013；徐细雄和刘星，2013）选择高管薪酬（$Salary$）、管理层持股比例（$Mshare$）、两职合一（$Dual$）、第一大股东持股比例（$Oshare$）、独立董事比例（$Indep$）、董事会规模（$Bsize$）、企业规模（$Size$）、企业风险（$Risk$）、成长性（$Growth$）、行业（$Industry$）、年度（$Year$）作为相关控制变量，变量定义如表 1 所示。

（二）样本数据来源

本文样本数据的时间范围为 2007～2018 年。自 2007 年起我国使用新企业会计准则，多个会计项目（如关联交易、企业合并等）的具体计量方法及披露的内容等事项均发生了一定的变动且有详细的规定，对于判定高管腐败的影响较大，故选择 2007 年为研究起始年份，保持判定条件的一致性。同时，高管腐败的披露具有一定的滞后性，2019 年及以后的年度可能存在高管腐败情况披露不完全的情况，故选择 2018 年作为研究的结束年份。

上市公司高管腐败数据的纯手工收集难度较大且客观性不足，故本文参考陈信元等（2009）研究中对高管腐败的量化方法，以中国上市公司违规处理研究数据库中的高管违规信息为基础进行筛选。中国上市公司违规处理研究数据库涵盖了中国证券监督管理委员会（以下简称证监会）及各地证监局针对违规上市公司发布的各类公告，从"违规公司"与"违规个人"两个不同角度提供完整的违规处理数据，本文从中筛选出属于高管个人违规的样本。

表 1 本文模型中涉及的所有变量符号及定义

变量类别	变量名称	变量符号	变量定义
被解释变量	高管腐败	Corrupt	披露出企业高管存在腐败的定义值为 1，否则为 0
解释变量	社会信任	Trust1	省份每万人无偿献血量
		Trust2	据张维迎和柯荣住（2002）的方法定义
控制变量	高管薪酬	Salary	对前三名高管薪酬的总和取对数
	管理层持股比例	Mshare	管理层持股数量占企业全部股本
	两职合一	Dual	同时兼任董事长和总经理定义值为 1，否则为 0
	第一大股东持股比例	Oshare	第一大股东持股数量占企业全部股本
	独立董事比例	Indep	独立董事数量占全体董事数量
	董事会规模	Bsize	对全体董事数量取对数
	企业规模	Size	对企业总资产取对数
	企业风险	Risk	企业总负债除以企业总资产
	成长性	Growth	企业营业收入的增长率
	行业	Industry	据《上市公司分类与代码（2012）》分类
	年度	Year	按各年度划分

具体的数据收集过程如下：①公司违规不同于高管腐败，但仅根据违规处罚结果，很难区分高管违规是出于"高管私欲"还是"公司驱使"或两者兼有。故根据中国上市公司违规处理研究数据库中上市公司违规信息总表，利用文本分析法逐条分析整理，筛选出基本符合高管腐败定义的事件。②剔除上述高管腐败样本中，同一上市公司、同年度有多名高管因腐败行为受到处分的重复样本，剔除高管数据缺失的样本，剔除金融行业（金融行业的商业模式、报表结构和主要会计项目与一般行业有差异）的样本，剔除相关财务数据缺失及最终控制人不能识别的上市公司样本。

经过上述筛选，最终得到存在高管腐败事实的 1666 条公司—年度数据，所有上市公司在 2007~2018 年的全样本数据（含未有高管腐败行为的上市公司）有 25702 条。对连续变量以 1% 和 99% 分位为标准做双尾 Winsorize 处理，研究中上市公司财务数据来自 Wind 数据库，其余内容及补充均来自 CSMAR 数据库。

三、样本分布与描述统计

2007~2018 年高管腐败样本分年度、分地区的统计分布结果如表 2 所示。根据 Panel A 可知，2018 年被曝光的上市公司高管腐败共计 204 例，比 2017 年的 193 例增加 11 例。其中，国有上市公司高管腐败 27 例，比 2017 年减少 14 例；非国有上市公司 177 例，比 2017 年增加 41 例。这一方面是因为随着我国政府反腐决心和反腐力度的不断加大，近年来查处的上市公司高管腐败案例不断增加；另一方面则是相比于国有上市公司，非国有上市公司的高管腐败更为严重，这可能与近几年非国有上市公司数量增速逐年增长有关。

Panel B 报告了分地区高管腐败样本。

表 2 2007~2018 年上市公司高管腐败样本

Panel A：分年度高管腐败样本

年份	国有企业高管腐败数量	非国有企业高管腐败数量	合计
2007	26	25	51
2008	48	43	91
2009	40	60	100
2010	41	60	101
2011	35	79	114
2012	37	96	133
2013	47	129	181
2014	41	105	158
2015	50	166	227
2016	32	125	172
2017	41	136	193
2018	27	177	204
合计	465	1201	1666

Panel B：分地区高管腐败样本

地区	国有企业高管腐败数量	非国有企业高管腐败数量	合计
重庆	12	27	39
浙江	28	154	182
云南	9	1	10
新疆	13	12	25
天津	10	9	19
四川	21	51	72
上海	24	66	90
陕西	11	4	15
山西	12	13	25
山东	27	81	108
青海	7	0	7
宁夏	1	4	5
内蒙古	5	17	22
辽宁	15	44	59
江西	12	3	15
江苏	15	111	126
吉林	28	16	44
湖南	24	36	60
湖北	18	29	47
黑龙江	9	13	22
河南	13	21	34

Panel B：分地区高管腐败样本

地区	国有企业高管腐败数量	非国有企业高管腐败数量	合计
河北	7	23	30
海南	6	24	30
贵州	7	10	17
广西	17	19	36
广东	45	249	294
甘肃	8	12	20
福建	11	46	57
北京	30	68	98
安徽	20	38	58
合计	465	1201	1666

图 1 展示了省级社会信任程度和高管腐败的折线图。其中，虚线表示各省份的社会信任程度（Trust1），实线则表示一个省份内高管腐败企业占该省份企业总数的比例。从图 1 中可以看出，大多数省份的社会信任程度越高，高管腐败的比例越低，反之亦然。因此，社会信任程度与高管腐败之间可能存在负向的相关关系。

表 3 列示了全样本变量数据的描述性统计结果。全样本共 25702 个，其中高管腐败样本 1666 个，非高管腐败样本 24036 个。据表 3 可知：披露出存在高管腐败的上市公司占全部 A 股上市公司的 6.5%，说明被查处并被披露出的上市公司高管腐败比例较低，且 Corrupt 均值与中位数非常接近于 0，标准差较小；省份每万人无偿献血量（Trust1）均值为 90.365，最大值为 178.640，最小值为 11.140，反映出我国各地区社会信任程度差异较大。根据变量 Trust2 也可以得出同样的研究结论。在模型其他变量中，高管薪酬均值为 14.141，管理层持股比例均值为 10.8%，两职合一的比例均值为 23.6%，第一大股东持股比例的均值为 35.297%。此类变量的描述性统计结果与目前已有研究文献基本一致，不再赘述。

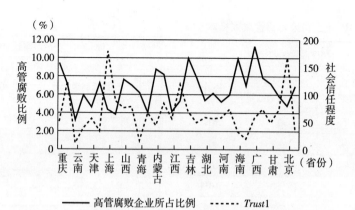

图1　省级社会信任程度与高管腐败的折线图

表3　相关变量的描述性统计结果

变量	样本量	均值	标准差	最小值	中位数	最大值
Corrupt	25702	0.065	0.246	0.000	0.000	1.000
Trust1	25702	90.365	45.507	11.140	73.930	178.640
Trust2	25702	80.502	65.422	4.100	77.700	218.900
Salary	25702	14.141	0.742	12.233	14.151	16.011
Mshare	25702	0.108	0.187	0.000	0.000	0.676
Dual	25702	0.236	0.424	0.000	0.000	1.000
Oshare	25702	35.297	14.930	9.087	33.340	74.095
Indep	25702	0.372	0.052	0.333	0.333	0.571
Bsize	25702	2.150	0.201	1.609	2.197	2.708
Size	25702	22.025	1.275	19.480	21.860	25.750
Risk	25702	0.447	0.210	0.053	0.445	0.910
Growth	25702	0.214	0.545	-0.594	0.120	3.868

进一步地，本文以社会信任（Trust1、Trust2）为分类依据，将全样本细分为高社会信任组与低社会信任组，并在此分组

样本之下，对高管腐败做关于平均值与中位数的差异性检验。据此，表4报告了因变量 Corrupt 的单变量分析，Panel A 和 Panel B 分别为因变量高管腐败的平均值差异和中位数差异，左、右半表格分别是基于自变量 Trust1 和 Trust2 得到的结果。从 Panel A 可以看出，Trust1 与 Trust2 的数值越高，此分组下 Corrupt 的平均值反而越低，并且此两者的均值差均在1%的水平上显著。中位数差异如 Panel B 所示，虽然以 Trust1 为分类依据的子样本之间 Corrupt 的中值差不足够显著，但是在 Trust2 中，Corrupt 的中值差存在显著差异。以上基本可以表明，地处社会信任程度较高省份的上市公司发生高管腐败的可能性更低。

表4　高管腐败的单变量分析

	Panel A：平均值差异					
因变量	Trust1<=90.365	Trust1>90.365	均值差	Trust2<=80.50	Trust2>80.50	均值差
Corrupt	0.0702	0.0549	4.7389***	0.0681	0.0609	2.3471***

	Panel B：中位数差异					
因变量	Trust1<=73.93	Trust1>73.93	中值差	Trust2<=77.7	Trust2>77.7	中值差
Corrupt	0.0000	0.0000	1.5637	0.0000	0.0000	5.5084***

注：*、**、***分别表示10%、5%和1%的显著性水平。

表5报告的是模型中关键变量的相关系数。由表5可以看出：高管腐败与地区社会信任呈显著负相关关系，相关系数分

别为-0.031和-0.025，均在1%水平上显著，初步验证本文假说H1b。关于地区社会信任的两个变量指标（Trust1、Trust2）

表 5 关键变量的相关性分析

变量	Corrupt	Trust1	Trust2	Salary	Mshare	Dual	Oshare	Indep	Bsize	Size	Risk	Growth
Corrupt	1	-0.025***	-0.025***	-0.037***	0.056***	0.030***	-0.064***	0.008	-0.016***	-0.032***	0.019***	0.018***
Trust1	-0.031***	1	0.817***	0.176***	0.151***	0.061***	0.053***	-0.014**	-0.041***	0.021***	-0.082***	0.008
Trust2	-0.025***	0.854***	1	0.224***	0.153***	0.074***	0.049***	0.008	-0.063***	0.015**	-0.095***	0.022***
Salary	-0.038***	0.175***	0.223***	1	0.111***	0.037***	0.029***	0.029***	0.055***	0.454***	0.025***	0.082***
Mshare	0.026***	0.090***	0.111***	0.006	1	0.254***	-0.213***	0.044***	-0.172***	-0.179***	-0.310***	0.125***
Dual	0.030***	0.047***	0.057***	0.039***	0.256***	1	-0.054***	0.097***	-0.193***	-0.155***	-0.152***	0.039***
Oshare	-0.064***	0.062***	0.046***	0.037***	-0.107***	-0.061***	1	0.023***	0.024***	0.199***	0.059***	0.013**
Indep	0.007	0.0003	0.018**	0.027***	0.079***	0.102***	0.037***	1	-0.505***	0.009	-0.017***	0.001
Bsize	-0.016***	-0.029***	-0.040***	0.064***	-0.196***	-0.182***	0.038***	-0.488***	1	0.220***	0.152***	-0.006
Size	-0.037***	0.049***	0.043***	0.462***	-0.261***	-0.151***	0.241***	0.026***	0.239***	1	0.442***	0.064***
Risk	0.020***	-0.078***	-0.095***	0.018***	-0.335***	-0.150***	0.061***	-0.016***	0.152***	0.435***	1	0.008
Growth	0.005	-0.014**	-0.009	0.019***	0.033***	0.011*	0.022***	0.005	-0.020***	0.044***	0.435***	1

注：*、**、***分别代表变量之间的相关性在 10%、5% 和 1% 的水平上显著；对角线下表示 Pearson 相关，对角线上表示 Spearman 相关。

表现出显著的正向相关关系，两者的相关系数分别是 0.854 和 0.817，故社会信任两个变量的相关性程度高，后续研究中相互替代证明具有一定的可信度。同时，管理层持股比例（Mshare）、两职合一（Dual）、独立董事比例（Indep）、企业风险（Risk）、成长性（Growth）与企业高管腐败显著正相关，高管薪酬（Salary）、第一大股东持股比例（Oshare）、董事会规模（Bsize）、企业规模（Size）与高管腐败显著负相关。另外，其他变量间的相关系数表明：在本文所采用的回归模型中，并未发现明显的多重共线性，因此可以排除"多重共线"可能造成模型估计失真的影响。

四、实证结果分析

（一）基本回归结果分析

表 6 报告了社会信任影响高管腐败的回归结果。因变量为 Corrupt，衡量上市公司是否发生高管腐败行为，此表采用式（1）来检验假设。列（1）和列（3）报告不包含任何控制变量、不对行业和年度进行固定效应控制的回归结果，列（2）和列（4）报告包含全部控制变量的回归结果。

表 6　社会信任与高管腐败的 Logistic 回归结果

	因变量：Corrupt			
	（1）	（2）	（3）	（4）
Trust1	−0.0029*** (−5.15)	−0.0020*** (−3.17)		
Trust2			−0.0016*** (−4.19)	−0.0009** (−2.03)
Salary		−0.1884*** (−3.96)		−0.1897*** (−3.94)
Mshare		0.4432*** (2.88)		0.4370*** (2.83)
Dual		0.2027*** (3.31)		0.2011*** (3.29)
Oshare		−0.0159*** (−7.89)		−0.0161*** (−8.00)
Indep		0.1487 (0.26)		0.1923 (0.33)
Bsize		0.0558 (0.36)		0.0637 (0.41)
Size		−0.0702** (−2.35)		−0.0722** (−2.42)
Risk		0.9341*** (6.12)		0.9431*** (6.18)
Growth		0.0454 (0.92)		0.0471 (0.96)

	因变量：*Corrupt*			
	（1）	（2）	（3）	（4）
截距项	−2.4176*** （−44.90）	1.0216 （1.37）	−2.5445*** （−66.54）	0.9654 （1.28）
Year	No	Yes	No	Yes
Industry	No	Yes	No	Yes
样本量	25702	25536	25702	25536
Wald Chi2	26.53	400.36	17.58	398.59
Pseudo R^2	0.0020	0.0312	0.0013	0.0308

注：括号内为 Z 值，已按上市公司个体做了聚类调整；*、**、*** 分别表示10%、5%和1%的显著性水平。

根据表6列示的数据可以发现，*Trust*1 与 *Trsut*2 的变量系数均显著为负，因此可以得出结论：社会信任与上市公司高管腐败之间存在显著的负向相关关系。具体而言，位于社会信任度较高省份的上市公司发生高管腐败的可能性较低。同时，社会信任的边际效应表明，*Trust*1 的平均值增加1%将导致上市公司高管腐败的可能性减少1.48%，*Trust*2 的平均值增加1%将导致上市公司高管腐败的可能性减少0.73%（因高管腐败事件仅占全样本的6.5%，故此边际效应数值虽小，但仍有经济意义）。

此外，其他控制变量的系数也比较合理，如列（2）和列（4）中 *Mshare* 表明，上市公司管理层持股比例越高，更有可能发生高管腐败。此内容也与相关学者的文献研究结果相符。

（二）内生性检验分析

上文的回归模型分析可能会存在一定的内生性问题。因此，为了消除可能存在的内生性问题对于实证分析的影响，本文将在此部分使用控制省级固定效应和工具变量检验分析方法，以验证本文研究结论的合理性。

1. 控制省级固定效应

由于本文选取的社会信任变量（*Trust*1、*Trust*2）是衡量我国的省份情况

得出的，且 *Trust*1 和 *Trust*2 均为2000年的单一年份数据，不随时间变化。因此，本部分借鉴 Wang 等（2021）的研究方法，增加"省×年固定效应"（*Province×Year*）与"行业×年固定效应"（*Industry×Year*）重新进行回归。

采用对"省份"构建虚拟变量以控制固定效应的方法会使本文所构建的模型失去自由度，因此，参考 Cameron 和 Trivedi（2005）的研究，对每年每个省份的所有企业的所有相关变量取平均值，然后使用 OLS 方法重新对模型进行回归。如表7所示，列（1）中 *Trust*1 和列（2）中 *Trust*2 的系数显著为负。据此可知，在控制省级固定效应之后，研究结论仍与上文所述保持一致，即研究结论的准确性得到了验证。

表7 控制省级固定效应后社会信任与高管腐败的 Logistic 回归结果

	因变量：*mCorrupt*	
	（1）	（2）
*Trust*1	−0.0001* （−1.71）	
*Trust*2		−0.0001** （−2.09）
mSalary	−0.0026 （−0.17）	−0.0001 （−0.01）

	因变量：mCorrupt	
	(1)	(2)
mMshare	0.0301 (0.43)	0.0249 (0.36)
mDual	0.0715* (1.58)	0.0704 (1.55)
mOshare	−0.0016* (−1.62)	−0.0017* (−1.70)
mIndep	0.3319 (0.86)	0.3920 (1.02)
mBsize	0.0152 (0.18)	0.0308 (0.37)
mSize	0.0088 (0.93)	0.0074 (0.76)
mRisk	0.0819 (0.87)	0.0702 (0.74)
mGrowth	−0.0129 (−0.68)	−0.0120 (−0.63)
截距项	−0.2347 (−0.86)	−0.2907 (−1.04)
Province×Year	Yes	Yes
Industry×Year	Yes	Yes
样本量	360	360
F	3.03	3.23
Pseudo R²	0.0762	0.0774

注：括号内为 t 值，已按上市公司个体做了聚类调整；*、**、*** 分别表示 10%、5%和 1%的显著性水平。

2. 工具变量法

尽管本文已经从上述分析和回归结果中获得了较为合理和可靠的结果，但是此结果仍然可能存在内生性问题，即社会信任可能与影响高管腐败的一些其他变量相关。为了解决这一问题，本文以 Ang 等（2015）为基础，运用了工具变量模型。由于因变量 Corrupt 被定义为二元变量，所以对工具变量进行回归检验的时候不能使用两阶段最小二乘法（2SLS），本文使用"Ivprobit"回归，以此来解决可能存在的内生性问题，从而验证本文结论的一致性与准确性。具体来说，对于社会信任的工具变量，本部分将采用省内的方言数量（Dialect）以及民族的多样性（Ethnic）来表示。作为本研究中社会信任的有效工具变量，变量 Dialect 及变量 Ethnic 应与社会信任相关联（相关性要求），且不与高管腐败的发生相关联（外生性要求）。Easterly 和 Levine（1997）及 Guiso 等（2009）研究表明，方言和族裔群体的数量都会降低一个地区的社会信任水平。然而，至今没有直接的证据或理论来反映这两个变量与高管腐败存在关系，即变量 Dialect 及 Ethnic 满足工具变量的要求。

方言数量是一个省份常住人口使用的语言种类，本文从 Chang 等（2014）处收集了相关数据。继 Chen 等（2016）之后，本文使用 1 − HHI（Herfindahl – Hirschman Index，赫芬达尔族裔多样性指数）来衡量我国各省份民族的多样性（Ethnic），Ethnic 越高，省份民族多样性越强，相关数据来自国家统计局。

表 8 展示了此工具变量模型的检验结果。列（1）和列（3）是第一阶段的回归结果，因变量分别为 Trust1 和 Trust2。与 Ang 等（2015）和 Chen 等（2016）的研究结果一致，方言数量和民族多样性与社会信任负相关，显著性水平为 1%，表明本文的工具变量符合相关性条件。此外，第一阶段的 F 统计结果（Trust1：F = 9.13；Trust2：F = 12.53）也证实了工具变量是强工具，没有违反外生性要求。

在列（2）和列（4）所示的第二阶段回归中，在控制了内生性问题（Trust1：β = − 0.0022，Z = − 4.41；Trust2：β = −0.0016，Z = − 4.24）之后，Trust1 与 Trust2 的系数保持为负且在 1%的水平上显著。因为不能直接测试两个工具变量是否

博士后视野下的中国经济（第二辑）

与模型（1）中的误差项不相关，所以本文进行了过度识别测试。表 8 中报告的 Hansen-J 指数不能否定"所有的工具变量都是外生的"假设（Hansen，1982），表明 Dialect 和 Ethnic 两个工具变量可以摆脱过度识别的问题。

表 8　工具变量 *Dialect* 和 *Ethnic* 内生性检验的回归结果

因变量	第一阶段	第二阶段	第一阶段	第二阶段
	*Trust*1 （1）	*Corrupt* （2）	*Trust*2 （3）	*Corrupt* （4）
*Trust*1		−0.0022*** （−4.41）		
*Trust*2				−0.0016*** （−4.24）
Dialect	−3.5467*** （−82.27）		−4.4208*** （−70.28）	
Ethnic	−147.1041*** （−87.04）		−203.1462*** （−82.35）	
Salary	7.3319*** （19.06）	−0.0798*** （−3.67）	16.1744*** （28.80）	−0.0699*** （−3.12）
Mshare	10.8925*** （7.89）	0.2296*** （3.09）	20.6392*** （10.25）	0.2399*** （3.21）
Dual	2.2819*** （4.13）	0.0997*** （3.37）	2.8267*** （3.51）	0.0993*** （3.36）
Oshare	0.1717*** （10.72）	−0.0072*** （−7.66）	0.2006*** （8.58）	−0.0073*** （−7.74）
Indep	−15.9532*** （−3.20）	0.0487 （0.17）	−5.7279 （−0.79）	0.0755 （0.27）
Bsize	−1.0185 （−0.74）	0.0233 （0.30）	−2.0903 （−1.04）	0.0239 （0.30）
Size	0.9444*** （3.65）	−0.0358** （−2.45）	0.3967 （1.05）	−0.0370*** （−2.54）
Risk	−12.0280*** （−9.05）	0.4365*** （5.99）	−19.2762*** （−9.93）	0.4307*** （5.90）
Growth	−1.8223*** （−4.41）	0.0231 （1.07）	−2.1226*** （−3.52）	0.0235 （1.08）
截距项	13.482** （2.00）	0.2822 （0.74）	−91.6563*** （−9.31）	0.1011 （0.26）
Year	Yes	Yes	Yes	Yes
Industry	Yes	Yes	Yes	Yes
N	25536	25536	25536	25536
Chi2	9.13	373.40	12.53	372.47
Hansen-J-stat	4.07		5.04	

注：括号内为 Z 值，已按上市公司个体做了聚类调整；*、**、***分别表示 10%、5% 和 1% 的显著性水平。

（三）调节机制检验分析

在当前社会背景下，企业均处在一个信息不对称、利益相冲的环境之中，企业所处的政治经济环境、法治水平的波动以及企业间不同的产权性质，均会对企业生产经营活动产生不同程度的影响（靳庆鲁等，2012）。为了考察企业产权性质（Soe，国有企业=1，非国有企业=0）、法治水平（Law）及市场化水平（Mindex）在社会信任与高管腐败之间的调节效应，本文构建了调节机制检验模型，分别检验上述三个变量是否在社会信任与高管腐败之间有直接的调节效应。

1. 社会信任与高管腐败：产权性质的调节效应

在我国特殊的政治经济环境下，企业产权性质对企业诸多行为及企业价值均存在着重要影响。相较于非国有企业，国有企业受其内外部环境影响更大。本文预测，企业的国有性质将促进社会信任对高管腐败的影响。具体来说，社会信任在国有企业中将更加明显地表现出对高管腐败的抑制作用。

表9报告了企业产权性质对社会信任及高管腐败影响的实证结果。在表9中，列（1）和列（3）为国有企业的子样本，列（2）和列（4）为非国有企业的子样本。如表9所示，在列（1）中，Trust1的系数为负，在1%水平上显著；在列（2）中，Trust1与Corrupt在10%水平上负相关；在列（3）中，Trust2的系数为负，并且在1%水平上显著；在列（4）中，Trust2与Corrupt并未通过显著性检验。对Trust1和Trust2，做组间系数回归的邹至庄检验（Chow-test），检验结果3.29和3.32均在1%水平上显著。实证结果表明，在国有企业中，上市公司所在地区的社会信任对抑制高管腐败发挥着积极作用。

表9 社会信任、产权性质与高管腐败的 Logistic 回归结果

	因变量：Corrupt			
	（1） Soe=1	（2） Soe=0	（3） Soe=1	（4） Soe=0
Trust1	-0.0037*** (-3.02)	-0.0014* (-1.82)		
Trust2			-0.0030*** (-3.48)	0.0000 (0.05)
Salary	-0.2099** (-2.10)	-0.2466*** (-4.61)	-0.1789* (-1.77)	-0.2574*** (-4.77)
Mshare	3.1122** (2.40)	-0.1696 (-1.03)	3.1011** (2.38)	-0.1865 (-1.13)
Dual	0.3617*** (2.55)	0.0344 (0.51)	0.3488** (2.46)	0.0319 (0.47)
Oshare	-0.0201*** (-5.15)	-0.0083*** (-3.51)	-0.0201*** (-5.18)	-0.0085*** (-3.59)
Indep	1.2049 (1.17)	0.5999 (0.80)	1.2062 (1.16)	0.6519 (0.88)

	因变量：*Corrupt*			
	（1） Soe = 1	（2） Soe = 0	（3） Soe = 1	（4） Soe = 0
Bsize	0.3414 (1.26)	0.3801* (1.82)	0.3298 (1.21)	0.3876* (1.85)
Size	-0.1199** (-2.20)	0.0442 (1.17)	-0.1232** (-2.25)	0.0453 (1.20)
Risk	1.0170*** (3.63)	1.0812*** (5.82)	0.9854*** (3.52)	1.0977*** (5.91)
Growth	-0.0136 (-0.13)	0.0196 (0.34)	-0.0134 (-0.13)	0.0210 (0.36)
截距项	1.7490 (1.34)	-1.9533* (-1.84)	1.3460 (1.02)	-1.9592* (-1.83)
Year	Yes	Yes	Yes	Yes
Industry	Yes	Yes	Yes	Yes
样本量	10988	14299	10988	14299
Wald Chi2	247.76	260.20	248.18	258.05
Pseudo R^2	0.0586	0.0293	0.0594	0.0289
Chow-test	3.29***		3.32***	

注：括号内为 Z 值，已按上市公司个体做了聚类调整；*、**、***分别表示 10%、5%和 1%的显著性水平。

2. 社会信任与高管腐败：法治水平的调节效应

胡珺等（2017）的研究表明，非正式制度因其长期持续性，一般会对社会以及个体产生深远且全面的影响。特别是，在没有完善的法律和监管体系的环境中，非正式制度将发挥重要作用。因此，社会信任作为一种非正式制度将会与制度环境有所联系，即高管腐败也会受法治水平影响。已有研究表明，当法制条件更加完善时，社会信任对企业社会责任履行能起到促进作用（周中胜等，2012），从而社会信任对高管腐败的抑制效用更强。故本文预测，法治水平将促进社会信任对高管腐败的影响，即在法治水平相对较强的省份，社会信任对高管腐败的抑制作用将更加明显。

首先，参考以往的研究方法，从《中国分省份市场化指数报告（2018）》中得到各个省份的法律环境指数。此报告包含了 2008～2016 年各省份的法律环境指数，2007 年指数是沿用 2008 年的，2017～2018年的指数缺失以 2016 年指数填补。该指数越高，相应地区的法律体系就越强。其次，根据得到的指标将样本分成两个子样本：如果所在省份的法律环境指数低于完整样本的中位数，观察结果归入"弱法律环境"子样本中。否则，作为"强法律环境"子样本。最后，根据前文的研究模型，使用此两个子样本来检验预测。表 10报告了法治水平对社会信任及高管腐败影响的实证结果，列（1）和列（3）是强法律环境的子样本，列（2）和列（4）是弱法律环境的子样本。

如表 10 所示，在列（1）中，*Trust*1的系数为负，在 1% 水平上显著；在列（2）中，*Trust*1 与 *Corrupt* 未通过显著性检验；在列（3）中，Trust2 的系数为负，并且在 10% 水平上显著；在列（4）中，Trust2 与 Corrupt 并未通过显著性检验。对 Trust1 和 Trust2，做组间系数回归的邹至庄检验（Chow-test），检验结果 1.78 和 1.75 均在 1% 水平上显著。实证结果表明，在法治水平较强的地区，社会信任对抑制高管腐败发挥着积极作用。

表 10　社会信任、法治水平与高管腐败的 Logistic 回归结果

	因变量：Corrupt			
	(1) Law>median	(2) Law≤median	(3) Law>median	(4) Law≤median
Trust1	-0.0022*** (-3.12)	0.0035 (1.13)		
Trust2			-0.0008* (-1.51)	-0.0050 (-0.63)
Salary	-0.2027*** (-3.68)	-0.2180** (-2.17)	-0.2066*** (-3.71)	-0.2180** (-2.17)
Mshare	0.4213** (2.48)	0.3206 (0.83)	0.4167** (2.44)	0.3777 (0.99)
Dual	0.2280*** (3.32)	0.0975 (0.69)	0.2258*** (3.28)	0.1004 (0.71)
Oshare	-0.0155*** (-6.72)	-0.0185*** (-4.15)	-0.0159*** (-6.85)	-0.0183*** (-4.13)
Indep	0.4613 (0.68)	-1.1001 (-0.89)	0.5077 (0.75)	-1.2046 (-0.98)
Bsize	0.0956 (0.51)	-0.0348 (-0.12)	0.1049 (0.56)	-0.0515 (-0.17)
Size	-0.0876*** (-2.53)	0.0239 (0.38)	-0.0913*** (-2.65)	0.0258 (0.41)
Risk	1.0954*** (6.13)	0.4598 (1.49)	1.1164*** (6.26)	0.4791 (1.54)
Growth	0.0652 (1.08)	0.0170 (0.19)	0.0674 (1.12)	0.0161 (0.18)
截距项	1.5974* (1.77)	-0.0451 (-0.03)	1.5608* (1.72)	0.1690 (0.11)
Year	Yes	Yes	Yes	Yes
Industry	Yes	Yes	Yes	Yes
样本量	19891	5510	19891	5510
Wald Chi2	359.07	150.74	353.98	151.75
Pseudo R^2	0.0388	0.0507	0.0380	0.0504
Chow-test	1.78***		1.75***	

注：括号内为 Z 值，已按上市公司个体做了聚类调整；*、**、*** 分别表示 10%、5% 和 1% 的显著性水平。

博士后视野下的中国经济（第二辑）

3. 社会信任与高管腐败：市场化水平的调节效应

近年来，在企业转型以及可持续发展方面，我国市场化改革给予了极大的帮助。我国的经济市场运行也更为科学化、效率化（樊纲等，2011），除了在宏观层面的影响外，市场化进程的快慢与公司治理及高层管理者的决策也存在着密切的关系（杨兴全等，2014），即市场化水平的提高有助于减少政府管制（李文贵和余明桂，2012），增强非正式制度对企业行为的影响，故本文预测，市场化水平将促进社会信任对高管腐败的影响，即在市场化水平相对较强的省份，社会信任对高管腐败的抑制作用将更加明显。

参考前文的研究方法与处理方式，可以从《中国分省份市场化指数报告（2018）》中得到各个省份的市场化程度指数。表11报告了市场化水平对社会信任及高管腐败影响的实证结果，列（1）和列（3）是市场化水平较高地区的子样本，列（2）和列（4）是市场化水平较低地区的子样本。

如表11所示，在列（1）中，Trust1的系数为负，并且在1%水平上显著；在列（2）中，Trust1与Corrupt并未通过显著性检验；在列（3）中，Trust2的系数为负，并且在10%水平上显著；在列（4）中，Trust2与Corrupt并未通过显著性检验。对Trust1和Trust2，做组间系数回归的邹至庄检验（Chow-test），检验结果1.85和1.86均在1%水平上显著。实证结果表明，在市场化水平较高的地区，社会信任对抑制高管腐败发挥着积极作用。

表 11　社会信任、市场化水平与高管腐败的 Logistic 回归结果

	因变量：*Corrupt*			
	（1） *Mindex>median*	（2） *Mindex≤median*	（3） *Mindex>median*	（4） *Mindex≤median*
*Trust*1	-0.0020*** (-2.83)	-0.0010 (-0.36)		
*Trust*2			-0.0007* (-1.49)	-0.0097 (-1.10)
Salary	-0.2039*** (-3.79)	-0.1472 (-1.39)	-0.2074*** (-3.81)	-0.1445 (-1.37)
Mshare	0.4338*** (2.63)	-0.0251 (-0.05)	0.4303*** (2.60)	0.0363 (0.07)
Dual	0.2297*** (3.41)	0.0921 (0.58)	0.2276*** (3.38)	0.0934 (0.59)
Oshare	-0.0166*** (-7.27)	-0.0158*** (-3.56)	-0.0169*** (-7.38)	-0.0157*** (-3.55)
Indep	0.7218 (1.12)	-2.5774* (-1.80)	0.7562 (1.17)	-2.5576* (-1.79)
Bsize	0.1357 (0.76)	-0.0995 (-0.30)	0.1414 (0.78)	-0.0941 (-0.28)
Size	-0.0985*** (-2.93)	0.0181 (0.26)	-0.1011*** (-3.01)	0.0242 (0.34)

	因变量：Corrupt			
	(1) Mindex>median	(2) Mindex≤median	(3) Mindex>median	(4) Mindex≤median
Risk	1.0868*** (6.32)	0.5180 (1.46)	1.1027*** (6.42)	0.5031 (1.41)
Growth	0.0339 (0.56)	0.0875 (1.04)	0.0365 (0.60)	0.0873 (1.04)
截距项	1.2527 (1.32)	0.2529 (0.15)	1.2132 (1.27)	0.1211 (0.07)
Year	Yes	Yes	Yes	Yes
Industry	Yes	Yes	Yes	Yes
样本量	20654	4716	20654	4716
Wald Chi2	383.02	137.80	379.97	138.97
Pseudo R^2	0.0395	0.0550	0.0389	0.0555
Chow-test	1.85***		1.86***	

注：括号内为 Z 值，已按上市公司个体做了聚类调整；*、**、***分别表示10%、5%和1%的显著性水平。

（四）稳健性检验分析

为了更可靠地验证本文的结论观点，本部分将采用以下三种方法进行稳健性检验。

1. 替换自变量度量方式

现有关于社会信任的国外的研究（Elinder et al.，2008；Horváth，2013）普遍采用"世界价值观调查"（World Values Survey，WVS）相关数据。在我国，与之相类似的为"中国综合社会调查"（Chinese General Social Survey，CGSS）中关于信任问题的研究数据。根据数据整理计算出各个地区的平均得分，作为该地区的社会信任水平指标（Trust3）。Trust3 为本文选取的第三种对社会信任进行衡量的标准，Trust3 为 CGSS 中关于信任问题的研究数据，不同于 Trust1 和 Trust2 以单一年份2000 年的数据进行计量，Trust3 含有不同年份的调查数据，可以从不同的角度验证本文研究结论的可信度。已获取 CGSS 公开发布的 2010～2013 年、2015 年和 2017 年的数据，对于 2007～2018 年中数据缺失的年份，则沿用最近一年的数据，以此获得研究范围内各个年度的研究数据。Trust3 变量指标数值越大，表示该地区的社会信任水平越高。目前，我国学者大多是采用此项调查结果数据作为衡量地区社会信任水平的依据，如史宇鹏和李新荣（2016）、王艳和李善民（2017）。

本部分采用改变社会信任度量方式的方法，重新进行研究测试。将 Trust3 替代 Trust1 和 Trust2 代入式（1）中重新对本文"基本回归结果"进行检验，具体的回归结果如表 12 所示。结论与上文所述基本一致，即本文研究结果稳健。

表 12　社会信任与高管腐败的 Logistic 回归稳健性检验结果

	因变量：Corrupt	
	(1)	(2)
Trust3	-0.2287*** (-2.54)	-0.2284** (-1.82)
Salary		-0.2107*** (-4.46)

续表

	因变量：Corrupt	
	（1）	（2）
Mshare		0.4097 ***
		（2.66）
Dual		0.1973 ***
		（3.22）
Oshare		−0.0165 ***
		（−8.17）
Indep		0.2267
		（0.39）
Bsize		0.0770
		（0.49）
Size		−0.0712 ***
		（−2.40）
Risk		0.9651 ***
		（6.37）
Growth		0.0487
		（0.99）
截距项	−1.8667 ***	1.9836 **
	（−5.90）	（2.23）
Year	No	Yes
Industry	No	Yes
样本量	25702	25536
Wald Chi2	6.44	384.28
Pseudo R^2	0.0006	0.0307

注：括号内为 Z 值，已按上市公司个体做了聚类调整；
*、**、*** 分别表示 10%、5% 和 1% 的显著性水平。

2. 采用 2013~2018 年数据重新回归

自 2013 年以来，在党中央高度重视党风廉政建设的背景下，各级政府均加大了对腐败的整顿力度，这也会对高管腐败产生一定的影响。因此，考虑到这种政策变化对于本文主要研究内容的影响，本文采用 2013~2018 年的样本数据重新对式（1）进行回归，回归结果如表 13 所示。检验结果表明，社会信任的估计系数（Trust1、Trust2）的回归系数仍然显著为负，研究结论与上文所述基本一致，即本文研究结果稳健。

3. 自变量分组检验

本部分以中位数为界限，将社会信任分为两组分别进行回归。如表 14 所示，Trust1 的回归系数依然为负，且高社会信任组与低社会信任组相比，显著程度更高。对 Trust1 进行组间系数回归的邹至庄检验（Chow-test），结果为 1.81 并且在 1% 水平上显著。故检验结果与上文结论一致，本研究结果稳健。对 Trust2 做同样的检验，虽然系数的显著程度不够明显，但是邹至庄检验（Chow-test）结果为 1.60 并且在 1% 水平上显著，也可以基本证明研究结果稳健。

表 13　新样本下社会信任与高管腐败的 Logistic 回归结果

	因变量：Corrupt			
	（1）	（2）	（3）	（4）
Trust1	−0.0025 ***	−0.0017 **		
	（−3.48）	（−2.13）		
Trust2			−0.0017 ***	−0.0011 **
			（−2.13）	（−2.03）
Salary		−0.2289 ***		−0.2225 ***
		（−3.82）		（−3.65）
Mshare		0.1706		0.1780
		（0.89）		（0.93）
Dual		0.1078		0.1075
		（1.44）		（1.43）

	因变量：*Corrupt*			
	（1）	（2）	（3）	（4）
Oshare		−0.0207*** （−7.97）		−0.0208*** （−8.00）
Indep		−0.2418 （−0.33）		−0.2318 （−0.31）
Bsize		−0.1830 （−0.88）		−0.1847 （−0.88）
Size		−0.0158 （−0.43）		−0.0171 （−0.47）
Risk		0.9260*** （4.83）		0.9301*** （4.86）
Growth		−0.0383 （−0.56）		−0.0374 （−0.55）
截距项	−2.3889*** （−34.29）	2.0284** （2.05）	−2.4655*** （−49.67）	1.9129** （1.91）
Year	No	Yes	No	Yes
Industry	No	Yes	No	Yes
样本量	15708	15583	15708	15583
Wald Chi2	12.10	286.14	13.14	290.90
Pseudo R^2	0.0015	0.0354	0.0017	0.0354

注：括号内为 Z 值，已按上市公司个体做了聚类调整；*、**、***分别表示 10%、5% 和 1% 的显著性水平。

表 14 社会信任分组下对高管腐败的 Logistic 回归结果

	因变量：*Corrupt*			
	（1） *Trust*1>*median*	（2） *Trust*1≤*median*	（3） *Trust*2>*median*	（4） *Trust*2≤*median*
*Trust*1	−0.0021*** （−2.55）	0.0042 （1.02）		
*Trust*2			−0.9997 （−0.64）	1.0029 （0.17）
Salary	−0.2217*** （−3.98）	−0.0998 （−1.08）	−0.7971*** （−4.19）	−0.8850 （−1.43）
Mshare	0.2993* （1.71）	0.6489* （1.90）	1.5370*** （2.51）	1.2572 （0.65）
Dual	0.2061*** （2.94）	0.1688 （1.25）	1.2114*** （2.75）	1.3157** （2.23）
Oshare	−0.0174*** （−7.30）	−0.0129*** （−3.28）	−0.9832*** （−7.25）	−0.9837*** （−4.24）

	因变量：*Corrupt*			
	（1） *Trust*1>*median*	（2） *Trust*1≤*median*	（3） *Trust*2>*median*	（4） *Trust*2≤*median*
Indep	0.5387 (0.79)	-1.2181 (-1.04)	2.4458 (1.31)	-0.1710 (-1.54)
Bsize	0.0566 (0.29)	0.0766 (0.27)	1.2070 (0.94)	-0.7439 (-1.01)
Size	-0.1413 *** (-3.91)	0.0994 * (1.76)	-0.8757 *** (-3.69)	1.0907 (1.44)
Risk	0.9877 *** (5.48)	0.8745 *** (2.94)	3.2946 *** (6.77)	1.4446 (1.26)
Growth	0.0390 (0.64)	0.0414 (0.50)	1.0215 (0.38)	1.0995 (1.24)
截距项	2.5742 ** (2.29)	-3.4092 ** (-2.44)	6.7869 ** (2.01)	-0.2422 (-0.94)
Year	Yes	Yes	Yes	Yes
Industry	Yes	Yes	Yes	Yes
样本量	19172	6160	19253	6119
Wald Chi2	388.46	149.03	365.54	119.65
Pseudo R²	0.0417	0.0442	0.0405	0.0367
Chow-test	1.81 ***		1.60 ***	

注：括号内为 Z 值，已按上市公司个体做了聚类调整；*、**、***分别表示10%、5%和1%的显著性水平。

五、研究结论与启示

本文基于2007~2018年我国省级的社会信任水平、高管腐败情况，对社会信任与上市公司高管腐败之间的关系进行了实证研究。研究发现，社会信任与高管腐败呈显著负相关关系，控制省级固定效应、工具变量法等内生性检验以及替换变量度量方式、采用2013~2018年数据重新回归、自变量分组检验等稳健性检验均支持了本文的研究结论，同时通过调剂机制检验发现，社会信任对国有企业、高法治水平和高市场化水平地区高管腐败的负相关影响更加明显，即对高管腐败行为的抑制作用更为有效。

目前鲜有文献研究社会信任对高管腐败的影响及其具体的作用机制，本文的研究结论对我们进一步分析我国上市公司管理现状以及探究我国社会现存的市场问题具有一定的启示作用。首先，国家有关部门应进一步提升政府的公信力，出台政策性的反腐措施。本文研究结论说明，社会信任在一定程度上对高管腐败起到显著的抑制作用，并且在法治水平较高的地区，抑制效果更好。可见，规范化的政府行为可以提升其公信力，从而能够遏制腐败行为的滋生。其次，企业内外部均应加强对企业高管的监督。出于对腐败影响广泛性及其经济后果严重性的考虑，外部监管机构应当高度重视高管腐败行为，将预防、检查与监管措施贯彻督查工作的始终；企業内部也應當控制、監督高管的企業經營行為。另外，社會各方均應當配合政府加強對公民誠實守信的教育，促進現代化社會誠信意識的形成。有研究表明，個體誠實守信的性格特點會促進社會集體信任程度的提升，即加強對公民誠實守信的教育可以提高各個地區的社會信任水平，從而起到降低企業高管腐敗發生可能性的作用。

參考文獻

[1] Adolf A. Berle, Gardiner C. Means. The Modern Corporation and Private Property [J]. California Law Review, 1932, 21 (1): 78-79.

[2] Ang J S, Cheng Y, Wu C. Trust, Investment, and Business Contracting [J]. Journal of Financial and Quantitative Analysis, 2015, 50 (3): 569-595.

[3] Bjørnskov C. Determinants of Generalized Trust: A Cross-Country Comparison [J]. Public Choice, 2007, 130 (1/2): 1-21.

[4] Cameron A C, Trivedi P K. Microeconometrics: Methods and Applications [M]. New York: Cambridge University Press, 2005.

[5] Chang Y C, Hong H, Tiedens L, Wang N, Zhao B. Does Diversity Lead to Diverse Opinions? Evidence from Languages and Stock Markets [R]. Working Paper, Stanford University, 2014.

[6] Chen D, Liu X, Wang C. Social Trust and Bank Loan Financing: Evidence from China [J]. Abacus, 2016, 52 (3): 374-403.

[7] Djankov S, Glaeser E, La-Porta R, Lope-de-Silanes F, Shleifer A. The New Comparative Economics [J]. Journal of Comparative Economics, 2003, 31 (4): 595-619.

[8] Dong B, Torgler B. Causes of Corruption: Evidence from China [J]. China Economic Review, 2013, 26 (10): 152-169.

[9] Easterly W, Levine R. Africa's Growth Tragedy: Policies and Ethnic Divisions [J]. The Quarterly Journal of Economics, 1997, 112 (4): 1203-1250.

[10] Elinder M, Berggren N, Jordahl H. Trust and Growth: A Shaky Relationship [J]. Empirical Economics, 2008, 35 (2): 251-274.

[11] Fukuyama F. Trust: The Social Virtues and the Creation of Prosperity [M]. New York: Free Press, 1995.

[12] Guiso L, Sapienza P, Zingales L. Cultural Biases in Economic Exchange [J]. The Quarterly Journal of Economics, 2009, 124 (3): 1095-1131.

[13] Guiso L, Sapienza P, Zingales L. The Role of Social Capital in Financial Development [J]. American Economic Review, 2004, 94 (3): 526-556.

[14] Gur N, Bjrnskov C. Trust and Delegation: Theory and Evidence [J]. Journal of Comparative Economics, 2017, 45 (3): 644-657.

[15] Hansen L P. Large Sample Properties of Generalized Method of Moments Estimators [J]. Econometrica: Journal of the Econometric Society, 1982, 50 (4): 1029-1054.

[16] Helmke G, Levitsky S. Size and Composition of Corporate Boards of Directors: The Organization and its Environment [J]. Perspectives on Politics, 2004, 2 (4): 725-7401.

[17] Hilary G, Huang S. Trust and Contracting [R]. Working Paper, 2015.

[18] Horváth R. Does Trust Promote Growth? [J]. Journal of Comparative Economics, 2013, 41 (3): 777-788.

[19] Jha A, Chen Y. Audit Fees and Social Capital [J]. The Accounting Review, 2015, 90 (2): 611-639.

[20] Kanagaretnam K, Khokhar A R, Mawani A. Linking Societal Trust and CEO Compensation [J]. Journal of Business Ethics, 2018, 151 (2): 295-317.

[21] Knack S, Keefer P. Does Social Capital Have an Economic Payoff? A Cross-Country Investigation [J]. Quarterly Journal of Economics, 1997,

博士後視野下的中國經濟（第二輯）

112（4）：1252-1288.

［22］Lambsdorff J G. Consequences and Causes of Corruption：What Do We Know from a Cross-Section of Countries ［R］. Working Paper, 2006.

［23］La Porta R, Lopez-De-Silane F, Shleifer A, Vishny R W. Trust in Large Organizations ［J］. American Economic Review, 1999, 87（2）：333-338.

［24］Li X, Wang S S, Wang X. Trust and Stock Price Crash Risk：Evidence from China ［J］. Journal of Banking & Finance, 2017（76）：74-91.

［25］Paletta A, Alimehmeti G. SOX Disclosure and the Effect of Internal Controls on Executive Compensation ［J］. Journal of Accounting Auditing & Finance, 2016, 5（1）：1-19.

［26］Putnam R. Making Democracy Work ［M］. Princeton：Princeton University Press, 1993.

［27］Rose-Ackerman S. Corruption and Government：Causes, Consequences, and Reform ［M］. Cambridge：Cambridge University Press, 1999.

［28］Uslaner E M. The Moral Foundations of Trust ［J］. Social Science Electronic Publishing, 2002, 1（4）：647-648.

［29］Wang C, Ye T, Li J, Zeng C. A Family Member or a Professional Manager? The Role of Social Trust in the Choice of CEO in Family Firms ［R］. Working Paper, 2021.

［30］Weber M. The Religion of China：Confucianism and Taoism ［M］. New York：Free Press, 1951.

［31］Xia C, Cao C, Chan K C. Social Trust Environment and Firm Tax Avoidance：Evidence from China ［J］. The North American Journal of Economics and Finance, 2017（42）：374-392.

［32］Yalamov T, Belev B. Corporate Governance：An Antidote to Corruption-Examples/Lessons Learned in Bulgaria and Transition Countries ［J］. SSRN, 2011.

［33］Özcan B, Bjϕrnskov C. Social Trust and Human Development ［J］. Journal of Social Economics, 2011（40）：753-762.

［34］陈信元, 陈冬华, 万华林, 梁上坤. 地区差异、薪酬管制与高管腐败 ［J］. 管理世界, 2009（11）：130-143.

［35］樊纲, 王小鲁, 马光荣. 中国市场化进程对经济增长的贡献 ［J］. 经济研究, 2011, 46（9）：4-16.

［36］胡珺, 宋献中, 王红建. 非正式制度、家乡认同与企业环境治理 ［J］. 管理世界, 2017（3）：76-94.

［37］黄群慧. 管理腐败新特征与国有企业改革新阶段 ［J］. 中国工业经济, 2006（11）：52-59.

［38］靳庆鲁, 孔祥, 侯青川. 货币政策、民营企业投资效率与公司期权价值 ［J］. 经济研究, 2012, 47（5）：96-106.

［39］雷光勇, 邱保印, 王文忠. 社会信任、审计师选择与企业投资效率 ［J］. 审计研究, 2014（4）：72-80.

［40］李文贵, 余明桂. 所有权性质、市场化进程与企业风险承担 ［J］. 中国工业经济, 2012（12）：115-127.

［41］卢馨, 方睿孜, 郑阳飞. 外部治理环境能够抑制企业高管腐败吗？［J］. 经济与管理研究, 2015, 36（3）：30-39.

［42］吕朝凤, 陈汉鹏, Santos López-Leyva. 社会信任、不完全契约与长期经济增长 ［J］. 经济研究, 2019, 54（3）：4-20.

［43］聂军, 冉戎. 地区社会信任与企业客户社会责任履行 ［J］. 中南财经政法大学学报, 2020（5）：137-146, 160.

［44］彭敏, 华阳标. 腐败成本收益的经济学分析与反腐败的对策 ［J］. 求实, 2006（9）：45-47.

［45］史宇鹏, 李新荣. 公共资源与社会信任：以义务教育为例 ［J］. 经济研究, 2016, 51（5）：86-100.

［46］王小鲁, 樊纲, 胡李鹏. 中国分省份市场化指数报告（2018）［M］. 北京：社会科学文献出版社, 2019.

［47］王艳, 李善民. 社会信任是否会提升

企业并购绩效？[J]. 管理世界，2017（12）：125-140.

[48] 徐细雄，刘星. 放权改革、薪酬管制与企业高管腐败 [J]. 管理世界，2013（3）：119-132.

[49] 杨国超，盘宇章. 信任被定价了吗？——来自债券市场的证据 [J]. 金融研究，2019（1）：35-53.

[50] 杨兴全，张丽平，吴昊旻. 市场化进程、管理层权力与公司现金持有 [J]. 南开管理评论，2014，17（2）：34-45.

[51] 张维迎. 信息、信任与法律 [M]. 北京：生活·读书·新知三联书店，2006.

[52] 张维迎，柯荣住. 信任及其解释：来自中国的跨省调查分析 [J]. 经济研究，2002（10）：59-70.

[53] 赵璨，杨德明，曹伟. 行政权、控制权与国有企业高管腐败 [J]. 财经研究，2015（5）：78-89.

[54] 赵璨，朱锦余，曹伟. 产权性质、高管薪酬与高管腐败——来自中国上市公司的经验证据 [J]. 会计与经济研究，2013（5）：24-37.

[55] 周美华，林斌，林东杰. 管理层权力、内部控制与腐败治理 [J]. 会计研究，2016（3）：56-63.

[56] 周中胜，何德旭，李正. 制度环境与企业社会责任履行：来自中国上市公司的经验证据 [J]. 中国软科学，2012（10）：59-68.

☐ Social Trust and Corruption of Corporate Executives

Wang Chengfang   Pan Jie

Abstract：In recent years, the impact of the social environment on the corruption of corporate executives has been widely concerned by the academic and practical circles. This paper manually screens the relevant data on the corruption of executives in China's listed companies from 2007 to 2018, and studies the impact of social trust on the corruption of executives. The empirical results show that the higher the level of social trust, the lower the possibility of corporate executive corruption; and the stronger the inhibitory effect of social trust on the corruption of executives in state-owned enterprises, high level of rule of law, and high level of marketization. Robustness tests such as controlling provincial fixed effects, instrumental variable method and other endogenous tests as well as replacing independent variable measurement methods, using 2013-2018 data re-regression and independent variable group testing all support the conclusions of this paper. This article can deepen the understanding of the environmental incentives of executive corruption from the institutional level, help to extend the relevant research on government officials' corruption to the level of corporate management, and provide a certain reference for government supervision departments to control corporate corruption.

Key Words: Social Trust; Executive Corruption; The Nature of Property Rights; The Level of the Rule of Law; The Level of Marketization